—

文化与诗学

Culture and Poetics

2015 年第 1 辑
总第 **20** 辑

生活·讀書·新知 三联书店

图书在版编目（CIP）数据

文化与诗学. 2015 年. 第 1 辑：总第 20 辑／童庆炳，
李春青主编. —北京：生活·读书·新知三联书店，2017.11
ISBN 978-7-108-05814-0

Ⅰ.①文… Ⅱ.①童… ②李… Ⅲ.①社会科学-文集
Ⅳ.① C53

中国版本图书馆 CIP 数据核字（2016）第 220950 号

责任编辑 王海燕
装帧设计 刘　洋
责任印制 宋　家
出版发行 生活·讀書·新知 三联书店
　　　　 （北京市东城区美术馆东街 22 号 100010）
网　　址 www.sdxjpc.com
经　　销 新华书店
印　　刷 北京隆昌伟业印刷有限公司
版　　次 2017 年 11 月北京第 1 版
　　　　 2017 年 11 月北京第 1 次印刷
开　　本 635 毫米×965 毫米 1/16 印张 28.75
字　　数 372 千字
印　　数 0,001-2,000 册
定　　价 98.00 元
（印装查询：01064002715；邮购查询：01084010542）

本期执行主编

陈太胜

《文化与诗学》编委会

目 录

图像与文字：晚清与民国文艺研究

理论视野

批评空间

书 评

图像与文字：晚清与民国文艺研究

启蒙与信仰之间的困扰

——读鲁迅《破恶声论》[1]

孟　泽[2]

[摘　要]《破恶声论》是鲁迅早年留学日本时发表的一篇未完成的文言文，对当时流行的"破迷信""崇侵略"说进行了驳议。鲁迅认为，信仰的发生是人类自然而然的精神现象，"迷信"不是罪过，可怕的反而是那种标榜救国的"无信仰之士人""破迷信之志士"的所作所为。这种对于"信仰"的认知与晚清以降的"启蒙"思潮，与鲁迅本人试图通过"立人""立人极"以改造中国以及日后改造"国民性"的思路和社会实践都形成了鲜明的对照，甚至构成某种"悖论"之势。这表明，近代以来中国知识者在启蒙与信仰之间的犹疑，不仅关涉文化选择，同时也关涉现代知识者的自我认同，其中隐含着某种首尾相噬的困局。

[关键词]鲁迅　启蒙　信仰　国民性　人极

---

[1] 本文系教育部人文社会科学重点研究基地重大项目"中国文学艺术思想通史·现代卷"（项目号：13JJD750003）的阶段性成果。
[2] 孟泽，中南大学外语学院比较文学系教授。

《破恶声论》是鲁迅早年用文言写作的一篇未完稿，刊于 1908 年 12 月 5 日在东京出版的留学生杂志《河南》上，署名"迅行"。鲁迅生前自编的集子没有收录过这篇文章，许广平 1938 年编定的《集外集拾遗》也没有收录，直到 1981 年人民文学出版社出版的《鲁迅全集》，才把此文收入《集外集拾遗补编》。

这篇鲁迅忘记了或者并不看重的未完篇佚文，透露出"五四"新文化运动之前鲁迅弃医从文后的浩渺心思。鲁迅所开列的时代"恶声"是："破迷信也，崇侵略也，尽义务也"，"同文字也，弃祖国也，尚齐一也"。他对"破迷信""崇侵略"的说法进行了驳议，其中"破迷信"一节涉及维新、启蒙与信仰的难题。

一、"非信无以立"

1898 年，晚清洋务派大佬张之洞在湖广总督任上刊印了日后成为近代著名文献的《劝学篇》，以"中学为体，西学为用"相号召，意在挽救危亡，卫道卫君。

从表面看，"中学为体，西学为用"是一种学术文化选择，实际上，还不如说它是一种政治选择。张之洞以考量学术的名义，给出的其实是政治救亡的重要纲领，以"用"的妥协换取"体"的安全，因此深得朝廷欢心，朝廷诏命由军机处将《劝学篇》颁发各省督抚、学政以资治理。

在《劝学篇》第三篇《设学》中，张之洞倡导改佛寺道观为学堂，"庙产兴学"的风潮便由此发端。1901 年，朝廷明令地方省、州、府、县侵夺寺产，建立学堂。1906 年颁发"劝学章程"，责成地方利用不在祀典的庙宇乡社办学。

为什么会有这样的思路和举措？

对于中国士大夫，特别是作为当局者的士大夫来说，宗教的意义似乎从来就在于它是否可资利用，这自然也代表了皇权政治基本的宗教用心与态度。章太炎、苏曼殊曾经作《儆告十方佛弟子启》《告宰官白衣》，反对毁寺庙、兴学堂，其根本的理据，却同样是宗教所具有的显著的社会功能，这其实也是近代以来知识者在强调"美术""文学""哲学"等"不急之务"的重要性和合法性时所常见的思路。章太炎明说，宗教的功能至少比"文学"大，"文学"尚且在发扬之列，为何可以冷淡佛教？

对于此事，王国维、鲁迅同样有所反应，他们给出的论述，现在看来，显得更具有现代意识。

王国维在一篇名为《寺院与学校》的文章中指出，所谓新文明，应该坚决反对毫无法理依据的财产侵占，占伽蓝为学校，当然是毫无法理依据的财产侵占，由此损害的是社会正义，而社会正义是社会健康的根底和保障。

在《破恶声论》中，鲁迅从另一个角度反对"毁伽蓝""灭佛法"。他认为，即使以救国家、兴教育、启民智的名义也不行，因为"佛教崇高，凡有识者所同可，何怨于震旦，而汲汲灭其法。若谓无功于民，则当先自省民德之堕落，欲与挽救，方昌大之不暇，胡毁裂也？"[1]

鲁迅的此种态度，缘于他对信仰的普遍性与必然性的洞悉——"向上之民，欲离是有限相对之现世，以趋无限绝对之至上者也。人心必有所凭依，非信无以立，宗教之作，不可已矣。"在这里，鲁迅把宗教看成人在"两间"所必须有也必然会有的"形上之需求"。

不仅如此，鲁迅同情并且高度肯定了华夏生民基于自身生存处境所选择的区别于一神论的有机的泛神论信仰，他说：

顾吾中国，夙以普崇万物为文化本根，敬天礼地，实与法式，

---

[1] 本文所引《破恶声论》文字，均见人民文学出版社 1981 年版《鲁迅全集》第 8 卷《集外集拾遗补编》，不再一一注释，下同。

发育张大，整然不紊。覆载为之首，而次及于万汇，凡一切睿知义理与邦国家族之制，无不据是为始基焉。效果所著，大莫可名，以是而不轻旧乡，以是而不生阶级；他若虽一卉木竹石，视之均函有神秘性灵，玄义在中，不同凡品，其所崇爱之溥博，世未见有其匹也。顾民生多艰，是性日薄，洎夫今，乃仅能见诸古人之记录，与气禀未失之农人；求之于士大夫，戛戛乎难得矣。设有人，谓中国人之所崇拜者，不在无形而在实体，不在一宰而在百昌，斯其信崇，即为迷妄，则敢问无形一主，何以独为正神？宗教由来，本向上之民所自建，纵对象有多一虚实之别，而足充人心向上之需要则同然。顾瞻百昌，审谛万物，若无不有灵觉妙义焉，此即诗歌也，即美妙也，今世冥通神秘之士之所归也，而中国已于四千载前有之矣，斥此谓之迷，则正信为物将奈何矣。

没有迷信，何来正信？何谓"迷信"又何为"正信"？"迷信"与"正信"如何确认？由谁来确认？通过什么逻辑来确认？对于鲁迅的此种诘问，几乎难以回答。

鲁迅说，人世间的"事理神秘变化"，并非"理科入门一册"所能范围，即使叛逆如尼采，接纳了达尔文的进化论，以至"掊击景教，别说超人"，但他的意思并不是要消灭信仰，而是要改变信仰，尼采的学说，本质上同样不脱"宗教与幻想之臭味"。

基于这样的认识，对于维新运动以来"腾沸于士人之口"的"破迷信"，鲁迅大不以为然。他甚至认为，这是末世"士夫"自身致命的缺陷所带来的无知盲目：

盖浇季士夫，精神窒塞，惟肤薄之功利是尚，躯壳虽存，灵觉且失，于是昧人生有趣神秘之事，天物罗列，不关其心，自惟为稻粱折腰，则执己律人，以他人有信仰为大怪，举丧师辱国之罪，悉以归之。

鲁迅痛心疾首地批评说："墟社稷毁家庙者，征之历史，正多无信仰之士人，而乡曲小民无与。伪士当去，迷信可存，今日之急也。"他还说，宗教正像艺术，原本出于生命的自发与自慰。"自慰之事，他人不当犯干。诗人朗咏以写心，虽暴主不相犯也；舞人屈伸以舒体，虽暴主不相犯也。""而志士犯之，则志士之祸，烈于暴主远矣。"鲁迅的意思很明确，毁家灭国的人，就是那些"无信仰之士人"，而与乡曲小民无干；私人性的"自慰"，包括一切发自人性的从身体到语言的表达，他人无权横加干涉。

鲁迅毫无保留地肯定了宗教对人本身以及对人间生活的维护作用，肯定了信仰之于个人不可干预的自主性与私人性，而对"强天下于一途"的所谓爱国"志士"的思路，对"志士英雄""伪士"们可能的作为，反而充满忧虑和警觉。在鲁迅看来，那种宣称可以"善国善天下"，因此要"定宗教以强中国人之信奉"的"敕定正信教宗之健仆"，与"破迷信之志士"，实际上是同一种人，同样"心夺于人，信不由己"，同样无知而无畏。

与常见的启蒙思想者的思路相反，也与我们一般所理解的鲁迅——以全部热情拥抱启蒙的时代理性与使命——不同，在《破恶声论》中，鲁迅对于知识者——"无信仰之士人"的"理性"和"抱负"，充满怀疑，对于未失信仰的"冥通神秘之士""乡曲小民""气禀未失之农人"，反而充满尊重与信任，显示出一种自任"小民""农人"的平等观。他看破了被功利主义主导的启蒙思想者，尽管他本人也属于启蒙思想者的阵营。

此时的鲁迅，同样怀抱家国，忧患黎民，但因为没有当局者的浅薄、急切、势利、自私和昏昧，作为绝不自以为可以"一肩任天下""举天下而廓清之"的反思者，他有着反思者的冷静、从容与自我批判意识，有着整体地感知个人以及社会需要的平常心。因此，对于社会文化的多元性，对于普遍的个人主体性（而不只是启蒙知识者的主体性），对于结构性的多层次的而不是单一平面的人本需要，以及基于这一需要的宗教信仰，他提供了堪称宽容的视界和深邃的解释。

二、"国民性"与人性

从《破恶声论》看，鲁迅对于宗教信仰（包括对于具体信仰和信仰者）多存理解与宽容，对于连接着草根阶层生活信念与信仰的传统文化，也保有一定程度的信任，所谓"取今复古，别立新宗"。

然而，在日后越来越激烈的启蒙语境中，在不得不陷入社会文化选择的分辨与争执时，鲁迅的使命感和当局感逐渐强化。同时，他越来越感觉到他所面对的社会与时代完全不可"与庄语"，而只能用修辞性的话语方式表达自己的立场，只能"直唾之"。早年的信任与信心，早年肯定性的对话式的表达方式，逐渐被决绝的否定性的话语方式——他自己所说的"非常可怪之论"——取代。改造"国民性"的理想以及越来越明确的精英主义姿态，使鲁迅对于汉民族信仰的传统及现实充满疑虑。他说：

> 中国人自然有迷信，也有"信"，但好像很少"坚信"。我们先前最尊皇帝，但一面想玩弄他，也尊后妃，但一面又有些想吊她的膀子；畏神明，而又烧纸钱贿赂；佩服豪杰，却不肯为他作牺牲。尊孔的名儒，一面拜佛；信甲的战士，明天信丁。宗教战争是向来没有的，从北魏到唐末的佛道二教的此仆彼起是只靠几个人在皇帝耳边的甘言蜜语。

还说：

他们的对于神、宗教、传统的权威，是"信"和"从"呢，还是"怕"和"利用"？只要看他们的善于变化，毫无操持，是什么也不信从的，但总要摆出和内心两样的架子来。耶稣教传入中国，教徒自以为信教，而教外的小百姓却都叫他们是"吃教"的。

鲁迅在这里所揭发的，自然是某种确凿无疑的令人惊悚的历史和现实，他的言论尤其指向知识者的精神状态。这种以修辞性的话语方式表达的批判，把普遍性的人性检讨与对于具体社会现实的观照冶于一炉，而不再有分辨考究的细心与耐心。

在今天看来，鲁迅所揭示和批判的，与其说是"中国人"的欠缺，不如说根本上就是人的欠缺，是人的"理性"所固有的局限。族群之间、人与人之间的差异，仅仅在于程度的区别和教养之不同而已。在中国，如果一定要归结到具体人群的话，充分呈现了这种状态的更可能是"士人"，即鲁迅当年说的"伪士"与日后质疑的"文人""智识者"之流，他们以教化自任、以家国自许，最终却成了一元化威权政治的重要组成部分。

"君子之德风，小人之德草"，相对于作为"君子"的知识者和启蒙者，作为"小人"的草民其实无从问责，这也是鲁迅曾经充分意识到的。在这里，作为指控对象的"中国人"，严格地说，并不是一个恰当的指称，甚至不是一个清晰明确的指称。如果说鲁迅在批判"中国人"时，还多少隐含了某种自我指控的话，在体制化的社会实践中，当局者却往往有着自外于批判对象的优越感。由此出发的"国民性"改造，在特定的政治条件下，难免指向对于个人主体性的粗暴侵犯和剥夺。这是后话。

基于社会生活中普遍呈现的精神和人格状况，对"国民性"予以强烈的批判，并不意味着鲁迅由此彻底割断了与信仰的关联，也很难因此说，鲁迅彻底改变了他此前对于信仰世界的认识。情况也许还相反，

"五四"以后，对于"志士英雄""伪士"之属的知识分子的诘难与揭发，"抵抗虚无"，警觉"一无所信因此无所不为"，激扬"爱的大纛与憎的丰碑"，吁求"真心""真信""真诚"，感叹"在中国没有俄国的基督"，试图以己之肉身肩挑"黑暗的闸门"。鲁迅这些接近于自我献祭的思想与作为，抵达了现代中国的精神最高点，呈现出某种准宗教的意义和气象。这是他"虽不能爱"，却始终无法忘怀并且敬佩但丁、陀思妥耶夫斯基的原因，同时也是他的思想、他的言论，包括他的自我陈述，无法作纯粹学术打量和知识性考查，更不能以此进行简单臧否的根本原因所在。

更加重要的是，鲁迅对于"虚无"作为生命本质的正视，对于人性的"幽暗"以及人自身的有限性、局限性的意识，使得鲁迅极其痛苦和绝望，同时代知识分子几乎无出其右者。

在某种意义上，这样的精神状态正是启蒙的终点，是信仰的起点，也是鲁迅更接近一个"信仰者"的原因所在。他为信仰者提供了可以作为起点的主体境界和精神契机，只是"启蒙"与"信仰"二元对立的思维定式与价值判断，让我们很不愿意朝这一方向去引申，或者，有意无意地把容易发生的"信仰"引入到世俗政治领域，引入对于"肉身成道"者的顶礼膜拜。

自然，鲁迅与同时代的知识者，毕竟同样脱身于士大夫文化传统及其世俗教养，同时，他们努力以进化的科学观看待生命，看待历史，加上垄断性的作为至高无上的"大功利"——家国使命的召唤和驱使，由此拥有的知识和理智，对于类似宗教的信仰来说，又往往构成解构和颠覆之势。而作为启蒙者的自我定位，也强化了包括鲁迅在内的中国现代知识分子在信仰问题上的世俗化倾向，他们把人性的幽暗、生命的无常、人间的困苦，更多看成偶然的政治舛错，看成人间正道的迷失，看成可以改造的人性的堕落，同时无法认同个人在精神上同等的"卑贱"与"尊贵"，也很难肯定现实政治之外的精神执着和价值服膺。

他们不免以工具意识统率本体意识，以"生存"遮蔽"虚无"，把全部精神问题简化成为一个社会政治问题，把全部信念安置在有关现实的信念之中。

鲁迅最终以"两间"——"两间余一卒，荷戟独彷徨"——作为自我的出处，通过与现实政治的缠斗，获得生命的实感和整体感，以便出离"绝望"与"虚无"，而把宗教信仰大体当作了"两间"之外的选择，当作了一种取巧与逃逸，而不是另一种直面；当作了空虚的自卫，而不是另一种扩张。

至于全身心投入社会实践的激进主义者，他们的选择多半压缩为唯一可行的选择——"革命"或者"保守"。投身政治而不得不托身于某一政权，托身于某一政权而不得不参与具体政治的运作，因此很难不落入具体的政治阵营、派别及其恩怨纠葛，也很难免于自我倾覆。与其说这是别有用心者制造的悲剧，还不如说是由知识者的性格、思维与价值取向必然延伸出来的命运。何况，所谓别有用心的当局者，由人民，也由知识者自身发现、造就、成全、拥戴的当局者，岂不同样出身于启蒙的知识者？其改造中国的思路中何尝没有改造国民性的逻辑？知识者的自我改造与自我剥夺，最终无论精神还是肉体的被清算、被损害、被消灭，未尝不是此种逻辑的尴尬呈现。

当然，这已经不是作为纯粹精神创造者的鲁迅所需要承担的追诉。

那么，是什么样的文化逻辑与现实逻辑，促成了鲁迅的同侪、追随者和后继者的服膺和选择？

三、"立人"与"立人极"

鲁迅早年在宽容地看待人民与宗教的关联时，曾经反复强调立国之道"首在立人"，"破人界之荒凉"。他说："惟声发自心，朕归于我，而人始有己；人各有己，而群之大觉近矣。"至于如何达成"人各有己"

的局面，如何让人自我发声而且"声发自心"，鲁迅并没有给出明确的解答。他当然是肯定将人的生存作为第一要义的，所谓第一要生存，第二要发展。

在《破恶声论》中，提出"立人"的同时，鲁迅提出了"立人极"的主张：

> 吾未绝大冀于方来，则思聆知者之心声而相观其内曜。内曜者，破黯暗者也；心声者，离伪诈者也。人群有是，乃如雷霆发于孟春，而百卉为之萌动，曙色东作，深夜逝矣。惟此亦不大众之祈，而属望止一二士，立之为极，俾众瞻观，则人亦庶乎免沦没；望虽小陋，顾亦留独弦于槁梧，仰孤星于秋昊也。使其无是，斯增欷尔。今之所贵所望，在有不和众嚣，独具我见之士，洞瞩幽隐，评骘文明，弗与妄惑者同其是非，惟向所信是诣，举世誉之而不加劝，举世毁之而不加沮，有从者则任其来，假其投以笑骂，使之孤立于世，亦无慑也。则庶几烛幽暗以天光，发国人之内曜，人各有己，不随风波，则中国亦以立。

此一"立人极"的思路，也许正可以看成鲁迅所吁求的"立人"事业的下手处。

"立人极"的说法，虽然有着属于鲁迅个人的特定含义，不过，在宽泛的意义上，"立人极"几乎可以看成传统知识者的千年迷梦，也是中国士大夫普遍的"良知良能"，在类似晚清的时局中，尤其是迫切的需要。从洋务领袖（郭嵩焘就曾在悲愤中殷殷期待"圣人崛起"）到戊戌变法诸君子，无论是革命者（如章太炎），还是"反革命"者（如王国维），无不期待大英雄、大人格，甚至拟之以饲虎释迦、受难基督，只不过，他们心目中的释迦、基督，一定是现实政治的担当者，而不是开宗立派的宗教家。这样的祈愿，自然是无可指责的，也差不多是那个时代的"最强音",正如孟子在战国时代的危机中预言"五百年必有王者出",这与其说是出于理性的判断,还不如说是出于情感的向往。

显然,"立人极"的世俗政治性含义远远多于宗教性含义,骨子里它甚至是反宗教的。一般情况下,这种对于"大人""大人格"的诉求,往往成为传统社会知识者最重要的自我暗示和自我期许,最终衍化为一种挥之不去的自我迷恋,从当年孔子"斯文自任"与孟子"舍我其谁"(《论语·子罕》中"文王既没,文不在兹乎?天之将丧斯文也,后死者不得与于斯文也。天之未丧斯文也,匡人其如予何?"《论语·八佾》中"天下之无道也久矣,天将以夫子为木铎"及《孟子·公孙丑下》中"如欲治平天下,当今之世,舍我其谁")的豪情中,其实不难读出来这样的意思。

很长时期以来,我们习惯于把近现代中国知识者的反传统,看成对于古代政教及其精神的彻底背叛与颠覆。但是,极端的反抗者其实最容易与他反抗的对象发生同构。在四顾茫然的危机中,一个人最可能出现的反应往往是那种类似本能的下意识反应,这是心理学上的定律。对于中国知识者来说,近乎本能的下意识反应,正是没有任何限定的自我膨胀与道德理想主义扩张——"斯文自任""舍我其谁"。

从个人修为的角度看,"斯文自任""舍我其谁",显示出极其可贵的担当精神,是知识者的自我唤起和自我责成。但是,这种抱负一旦越过自我的边界,一旦丧失必要的限定,就会暴露出致命的骄傲和自负,就难免是僭越的。在士大夫文化传统中,则意味着知识者以天命自任的自我神圣化与神格化,接下来的立法和原则难免令人惊悚:《论语》中的孔子说,君子有"三畏":"畏天命,畏大人,畏圣人之言。"其中最真实而具体的是"畏大人"。"大人"是什么人?当然是自以为秉承了天命,可以赞天地之化育而主宰现实的人。《孟子·离娄》中说"大人者,言不必信,行不必果,惟义所在"。那么,什么是"义"

之所在呢？我们无数次见识到的真实的现实结果是，"大人先生"们"言不必信，行不必果"，朝令夕改，前恭后倨，以百姓为刍狗，以江山为草稿，而人们甚至以为这才是天才的气派，是豪杰的作为，是大行不顾细谨，大礼不辞小让。

此种"大人""圣人"之教，最终让知识者自然而然地生活在"大人""圣人"的垄断之下，自我矮化，自觉卑微，但这并不是面对超越者的卑微，而是对"大人""圣人"（在世俗的政治生活中，"大人"就是居上位者，"圣人"就是皇帝）的卑微，最终是对有权有势者的卑微。

儒家知识者消解"上帝"，稀释"神权"，沟通"天文"与"人文"，这是人的启蒙，但从政治史的角度看，成全的却是强权者的自居神圣以及他们对此的自我解释，呈现在社会生活中的就是"王道"与"霸道"，事实往往是，从"王道"出发，走向"霸道"，或者，名为"王道"，实为"霸道"。强势者一旦成为"人极"，他们就拥有"以身作则""宪章文武"的权力。所以，我们其实不难从《史记》所描述的项羽面对始皇帝南巡阵仗时说"彼可取而代之"，从刘邦说"大丈夫当如此"的宣言中，看到孟子"舍我其谁"的"大丈夫"的影子；从知识者对于"大丈夫"的期许渴慕中，看到所谓圣贤豪杰、霸业成就者如何过渡到以天命自居的。

失去了宗教维度，政治成为中国文化的思想主体与价值核心，知识者只能与人间的"上帝"——世俗君王相往还，只能是皇帝的臣民，而不是上帝的子民。所谓正义，所谓幸福，所谓自由，自然也最终取决于现实政治的逻辑以及由此种逻辑支撑的威权，而几乎别无选择。鲁迅一度有所期望的民间信仰，也不能在威权与教化中成其体统，脉息微弱。

此时，启蒙的知识者期待成为"大丈夫"，以天下自任、以唤醒人民自任的知识者，要么归化于真正成了"大丈夫"的世俗主宰，要么销声匿迹。他们并没有开拓出世俗政治之外的精神世界与价值空间，因此也不可能成为真正独立的**自我**，反而只能更加依附于一元化的政治世界。他们所能指望和信任**的**，他们的所有前程和全部哀乐，无不系于世俗权力的拥有或者丧失，而这自然不能不取决于已经成为"圣人"的垄断者。由此成就的悲喜剧，千年来搬演不衰，椎心泣血，有所区别的仅仅是人物置换，场景变异而已。

20世纪30年代，曹聚仁在《杀错了人》中曾经感叹"中国每一回的革命，总是反了常态。这种反常状态，我名之曰'杀错了人'"。据说，鲁迅对此"异议"道："我想，中国革命的闹成这模样，并不是因为他们'杀错了人'，倒是因为我们看错了人。"鲁迅的洞察显然比曹聚仁高明，但是，"看错了人"，又何尝不是常态？如果"立人极"主要指向现实政治，是一种政治思维的延伸的话，这种"看错了人"的错误就一定会经常发生。

显然，"立人极"之最终成为一种政治现实，与家国一系、君父一体的文化传统有着密切关联。

晚清变局，家国体系遭遇了空前的挫折，在某种意义上，正是传统家国体系的挫折和失败，激发了共同体内部自我拯救的强大热情。拯救者的初衷和动力，表面上似乎是为了获得新的民族国家身份与现代个人身份，获得个人的生存权利和尊严，实质上，重建家国体制及其精神家园的下意识冲动，也许更加具有主导性和决定性。关于启蒙、关于自我解放的精神动员，很容易落实为对于神圣家国伦理的尊崇，那种几乎没有前提、没有反思、没有解构的所谓天下意识与家国情怀，成了个体最重要的也是必然的归宿，很多时候，甚至是唯一的归宿。

在启蒙知识者那里，包括在日后的政治实践中，诉诸"国民性改造"与知识者"自我改造"的宏大悲愿，正是在"国家""民族"的大前提下名正言顺地走向了对个人主体性的全面剥夺，"革命"最终成为奴役性的，而不是解放性的；成为占有性的，而不是创造性的；成为自我否定的，而不是自我肯定的。只要归结于家国伦理，则一切罪孽都是神圣的，所谓"天下无不是的父母"。

事实上，至少从汉代以来，由官方主导的政治哲学就一直强调忠孝一体，以培养对于家长的忠诚作为培养对于皇权的忠诚的起点，以对于皇权的忠诚作为孝道的神圣归宿。"其为人也孝悌，而好犯上者鲜矣。不好犯上而好作乱者，未之有也。君子务本，本立而道生。孝悌也者，其为仁之本与？"这是《论语·学而》中的经典表述。因此，传统的国家观念，大体上是家庭内部关系的复制和扩大化，以伦理为"天则"，"以伦理为宗教"，自然要指望伦理制度下的"天泽"，也就是居上位者的眷顾，以此构成心灵的全部归宿。特别是当那种万物有灵的有机生命观所构成的泛宗教信仰，被唯物主义和科学主义瓦解时，情怀所指，心灵所向，就只剩下世俗政治所塑造的救世主和人间圣贤。当信仰与现实政治需要高度统一，全社会的精神运动便有着某种伪宗教运动的景象。

肉身成道，"从神道而入治道"。近代以来，异域的或者本土的各种主义在民族革命中的演绎也无非如此，包括以基督教为号召，或者宣称要"将基督教付诸实践"的革命者，最终难免落入"另一版本的口含天宪、替天行道"的俗套。以上帝为旗帜而以启蒙知识者的自我神化为中心，以宗教为旗帜而以改朝换代为目的，"人文主义"的气质与"民族主义"的精神，"始终制衡着他们对普世信仰的领受"（王书亚），任何主义或者宗教，无非是革命的另一种手段而已，而几乎无关乎生命的自觉。

四、首尾相噬的困局

晚清以降的近代历史，某种程度上其实残酷地印证了鲁迅曾经有过的警觉和忧虑。

维新、启蒙、革命、继续革命，每一次"革命"，都天翻地覆，又似乎尴尬地复活了某一部分我们不忍见的传统骨血。知识者试图"立人",而接下来的政治选择却未能免于个人独立性的取消、自我的斫丧;试图"立人极",却挡不住"志士"当国、"伪士"临朝的闹剧反复搬演,而且,几乎每一个当国临朝者,都是以"天下兴亡"为己任,以"经国济世"为抱负,以启蒙大众、教化百姓、"字养生民"为使命的。

对自我提升的意愿与社会改造的热情,对近代以来知识者所表现出来的担当意识与济世情怀,以及由此造就的思想、理想与实践,作过于简单的批判,显然是不恰当的。但是,一百多年来知识者创巨痛深的经历及其命运,让人不得不警觉,知识者的"自我造型"以及与此相伴随的改造国民性的思维,是否体现了某种人性观上的"偏执"?换句话说,这种思维是否缺少关于人性的某种必要的觉悟或者预设?

宗教是弱者的旗帜,而在强权强势者手里,往往成为招贴。近代知识者期待精英,翘首强者,以启蒙相号召,因此宗教更容易沦为依附性的工具,甚至最终作为工具也必须被修正乃至取缔。

在某种意义上,精英主义的儒家人文主义,与超越性的宗教信仰,是形同水火的。儒家人文主义强调在伦理的道德的范围内解释和设定人的属性,安排灵与肉的生活。由此构成的知识者的理智与感性,无从规避以现实政治为依归的偏执与偏至,同时强化了伦理本位的家国意识,以致任何终极关怀都难免消解在貌似神圣的世俗政治与伦理目标之中。或者说,垄断性的世俗政治目标,以血缘伦理为本位的社会结构模式,最终取代了任何终极关怀,以致把人性完全圈定在世俗的人间性之内,以"现实精神"与"人本精神"安顿全部生命,而把神性以及人自我否定的超越性看成异端,看成"无君无父""禽兽不如""自绝于人"的表现。

然而,从超越性的维度、从信仰者的角度看来,这样的安排正是人难免"禽兽不如"的未开化的表征,是没有"进化"彻底的人的低级状态。超越性的信仰,必须在解构知识者的精英主义身份和立场,并且解除以血缘伦理关系为中心建构家国信念之后才会产生。对于知识者而言，只有解除了启蒙的自负，信仰才可能发生，才可以成立。

按照这样的理解，以扩大化的血缘伦理为中心建构人的道德世界与生活秩序，甚至以此拟议形上世界，就是对于人的"本能"倾向的迁就和妥协，而不是超越"本能"的文明选择。自然，我们也可以从另一个角度说，"伦理"的发生、肯定与强调，对于人来说是"自然而然"的，超越性的信仰以及由此所建构的精神世界与人间秩序，反而不"自然"，甚至是反"自然"的，因此也更可能是反文明的。这样的情形，似乎正吻合了纪伯伦的诗句：在一个世界的最高道德，在另一个世界可能是最低的。

作为精英知识者的鲁迅，其精英知识者的意识，不仅秉承着难以逃离的传统文化教养，而且因为近代家国语境而被强化，尽管他对于人的普遍有限性以及人性的幽暗有着罕见的洞察与觉悟，尽管他意识到个人在"伦理关系"（最重要的伦理关系就是家国关系）中可怕的依附性。在《破恶声论》中，他曾经指出，时人强调"汝其为国民，汝其为世界人"的重要性，"前者慑以不如是则亡中国，后者慑以不如是则畔文明"，其实隐含了"灭裂个性""灭人之自我，使之混然不敢自别异，泯于大群"的大荒谬与大恐怖。

但是，鲁迅终究无法把他日后所揭示的"国民性"弱点还原为人性的根本欠缺，他在中年以后的努力，多少否定了宗教信仰对于自我确立与自我解放的根本含义。对于个人来说，自我解放正是从基于特定信仰的自我认同出发的。因此，鲁迅以及与鲁迅相似的现代知识者，并没有以他们卓越的心智和罕见的号召力，在世俗政治之外创造出别样的精神空间和价值维度，或者说，他们所创造的精神空间与价值维度，并没有获得足够承受现实政治挤压的独立性与必要的张力。作为启蒙者的思想终点，原本可以转换成为信仰者的精神起点，然而，鲁迅及其同道者大多并没有走向信仰的国度，或者说，他们的思想没有指向世俗政治之外的精神维度，这取决于社会结构，也取决于文化心理结构。

无法回避的问题是，宗教信仰在中国文化传统的延伸中，如何成为启蒙知识者的内在需要？在世俗政治的力量足以构成，或者说仍然在努力缔造替代性的宗教信仰时，知识者的心灵秩序与价值世界，如何才能别开生面或者另起炉灶？

这其中似乎隐含了某种悖论，首尾相噬，难以轻松解答。言说者及其言说，本身就在悖论之中。

值得提出来的是，同样作为近代中国最重要的启蒙思想者和艺术家，日后却为"了生死"而出家奉律宗、自称"朽人"的李叔同及其所作所为，是否具有另一种启示性？像李叔同那样，通过宗教信仰获得自我同一性，并且以此确立独立的精神世界与人格世界，同时并不抛弃俗世情怀，是否意味着现代启蒙知识分子的认同原本可以是多元的？中国知识者是否可以通过类似的选择与世俗政治建构某种新型的精神关系？

自然，这是一个更加艰难的话题。

五、结语

信仰不是一个通过议论可以解决的问题，甚至不是一个可以随便置喙的问题。但是，无论有幸还是不幸，或迟或早，或深或浅，一个人总会与信仰照面。在某种意义上，信仰根本性地诠释了人的属性，而且伴随着人类从古至今的生活。无论在我们啼饥号寒时，还是在我们吃饱穿暖了以后。

作为所谓的知识分子，出于自以为是的社会使命感来谈论信仰，而并不是出于个人灵性上的自觉与发愿，绕来绕去，仍然离不开近代以来"启蒙思想者"的基本立场和路数，也很难不成为鲁迅当年在《破恶声论》中批判过的"伪士"和"志士",这实在令人惶恐。鲁迅说,那种每每以捣毁"愚民"的信仰为己任而自诩爱国的人,其实往往是对自己的国家"进毒操刀"的人。

相对于从自身生命需要出发的信仰者,"启蒙思想者"的身份和自我认同,多有暧昧可疑之处。而启蒙,特别是那种最终落入狭隘的功利主义(无论是粗暴的民族主义,还是简单的进步主义)的启蒙,并不是天然合理的,也并不一定带来健康的个体主体性与民族主体性,必须有所限定,而且必须反求诸己,这样指向人的"自我启蒙"才不至于太过僭妄。否则,以启蒙的名义,反而更方便造成新的强制、新的扭曲、新的蒙昧。鲁迅当年面对青年追随者的自省与彷徨——他说,他害怕自己青涩的果实会毒死喜欢他的年轻人——或许与此息息相关。

前些年,偶然读到过郜元宝的几篇短文,包括《现代无神论的开始》《在祥林嫂的目光逼视下》《颓败线的颤动》,我感觉这几篇文章触及了鲁迅在启蒙与信仰之间的犹豫与迟疑,但意犹未尽。我想,郜元宝之所以把这几篇文章做成了类似随笔的文字,是因为其中牵涉的问题有太多前提性的预设和判断需要有所厘定、有所交代,而我们依然置身于"三千年未有之变局",并且永远无法准确地称量自己的需要,无法准确地划定什么是人心人性的边界,尤其是当你其实不可能宣称自己全盘懂得并且掌握了作为一个整体的中国人的性格与需要,甚至从来就不存在一个所谓整体的中国人的性格和需要时,你给出的论断,也许只是你个人的想象、个人的心愿而已,难以成为公理与共识。

那么,包括对于鲁迅的理解,以及通过理解鲁迅而尝试揭橥知识者自我认同、自我救赎的思维与途径,也许不外乎是我们在特定时代与文化语境中再一次的自我澄清、自我诉求而已。

古典人文烛照下的诗学祈向

——"学衡派"的文化与文学论说

胡继华[1]

[摘 要] 在"革古""复古"与"变古"三脉现代潮流的搏动中，"学衡派"尝试涵濡中西，以我涵他，化成人文，进而建构中国现代诗学秩序。他们坚信，西方以古希腊为背景的人文主义和中国以儒学为背景的人文化成理想可以远缘交合，涵濡贯通，生成超越中西古今、克服恶魔人欲的全球人文主义。他们重构了"模仿论"，以之为古典诗学体系之核心典则；又重述了"道德论"，以之为古典诗学体系之价值中枢。文学与人生，乃是吴宓诗学聚焦之所。他提出"淑世易俗，莫善于诗""修辞立诚""因情悟道"等，将古典道德境界转换为人文诗学境界。

[关键词] "学衡派" 古典人文主义 文化涵濡 道德诗学

---

[1] 胡继华，北京第二外国语学院跨文化研究院教授。

在"革古""复古"与"变古"三脉现代潮流的搏动中，"学衡派"尝试涵濡中西，以我涵他，化成人文，进而建构中国现代诗学秩序。置身文学革命潮流，但旨在张皇幽眇，寻中西古典之茫然坠绪，"学衡派"砥柱中流，彰显了现代文化的古典品格。

与世界范围内的反现代性思潮主动对话，努力以中国古典文化涵濡欧美新学，"学衡派"让中国古典人文化成的传统与欧美"新人文主义"远缘交合，为中国以至世界文化现代创制提供了另一种可能性。"论究学术，阐述真理，昌明国粹，融化新知，以中正之眼光，行批评之职事，无偏无党，无激无随。""学衡派"奉此宗旨，左右开弓，上下奋勉，为中国现代文化创制觅路而行，为救治古典文化的世界性堕落开具良方。"学衡派"知识分子是 20 世纪世界文化对话的重要参与者，他们积极参与对话，在古典人文的烛照下建构诗学境界，在历史上为文化涵濡留下了一个范本。

一、中西涵濡，人文化成——"学衡派"文化论说

"学衡派"活动于新文化运动开头的十年间，但其酝酿与实际活动的时间其实早于文学革命和"五四运动"。1911 年，清华大学就学制与课程进行改革，集结古典学大师，鼓励崇敬经典的学子修习国文与国学，后来"学衡派"的主将及其同人如吴宓、汤用彤、闻一多、刘朴等人就接受过这种专业的中国古典文化训练。1915 年 4 月，吴宓在日记中记载，他已经考虑要创办一份杂志，提倡一种学说，酝酿一种风气，形成一个学派，"发扬国有文化，沟通中西事理"。此乃"学衡派"宗旨的雏形，其淑世精神和弘道意愿溢于言表。新文化运动随之如潮涌动，抱持一种以反弹应对挑战的姿态，"学衡派"以变古而守成、援西以活中、以中而涵西的文化理论渐渐明朗起来。

秉持中西古典断制，胸怀人文意趣，他们论衡近代教育危机及其

危险后果："今则凡留学生，皆学工程实业，其希慕富贵，不肯用力学问则一。"他们以为此等教育舍本逐末，技道倒置，最好也只不过是造就下等工匠，而"境遇学理，略有变迁，则其技不复能用"。他们指出专务实用，而无远虑，最大的危险乃是利己营私，各趋所益，难以团结一体谋求公益。他们提出，"救国经世，尤必以精神之学问（谓形而上之学）为根基"。这种形而上的精神之学问，乃是"天理人事，精深博奥者，亘万古，横九垓，而不变"。不难看出，这种精神之学问，就是贯通古今中西为一体的"古典人文主义"，同时以此为标准评骘中西文化。陈、吴二君断言："今人误谓中国过重虚理，专谋以功利机械之事输入，而不图精神之救药，势必导致人欲横流，道义丧失。"二人批判中国古典传统，认为其不究虚理，实用为尚，同时又批判西方物质主义思潮，断言其恣肆蔓延，必定斯文败类，道义沦丧。[1]言下尽藏机锋，是谓随后"学衡派"所仰慕的古典人文主义，则有望匡正和拯救这个人欲横流的世界。

人文主义的圭臬从何而来？这就必须讲到西方另一脉有别于实用主义，更对立于物质主义与感情主义的反现代思潮了。"学衡派"人士留学欧美，受英国批评家、诗人阿诺德（Matthew Arnold，1822—1888）和美国批评家白璧德（Irving Babbitt, 1865—1933）的濡染，力批以培根、卢梭为代表的近代人道主义，直追轴心时代的古希腊和中国文化所建立的人文正典。阿诺德生在维多利亚时代的英国，正逢贵族当道、中产阶级上升以及平民得势之时。人人为所欲为，个个我行我素，此等境况表明人心不古、世衰道微。阿诺德吟诗为文，锋芒直指这种"文化"（culture）日衰而"无政府"（anarchy）盛行的世风俗气。观日下世风而探古寻根，阿诺德沉入遥远的历史记忆，到希腊精神和希伯来精

---

[1] 意味深长的是，鲁迅对19世纪以来西方物质文化昌盛而道德文化浸衰的"偏至"了然于心，并对人类历史的吊诡甚至悲剧展开了痛切的反思。参见《文化偏至论》,《鲁迅全集》第1卷，北京：人民文学出版社，1981年版，第53页。

神之中追寻"文化"的渊源与命脉。希腊精神以"美"与"光"为尚，希伯来精神以"罪"与"赎"为宗，一个注重"智慧"，一个注重"顺服"。两脉各有源流，秩序与权威却一以贯之，让天道神意大行于天下。然而，作为现代标志的个人至上和功业崇拜，却导致了希腊理智和希伯来道德的双重沦丧，以至于"野蛮人"当道，"非利士人"上升，"群氓"得势，贵族不再优雅，中产阶级唯尚私欲，平民心性暴戾。受德国古典人文主义及欧洲"希腊文化崇拜"（Philhellenism）[1]的涵濡，阿诺德将整饬世道、涵养天理、慰藉人情的希望寄托于希腊文化的复兴，以"文化"来克服"无政府"。"文化就是或应该是对完美的探究和追寻，而美与智，或曰美好与光明，就是文化所追寻的完美之主要品格。"[2]作为诗人与文化批评家，阿诺德将"文学批评"定义为"人生批评"。"人生批评"贵在超然无执，中正合道，探究以及传扬世间所思所言之至精至美（a disinterested endeavor to learn and propagate the best that is known and thought in the world）。在吴宓看来，阿诺德的"人生批评"定义就是文化定义："文化者，古今思想言论之最精美者也。"[3]

　　白璧德以其"悲天悯人之心，匡时救世之志"而备受"学衡派"文人学者的景仰。更有巧合者，乃是1933年一代西学鸿儒、学界泰斗白璧德仙逝之后，《学衡》杂志终刊谢世，"学衡派"亦风流云散。不妨说，白璧德其人其学，都是"学衡派"仰慕的楷模与范本。像阿诺德一样，白璧德对16世纪以来的西方现代化进程及启蒙的后果深表忧虑。对于近代那种毫无管束的物质扩张、唯利是图的厉行之道、率性恣肆的情感放纵以及征服自然戕害人性的所谓进步观念，白璧德报

---

[1]　希腊文化崇拜（Philhellenism），是指现代欧洲在自我断言和确认的过程中将希腊文化理想化和神圣化的一种精神诉求。参见 Lionel Gossman, "Philhellenism and Antisemitism: Matthew Arnold and His German Models", *Comparative Literature*, 1994, Vol. 46, No. 1, pp.1-39。

[2]　[英]马修·阿诺德：《文化与无政府状态》，韩敏中译，北京：生活·读书·新知三联书店，2002年版，第41页。

[3]　吴宓：《论新文化运动》，《学衡》1922年第4期。

以忧心，对其迎头棒喝、严词厉责。援引美国超验主义作家爱默生名言，白璧德将"人律"与"物律"判然二分，认为将"物律"用于"人律"，以物质主义遮蔽人文主义，将导致道衰文敝，肉欲横流。白璧德的反现代之思，正在于他断定16世纪以来的科学自然主义与情感自然主义所开启的现代之路，乃是一条背离古典人文主义的危险道路。物质愈是扩张，情感愈是恣肆，个人愈是为所欲为，肉欲愈是得到满足，俗众愈是感到快乐，世道偏离正道就愈远，人心昧于人文就愈甚。这一名曰"进步"实即"灾异"的现代进程，在18世纪末19世纪初达到了触目惊心的地步。这两种思潮以英国人培根和法国人卢梭为代表，白璧德说此二位哲人分别道出了两种类型的"人道主义"——"科学的人道主义"与"感情的人道主义"，并断言二者都背叛了"古典人文主义"。

白璧德所说的"人道主义"（humanitarianism），系指文艺复兴以来张扬人的权利意志的思潮。而"人文主义"（humanism），系指古希腊和基督教文化中敬慕人的道德良知的传统。吴宓景仰白璧德，服膺其不刊之论，叙说其古典人文主义，力求匡正近世之乱，尤要点醒中国新文化运动之迷。他述论白璧德学理之辞已成经典，读来仍然有迎头棒喝之功、振聋发聩之效：

　　……西洋近世，物质之学大昌，而人生之道理遂晦。科学事业日益兴盛，而宗教道德之势力衰微。人不知所以为人之道，于是众惟趋于功利一途。而又流于感情作用，中于诡辩之说，群情激扰，人各自是。社会之中，是非善恶之观念将绝。而各国各族，则常以互相残杀为事。科学发达，不能增益生人内心之真福，反成为桎梏刀剑。哀哉！此其受病之根，由于群众昧于为人之道。盖物质与人事，截然分途，各有其律。科学家发明物质之律，至极精确，故科学之盛如此。然以物质之律施之人事，则理智不讲，道德全失，私欲横流，将成率兽食人之局。盖人事自有其律，今当研究人事之律，以治人事……人文教育，即教人以所以为人之道，与纯教物质之律者相对而言。[1]

胡先骕也对近代物质主义、感情主义、功利主义极尽责难之词，他盛赞古代希腊和周秦诸子，呼吁援引苏格拉底与孔子的"正名之道"，以制裁物质扩张、感情泛滥与私欲流行。他们最后呼吁"新孔教运动"复兴，涵养一种"最完美之国际主义"。

白璧德将"人文主义"与"人道主义"判然两别，而建立古典主义永恒不易、以一统多之终极断制。"普遍之博爱"，是为"人道"；而"个人之训迪"，是为"人文"，见微知著，二者差异朗然。[2]"人道主义"只知博爱同情，"人文主义"却不仅知道博爱同情，而尤重有所选择的博爱，以及有所规训的同情。人道主义主张广施博爱，而人文主义坚持爱有差等，近代平民主义与古典贵族主义的差异泾渭分明、毫微毕现。更重要的是，人道之情指向外间世界，而人文之境伫立在内心。白璧德断言，孔子与亚里士多德的学说不谋而合。比而观之，若想从人类的历史积累之中汲取高等智慧，摘取经验菁华，当重访佛陀、耶稣之宗教精神，重温孔子和亚里士多德的人文遗训。

白璧德遥想远东，对千年道德之国殷殷瞩望，对孔子的中正崇高仰慕不已。引法兰西学院沙畹氏（Chavannes）之赞词，白璧德视孔子的学说为中国民族道德精神的代表："盖孔子所代表者，乃远古传来之精魂；孔子所教导者，乃若辈之祖先所窥见之真理。"[3]同为古典人文主义的代表，亚里士多德所奠基的希腊文化则是"阿波罗式理性之伟

---

[1] 吴宓：《胡先骕译〈白璧德中西人文教育谈〉按语》，《学衡》1922 年第 6 期。

[2] 徐震堮（编译）：《白璧德释人文主义》，《学衡》1924 年第 34 期。

[3] 吴宓（编译）：《白璧德论欧亚两洲文化》，《学衡》1925 年第 38 期。参见［美］欧文·白璧德：《民主与领袖》，张源、张沛译，北京：北京大学出版社，2011 版，第 123 页。

业"（Appolonian Investment）。"真正的希腊人，就像阿波罗之子那样，最重视的不是迷醉，而是自制法则和适度法则（the law of measure and sobriety）——也即重视保持自己心灵的统一，用他最赞美的希腊语来实事求是地表达美德。"[1]

于是，"学衡派"秉持人文断制，论衡中西欧亚，力辟物质主义、实用主义以及感情主义，而重温东、西方古代圣哲不易之遗训，主张以礼节情、以理制欲，仰慕中正合度、儒雅高洁的人生境界。如果说"五四"时期的主流思潮"持论诡激"、"专图破坏"、数典忘祖、审父弑祖，那么，"学衡派"则与这种排山倒海的巨流相顶逆，他们立说沉稳，意在建设，心怀圣贤以期淑世易俗。

然而，"学衡派"及其宗师们的文化论说，虽凸显了中西涵濡一以贯之的文化创制之道，但他们却在相当程度上忽视了古典人文主义的封闭性和压抑性。古典人文主义主张一以贯之、以一统多，而现代人道主义以至于浪漫主义强调杂语喧哗、异趣沟通。古典人文主义的"中正合度""均衡限制"虽是阿波罗式的伟大理性事业，但它与"逻各斯中心论"一脉相承，在理性与感性、清醒与眩惑、男性与女性、种族与个人之间建立了人为的等级关系，假定前者对于后者具有不易的优越性。斯潘诺斯（William V. Spanos）对现代人文教育的理性主义遗产所做的反思表明，阿诺德的超然人文主义、白璧德的节制人文主义、理查兹的诗性人文主义、以哈佛大学人文课程为典范的博雅教育计划，都是希腊理性主义，特别是逻各斯中心论的延伸，反复再现了一统天道、人情与物象的"中心圆圈"。超然无执、中正合度、诗性正义，无非是"一场建基于超越游戏领域的根本不可摇夺而且稳靠不易的确定性基础上的游戏"，因而同福柯的"全景监控"式的文化霸权主义具有

---

[1]［美］欧文·白璧德：《卢梭与浪漫主义》，孙宜学译，石家庄：河北教育出版社，2003 年版，第 108 页。

异曲同工之妙。[1]而这么一种压抑、封闭的思维模式以及同国家主义、极权主义相联系的文化论说，同孔门儒学所代表的中国古典人文化成理想沟通无碍吗？同全球人文主义真的可以融合无间吗？对此，"学衡派"深信不疑：西方以古希腊为背景的人文主义和中国以儒学为背景的人文化成理想可以远缘交会、涵濡贯通，生成超越中西古今、克服恶魔人欲的全球人文主义。显然，在漠视自体文化与异质文化之殊异性以及遗忘古典与现代之张力关系上，"学衡派"与他们的直接对手——新文化运动将士们非常一致。因而，两派的修辞策略与论学宗旨同样超越不了历史的局限，都归属于新文化（或文艺复兴）的话语脉络。新文化运动多了一点革命的意识，而"学衡派"少了一点启蒙的狂热。

二、修辞立诚——"学衡派"的诗学断章

"学衡派"诗学建构的古典性，乃是现代性以及全球化时代的古典，其宗旨和志趣在于人文化成的境界。为清楚明白计，不妨将"学衡派"的诗学称为"古典人文主义的诗学"。

（一）古典崇拜

何谓古典？"古典"一词有三层含义：古代的典章法式、古代的典籍以及古人留下的生命范型及其文化精神。汉语历史上，"古典"一词最早见于《后汉书》："乃修起太学，稽式古典"（《儒林传序》），"汉氏诸侯或称王，置于四夷亦如之，违于古典，缪于统一"（《王莽传·中》）。这里的"古典"是指政治制度、典章法式、礼数仪轨。《后汉书》又记载："（孝明帝）庶政万机，无不简心，而垂情古典，游意经艺。"（《樊

---

[1] William V. Spanos, "The Apollonian Investment of Modern Humanist Education: The Examples of Matthew Arnold, Irving Babbitt, and I. A. Richards", *Cultural Critique*, 1985-1986, No. 1-2, pp. 7-72, 105-134.

准传》)三国魏应璩《与王子雍书》有云："足下著书不起草，占授数万言，言不改定，事合古典。"这两例中，"古典"是指古人的经典及其所传载的古训。"古典"是指古圣先贤建立的生命范型或者人生境界及其文化精神。泰西思潮侵入而成主流，新文化运动曲说诡辩以致古典湮灭，"学衡派"则尝试在全球化语境下涵盖中西、追思古圣，拯救花果飘零的意义，重整毁裂不堪的纲常。因此也不妨说，"学衡派"的古典诗学建构乃是在危机之中寻求"意义与秩序"。

在这个意义上说，"学衡派"所仰慕和模仿的古典，就不是古代的文物、仪轨、礼数，而是古圣先贤所象征的精神、风致、格调。在狭义的守旧的法先王意义上的"古典"，诚如荀子所言，乃是"循法则、度量、刑辟、图籍，不知其义，谨守其数"（《荀子·荣辱篇》）。"数""义"两分，乃是中国古代礼乐文化特征的表现形式，"数"指揖让周旋之礼仪，礼器陈设之名物度数，"义"指礼乐文化之精神、风致与真谛。"数"为末节，而"义"为本干。"学衡派"倾心赞美竭力传扬"古典"，乃是尊"义"而卑"数"，扬精神而抑物质。吴宓直言"古典""浪漫""写实"之名，均有"常用""专用"两义，常用之义指"文章之一种精神，一种格调，以及立身行事之一种道理，一种标准"；专用之义指"某时某国之文人，自为一派，特标旗帜，盛行于时"。[1] 就其作为精神、格调、立身行事之道理、标准而论，用陈寅恪的话说，"古典"堪称"抽象理想之最高之境"，如柏拉图之所谓 Eidos，如白虎通三纲六纪之说。[2]郑振铎明确指出，"古典"蕴含着"健全、清洁与秩序"的强势含义，而"古典主义便是追慕这些（希腊或拉丁）作家的典则，以技术的完整，有秩序，情绪的健全与平衡为文学的极则的"。[3] 这个定义被作者打上

［1］ 吴宓：《论新文化运动》，《学衡》1922 年第 4 期。

［2］ 参见陈寅恪：《王观堂先生挽词并序》，《陈寅恪集·诗集》，北京：生活·读书·新知三联书店，2009 年版，第 12 页。

［3］ 郑振铎：《何谓古典主义？》，《小说月报》1923 年第 14 卷第 2 号。

了着重号，特别强调典则、秩序、健全、平衡。而这恰恰就是"学衡派"备加推崇的古典意蕴。"学衡派"大多将"古典"视为"正宗""准则"，而将背离古典者称为"诡辩""奇美"。胡先骕将"古典"理解为垂范后世之著作。古典即模范，孔子、苏格拉底、柏拉图为圣贤之模范，释迦、基督为宗教之模范，还有那些政治家、军人武士之模范。堪称模范的作品，古典即为正宗，李白、杜甫、荷马、但丁为诗之正宗，索福克勒斯、阿里斯托芬、莎士比亚、莫里哀为戏曲之正宗。"古典"作为"正宗"，[1] 铭刻着生命的神圣，涵养出生命的尊严，历经千年万代而无与争锋之人，遑论以今夺古、废黜纲常。吴宓常言，天理、人情、物象，具有根本不变的内律。道德之内律在于以理制欲，以轨辙维持社会。宗教之内律在于扶善摒恶，博施光济，让信众笃信天命，敬畏神灵，安详其心境，慰藉其忧伤。诗之内律则在于"以切挚高妙之笔，具有音律之文，表示生人之思想感情"，缔造"灵想之独辟，总非人间所有"的"幻境"，超越"实境"，获取对"真境"之大彻大悟。

（二）质疑"文学进化说"

怀藏天道、人情、物象自有常理不变的信念，视"古典"为"正宗""模范"，欲追回失落的精神、格调以及安身立命的道理、准则，"学衡派"一反主流的"文学进化说"，对新旧、古今提出了迥异时流的看法。文学随时代而变，一时有一时之绝艺，一代有一代之文学，是为新文化运动的基本信念，本质上乃是一种基于古典演变说又为进化论所强化的线性历史观。古典演变说源自孟子"王者之迹熄而诗亡，诗亡而后春秋作"，据此人们惯于观时势风尚，断言"经亡而骚作，骚亡而赋作，赋亡而诗作，秦无经，汉无骚，唐无赋，宋无诗"（《何大复集卷三十八·杂言》）。"物竞天择适者生存"的进化论，坚定了"一代有一

---

[1] 胡先骕：《文学之标准》，《学衡》1924 年第 31 期。

代之文学"的信念，因而"今日之中国，当造今日之文学"。依据古典演变说、线性历史观以及文学进化论，"五四"时期人们视历史如同流水，文学为逐水浮萍，从古典主义到浪漫主义，由浪漫主义而写实主义，更进而为自然主义、印象主义、象征主义。[1]梅光迪与这种线性历史观与文学进化论相抗衡，他果敢断言，国人所迷信的"文学进化论"，乃是流俗之错误、无知之妄言、错位之诡辩。而畅言文学革命，以新代旧、以此易彼之谓，乃是毁裂纲常，废黜模范轨则。[2]私淑吴宓且受"学衡派"熏染的钱锺书后来也对文学进化论之偏失有所矫正，对"文学革命"循名责实。文学演变虽有轨则，但绝非线性演进、旧灭新生、由此代彼："夫文体递变，非必如物体之有新陈代谢，后继则须前仆。譬之六朝俪体大行，取散体而代之，至唐则古文复盛，大乎笔多舍骈取散。然俪体曾未中绝，一线绵延，虽极衰于明，而忽盛于清，骈散并峙，各放光明。"依据此等文体递变之轨则交替，钱锺书进而道破了"文学革命"之实质内涵："文章之革故鼎新，道无它，曰以不文为文，以文为诗而已。向所谓不入文之事物，今则取为文料；向所谓不雅之字句，今则组织而斐然成章。谓为诗文境域之扩充，可也；谓为不入诗文名物之侵入，亦可也。"[3]取"不入文之事物"为文料，含"不雅之字句"于诗文，乃是梁启超所谓"旧风格含新意境"，更为吴宓所谓"新材料入旧格律"。

梅光迪引用英国批评家哈兹利特（Hazlitt）之名言，在《近世欧美文学趋势讲义》中直截了当地断定："文学进化乃是流俗之谬说。"[4]逆反"文学进化"时流，吴宓便理直气壮地断言："天理人情物象，古今

---

［1］ 参见胡适：《文学改良刍议》，《胡适学术文集·新文学运动》，北京：中华书局，1993 年版，第 248 页。又参见陈独秀：《现代欧洲文艺史谭》，《陈独秀著作选》，上海：上海人民出版社，1993 年版，第 156 页。

［2］ 梅光迪：《评提倡新文化者》，《学衡》1922 年第 1 期。

［3］ 钱锺书：《谈艺录》，北京：商务印书馆，2011 年版，第 84—85 页。

［4］ 梅光迪：《近世欧美文学趋势讲义》，《梅光迪文存》，上海：华东师范大学出版社，2011 年版，第 98 页。

不变，东西皆同"，"百变之中，自有不变者存"。师法古典人文主义者白璧德，吴宓将历史描述为"博放之世"（era of expansion）与"精约之世"（era of concentration）之间的往返回旋，此兴彼衰。[1]"博放之世"以晚古罗马时代尤其是文艺复兴之后几个世纪之现代性进程为代表，官能解放、理智解放、良心解放、个性解放为其大趋势，以至于物质扩张、情感恣肆、肉欲横流，最终大道尽废、天丧斯文。而"精约之世"以古希腊和基督教以及中国上古周秦时代为代表，中正崇高、以礼节情、尚理抑欲、优选规训为其世风所尚，为后世留下了天道人情物象之不易常道，涵养一脉源远流长的人文主义传统。

　　是故在"学衡派"看来，新文化运动虽风靡一时、万众景从，但确实不知"新"在何处，而且也没有"文化"，因为"文化"必须是"古今思想言论之最精美者"。持古典之典则，观文学之通变，以古典之标准衡量诗文之得失，"学衡派"一面非难浪漫主义文学，一面谴责中国文学改良论。

　　就非难浪漫主义文学而论，"学衡派"深得师心，将白璧德的古典人文主义贯彻到底。在白璧德看来，"以情感的名义摆脱基督教和古典主义清规戒律的控制，是崇尚独创性天才的浪漫主义运动的基本方面"，而以田园景象为梦乡的怀旧情结"表示浪漫主义者无限而不确定的渴望"。[2]"学衡派"人士与乃师同忧，对浪漫主义文学极尽非难之能事。胡先骕将浪漫主义的源头追及卢梭及其"回归自然"说，并历数浪漫主义文学危情乱世、颠覆标准所招致的历史恶果。"自卢梭《民约论》出，而法国大革命兴，杀人盈野，文物荡然……"[3]据此以断，浪漫主

---

[1]　徐震堮（编译）：《白璧德释人文主义》，《学衡》1924 年第 34 期。参见［美］欧文·白璧德：《文学与美国的大学》，张沛、张源译，北京：北京大学出版社，2004 年版，第 10—11 页。

[2]　［美］欧文·白璧德：《卢梭与浪漫主义》，孙宜学译，石家庄：河北教育出版社，2003 年版，第 29、56 页。

[3]　胡先骕：《文学之标准》，《学衡》1924 年第 31 期。

义为万罪肇因，其后裔亦罪孽深重。浪漫主义之后的诗文与哲理，几乎全然乏善可陈，甚至还将惨无人道的战争、法西斯极权政治、民主蜕变而来的暴民专制一股脑地溯源到卢梭及其浪漫主义。与胡先骕多少有些意气用事的非难略有区别，梅光迪从历史角度审视浪漫主义："自浪漫派出，文学界乃大革命。凡前人所奉为金科玉律者，伊等一切吐弃而无余，谓须自由叙写，无所拘束，方为妙文。"[1]浪漫主义一辈，犹有华兹华斯，抹去散文之文字与诗之文字的差异，主张以白话为诗歌，且"村俗俚语"无不入诗。不过，此乃指桑骂槐、言此意彼，借褒贬英国诗人之名，表痛恨中土文学革命之意。

与胡、梅二人略有不同，"学衡派"领袖人物吴宓对于浪漫主义文学可谓"情理乖离"。在感情方面，吴宓属深于情者，最善钟情，且作诗为文无不以《石头记》中的宝玉自命，情痴至极而苦痛忏情，骨髓里栖息着浪漫的精灵。"寻道殉情完世业，依新依旧共诗神"（吴宓《挽徐志摩》）。然而，正是这同一个情圣情痴，却服膺阿诺德、白璧德之人文主义学理，对浪漫主义推向极端的"博放之世"充满了批判意识。在《论阿诺德之诗》一文中，他将18世纪以来的欧洲描述为从"新旧倾轧异说蜂起"到"凡百分崩离析，杂糅散漫，至于极地"的世变乱象。他赞赏阿诺德诗文之佳处，在于兼取古典主义、浪漫主义二派之长，以奇美真挚之感情思想纳入完整精练之格律艺术之中。在阿诺德的诗歌中，"哀伤之旨，孤独之感，皆浪漫派之感情也。然以古学派（古典派）之法程写出之，故所作之诗，词意明显，章法完密，精警浓厚，锤炼浑成。"[2]换言之，浪漫主义之奇美，为古典主义之正则所制服，于是新材料入旧格律，旧风格含新意境。正则支配奇美，古典主义驯服浪漫主义，构成了吴宓诗学的强大张力。

---

[1] 梅光迪：《近世欧美文学趋势讲义》，《梅光迪文存》，上海：华东师范大学出版社，2011年版，第104页。

[2] 吴宓：《论阿诺德之诗》，徐葆耕编：《吴宓集》，上海：上海文艺出版社，1998年版，第257页。

与梅光迪抓住一点不计其余的严词苛责略有不同，胡先骕征之中西文学历史，证明"文"与"言"不可合一，"文言"与"白话"各见其功。"文学自文学，文字自文字"，文学之形式自律性构成了反对言文合一的白话文学运动的前提。"文字仅取其达意"，而美术之韵文则于达意之外"以有声之辞句，傅以清逸隽秀之辞藻，以感人美术道德宗教之感想"，必有文采，必能表情写景，并以造景为皈依。丽词雅意，情文兼至，不是专务达意的文字所能达到的，所以文言文学与白话文学有霄壤之隔、仙凡之别，岂能以"死""活"论之？！

　　如刘半农之《相隔一层纸》，何如杜工部之"朱门酒肉臭，路有冻死骨"十字写得尽致？至于沈尹默之《月夜诗》："霜风呼呼地吹着，月光明明地照着，我和一株顶高的树并排立着，却没有靠着。"与其《鸽子》《宰羊》诸诗，毫无诗意存于其间，真可覆瓿矣。试观阮大铖之《村夜》："坐听柴扉响，村童夜没还。为言溪上月，已照门前山。暮气千峰领，清宵独树间。徘徊空影下，襟露已斑斑。"其造境之高，岂可方物？即便是小诗如"小娃撑小艇，偷采白莲回。不解藏踪迹，浮萍一道开"，亦较之沈氏之月夜有情致也。不此之辨，徒以白话为贵，又何必作诗乎？[1]

　　厚古薄今之意，尽在这番比较之中。不论是辞采、声韵，还是抒情、造境，刘半农、沈尹默都不及杜甫、阮大铖，是故"白话文学"都无法置换"文言文学"。更有甚者，胡先骕还视胡适《尝试集》之中的"新诗"为"微末之生存"，"无论以古今中外何种眼光观之，其形式精神皆无可取"。他还指责以胡适为代表的文学改良论者"窃白香山、陆剑南、刘改之之外貌"，唯我独尊地断言"文言为死文字，白话为活文字"，"自命为活文学家，实则对于中外诗人之精髓，从未有深刻之研究，徒为肤浅之改革之谈而已"。[2]偏偏造化弄人，不无反讽意味的是，历史

---

[1]　胡先骕：《中国文学改良论》，《东方杂志》1919 年第 16 卷，第 3 期。

[2]　胡先骕：《评〈尝试集〉》，张大为、胡德熙、胡德焜编：《胡先骕文存》（上），南昌：江西高校出版社，1995 年版，第 26，40 页。

进程否决了胡先骕的断言。1920年，白话被官方确定为初等教育的正式语言，古文教育传统从此终结，唯留宪章文武、诗乐江山供后人瞻仰、凭吊。

作为"学衡派"的精神领袖，吴宓同样心仪古典，对"文学改良"运动严厉抨击。在《空轩诗话》第四十九则，吴宓写下了一段不忍卒读的文字，反思"学衡派"仰古抑今、做无谓之抗争的败绩，浓墨抒写存留国粹、为文艺复兴开道的不坠悲愿：

> 吾中国国家社会之危乱，文化精神之消亡，至今而盛。而宓之个人志业之摧残、情感之痛苦，亦比寻常大多数之男女为甚。所赖以为民族复兴之资、国众团结之本、文化奋进之源者，惟我国固有之文字……今日（或最近之将来）汉文正遭破毁，旧诗已经灭绝，此后吾侪将如何而兴国、如何而救亡、如何以全生、如何以自慰乎？……旧诗之不作，文言之堕废，尤其汉文文字系统之全部毁灭，乃吾侪所认为国家民族全体永久最不幸之事，亦宓个人情志中最悲伤最痛苦之事……呜呼！今日国人之言爱国、言救亡，言民族之复兴、文化之保存者，何不于此（保存汉文汉字，发挥利用旧诗）加之意哉？[1]

天地不与哲人同忧，历史巨流非一二精英之意愿与力量所能改道。以吴宓、胡先骕、梅光迪为代表的"学衡派"吊古诗学断章及其悲天悯人之诗意，注定是空谷足音，应者稀少。"言者谆谆，听者藐藐"，文化守成主义者与文化激进主义的先知分享着同一种寂寞，同行者稀，而朋党远去。"学衡派"所思，被视为思古之幽情；而他们之所言，又被当成落伍者的慰心之语。他们就像是一些徘徊在帝国废墟上的老灵

---

[1] 吴宓：《空轩诗话》，徐葆耕编：《吴宓集》，上海：上海文艺出版社，1998年版，第349页。

魂，在做痛苦的歌吟，寂寞而又幽深。

（三）"模仿"辨正

"学衡派"一脉留下的诗学论说，堪称"诗学断章"（poetic fragments）。即便是私淑或仰慕他们的后学如胡梦华之类，也情不自禁地抱怨这套学说破多立少。但他们建构古学，恰恰就在毁论新潮，以古典鉴照今情，旨在古典今情合一。古典今情合一之突出成就，一在重构了"模仿论"，一在重述了"道德论"。"模仿"乃是古典诗学体系之核心典则，而"道德"乃是古典诗学体系之价值中枢。

胡适论诗主张"八事"，第二事即为"不模仿古人"。"学衡派"与之针锋相对，理据充分地提倡"模仿"。以柏拉图哲学观之，"模仿"蕴含两义：或则模仿影像一般飘忽无定的现实，或则模仿被赋予了人情物象而构成不易天道的原始形式（理念、共相、类式、原型）。沿着古希腊诗学所建立的"模仿"之道，古典主义强调模仿古圣先贤及其杰作佳构，理想主义或浪漫主义主张模仿维系于心的"终极实在"或原始形式，现实主义则刻意模仿人情物象，再现于诗文之中。世变唯有乱象，"学衡派"首先主张"模仿"古典。始于模仿，终于创造，推陈而出新，乃是"艺术创造之正法"，因而也是不易的诗学之轨则。"模仿"基于一个假设，那就是肯定有一个范本先于模仿者而存在，古人的范本先于今人的创作，而贯通天道、人情、物象的理念原型作为范本则先于普天之下的大众。[1]

考察"模仿"之基本意义，生物学家胡先骕认定："人之技能智力，

---

[1]"一多"辩证，乃为吴宓诗学断章之哲理根基。师宗人文主义者白璧德，融合中国儒家之道，吴宓将他的人生哲理列为六项：一多并存、真幻互用、情智双修、知行合一、人我共乐、义利分明，而"一多并存"居其首位。在另一个断章《文学与人生》之中，吴宓援引《说文》，"推十合一为士"，涵化柏拉图《斐多篇》"景从'一''多'合一之圣贤，犹如景从神衹"之辩证论说，印证"一多"学说。他尤其偏爱柏拉图的"圆形喻说"，几何学之中的圆，只能心想，不可目见手摹。参见徐葆耕编：《吴宓集》，上海：上海文艺出版社，1998年版，第124，128，130页。

自语言以至于哲学，凡为后天之所得，皆须经若干时之模仿，始能逐渐而有所创造。"[1]为了防止误解，胡先骕特别强调，模仿不等于否定创造，故而创设"脱胎"一说，表征文学创造之意涵："创造与脱胎相因而成者。吾人所斥为模仿，而非脱胎。陈陈相因，是谓模仿，去陈出新，是谓脱胎。"[2]在模仿与创造的关系上，刘永济持论与胡先骕相同，且特别强调模仿与创造合则双美，离则两伤："模仿与创造，以能取法世纪而自为为极致，否则模仿为蹈袭，而创造为虚妄。"[3]

三、由情悟道——吴宓论文学与人生

吴宓认定文学之变迁演化，乃是模仿对象之变换移置，从模仿此类经典到模仿彼类经典，从模仿一类古人转而模仿另一类古人。故而，他制定"今日文学创造之正法"，乃谓习文为诗均分三步：一曰模仿，二曰融化，三曰创造。初仅形似，继而神似，以至自出心裁。返求古人，模仿经典，融汇涵濡，终能异彩新出。[4]"采撷远古之花兮，以酿造吾人之蜜。为描画吾侪之感想兮，借古人之色泽。就古人之诗火兮，吾侪之烈炬可以引燃。用新来之俊思兮，成古体之佳篇。"[5]仿古以图变，以中而化西，吴宓用涵濡之道激活了古典，同化了西方，从而将模仿的诗学转换为创造的诗学。

---

［1］ 胡先骕：《评〈尝试集〉》，张大为、胡德熙、胡德焜编：《胡先骕文存》（上），南昌：江西高校出版社，1995 年版，第 44 页。

［2］ 胡先骕：《中国文学改良论》，《东方杂志》1919 年第 16 卷，第 3 期。

［3］ 刘永济：《论文学中相反相成之义》，《学衡》1923 年第 15 期。

［4］ 吴宓：《论今日文学创造之正法》，《学衡》1923 年第 15 期。

［5］ 吴宓：《吴宓诗集》，北京：商务印书馆，2004 年版。在题为《论诗之创作》的书信（答方玮德）中，吴宓引用解尼埃的这几句诗，连同他自己的《南游杂诗》之一，论说中西涵濡、变古创新的诗学。《南游杂诗》第九十首写道："耻效浮夸骋艳辞，但凭真挚写情思。传神述事期能信，枯淡平庸我自知。"参见徐葆耕编：《吴宓集》，上海：上海文艺出版社，1998 年版，第 247 页。

文学与人生，乃是吴宓诗学聚焦之所。文学模仿人生，而人生犹如"诗集一册""小说一部"。诗歌抒写主观感情，小说叙说客观阅历。此等观念持居心间，故而吴宓之作诗为文，被同侪赞为"忧时感事，情显辞达"，修辞以立其诚，最尚"不诚无物"。不过，吴宓心中的人生乃指中外无别、四海攸同的"天理""人情""物象"。文学模仿人生，实指文学承载天理、抒写人情，以及描摹物象。摈弃浮夸艳辞，抒发真挚情思，衷心传情述事，吴宓之古典文心在于一个"诚"字。崇尚"修辞立诚"的吴宓坚信，世间万物皆可作伪，唯独诗不能作伪，因而在其诗作与诗学之中传承着王国维、陈寅恪倾心的"人间性"。王国维以"人间"命笔，作《人间词话》，辨别"有我""无我"之境，抒发"忧生""忧世"之情，尤其对"落花流水春去也，天上人间""人间自是有情痴"之类的诗文留意措思，畅言文学以描摹人生为本。"人间"一语也频频闪现于陈寅恪诗中，感诗忧世之意了无尽期，伤今吊古之情无以遣怀："人间从古伤离别，真信人间不自由。"（《戊寅蒙自七夕》）"人间性"构成了吴宓诗学的内质。

　　"文质更迭穷亦反，一多并在万缘基。"（《南游杂诗》第四十五首）吴宓的诗学以"文""质"二元结构为框架将"一多"哲理具体化了。从"质"看，文学或广义的诗必须载道言志，述事传情。从"文"看，文学或广义的诗又须讲究笔法、格调、音律。在《诗学总论》《英文诗话》《诗韵问题之我见》等诗学断章中，他多层次多角度地论说诗的"文""质"合一，"材料""格律"融通。"诗所表示之思想感情，其内质之美也；韵律格调，则外形之美也。"内质之美与外形之美二元合一，即成妙文妙诗。内质之美唯在其"诚"，而外形之美尽在其"韵"，二者相辅相成，不离不弃，丽词而兼雅意，深情而但中法度。将"内质"与"外形"视为一体，吴宓给出了完整的诗之定义："诗者，以切挚高妙之笔（或笔法），具有音律之文（或文字），表示生人之思想感情者也"（Poetry is the intense and elevated expression of thought and feeling in metrical language ）。[1]

　　将这一文质并重、形神不离的诗学纲维具体化，吴宓设定了"以新材料入旧格律"的评价标准。依据这一标准，吴宓评价一代诗学大师黄杰之诗作与诗论："经义史事，遂与我今时今地之事实感情融合为一，然后入之辞藻，见于诗章。"（《空轩诗话》第十则）依据这一标准，吴宓评价一代词媛吕碧城的《信芳集》："根柢于世家之旧学，溶于欧美之新知，优于天才，饱经世变，复得山川之助……以新材料入旧格律，真切典雅。"追根究底，吴宓将这一新诗传统溯源至清代"诗界三杰"之一——"诗界哥伦布"黄遵宪。"黄氏人境庐，论诗发精义。声律守旧程，思想运新意。"黄氏写给其妻子的《今别离》，被吴宓认作诗词新传统之滥觞："以新材料入旧格律，不但描绘景物，又必须表现自我，情意丰融，方合。"（《空轩诗话》第三十四则）主张外形古典而内质新异，坚信诗无古今，文无新旧。从梁启超之"旧风格含新意境"到吴宓之"新材料入旧格律"，这一古典诗学纲维及其批评圭臬不仅具有沉稳性，而且不乏包容度。然而，这种古典诗学未能充分考虑到"新材料"与"旧格律"之间的异质性，从而也没有预测到古典境界诗学之自我解构的趋势，更没有设法回应古典容器在现代意蕴的冲击下濒临破裂的危机。

　　就诗之内质而言，吴宓特别强调思想感情之真诚，笔法之切挚与高妙。"切挚"，是指夸张而不浮夸，强化而不失真情。而"高妙"，则指超越"实境"，造就"幻境"，而臻于"真境"。诗有"三境"之说，脱胎于唐代美学，王昌龄、皎然等人从各自角度对此一学说予以规定。"物境"，为处身之境，眼目所接之境。"情境"，为视之于心之境，会心之境，娱乐愁怨而深得其情。"意境"，则为"张之于意"而"思之于心"之境。吴宓所说的"实境"（actuality），相当于"物境"，是指某时某

---

[１] 吴宓:《诗学总论》，徐葆耕编:《吴宓集》，上海：上海文艺出版社，1998 年版，第 219 页。

地某人所经历之景象、所闻见之事物。而他所说的"幻境"（illusion），相当于"情境"，是指感情所浸染改造而生之境，"无其时，无其地，且凡人之经历闻见未尝有与此全同者"。"幻境"乃是由诗人艺术家经过修缮、剪裁、渲染"实境"的创造物。"实境似真而实幻，幻境虽幻而实真"，美术皆以"幻境"示人而不问"实境"，反而引领人从"幻境"之中获得解救，进入"真境"。吴宓所说的"真境"，相当于柏拉图的"终极真实"，略通于亚里士多德所说的高于"史境"的"诗境"，因此特别耐人寻味：

> 真境者，其间之人之事之景之物，无一不真。盖天理、人情、物象，今古不变，到处皆同，不为空间时间所限。故真境（Reality）与实境迥别，而幻境之高者即为真境。故凡美术，皆求造成一无殊真境之幻境。[1]

再现"实境"，创造"幻境"，臻于"真境"，乃是灵魂之脱胎换骨，精神之辗转脱化，真理之道成肉身。在终极意义上，诗如此，艺如此，哲学如此，宗教亦复如此。"实境"与"幻境"为"多"，而"真境"以一统多，乃至生命与宇宙同流，而个体与永恒同在。在与柏拉图的对话中，苏格拉底悟出戏剧的高潮是瞩望"观念原型"之善美合一。十字架上死而无怨的耶稣终于证明了基督教博爱之道。而佛家之"华严境界"亦为"一多"驭万有，融汇而贯通。儒家之"天德流行"同样广大而致精微，极高明而道中庸。诗人或者文人抑或艺人，面对"实境"感兴而动，再现或改造"实境"而创造"幻境"，最终臻于万物皆备于我的"真境"。感兴而发，情满人间，乃是人与天理、人情、物象交接之必然。挈幻归真，乃为指导人生由幻象得以解脱（from illusion

---

[1]　吴宓：《诗学总论》，徐葆耕编：《吴宓集》，上海：上海文艺出版社，1998年版，第226页。

to disillusion, or redemption from the illusion）。[1] 从情满人间，经过修辞立诚，到挈幻归真，乃是"由情入道"。

"由情入道"是一条哲学之路，或者说是在哲学之光照下超越诗学进入道德王国、祈向宗教天国的上行之路。"由情入道"语出《红楼梦》而成为吴宓《文学与人生》的核心命题及其诗学的拱顶石。这一命题源自古典抒情传统，却旨在超越抒情传统。"情"为人世间男女之爱，"道"为对道德、对宗教之企慕，对上帝之爱。男女之情飘忽无用，而对上帝之爱稳妥而又有益。"由情入道"，就是从爱到宗教，而宗教则是理智上的直观真理：

> 上帝的世界，即，宗教，有它自己的宇宙，作为一种秩序、系统、计划、协作、目的、理解、美、完美，它可以被人们理解（虽然是局部的）；它也相应人们的呼喊或祈祷；满足人们头脑与心灵（之要求）；它是完整的，永恒的，不可摧毁的——然而它也并不需要或依赖人的努力去保护或修补它——它这样就支持了我们的终极信念。[2]

这段论说可谓庄严神圣，幽深邈远。"由情入道"，只不过是以礼节情，以理制欲，而非剪灭情欲，否则就万劫不复了。"炉火烛光依皎日"，《空轩诗》第八首中诗句极言天理人情互相涵养。"皎日"喻示上帝之光无穷大、无穷久，"炉火烛光"则喻示个人之感情之火与理智之光极渺小、极微弱。人生在世，竭尽劳苦，献身功业，殉情殉道，只不过是弘扬上帝之精神，执行天道神意而已。超越物象、人情而臻于

---

[1] 吴宓:《石头记评赞》，吴宓:《诗学总论》，徐葆耕编:《吴宓集》，上海：上海文艺出版社，1998年版，第 299 页。

[2] 吴宓:《文学与人生》，吴宓:《诗学总论》，徐葆耕编:《吴宓集》，上海：上海文艺出版社，1998年版，第 169 页。

天理，也就是祈向宗教，仰慕上帝。故而，吴宓之宗教融合了"深彻的理智"与"真挚的感情"，信所可信，行所当行，造就快乐人生。同时，上帝亦兼具"无上之感情与理智之理想的人格，其光热力命皆为无穷大，入皎日为一切炉火烛光之来源及归宿也"。[1]

将源于《红楼梦》的"由情入道"，复用于对《红楼梦》的批评中，吴宓化用"西方文学之格律"，发掘了这部"史诗式的（非抒情式）之小说"的微言大义，为审视中国古代经典提供了一个新异的视角。深受泰西古典主义熏染而对但丁诗学情有独钟的吴宓，援引美国学者麦戈纳迪尔（G. H. Magnadier）的学说，发掘了《红楼梦》之四层意义及其无辨古今中西的"天理人情中的根本事理"。《红楼梦》之第一层意义，类似于但丁所说的"字面意义"（literal meaning），叙说诗人一般的贾宝玉之"反成长"体验及其人生悲剧，用意在于指明以礼节情、以理制欲之必要。第二层意义，类似于但丁所说的"寓言意义"（allegorical meaning），以宝、黛、钗三角情爱为动力，以黛、钗二女之命运对比，寓意率性而行者常败的宿命。第三层意义，类似于但丁所说的"道德意义"（moral meaning），以贾母与王熙凤在贾府权力的兴衰表征王道与霸道的历史节奏，在政治道德意义上喻示一代王朝之兴亡盛衰。第四层意义，类似于但丁所说的"神秘意义"（anagogical meaning），以刘姥姥之言行象征淳朴世风，以惜春之命运及其选择，更有《虚花语曲》，暗含返璞归真的渴望。[2]吴宓特别强调，《红楼梦》具备亚里士多德所说的"庄严性"（high-seriousness），谐中蕴肃，悲从情来。其主角宝玉涉过情欲之海，最终遁入空门，叙述了灵魂上行之道，表象了"由

---

[1] 吴宓：《空轩诗话》第二十四则，吴宓：《诗学总论》，徐葆耕编：《吴宓集》，上海：上海文艺出版社，1998年版，第337—338页。

[2] 吴宓：《〈红楼梦〉新谈》，吴宓：《诗学总论》，徐葆耕编：《吴宓集》，上海：上海文艺出版社，1998年版，第277—286页。关于但丁"四义说"，参见 Richard Harland, *Literary Theory from Plato to Barthes: An Introductory History*, Palgrave: Palgrave MacMillan Limited, 1999, pp.27-28。

情人道"之旨。一册《红楼梦》，不仅含纳礼乐三千，集中国诗文精粹之大成，而且具有笼罩世界古今之势能：柏拉图《飨宴篇》（今译《会饮篇》）、奥古斯丁《忏情篇》（今译《忏悔录》）、但丁《新生》与《神曲》、歌德《威廉麦斯特之学习与漫游》、卢梭《忏悔录》、塞万提斯《堂吉诃德》……无不尽纳入怀，共同彰显人间所思所言之至善至美。而这就必须论及吴宓及其"学衡派"同人所倚重和铸造的古典道德了。

四、结论：古典道德与诗学境界

如果说，"模仿"构成了"学衡派"诗学之基础，那么我们完全可以断定，"道德"构成了"学衡派"诗学之鹄的。近代以来，在脱古入今的中国，被遮蔽、被忘却者，自然是儒家道德。所谓时势孤危、礼崩乐坏，所谓意义危机、花果飘零，都在形容"道德"的现代处境。礼义之邦，为人欲浸淫；田园之景，唯留剩水残山。"学衡派"步武阿诺德、白璧德，试图在古希腊文化、基督教、儒家学说、佛教四大交相辉映的文化传统之中寻找真正的"人文主义"。呼吁"孔教复兴"，涵养"人文国际"，"学衡派"人士以"道德"为图腾，组织成了一个同"五四"新文化抗衡的"人文共和国"。

痛感现代文学界的黑暗重重、每况愈下、文衰道敝，缪凤林直追汉儒王充，呼吁修立"文德"。[1]"言为心声，文为心相。文德之不修，人格之何有？""文德"之名，典出《诗·周颂》："于穆清庙，肃雍显相，济济多士，秉文之德。"又见《魏书·文苑传》："杨遵彦作文德论，以为古今辞人皆负才遗行，浇薄险忌。"清代章学诚赓续汉儒之说，畅言"凡为古文辞者，必敬以恕，知临文不可以无敬恕，则知文德"（《文史通义·文德》）。缪凤林援引阿诺德《文化与无政府状态》之"超然无执"

---

[1] 缪凤林：《文德篇》，《学衡》1922年第3期。

（disinterestedness）学说，合韩愈"不志于利"之论，将"文德"提升为"文学之良知"。依据"不志于利"的君子之道与文学良知，"文德"就是"志洁行廉，特立独行，超然于实利之外，不获世之滋垢，以不偏不颇之心，惟真理之求，识此世所思之至善，为天下昌，而为人群之准则而已"。缪凤林感叹世衰道微士失已，著书全为稻粱谋，文德不存而人格斫丧，从而力举修立"文德"，规范"文情"，使文学深厚而节制，超绝而谦卑。

与缪凤林"文德"之论略合，吴芳吉推崇"文心"，重述"载道"之论。[1]"文心"典出《文心雕龙·序志篇》："夫文心者，言为文之用心也。"又曰："盖文心之作也，本乎道，师乎圣，体乎经，酌乎纬，变乎骚。文之枢纽，亦云极矣。"吴芳吉借用"文心"以衡量文学之美。从吴芳吉论述的脉络看，"文心"即"道心"，从"文心"重述"文以载道"学说，吴芳吉大大拓展了文学所载之"道"的范围，不仅包括传统的孔孟之道，而且还包括涵容古今中西的人文主义。"文以载道"，此"道"包含无辨东西、涵盖古今的"天理""人情""物象"。

经过一番镜像互观、推陈出新的转换，"学衡派"的"道德"观已经逾越了风化教化层面，上升到了形而上的价值高度。在这方面，吴宓的"从爱到宗教""由情入道"的论说堪称典范。诗之功用在修德明教、涵理于情、砥砺志节、宏拓抱负，而不仅仅是完成道德教化、内圣外王。吴宓奉"国粹派"学者黄节为"诗学"宗师，大段抄录黄氏《阮步兵咏怀诗注自序》中的文辞，重申儒家诗学与诗教的人文化成意义："惟诗之为教，入人最深……道德礼法坏乱务尽，天若命余重振救之，舍明诗莫繇。"紧接着他请来阿诺德、白璧德的学说助阵，将文学之"道德"提升到形而上的价值高度，拓展到普世人文化成的幅度，赋予诗歌超克物役、解救人性的使命：

---

[1] 吴芳吉：《三论吾人眼中之新旧文学观》，《学衡》1924 年第 31 期。

英国安诺德 Matthew Arnold（1822−1888）论诗教（The Study of Poetry）曰："诗之前途极伟大，因宗教既衰，诗将起而承其乏。宗教隶于制度，囿于传说，当今世变俗易，宗教势难更存。若诗则主于情感，不系于事实。事实虽殊，人之性情不变。故诗可永存，且将替代宗教，为人类所托命"云云（以上译意）。呜呼，此非黄师之志耶！宓又按：美国白璧德 Irving Babbitt（1865−1933）师倡道所谓新人文主义，欲使人性不役于物，发挥其所固有而进于善，一国全世，共此休戚，而借端于文学。呜呼，此又非黄师之志耶！黄师曰："天若命余重振救之，舍明诗莫繇。"其自任之重，有若孟子。然黄师说诗之法，亦本于孟子。"于其事不敢妄附，于其志则务欲求明。"此非孟子所云"不以文害辞，不以辞害志，以意逆志，是为得之"者乎？顾黄师之说诗与其作诗，乃一事而非二事，所谓相合而成其美也。[1]

中国传统"诗教"与"人文主义"互相涵濡，进而将道德提高为信仰，提出"以诗歌代替宗教"，此乃"学衡派"诗学的逻辑终点。殊不知，在修辞立诚、由情入道的理路上，诗学从自律性向他律性倾斜。"学衡派"提出"以诗歌代宗教"，便走上了梁漱溟、蔡元培的道路，不论是"以道德代宗教"，还是"以美育代宗教"，受到遮蔽的总是诗学的自律性。而拯救诗学自律性的使命，却落到了"学衡派"的流裔梁实秋、闻一多、邓以蛰等人身上。另一方面，在危情自救、寻求意义与秩序的道路上，新儒家及其同道越走越远、越升越高，弘发潜德之幽光，几近演化出"道德中国""人文天下"了。

"学衡派"诗学之残篇断简，记录了他们同"五四"新文学主流的对质论辩，彰显了反思文化现代性的另类抉择。目睹世变乱象而伤今

---

[1] 吴宓:《空轩诗话》第十九则，吴学昭编:《吴宓诗话》，北京：商务印书馆，2005 年版。

吊古，不忍物欲横流而掉背孤行，"学衡派"的诗学浸润着全球时代的"执着的乡愁"（wily nostalgia），甚至是染色浓郁的"哀悼之情"（emotion of mourning）。在世界体系之拓展和地域文化之扭曲过程中，"现代性"强化了自反，自反促成了"执着的乡愁"。[1]在这一方面，"学衡派"代表人物吴宓的诗学命题"以新材料入旧格律"，就是"执着的乡愁"的表达式。在其"世界文学之猜想"中，意大利学者莫莱蒂（F. Moretti）曾一厢情愿地将世界体系从中心到半边缘再到边缘的扩张所推动的"世界文学"之形成概括为一个简洁的公式："外来形式"（foreign form）涵濡"本土素材"（local materials）产出"本土格调"（local voice）。[2]然而，吴宓的命题却反世界体系的拓展方向，把新颖异质的材料强行纳入地方古旧形式，"现代中的古典"就被颠倒成"古典中的现代"，本土格调便获得了一种强大的同化力量。然而，在眼观乱世、目睹衰败的时刻，"学衡派"观澜索源、步武古圣，且为圣贤举哀，在与众多幽灵的遭遇中，试图从贯穿天理、人情与物象的永恒道德之中凝练出一股"微弱的救世力量"（weak Messianism）。"学衡派"的古典不只是一种凝固的标准，不只是一种僵化的秩序，更是一种指引生命形象设计的力量、一个论衡古今东西的理论视角、一道感情的政治激情、一方供乱流涌动彼此争论的理论平台。一股"微弱的救世力量"微弱但不羸弱，虚灵而不虚空，超越而又内在，蕴藏着以人文化成世界的巨大潜能。

---

［1］［美］罗兰·罗伯森：《全球化：社会理论和全球文化》，梁光严译，上海：上海人民出版社，2000年版，第43—44页。

［2］Franco Moretti, "Conjectures on World Literature", *New Left Review*, 2000 No.1 , p. 67.

近代图像印刷资本主义

——以《点石斋画报》插页画为中心的考察[1]

唐宏峰[2]

[摘　要]《点石斋画报》插页画与其中的《卧游图》系列，长久以来一直被学界忽视。本文以"点石斋"插页画为中心来考察晚清绘画与图像的机械复制和公共传播，分析照相石印技术带来的图像印刷的新特点与绘画形态的新变化，指出新技术使得图像实现广泛传播，由此形成一种公共性的视觉空间与共同体感受。本文提出"图像印刷资本主义"，将图像纳入现代性印刷文化的研究，思考机械复制和公共传播这两个现代印刷文化的根本特性对晚清绘画史和图像文化产生的意义。

[关键词] 印刷资本主义　点石斋画报　机械复制　再媒介　视觉性　公共空间

---

[1]　本文为国家社科基金艺术学项目"近代中国视觉文化研究"（项目号：10CC077）的阶段性成果，并受中央高校基本科研业务费专项资金资助。
[2]　唐宏峰，北京师范大学艺术与传媒学院副教授。

中国美术史的研究向来以绘画为主，中国画以水、墨、颜料在纸或绢上敷展，形成或工笔或写意的山水、花鸟与人物，美术史研究的主体对象为此，主要的研究方法也是适用于解释此种媒材与形态的方法。从唐、宋、元、明至清，乃至近代美术，此主流对象与方法基本不变。但近代美术发展实有新的特殊性，即图像的机械复制发展兴盛，由于现代印刷技术的引入，绘画的复制与传播极为广泛，绘画之图像有了新的被普遍传播和接受的媒介与载体。所以对近代美术的研究，应该更加重视此种图像文化，主要表现为种种印刷图像，包括画报、单独复制出售的作品、画谱／画传／图咏、广告、文学插图等，注重考察图像的机械复制与公共传播，因为这是晚清以来中国美术与视觉文化中的重要内容。

如果我们将近代美术史研究与其他领域的历史、文化史、文学史研究相比较，会看到美术史在这方面比较薄弱。近代史学界高度重视报刊文化，近代报刊研究早已是近代史（包括文学史、文化史）研究中的重头戏。新式机械印刷术及在此基础上形成的连续性报刊，构成了现代性的基础，这是近代文化区别于古典文化的重要内容。印刷资本主义（print capitalism）正是现代文化的重要内容，学界对这一问题的研究甚夥，但在文字之外的图像印刷却很少被纳入研究视野。事实上，美术史并未在这一范围之外。相反，图像并不逊于文字，也是现代印刷的重要内容。近代图像之机械印刷并不限于画报、广告、民间美术、初级画谱等通俗图像的领域，而是比此前任何一个依赖于木刻的朝代都更大规模地进入了高级美术作品的领域。因此我提出"图像印刷资本主义"，将图像纳入现代性印刷文化的研究，思考机械复制和公共传播这两个现代印刷文化的根本特性对晚清绘画史和图像文化产生的意义。

本文将以《点石斋画报》的插页画为中心来考察晚清绘画与图像的机械复制和公共传播情况，分析照相石印技术带来的图像印刷的新特点与绘画形态的新变化，指出新技术使得图像实现广泛传播，并由此形成一种公共性的视觉空间与共同体感受。

一、新技术：照相与石印

本雅明在其名作《机械复制时代的艺术作品》的开篇，追溯现代机械复制技术的发端，指出石印大大超越了木刻，标志着图像机械复制的开始。石印技术（lithography）由德国人阿罗斯·赛内非尔德（Alois Senefelder）于 1798 年发明，是以石头为印版版材的平版印刷方法，根据石材吸墨与油水不相溶的原理所创制。石印技术用化学方法取代了传统的木刻过程，刻工的中介被取消，原作被直接复制在石板上而得以照样批量印刷。石印在速度、数量和准确性几方面都达到了前所未有的高度，图像的复制由此不再是困难、昂贵的事情。石印技术在 1832 年传入中国，[1] 到晚清，在全国出版中心上海，石印出版机构广泛存在，如点石斋书局、同文书局等。这些石印书局重印了以《康熙字典》为代表的大量古籍，同时更在图像印刷领域大显身手。不过只明了这一普遍状况并不够，对晚清上海出版机构所使用的石印新技术还需作更细致的探究。

我们可以集中考察晚清最大的图像印刷机构点石斋书局所使用的技术。1879 年 1 月 1 日新年第一期《申报》刊登了一则《楹联出售》的广告：

> 本馆近从外洋购取照印字画新式机器一付，因特创点石斋精
> 室，延请名师监印，凡字之波磔、画之皴染，皆与原本不爽毫厘。
> 兹先取古今名家法书楹联琴条等，用照相法照于石上，然后以墨

---

[1] 石印的印刷原理和程序参见张秀民：《中国印刷史》（下），杭州：浙江古籍出版社，2006 年版，第 441 页。

水印入各笺，视之与濡毫染翰者无二。夫中国之字画皆以手摹者为贵，而刻板者不尚，然古人之名迹有限，斯世之珍庋无多，欲购一真迹，非数十金数百金不办，然犹有赝鼎之虞也。兹无论年代之久远，但将原本一照于石，数千百本咄嗟立办，而浓淡深浅着手成春，此固中华开辟以来第一巧法也。[1]

这则广告在以往关于点石斋书局的研究中都被忽略了，而它对说明点石斋书局的成立时间、使用的印刷技术等问题都提供了很重要的信息。从广告可知，1878 年《申报》馆引进了新式印刷机器，并专门为此成立了点石斋书局，此机器尤擅印制书画作品，"凡字之波磔、画之皴染，皆与原本不爽毫厘"，并且印制快速，"数千百本咄嗟立办"。新技术的运用真正开始了一个"机械复制时代的艺术"的传统。此广告已经明白无误地告诉我们，点石斋书局使用的是最新的照相石印技术（photolithography），而非普通的石印术。"照印字画新式机器"之"照印"二字不会用来描述一般的石印机器。这段最早介绍照相石印的文字显然是非常有意地凸显《申报》馆引进该机器不同于一般石印的新创之处，寥寥几句广告语已经对照相石印术之原理过程做了清晰介绍，"兹先取古今名家法书楹联琴条等，用照相法照于石上，然后以墨水印入各笺，视之与濡毫染翰者无二"。照相石印技术由英国人詹姆斯（Henry James）和斯科特（A. Scott）在 1859 年发明，[2] 它通过摄影复制原稿为玻璃底片完成传统的绘石过程，再通过通常的石印化学原理，完成落石的过程。1892 年《格致汇编》刊登的傅兰雅《石印新法》一文，更准确点明当时上海印刷界使用的是照相石印术，并详细介绍了照相石印技术的原理：

---

[1]《楹联出售》，《申报》1879 年 1 月 1 日。

[2] 吕道恩：《照相锌版印刷术和照相石印术的发明及传华时间新考》，《中国科技史杂志》2013 年第 1 期。

现今石印之法，皆以照相为首工。照相之书，虽有数件，然所论者不过照人物山水之事，与石印照相之工大不相同，因必用特设之照器与照法也。凡石板所能印之画图，不能用平常所照之像落于石面印之，须有浓墨画成之样，或木板铜板印出之稿，画之工全用大小点法，或粗细线法为之。画成之稿连于平板，以常法照成玻璃片，为原稿之反形，即玻璃片之明处，为原稿之黑处；玻璃面之暗而不通光处，为原稿之白处。此片置晒框内，胶面向上，覆以药料纸，照常法晒之。晒毕，置暗处，辊以脱墨，入水洗之。未见光处洗之墨去，见光处墨粘不脱，洗净则花样清晰与原稿无异。将此纸覆于石板或锌板面，压之，则墨迹脱下，此谓之落石。照常法置石于印架，辊墨印之。[1]

傅兰雅的文章点明了照相石印的过程和技术特点。照相石印与传统石印有着巨大的技术差别，它将摄影技术引入制版过程，通过摄影来完成原稿的第一步复制。摄影的复制能力无与伦比，使得照相石印可以印刷的对象更为丰富，不仅是通常可以石印的新鲜的墨色文稿画稿可采用此方法印刷，而且各种原有的中国白描画、水墨画、西洋版画等均可拍成底片后通过化学方法转化到石面上进而印刷。因此，点石斋书局才可以翻印大量画谱画稿，《点石斋画报》才可以原本复制西方画报上的图像，并能够附赠各种海派画家作品。另一方面，照相石印术通过特别的镜箱和胶纸可将现成的书作画稿进行放大或缩小，因此特别适合翻印古籍画谱。由于不再需要刻印这一程序，石印的优点在于快速（省略了刻版的过程）与保真（排除了制版过程中人手的媒介过程，力图无媒介地、最大限度地接近原本），出版速度和印刷质量都大大提高，对于图像印刷尤为便易。因此，照相石印技术真正

---

[1]［英］傅兰雅：《石印新法》，《格致汇编》1892 年秋季卷。

达到了图像的机械复制，带来一个图像印刷资本主义（print capitalism）的时代。

二、机械复制与公共传播：《点石斋画报》插页画

晚清画报之兴盛建立在新式印刷术的基础上，有了快捷、保真、批量复制的照相石印术，图画才可以从一种具有难度的主要表达精神趣味的方式变为一种描摹转瞬即逝的现实的手段，并进入公众传播领域，这就是"画"与"报"的结合——"画报"。《点石斋画报》是晚清中国存续时间最长（1884 — 1898）[1]、发行最广、影响最大的新闻画报，这一点学界公认。但实际上不仅于此，《点石斋画报》同时还是晚清图像种类最丰富、具有高雅文化追求、带有美术杂志性质的画报，这一点则几乎无人关注。《点石斋画报》含有大量丰富的插页画，这些插送的图像以海派名家作品为主。照相石印术不仅使新闻图画成为可能，也促进了高雅美术图像的批量复制与公共传播，这些插页画使《点石斋画报》具有了不可忽略的美术意义。在对晚清海派绘画的研究中，商业性是其公认的特征，许多海派画家偏离了传统文人画家与市场的关系，成为谙熟市场趣味的以卖画为生的职业画家。晚清上海乃至江南的书画市场繁荣，对此研究甚夥，但很少有研究关注另一种图像市场，即印刷图像市场。机械复制带来的是公众传播，凭借照相石印技术，晚清上海和江南的图像市场达到了前所未有的规模，高雅美术图像开始成为大众文化的一部分。《点石斋画报》中的插页画正是晚清美术图像市场的一份重要档案。

---

[1] 关于《点石斋画报》的闭刊时间，学界尚存在很大争议，有 1894 年、1896 年、1898 年和 1900 年等不同说法。参见裴丹青：《〈点石斋画报〉研究综述》，《河南图书馆学刊》2007 年第 2 期；苏全有，岳晓杰：《对〈点石斋画报〉研究的回顾与反思》，《重庆交通大学学报（社会科学版）》2011 年第 3 期。

尽管对《点石斋画报》的研究颇丰，但很少有研究者了解其所包含的三百余张插页画，这主要是由于材料搜检不易。现在普遍使用的《点石斋画报》版本基本是以 1897 年点石斋自己重新装订整理的版本为底本。这份重订本符合画报体例设计者的预想，将每一期画报按照顺序连续装订起来，形成书籍样式。但这一重订本在某种程度上并非当年读者收到的画报原貌，因为它抽掉了每一期的封面和附赠的插页画、笔记附录、广告等内容，而这些内容实际蕴含了丰富的信息。《点石斋画报》被减缩为一份时事画报，后世研究也受蔽于此。事实上，《点石斋画报》从第 6 号起就经常在常规九幅新闻画后面刊发连载的笔记小说、戏曲、谜语等文学作品，如王韬的《漫游随录》，大致每期一则，配以比新闻画绘制得更为精细的插图一张。绘图文学作品的加入，使得《点石斋画报》具有了文学意义。同时，在此一册图画和文字之外，经常会有一张甚至两三张尺寸通常大于画报本身的插页画夹在画报当中，这些是点石斋附赠的另一种文化产品，读者大概会很快抽出它们，单独收藏、装裱或挂起。这些插页画主要是当时活跃在上海和江南地带的被后世称为海派画家群体所作的人物、花鸟、山水。因此，人们基于重印本而得来的对《点石斋画报》基本面貌的印象，跟原始的真实面貌相比，实在是单薄得多。在新闻时事画的主体之外，《点石斋画报》通过长期稳定地提供小说附录和插页画，为自己增添了重要的文学意义和美术意义，有力提升了自己在文化产品层级上的位置。《点石斋画报》的这些文学与美术附赠品是画报吸引力的重要来源，几乎每一期《申报》广告都必然提及插页画的具体信息，包括作者和内容，这说明画报主人对此高度重视。这里首先就我所见对《点石斋画报》插页画情况加以描述。

　　1885 年新年伊始，《点石斋画报》采取了新的营销手段。《申报》第 30 号画报出售广告称，新年万象更新故图画皆选“古时吉利事”，全部由吴友如作，同时“附送岁朝清供横屏一幅，系子详先生所绘，

图 1　张熊《岁朝清供》，《点石斋画报》1885 年第 30 号

兹仍以洁白棉料纸印就墨花，以便诸君随意着色，装入画报之首，不加分文，末附淞隐漫录图说一则"。[1] 点石斋书局石印书画事业的蓬勃发展，使得美查与彼时上海及江南的画家与藏家形成越来越紧密的关系。美查邀请张熊作画报插页的开篇，是很好的选择，其人时年 82 岁，在沪上享有盛名，为海派画家巨擘，善花卉，风格富于装饰意味，与画报读者的审美习惯相吻合。此画印制精美（图 1），尺寸是我所见插页画中最大的一张。画面呈现黑白"墨花"，等待读者"随意着色"。画面包括瓶插牡丹、盆栽水仙怪石、梅枝、佛手，是符合传统的花果清供题材，寓意吉祥，构图规整均衡，符合典型的市民趣味。在同一天《申报》上还有《分送画谱预告》："苏杭两省名画如林，兹先托任伯年、任阜长、沙山春、管劬安分绘工细人物花卉鸟兽，准于新正第二期即 31 号画报之首增入两图，不加分文，以后按号分送，亦不间 × 分之 × 奄有众长，联之亦可成合璧，将来集有成数装成册页，不独临摹家可用作画谱，即明窗净几展玩一通，亦雅人自深其致也。"[2] 此广告即为画报长期赠送插页画之告白，表示从 31 号起画报将开始赠送名

----

[1]《申报》1885 年 2 月 24 日。

[2]《申报》1879 年 7 月 20 日。× 表示无法识别的文字，下同。

图 2　任薰《释迦牟尼佛》,《点石斋画报》1885 年第 32 号

图 3　任伯年《茂陵风雨病相如》,《点石斋画报》1885 年第 33 号

家画稿。但实际上,不知何故,此期画报并无插页,而在接下来的 32 号画报,读者就见到了任薰所绘的佛像与罗汉图(图 2)。[1] 随后 33 号画报继续赠送画谱两图,为任伯年的山水画(图 3)与沙馥的儿童人

---

[1] 参见 32 号画报出售广告:"不惜重资求得时下大名家如任阜长、任伯年、沙山春、管劬安诸公,分绘人物花卉翎毛山川诸画谱,笔墨奇奥迥异凡庸,从此次 32 号画报为始,先将任君阜长所绘罗汉就两图装入画报之首,以后按号分送,绝不间断,可装册页,可作××,画报仍然九图亦不少,末附淞隐漫录图说一则,价洋照旧不加分文。"(《申报》1885 年 3 月 12 日)

图 4　沙馥《平地一声雷》,《点石斋画报》1885 年第 33 号

图 5　管劬安《邯郸女子》,《点石斋画报》1885 年第 34 号

物画（图4）。34号继续任薰的罗汉图，还有管劬安的仕女图（图5）。这一批插页作品后来持续随画报奉送。我们可以推测，美查在甲申年末开始筹划为画报增添新的内容，约请了一批海派画家，积攒了一定数量的作品后，在新一年定期放送。这一批作品包括任薰的罗汉图12张和动物画14张，任伯年的山水和人物画共12张，沙馥的童戏图8张，管劬安的仕女图6张，吴友如的陈圆圆像2张（图6）。[1] 发送体例大概是每一期两图（也有没有图的时候，也有仅一图的时候）。这批画持续赠送了将近一年。进入1886年，这些海派画家作品似乎已经发送完。

图6　吴友如《陈圆圆像》，《点石斋画报》1885年第57号

————————

[1]　哈佛燕京图书馆存有一册《点石斋画报》别册，为这些图画的集合。

图 7　徐详人物画,《点石斋画报》1889 年第 177 号

1887 年也未见插页画。这两年美查似乎断了供应,应该是在积累作品。到 1888 年,插页画继续出现,但数量不多,美查开始邀请画报自己的画师作插页美术作品,我们可以见到金蟾香的不少人物画,同时开始出现吴友如所作的系列平定太平天国功臣肖像画和战绩图。进入 1889 年,功臣战绩图更多,同时偶见金蟾香画作、徐详人物画(图 7)。此外,徐家礼的《卧游图》系列开始大量连续地出现,成为画报插页画的主体。1890 年,基本全是徐家礼的《卧游图》。1891 年,《卧游图》继续,间有吴友如功臣像和胡璋、陶咏裳(图 8)等海派画家的人物画。另外,此年《点石斋画报》重印《皇朝直省地舆全图》陆续放送。1892 年,《卧游图》仍是主体,间以画报画师金蟾香、何元俊的人物画和海派画家顾旦的花鸟画(图 9)。1893 年,《卧游图》继续放送,点石斋画师何元俊、张志瀛、符良心、金蟾香等人的作品大量出现,成为主体。1894 年,点石斋画师作品继续,《卧游图》不再出现。1895 年,仍然

图 8　陶咏裳《一曲阳春谁得识》,《点石斋画报》1891 年第 280 号

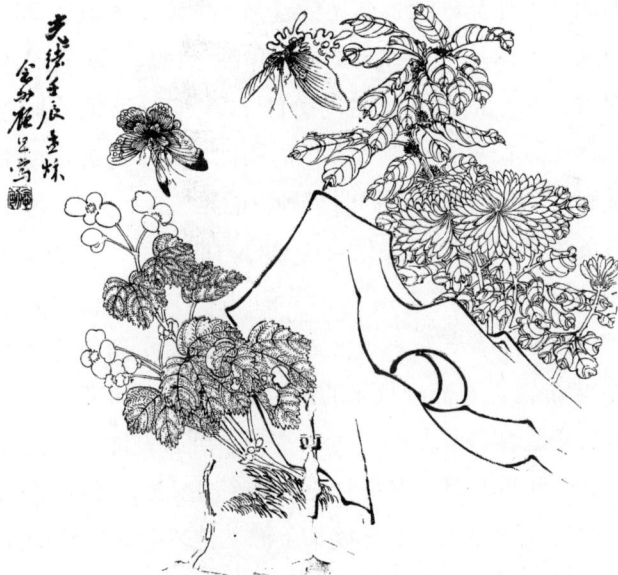

图 9　顾旦花鸟画,《点石斋画报》1892 年第 290 号

图 10　钱越苏《弋径松风稳跨牛》，《点石斋画报》1895 年第 410 号

是点石斋画师的作品继续，偶见钱越苏人物画（图 10）等。插页整体数量逐渐减少。1896 年及以后的插页作品，我基本未见到。

　　通过这样一个简单的描述，我们可以一窥《点石斋画报》原初的丰富性。在《点石斋画报》所提供的图像世界中，展现域外新物新事和中国城市与乡村新闻异事的时事画自然是主体，也是《点石斋画报》成为一份备受学界重视的文化与历史材料的根由，但这方面却遮盖了《点石斋画报》在晚清美术作品生产与传播中的意义。美查的经济头脑与市场意识，使《点石斋画报》成为一份集合了新闻、美术和文学的视觉文化产品。《点石斋画报》的读者定期收到尺寸不一、风格各样的白描山水人物之精美复制品，可以赏玩、可以装饰。其美术插页积累起来的数量、种类与面貌丰富驳杂，是晚清图像市场的重要组成部分。我们在此将《点石斋画报》看作晚清上海文化艺术综合场域的一种产品，而非单纯的新闻时事画报，这才是《点石斋画报》的真正面貌，是点石斋书局提供给晚清国人的完整的视觉世界。

在《点石斋画报》插页画中出现的画家主要包括张熊、任伯年、任薰、沙馥、管劬安、徐家礼、顾旦、何煜、胡璋、谈宝珊、陶咏裳、郦馥、沈镛、顾炘、钱越荪、陈春煦、吴友如、张志瀛、田子琳、何元俊、符节、金蟾香等。这些均为彼时活跃在上海以及江浙地区的画家，其中有其时已获盛名者，也有在后世史家的笔下已无所寻见者，但在彼时都是活跃于书画市场的人物。这些画以人物花鸟形象为主，主要表现历史人物、仕女、佛陀、花卉、翎毛、山水小品，传达传统的一般观念，画法主要为墨线白描，也有偏重用墨写意者，它们在题材内容与表现手法方面，基本符合普通市民趣味，体现出典型的海派绘画风格。绘画在这里首先是一种令人愉悦的视觉装饰产品，是日常生活的补充，传统文人精神与画家内在自我的表达在这里是第二位的。这些画家中当然不是铁板一块，艺术追求更高者如任伯年等，仍在此类专门为点石斋复制而创作的作品中表达较为深沉的含义。任伯年在光绪乙酉正月二月间创作了十二张白描册页，现存于中国美术馆。这十二张画全部被《点石斋画报》使用，成为画报的插页。十二张内容分别为：《欧阳子秋声赋意》，表现欧阳修《秋声赋》意境；《茂陵风雨病相如》，表现李商隐诗意；山水小品《广成子仙阙》；历史人物《漂母舍饭》；历史人物《龙山落帽》；历史人物《韩信受辱》；山水小品《浣纱石》；山水小品《雨打梨花深闭门》；山水小品《西江竹楼》；山水小品《仿丁云鹏画意》；人物《焚香诰天》(此图任伯年同时期另画了一张更大尺寸的设色立轴)；山水小品《蜀主王衍词意》。这里主要是对古诗词秋景悲境的表现、历史人物故事的描绘和田园山水小品，少有花鸟动物和仕女，画中的文人精神气氛更浓，而重装饰与寓意的市民趣味较弱。笔法基本是墨线白描，但笔墨之浓淡粗细润枯的变化丰富有致，线条流畅自如。

前述插页画画家大部分都为《点石斋画报》创作了系列作品。这些插页画显示了画报与海派画家群体之间的密切互动关系，其中很多人的作品都曾被点石斋书局单独印刷出售。在《申报》上，我们也可以不时见到点石斋求书求画的启事。[1] 点石斋插页画中数量最大的当属徐家礼的《卧游图》系列，在其第一图题跋中，有名为《山窗读画图》的序言，为我们提供了点石斋与海派绘画圈子之间交流互动的实在线索：

> 卧游图奚为而作哉？余友点石斋主人癖嗜书画，犹长于鉴别，尝以石印法印行各种画谱，莫不精妙入神。于是海内收藏家乐以其所得名人真迹或出诸行箧或寄自邮筒，六法二宗，互相讨论，长帧大卷，寸纸尺缣，几乎美不胜收。前后十余年间，得饱眼福者不下千数百本。约其家数，自元明以下得百数十家。主人评赏之余，爱不忍释，属余随时临摹。阅岁既多，遂成巨册，援宗少文语名之曰"卧游集胜"，仍付石印，以共同好。[2]

在徐家礼的叙述中，美查是中国书画的赏鉴藏家，与海派画家和藏家有着充分的互动交游。点石斋高质量的图像印刷与传播对画家构成了巨大吸引力，因此才有丰富的图像经由这个出版大鳄得到复制和传播，并在《点石斋画报》上留下了宝贵的记录。这份文字为我们解释了《点石斋画报》何以能持续提供插页画的原因。

在晚清海派绘画与中国历代绘画的众多区别中，海派绘画利用现代报刊实现广泛传播一定是重要的一条。《点石斋画报》插页画正是这一特点的有力证明材料。《点石斋画报》作为《申报》馆的附属产品，初期是随《申报》发售的。画报的封二长时间标注"上海申报馆申昌书画室发售，外埠由卖《申报》处分售"。在画报创立之时，《申报》馆早已凭借强大的实力，成为近代中国的印刷帝国，建立了全国性的新闻采集和发售网络。借此便利，《点石斋画报》自然也广为播散，1888

---

[1] 《点石斋访书启》，《申报》1888 年 9 月 20 日。

[2] 徐家礼：《山窗读画图》，《石印卧游图集胜》，点石斋书局，1891 年版。

年至 1889 年间,《点石斋画报》更建立了自己的全国发售体系。《点石斋各省分庄售书告白》(午三,十七)称:"机器印书创自本斋,日渐恢阔极盛于斯,历计十余年来自印代印书籍,凡称书房习用者,检点花名,应有尽有。兹于戊子己丑间各省皆设分庄,以便士商就近购取。"随后列举了各地的发售处,包括北京、浙江、湖南、广东、江西、贵州、广西、江苏、湖北、河南、四川、山东、陕西、甘肃、福建、山西、云南等 20 处。这意味着,主要由海派画家作品构成的画报插页画,被定时定量地传送至相当广泛甚至偏远的地区。传统的书画市场和收藏体系只有私人环境下的赏鉴,并无公共展览与传播的制度,即使是刻本印刷之画谱画稿在书肆流通,也无法与建立在定期定点广泛发售制度基础上的现代报刊的传播力度相比。

　　吴友如的功臣战绩图系列(图 11),让我们可以进一步思考图

图 11　吴友如《赠太子太傅原任协办大学士四川总督一等轻车都尉骆文忠公》,
《点石斋画报》1888 年第 168 号

像公共传播的问题。1886 年 5 月，吴友如接受了清廷邀请其为平定太平天国的功臣和战绩绘制稿本的任务。在一年多的时间里，他顺利完成任务，绘制了 12 幅战争图和 42 幅肖像画。[1]吴友如返回上海后，声名陡增，这促使其离开《点石斋画报》，另辟《飞影阁画报》和《飞影阁画册》。吴友如的画稿是否被清廷用作最终的功臣像，学界还有不同的意见[2]，但这批画稿立时被点石斋复制，成为画报的插页画系列，则是确定无疑的事实。紫光阁中的丝绸画幅无人可以接近，而吴友如的石印图像则在 1888 年和 1889 年两年内随着画报发行在全国范围内广泛传播。这个国家艺术项目以纪念性为目的，这一目的最终在《点石斋画报》那里得到更有意义的完成（清廷显然默许点石斋书局对这批画稿进行复制），即一种公共记忆的实现。这一系列画作的广告《战绩图石印告白》称："自军务肃清以来迄今垂三十年，当时之谋臣勇士伟绩丰功，虽二三父老犹能追述，未若是图之详且实者。维是进御深宫非草野所能窥也，而铺张骏烈，亦盛世所许可也。谨以此稿付诸石印，自六月十六日起冠列画报，按期出书，俾薄海内咸知我国家武功之盛，震烁隆古，未始非润色鸿业之一端云。"[3]用"详且实"的图来巩固人们的记忆是国家此举的目的，但点石斋书局深知宫廷艺术的缺陷——"进御深宫非草野所能窥"，因此发挥自身复制传播的长处，使得"海内咸知我国家武功之盛"。点石斋书局对自身事业的长处与意义有着充分的自觉意识，它使得神圣而神秘的宫廷艺术成为大众文化产品，将高层的

[1] Hongxing Zhang, *Wu Youru's "The Victory Over the Taiping": Painting and Censorship in 1886 China*, Ph. D. dissertation, University of London,1999.

[2] 张红星认为吴友如的稿本并没有被宫廷画家庆宽使用，瓦格纳则认为吴友如的作品得到了清廷的赏识。参见 Hongxing Zhang, *Wu Youru's "The Victory Over the Taiping": Painting and Censorship in 1886 China*, PhD dissertation, University of London,1999；［德］鲁道夫·瓦格纳：《进入全球想象图景：上海的〈点石斋画报〉》，《中国学术》2001 年第 8 辑，第 93 页。

[3] 《点石斋画报》1888 年第 168 号。

纪念活动变为有着广泛和普通接受者的公共记忆。实际上，刊载时人肖像是《点石斋画报》一贯的传统，清廷重臣、将领和外国总统、将军等在画报上都留下过身影。公共人物和公共事件以视觉形态得到公共传播，印刷图像在营造一种公共的视觉空间。

吴友如精心绘制的画稿被交与《点石斋画报》复制印刷，同众多插页画的作者一样，他信赖点石斋书局"精妙入神"的图像复制能力。照相石印通过照相而非刻工完成绘石，使其更忠实于原作，对原作笔墨细节的表现更加细致。在点石斋书局 1885 年出版的画谱《点石斋丛画·跋》中，美查自信地声称："观画之术，惟逼真而已，得真之全者绝也，得多者上也，循览斯谱，可谓逼真赏鉴之家。"[1]美查自信点石斋书局的复制技术已得"真"。比较前述任伯年册页原稿和画报上的插页画，可见后者对用笔的表现相当细致，笔触之润与枯、快与慢的差别清晰可见。照相石印使其对毛笔线条特有的墨韵、笔法以及质感有更好的表现，更大程度地保留了毛笔线描的原貌，对用墨的表现也较为细腻，墨色渲染的形态并不死板，这是传统刻印技术很难达到的。

但照相石印术并非真正的照相制版技术，它对可用于复制的图像有相当高的要求。照相石印技术并不能原样复制印刷所有的图像，比如一般的照片、西方油画、设色中国画、依赖墨色丰富变化而造型的水墨画等，而只能复制以线描为主的水墨画或版画。正如前引傅兰雅所说，"凡石板所能印之画图，不能用平常所照之像落于石面印之，须有浓墨画成之样，或木板铜板印出之稿，画之工全用大小点法，或粗细线法为之。"《点石斋画报》招募画师的广告请投稿者"以上白纸新

---

[1] ［英］美查：《点石斋丛画·跋》，《点石斋丛画》，上海：上海点石斋书局，1885 年版。

鲜浓墨绘成画幅"，[1] 同样强调浓墨。问题不在于照相复制的第一个步骤，摄影技术本身可以翻拍各种图像，玻璃底版的形成没有问题，问题在于晒片之后的着墨过程，只能根据曝光与非曝光来区别墨色与空白，而无法区分墨色深浅浓淡，即无法再现灰度色调。因此，石印强调浓墨与线条，它要求并形成了一种特殊的石印风格。适于直接复制的中国画只能是墨线白描，而水墨写意、晕染、积墨层次等各种用墨效果则无法表现，当然也无法表现颜色。《点石斋画报》的第一张插页——张熊的《岁朝清供》"以洁白棉料纸印就墨花，以便诸君随意着

[1] 《点石斋画报》曾在其广告中招募画稿（甲五，告白一）（图12）："本斋印售画报业已盛行，惟各外埠所有奇奇怪怪之事，除已登申报外能绘人图者，尚复指不胜屈。固本斋特请海内大画家如遇本处有可惊可喜之事，以上白纸新鲜浓墨绘成画幅，另纸署明事之原委，函寄本斋。如果惟妙惟肖足以列入画报者，每幅酬笔资洋两元，其原稿无论用不用概不寄还。画幅直里需中尺一尺三寸四分，横里需中尺一尺六寸。除题头少空外，必须尽行画足，里居姓氏示悉□□"这则广告蕴含了丰富的信息：1. 点石斋画稿来源丰富，接受投稿，期望更多沪外新闻；2. "可惊可喜之事"符合点石斋一贯秉承的新奇美学；3. "白纸"和"浓墨"的要求符合照相石印技术对原稿的需求；4. "另纸署明事之原委"，"题头少空外，必须尽行画足"，符合我在原始画稿中观察到的图画与文字分工完成的现象。陈平原、瓦格纳和包卫红的研究都引述了此材料，但其使用的来源均是《申报》文字，而未看到《点石斋画报》上带有图像的此则广告。广告图像显示了画师的自我形象：一位长衫文人在提笔作画，所使用的笔墨纸砚等材料提示图画为传统国画材质，而图画内容被有意清晰地展现出来——一组西式建筑（采用了西式技法，有阴影和排线，不过这个画中画的几何关系出现了错误）。可以将这幅图画看作《点石斋画报》的元绘画，在这种自我呈现中，《点石斋画报》表明了自己的一个突出特征——注重表现新式题材，而使用的手段和工具仍是传统的，但实际上，正如本文所证明的，这种手段和工具也已经不同于传统。

图12 《点石斋画报》（甲五，告白一），
1884 年第 5 号

色"。在这里，着色只能依靠手工，不过广告将其宣称为读者可以自由发挥的优点。就墨色表现来说，如果对比原稿与石印品，我们可以看到表现的差异，这是一种媒介对另一种媒介的改变。1885 年第 43 号插页为任伯年的《浣纱石》，对比原稿和插页画（图 13—1 和图 13—2），尤其是几处细节，可见石印品无法表现墨色的深浅和浓淡，特别是淡墨与浓墨叠合的层次，被平面化为一体。另一幅任伯年的作品《雨打梨花深闭门》也是如此。在真正的照相制版之前，图像印刷只能局限于此，点石斋的照相石印与传统的刻印在依赖白描画稿这方面是一致的。

　　1885 年，任伯年创作了十二张白描作品，全部成为点石斋画报的插页。任伯年擅长白描笔法，但很少作真正的白描画，显然，这十二幅作品是专门为点石斋书局的印刷而作的。这正是本雅明所说的"为

图 13—1　任伯年《浣纱石》，纸本水墨，
中国美术馆藏

图 13—2　任伯年《浣纱石》，《点石斋
画报》1885 年第 43 号

了可复制性而设计出来的艺术"。[1] 不同于明清时期专门为刻印图画提供白描粉本的民间画家与刻工，与点石斋书局有密切交往的海派画家毕竟是能诗能文的高雅画家群体，他们的作品是被点石斋书局挂名出售的。他们为点石斋书局这一图像印刷帝国源源不断地提供自己的作品，采用墨线白描手法，基本避免晕染、着色和墨色变化，使得作品经过照相石印的媒介而依然能正确表现。白描艺术在晚清时期的兴盛和海派画家对白描技术的发展——比如任薰和任伯年都创作过一些非常简约、带有速写意味的作品，钱慧安在晚年也越来越强调线描而忽略色彩——应该与照相石印这种新的复制技术和媒介有着一定关系。

另外，因照相石印技术而发展的绘画技术还体现在点法的广泛应用方面，正如前引傅兰雅介绍照相石印技术所说的"画之工全用大小点法，或粗细线法为之"。"大小点法"的使用广泛存在于画报当中，当画家无法表现晕染和墨色变化的时候，他们用细密的点组合起来，表现一种质感和纹理。大小粗细不同的点的搭配和过渡，表达一种不同于画面中的墨与白的特殊质感，可以是一种具体的特定空间（图 14）或背景（图 15），也可以是衣服的质地和纹理（图 6），更创造性地成为造型的手段，凸显明暗关系

图 14　吴友如《红线》，《闺媛丛录》卷一，三

---

[1] ［德］瓦尔特·本雅明：《机械复制时代的艺术作品》，［德］汉娜·阿伦特编：《启迪》，张旭东、王斑译，北京：生活·读书·新知三联书店，2008 年版，第 240 页。

图 15　《英皇子像》,《点石斋画报》(申六,四十一)

图 16　《英姿凤彩》,《点石斋画报》(元八,五十七)

（图 16）。可以说，此种点画技法在照相石印技术之前是基本不存在的。印刷媒介对近代绘画和视觉性的影响并非止于外围，而是触及核心的。

三、视觉性与公共性：《卧游图》系列

"为了复制的艺术"这一点在前文所引的《卧游图》例子中体现得更为明显。《点石斋画报》插页画中数量最大、持续时间最长的是徐家礼的《卧游图》系列。前引其序言文字表明，美查与海派画家藏家密切互动，可以获得大量古画鉴赏的机会，徐家礼因此专事临摹，作品

石印于画报上。我所见《卧游图》总计 142 幅，根据题跋和款识判断，其中临摹画作有 77 幅，还有不少画作并非临摹，自创有 65 幅。《卧游图》的尺寸基本是画报时事画的二倍，折叠放在画报当中，画幅形式有条幅、横幅、扇面、册页、镜芯等，有时一张纸上印有两幅画面。这些画大多采用墨线勾勒、堆积、皴染等技法，描画出山石、树木的轮廓和纹理，勾勒出村屋、小桥、樵夫，是典型的山水和田园题材。这些画数量可观，由于许多题跋文字清晰揭示出临摹对象与其收藏脉络，因此是观察晚清时期古画存留状况的重要材料。目前学界尚无人处理这批材料，本文在此进行初步研究，提出一些值得进一步思考的问题。

徐家礼是晚清时期海派文人圈中活跃的画家、戏曲家，《中国美术家人名辞典》介绍道："徐家礼，字美若，号蔼园，浙江海宁人。善山水，上溯荆、关，下接二王。"[1]徐家礼与《申报》馆和点石斋书局关系密切，除《卧游图》外，《点石斋画报》还刊载过他的《蔼园谜胜》系列，是谜语类的通俗趣味文学类型。徐家礼的画作以山水为主，石印《卧游图》可谓其最主要的贡献之一。《卧游图》中，几乎所有的画面都有题跋和款识文字，内容主要包含三部分：1. 描述画面风景的地理信息；2. 介绍原画的作者、画面特征、收藏流转脉络等信息；3. 根据山水景色作的诗词。这些文字对我们考察徐家礼临摹的画作大有帮助。先以几幅图为例进行说明。

画报所载第 184 号《山阴泛雪图》（图 17），题款为：一夕刻溪雪，朝看失远村。扁舟乘兴来，可是王黄门。李营邱有山阴泛雪图，余所见则西庐老人临本也。美若并识。钤印为：美若。《山阴泛雪图》是宋代画家李成所作，在清人张庚撰《图画精意识》卷二（昭代丛书本）中有著录，[2]现已不存。徐家礼临摹的是明末清初"四王"之首王时敏的摹本，现也不存。王时敏在其《西庐画跋》中曾记述花费巨资购得

---

[1] 俞剑华编：《中国美术家人名辞典》，上海：上海人民美术出版社，1996 年版，第 710 页。
[2] ［清］张庚：《图画精意识（附论画八法）》（朱氏行素州堂版）卷二，1888 年。

图 17 《山阴泛雪图》,《点石斋画报》1889 年第 184 号

李营邱《山阴泛雪图》。[1]

　　画报所载第 225 号《盘古图》(图 18)。题跋曰:东坡先生言唐无文章,惟韩昌黎《送李愿归盘古序》一篇而已,何高视旷论若此也。良以文章之妙,有非词句间所能尽之者,余于论画亦 ×。文湖州以写竹名天下,而孙大雅则云:"吴仲圭以画掩竹,文与可以竹掩画",可见文固不专长于竹,此其所作《盘古图》也。旧藏袁文清公家,衡山先生谓其修润出绝类李伯时。慈溪桂氏跋云:"风敲洒落,笔意高古,真足追配韩文。"观二贤谇语,知非昌黎不能为此序,非与可不能为此图。其相赏之真亦何异苏之称韩哉! 若徒于一丘一壑间,求之浅矣。美若临并识。钤印为:美若。徐家礼临摹宋代画家文同的《盘古图》并作题文。张丑《清河书画舫》对此画有著录,[2] 现已不存。徐家礼的题文还介绍了此画的收藏情况。

　　画报所载第 316 号《少峰图》(图 19),题款为:文待诏为吴中张进士作《少峰图》,大仅尺许,极幽深翁郁之趣,逸品也。少峰即昆峰。

　　[1]　[清]王时敏:《西庐画跋》,沈子丞编:《历代论画名著汇编》,北京:文物出版社,1982 年版,第 287 页。

　　[2]　[明]张丑:《清河书画舫》卷十二,徐德明点校,上海:上海古籍出版社,2011 年版,第 356 页。

图 18 《盘古图》，《点石斋画报》1890 年第 225 号

图 19 《少峰图》，《点石斋画报》1892 年第 316 号

张记略云：昆山一名玉峰，曰少何居。昆仑出玉，山名昆仑，昆仑玉名峰，故 × 玉峰视昆仑少玉峰，南北两峰，南峰差小于玉峰为少，因以为号焉。美若。钤印为：美若。明代画家文徵明为张情作《少峰图》，现已不存，而徐家礼此图证明在 19 世纪末该作品曾在上海出现过。美若的题款与《清河书画舫》中的著录一致。张情之孙张丑著《清河书画舫》第十二卷记文徵明《少峰图》后有张情撰《少峰记》和《少峰歌》，称"昆山一名玉峰，峰曰少何居"，"玉峰南北两峰，南峰差小于玉峰为少"。该书还记载张丑对此画的描述："右文太史赠大父《少峰图》一方，广仅尺许，而极幽深蓊郁之趣，足称清逸品也……"[1] 徐家礼临摹此画，题款则引《清河书画舫》句。画面为平远视角，两段构图，远山近树，近处茅屋中两人对酌，远山中藏古寺，意境清远。

画报所载第 333 号《鸣凤山图》（图 20），题跋曰：黄端木《鸣凤山图》，旧藏汪念翼家，为张征君所鉴赏。端木以孝名于世，画小道，宜为至行所掩，且亦雅自矜重，不苟酬世，故真迹流传绝少，吉光片羽，旬 × 宝贵。案鸣凤山在旧定边县西三十里，今属蒙化境，盖其寻亲时所而身历者。读归元公《黄孝子记》，而此画盖见物以人重。美若临并识。钤印为：美若。黄端木，名向坚，清代著名画家，以孝行昭著天下。清人张庚著《国朝画征录》记载汪念翼收藏此图。徐家礼的题跋交代了临摹对象的收藏来源。

画报所载第 335 号《小晋溪庵图》（图 21），题跋曰：小晋溪庵者，萧山任氏别业也。任子功尹为竹君先生哲嗣，尝客余家，出视其家藏小晋溪庵图册，作者戴文节，× 枯 × 流凡十余家，清寄浓淡，备诸宗法，其间赵扨菽一帧纯用浑点墨，气 ×× 先推杰构。今阅二十年，其丘壑当能约略记忆。功尹近客闽中，因背摹赵作再怀之而记以诗。永兴山色望中收，中有三层宏景楼，千里故人 × 也未，乱江拟挂一帆游。美若。

[.1]　[明] 张丑：《清河书画舫》卷十二，徐德明点校，上海：上海古籍出版社，2011 年版，第 595—
　　596 页。

图 20　《鸣凤山图》,《点石斋画报》1893 年第 333 号

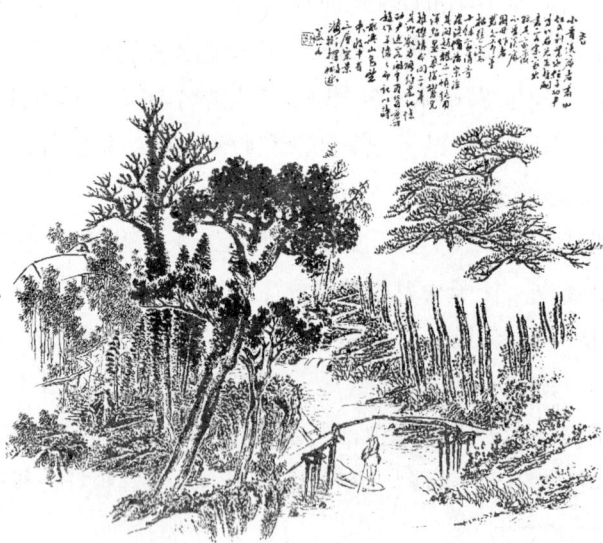

图 21　《小晋溪庵图》,《点石斋画报》1893 年第 335 号

钤印为：美若。徐家礼叙述，二十年前任功尹在徐家做客时，向其展示所藏清代画家戴熙的《小晋溪庵图册》，因此得以根据记忆背摹其中一帧。徐家礼还评点了此画的笔墨特征"纯用浑点墨"。徐家礼的临摹应该是忠实于原作，这幅画的笔墨风格不同于其他《卧游图》，画面中间的树和石不用线描轮廓，而是用干墨擦点，形成褶皱粗糙的纹理。《小晋溪庵图册》似不存。

　　以上几例代表了《卧游图》题款文字的基本内容，它们标明原作、介绍收藏、描摹风景对象、抒怀胸臆，为后人了解这些画的来源提供了宝贵的信息。《卧游图》系列以临摹古画为主，徐家礼称"元明以下得百数家"。根据我的查考，除以上几例外，徐家礼临摹的画家和画作还包括：唐代王维《箕山图》《峨眉雪霁图》戴怀古摹本，李思训《商山图》《若耶溪图》；宋代赵伯骕《寒坪积雪图》《鹦鹉洲图》，赵伯驹《滟滪图》，米有仁《大挑村图》，李公麟《崆峒图》，赵千里《燕子楼图》；元代王蒙《投金濑图》《落雁峰图》，赵孟頫《石门图》《粟 × 图》；明代关思《嵩门待月图》，仇英《圮桥图》，宋旭《终南山图》，沈周《浣溪草堂图》，蓝瑛《广泉图》，文嘉《松雪斋图》，蒋嵩《赤壁图》，钱榖《香水溪图》，黄小痴《悉檀图》，华岩《雪堂图》，王宠《濂溪图》；清代朱昂之《鸳鸯湖图》，方熏《露筋祠图》《皱云石图》，邹喆《采石矶》，王翚《浮盖山图》《天台山图》《阳关图》《黄陵庙图》，刘公基《瑞石飞露图》，蓝瑛《白云寺图》，汤右曾《东林抱秀》，宋骏业《监江桥图》，张奇《× 矶图》《曲靖温泉图》，顾南原《剑阁图》，金俊《巫峡图》，张玉川《老人峰图》，陆日为《东龙山图》，罗烜《龙泉双月图》，钱大年《虎头石图》，上官周《异龙湖图》，冯仙湜《鉴东山图》，沈永年《×湖图》，张鹏翀《清秘阁图》，顾昉《邓尉探梅图》，吴颖《麻姑仙坛图》，笪重光《桃叶渡图》，钱书樵《鉴湖图》，朱寻源《钱塘江潮图》，顾春甫《莫愁湖图》，项昌庵《玉笋山图》。另有少量未查明画家信息者。

　　《卧游图》的临摹对象广泛，包括唐宋元明清诸代，以明清两代数量为最，清代初中期的画家尤夥。这些画作很多如今已不存世，但它们都曾在19世纪的最后两个十年出现在上海的文人交流中。徐家礼为今人提供了一份宝贵的记录，有助于我们了解晚清时期上海的古画存留、收藏与流传的状况，与各种书画著录相比，《卧游图》系列更可以让人一睹画作面貌。

值得注意的是，这种交流的实现，是由一种新兴的技术与资本力量——印刷资本主义所凝聚的。现代报刊的机械复制与公共传播将文人、画家、藏家和报人聚合起来，以报刊为中心形成新的文化群体，并将这种交流体现为新式的综合性文化刊物。照相石印技术使得图像印刷更为准确和快速，但问题是，对这些古画，为何不直接复制？在《卧游图》开始刊发的1889年，点石斋书局早已复制出售了大量古人名画，为何需要徐家礼来临摹，之后付印？显然，这里考虑的是媒介限制的问题。美查需要徐家礼先把古画转化为白描本，并以墨线为主，较少积墨和渲染，然后才可照相石印（点石斋书局直接复制的古人名画也是有相当大的种类限制的）。徐家礼显然了解石印媒介的特性，《卧游图》自然是山水画，画山水而主靠墨线，因此重点表现山石树木，用各种线描和皴法来凸显山石树木的纹理与形状。面貌不一的各种古画，为了复制而被重新制成统一的制式与风格，在新的媒介中以另一种面貌呈现。这是一种再媒介化（remediation）的过程，即一种媒介在另一种媒介中的再现与转化。[1]这种再媒介性已经成为点石斋画家的一种自觉意识，他们意识到图画在照相石印中的表现，并适应这种表现。在再媒介的过程中，丧失的/增添的是什么？徐家礼、吴友如等点石斋画家的画作从提笔的一开始就是为了石印的需要，为了在另一种媒介中呈现。原作在这里并不重要，复制品成为目的，这是真正的"灵韵"（aura）的消失。"原真性"的概念本身消失了。是否可以说这是一种新的图像形态的出现，印

---

[1] Jay David Bolter and Richard Grusin, *Remediation: Understanding New Media*, Cambridge: MIT Press, 1999, p. 45.

刷品就是原形态？当点石斋书局招募画稿，强调画家用"新鲜浓墨""尽行画足"，不正意味着本雅明说的那种转变——"被复制的艺术作品变成了为可复制性而设计出来的作品"吗？[1]

在《卧游图》系列之后，《点石斋画报》的插页产品主要由点石斋画师来提供，在时事画之外，张志瀛、金蟾香等人换上另一副笔墨，虽然依旧依靠墨线和工笔，但粗细更自由，留白更多，适于在新媒介中表现，同时为读者们提供与笔墨细密饱满的时事画相比更传统精雅的视觉世界。我们强调《点石斋画报》图像世界的丰富性，这种丰富性根本在于一种复杂、多样、丰富、平衡的视觉空间。而这种视觉空间，因其作为一份定期发行出售、广泛传播的图画刊物这一载体，而具有了强烈的公共性，《点石斋画报》的图像世界可谓晚清时期中国视觉公共空间的重要样本。这种公共性自然首先来自新闻时事画这一主体内容。新闻时事作为公共事件，在此以图像的形式为晚清时人提供了一种关于社会的认知，描画出一幅动荡杂糅的世界图景，但我通过本文的描述想要证明的是，不仅如此，与时事画相比更高雅和传统的上层美术图像也参与到了这种公共视觉空间的建构当中。《点石斋画报》的插页画以线描的田园山水、历史人物、闺阁仕女、花鸟翎毛，与时事画的中法战争、洋场新物、乡野怪胎、妓女八卦等内容并置在一起。正是在一种综合文化产品的背景下，我们才会看到《点石斋画报》提供给晚清国人的完整的视觉世界，才可理解它在表现域外新知新物、乡野奇闻与家国时事时所进行的那种平衡——传统的颇具装饰性的线描图画，与各种杂糅了不准确的透视空间关系、新鲜未知器物的再现、充满动感与叙事性的不稳定的场面等内容的时事画一起，为画报的读者们展现一个一面破碎一面仍完整、一面动荡一面尚稳定的外在世界与其身处环境的图景。

---

[1] ［德］瓦尔特·本雅明：《机械复制时代的艺术作品》，［德］汉娜·阿伦特编：《启迪》，张旭东、王斑译，北京：生活·读书·新知三联书店，2008年版，第240页。

《卧游图》系列全部为山水画，是这一视觉公共空间中最稳定、传统的部分，不过，在这里我们仍然可以感受到与具体时代环境相适合的氛围和信息。仔细观察《卧游图》的内容，在高山流水、竹索桥边的传统类型题材之外，徐家礼格外注重具体的地理信息，其山水追求写实，处处与真实的地理风景相对照，这在其题跋文字中清楚可见。大量图画的题跋叙述此处风景的地理信息与风光状貌，可作一篇山水游记小文来读。比如："异龙湖，×江之支派也。其源自石屏州西四十里，流经宝秀山塘又东南而×州境。湖广百五十里，九曲三岛，素号名区。东岛近小水城，其在大水城者为西岛。上有海潮寺，水由东西岛汇，循南岛而东趋×江。濒湖居民以栽藕为业，红白间开，烂灼数百亩。风来水面，月上峰巅……"文字的主要内容就是对异龙湖的地理位置和面貌等信息进行细致介绍，而非传统的景状描摹和诗词抒怀。在《卧游图》中并非临摹的那批绘画中，这种追求更为明显。与中国主流山水画更偏重于精雅的意境塑造与文人精神趣味传达的传统相比，我认为《卧游图》系列所提供的图像更意在指向一个外在的真实的地理空间。古画的山水世界被征用于这个更加具体的地理空间，并与其他的画报图像一起，在读者那里塑造出一种故乡 / 家国 / 民族的感觉。

《卧游图》中的地理风景包括了浙江雁荡山、浮盖山、钱塘江，贵州白云山，江西鸳鸯湖，南京孙楚酒楼，杭州西湖，山东箕山，安徽采石矶，绍兴鉴湖，河南嵩山，四川峨眉山，天台山，云南异龙湖，等等，这些风景以图像和文字叠加的形式定期传送至画报读者眼前，确实不虚"卧游"之名。根据安德森（Benedict Anderson）关于现代民族国家的著名研究成果可知，地理名称的累积有助于一种"同时性"和"共同体"感觉的生成。图像所提供的景致与文字所提供的信息，在读者那里唤起一种共有、分享、同处一种时间和同一个地理边界范围的民族感受。

在安德森的著作中，以小说和报纸杂志为主的印刷资本主义对于民族国家这一"想象的共同体"的形成起到了重要作用。这一研究同样忽略了印刷图像的内容。安德森论证了小说和报纸在"同时性"（meanwhileness）想象中的重要作用，"大量印刷白话文字的效果，在于它具有协同社会时间及空间之想象的能力"，报纸在这方面的作用尤其大，"它策动人们同步想象遥远地方发生的事件"，从而与文字覆盖范围内广大的他人产生虚构的关联，这是认同得以发生的基础。报纸上的各种事件毫无关联，仅仅因为它们在时间上的"同时"而被排列在一起。读者们通过阅读报纸，与众多毫无关联的同胞分享这相同的时间，从而获得相同的空间感。[1] 共同的时间与空间之感，是民族共同体想象的根本。在这样的过程中，印刷图像是不该被忽略的内容。晚清时期的画报充分参与了这种共同体想象的建构，在视觉图像当中，城市构造、乡野环境、战争场景、域外世界等等构成一种具体的空间网络，其中充斥着官府、宅院、妓院、茶馆、客栈、学堂、大菜馆、制造局、轮船、马车等空间实体。按照安德森的理论，这些复数的空间实体构成一种"社会学的情景"，[2] 读者的目光正是在这种坚实的社会学情景中移动，等于"被置于一个经由谨慎而一般性的细节所描绘出来的社会景致（socioscape）之旁"。[3] 而正是这种情景、这些复数名词在画报读者心中唤起了一个社会空间：那里充满了彼此相似的官府、妓院，其中没有任何一个具有独特的重要性，然而它们全体（以其同时的、分离的存在）代表了这个晚清社会的存在。就在这种地理景致中，一种同时性的世俗空间形态显现出来，这个形态有着隐隐显出的边界，发生在这个空间里的动乱、丑闻、危机，形形色色的缺乏个性的人——贪官、妓女、假维新党——无限重复堆积，共同塑造出一种"同时性""总

[1]［美］本尼迪克特·安德森：《想象的共同体》，吴叡人译，上海：上海人民出版社，2003年版，
    第16—36页。
[2] 同上书，第30页。
[3] 同上书，第32页。

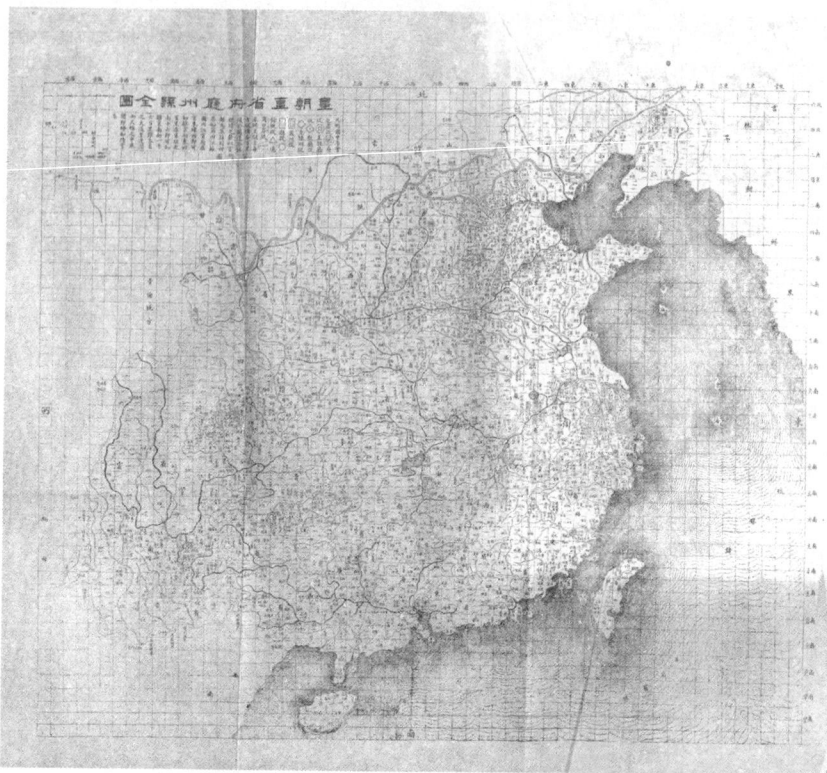

图 22 《皇朝直省府厅州县全图》,《点石斋画报》1891 年第 261 期

体性"的共同体感受。

　　而《卧游图》更是直接展现地理空间、大好山川,从南至北,从东至西,从高山大湖到小桥流水,它们有着确切的位置和具体的地理特征,在读者面前展开一次特殊的旅程,连接起一个相对传统的、稳定的自然地理空间。与时事画所提供的变动不居的社会空间相比,这里更稳定而少变化,以一种自然属性为人提供一种坚固的归属感。但《卧游图》作为一份新闻画报的附赠产品,围绕在其周围的图像语境毕竟会影响意义的表达。如果我们说时事画构成了一种社会空间,那么《卧

游图》的自然空间最终是被吸纳进那种社会景致中的。要理解这一点，可以看画报的另一份插页产品——《皇朝直省地舆全图》系列图（图22为其中之一）。在《卧游图》持续放送的1891年至1892年，《点石斋画报》陆续刊发了一套印制十分精美的中国地图，美查还为这套地图提供了封面、目录和后记。后记称，开朝以来领土范围前所未有，"是地必有图"，然而"藏诸内府"普通人看不到，这次连载的题图是重印已经绝版的多年前由湖北出版的一套地图。[1]根据瓦格纳的研究，这套地图出版于1863年，由胡林翼等制作，通常被认为是现代中国地图绘制的开始。《点石斋画报》重印此地图并随画报广泛发行，同时根据新的清朝版图变化而对地图作更新修正。[2]这套地图是按照西方地理科学标准绘制的现代中国地图，我们需要把它与《卧游图》联系起来。这种联系并非生硬而纯粹的嫁接，而是在一种互为语境的意义上，各自的内涵与意义在释放中相互关联。《点石斋画报》杂糅、并置各种图像，它们之间并无逻辑与意义上的实在联系，而是在一种时空一致的族群共同体感受中获得相关性。如前所述，《卧游图》的山水有一种外在的指向，当它与地图这一最抽象同时又是最指涉外部地理空间的文化符号并置在一起，便更加成为一种具体的实景，填充着一种后来可以名之为民族国家的地理空间。地图与山水画，前者抽象，后者具体，两个结合在一起，便形成一种相互补充的新奇意义感受。《点石斋画报》以综合图像的方式，将抽象的地图具象化为一处一处的风景、一座一座的城市、一片一片的乡村，指向一个"世俗的、水平的、横向的"共同体，这个共同体分享着共同的矛盾与危机、振奋与涣散、希冀与向往——那是晚清中国的地平线。

---

[1] ［英］美查：《皇朝直省地舆全图书后》，《点石斋画报》第290号。

[2] 关于这套地图的具体情况，参见［德］鲁道夫·瓦格纳：《进入全球想象图景：上海的〈点石斋画报〉》，《中国学术》2001年第8辑。

四、机械复制的极端：画谱／画册

在前引《分送画谱预告》中，美查充满自信地认为《点石斋画报》定期附赠的插页画可以在将来"集有成数装成册页，不独临摹家可用作画谱，即明窗净几展玩一通，亦雅人自深其致也"。[1]画报的读者到底怎样对待这些插页画，现在已不知，但它们中的部分确实被点石斋书局集合重印成册。徐家礼的《卧游图》后来出版为《石印卧游图集胜》，许多插页画也被收录进《点石斋丛画》。晚清时期图像印刷之繁盛，充分体现在前所未有的大量石印画谱／画册／画传的出版方面。这些画谱与前代木刻版画相比，体现出一些新的质素。

在《点石斋画报》创刊后的第二年（1885年），点石斋书局重订出版了其最重要的一份画谱——《点石斋丛画》（图23）。美查在写于1884年的序言中称："本斋丛画之刻图不下六百余，皆零金碎玉所继承，海内名流颇不鄙薄，今又集若干，时初印者适售罄，删减初印中不惬意者二三成，盖求其画尽美尽善也。"该丛画共10卷，8册。丛画每一卷都有根据绘画题材确定的命题——卷一匡庐面目、卷二穷源竟委、卷三明月前耳、卷四人伦之至、卷五六朝金粉、卷六涉笔成趣、卷七活色生香、卷八山深林密、卷九太常倦迹、卷十妙契同神。笔者大概统计了一下，整套丛画有画稿670余幅，诗歌200多首；画家、书法家有清代及历代50多位，包括沈周、王翚、唐寅、陈淳、八大山人、任伯年、恽寿平、郑板桥、费丹旭、钱慧安、沙馥等诸多名家，也包括《点石斋画报》的画师如田子琳等。

前文曾引用《点石斋丛画》跋文，"今主人重为审定，精益求精，大家名作，按图具在，排列门目，灿然秩然，缩为巾箱，较便轮辑。

---

[1]《申报》1879年7月20日。

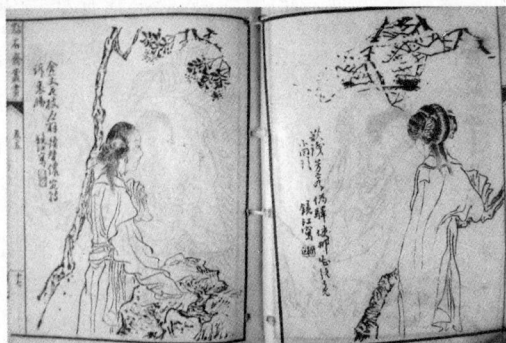

图 23　《点石斋丛画》

观画之术，惟逼真而已，得真之全者绝也，得多者上也，循览斯谱，可谓逼真赏鉴之家。"这里可见点石斋书局为自己的精确复制技术自豪，认为自己做到了"逼真"。图像复制要保真，同时"真"还是美查对图像再现本质的确认。他在《点石斋画报》序言中强调新闻画报的要义在于"真"，为达到真实则需放弃不重真实的中国画传统而采取西法，尤其是注重技术中介的西法，"西法娴绘事者务使逼肖，且十九以药水照成，毫发之细层叠之多，不少缺漏，以镜显微能得远近深浅之致——故平视则模糊不可辨，窥以仪器如身入其境中……"这里显然在讨论摄影技术。美查有"技术化观视"（technologized visuality）的自觉，他的图像印刷帝国也确实采用了最新式的照相石印术。美查希望经过新技术的媒介，而达到对对象的真实再现（复制）。

技术确实带来了进步。晚清石印画册数量达到了前所未有的程度，乔迅（Jonanthan Hay）在文章中曾对此进行了详细的梳理介绍。[1]这种画册之繁荣，不仅表现为数量，而且显示出图像复制性质的一种深刻变化。点石斋书局对此已有自觉意识——"不独临摹家可用作画谱，即明窗净几展玩一通，亦雅人自深其致也"，这意味着传统的木刻版画画谱在多数情况下主要是作为一种供学画者了解和学习绘画技法的工具，而非一种保存和传播画作的手段及一种具有独立价值的审美鉴赏的对象，现在点石斋书局印行的画集则具有了后一种价值。照相石印既简单方便又真实可信，晚清时期的刊本画册便逐渐与教学画谱拉开了距离，成为名家名作出版与传播的途径，比如《任伯年先生绘画真迹画谱》（1887年）。借此，晚清时期海派画家的作品比此前任何时代的作品传播得都要广泛，成为大众视觉文化的重要内容。在彼时的众多画谱／画册中，上海"名人／名家"画稿成为一个反复被出版的项目，各类海派画家名流的作品合集层出不穷，如《海上名人画稿》（1885年）（图24）、《上海名家花鸟画稿》（19世纪70年代晚期）、《增广名家画谱》（1888年）、《画谱采新》（1888年）、《古今名人画稿》（1891年）等等，任何一种前代的画派都未曾获得如此自觉的作品集合与传播。而这种绘画的传播与接受行为，在传统刻本时代，只能是针对各种相对简单的画谱和书籍插图等。晚清时期上海乃至更广大地区的普通人对于古典名作与当代名家的作品的接触肯定比前辈古人要容易得多，技术导致了美术消费的平民化。晚清时期海派画家之声名，不仅仅像传统那样来自于画家、文人和藏家内部的相互评价，更来自于范围广大的读者大众。乔迅讨论了名人概念在晚清时期上海大众印刷媒介条件下的

[1]　Jonathan Hay, "Painter and Publishing in Late Nineteenth-Century Shanghai", *Art at the Close of China's Empire*, edited by Ju-hsi Chou, Phoebus, Arizona State University, 1998, v. 8.

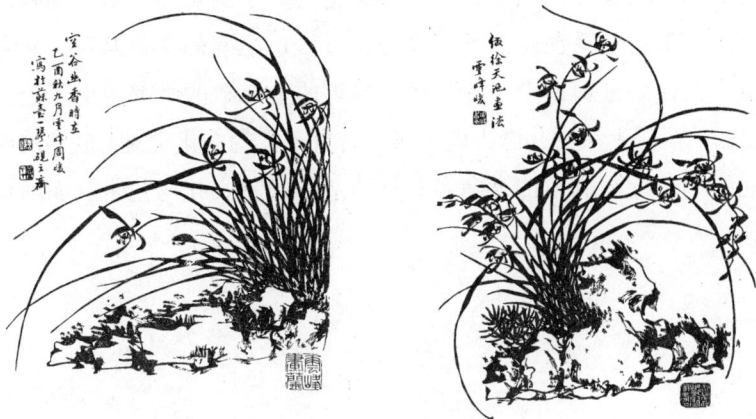

图 24 《海上名人画稿》

变化，认为名人在某种程度上成为媒介的产物，曝光率取代了传统的藏之名山，名家的对象也由传统的知音变为大众读者。[1]

　　这正是机械复制时代的艺术状态，具体而言是照相石印技术带来的一种再媒介效果。照相石印技术将不同年代、不同来源、不同内容、不同物理形态、不同尺寸、不同版式、不同功能的画作再次整合为一个整体的、统一的形态，大小一致、质地一致、视觉形态一致，一册在手，赏玩无穷。混杂的原作被复制为统一的制式，取消其历史与地理的来源，同时出现在一起，供读者在另一个时空里方便地欣赏把玩。因此，在我看来，现代意义上的画册是一种最极端的机械复制艺术。

　　晚清时期丰富的画谱／画册书，也是本文分析的文化公共空间的重要内容。上海各种石印书局（以点石斋书局和同文书局为最）出版的各种图像书，是可以在全国发行的，上海的许多书局在北京、重庆

---

[1] Jonathan Hay, "Painter and Publishing in Late Nineteenth-Century Shanghai", *Art at the Close of China's Empire*, edited by Ju-hsi Chou, Phoebus, Arizona State University, 1998, v. 8.

和广州等地都有分号。而其他城市也有石印画谱书的书局，各种画谱书是上海和相关江南城市的娱乐与文化空间中的重要一员。同时反过来，这种书画活动也促进了上海与临近城市之间的文化互动，研究早已指出，在海派画家中，浙江和江苏等非上海籍的画家占据了绝大的份额，[1]说明上海与其周边地区城市有着丰富的文化交流。晚清时期上海地区的图像印刷与传播确实参与塑造了一种文化与艺术层面的公共领域。

---

[1] 参见梁超:《时代与艺术：关于清末与民国海派艺术的社会学诠释》，杭州：中国美术学院出版社，2008 年版。

"印象派"与"诗"：论丰子恺的绘画思想[1]

唐卫萍[2]

[摘　要] 丰子恺以及"子恺漫画"在绘画领域是一个十分独特的存在。他的绘画创作及理论批评打破了文学和绘画的疆域，以西洋绘画的"眼力"重新解读了传统的诗歌，为其漫画创作打开了一条回归中国画传统的道路。同时，他又将对这一绘画样式的理论思考切入中西绘画的讨论命题之中，通过对以"印象派"为代表的西方现代绘画的思考，为其回归打开了广阔的历史视野，无论是在创作还是理论探索上，都展现出相当的活力。

[关键词] 子恺漫画　诗　印象　文学的写生

1925 年，丰子恺的第一本漫画集《子恺漫画》出版。在序言中他介绍其漫画创作始于一次枯燥的"校务会议"。会议上同事们"垂头拱

---

[1] 本文系 2013 年度教育部人文社科重点研究基地重大项目"中国文艺思想通史·现代卷"（项目号：I3JJD750003）子课题阶段性研究成果。

[2] 唐卫萍，文学博士，杭州师范大学艺术教育研究院讲师。

手"的"倦怠的姿态"在他的脑海中留下了深刻的印象。他拿起毛笔，将之描摹出来，从此一发不可收拾，记录下发生在他的日常生活之中引起他兴味的"琐事细故"。而这一时期他更为热衷的创作，便是将大量的古诗词断片"翻译"成为绘画作品。[1]丰子恺的文学家朋友们不约而同地表达了他们在这些作品中感受到的"诗意"。朱自清描述得最为形象："我们都爱你的漫画有诗意，一幅一幅的漫画，就如一首首的小诗——带核儿的小诗。你将诗的世界东一鳞西一爪地揭露出来，我们这就像吃橄榄似的，老咂着那味儿。"[2]对这些漫画"味儿"的体验做出精确描绘的当属"子恺漫画"的命名者郑振铎。

一、"子恺漫画"的"味儿"

1924年，丰子恺在《我们的七月》上发表了一幅《人散后，一钩新月天如水》的漫画（图1）。[3]这幅画引起了时任《文学周报》主编郑振铎的注意，或者说这幅画激起了他强烈的情感共鸣：

> 虽然是疏朗的几笔墨痕，画着一道卷上的芦帘，一个放在廊边的小桌，桌上是一把壶，几个杯，天上是一钩新月，我的情思却被他带到一个诗的境界，我的心上感到一种说不出的美感，这时所得的印象，较之我读那首《千秋岁》（谢无逸作，咏夏景）为尤深。实在的，子恺不惟复写那首诗的情调而已，直已把它化成

---

[1] "翻译"之说起于丰子恺的师友夏丏尊。他认为丰子恺以古诗词为创作题材的作品，是对古人观照结果的照搬，丰子恺只不过用画将这个结果"翻译"出来，而对于日常生活的观察和咀嚼而提炼出来的作品才是真正意义上的"创作"。夏丏尊的"翻译"之说，能够概括丰子恺这类题材的一部分作品，而对于其中极富创造力的部分习焉不察。

[2] 朱自清：《子恺漫画·序》，文学周报社，1925年版，见吴浩然编：《子恺漫画》影印版，北京：海豚出版社，2013年版，第15页。

[3] 《我们的七月》这本杂志由俞平伯和朱自清主编。彼时朱自清与丰子恺同在白马湖，交往频繁。

一幅更足迷人的仙境图了。[1]

图 1

这幅作品的题诗化用了谢无逸的词《千秋岁》。郑振铎在赏鉴这幅作品时，重新品味了这首词："楝花飘砌，簌簌清香细。梅花过，萍风起。情随湘水远，梦绕吴峰翠。琴书倦，鹧鸪唤起南窗睡。密意无人寄，幽恨凭谁洗？修竹畔，疏帘里。歌余尘拂扇，舞罢风掀袂。人散后，一钩淡月天如水。"[2]这首词的词眼乃在于下阕"密意无人寄，幽恨凭谁洗"一句，其余诸般意象堆叠婉转，皆以此为旨归。烘托"幽恨"的诸多意象乃是淡起淡收，有虚有实，意象之间的关系实际上是比较松散的。而本词的意象展现的高潮却在结尾"一钩淡月天如水"，极具笼罩力，全词意象和情思都不能跳脱出这轮淡月的朗照之外。

丰子恺的这幅画与这首词在手法、结构处理上有异曲同工之妙，

---

[1] 郑振铎:《子恺漫画·序》，文学周报社，1925 年版，见吴浩然编:《子恺漫画》影印版，北京:海豚出版社，2013 年版，第 1 页。

[2] 谢逸:《溪堂集·千秋岁》。

郑振铎所列举的"芦帘""小桌""壶""杯"等，意象密集汇聚，即如原词之梅雨、萍风、湘水、吴峰等，但画面的意象因其空间统一，节奏更为紧凑。画眼在题词"人散后，一钩新月天如水"，将原词的"淡月"改为"新月"，跳脱原词情境，但又在形式上与之保持着一种直接而又微妙的联系：题词让画本身仍然保留着让读者或者观者进入原词的通道，具有开放性。像郑振铎这样的观看者就能够通过这个通道重新去体味《千秋岁》，画与词相互映照，绘画作品由此向这一类观看者释放出诗意的魅力。这幅画的美学价值，其实有一部分是由《千秋岁》实现的。郑振铎在这幅画里所感到的"说不出的美感"有着丰富的体验层次：诗与画交涉的部分呈现出来的复杂性，清晰和模糊共生共存，诗情向着画面流动。应该说这种体验结构在有诗词欣赏经验的文学家那里是非常典型的。

但郑振铎在将画中所体会到的诗意与谢无逸原词的意境相互琢磨时，体味到了这幅画带给他的、不能为词意所替代的甚至超过原词意境的美感，他意识到这幅画对于词的处理并非被动的"翻译"："这时所得的印象，较之我读那首《千秋岁》（谢无逸作，咏夏景）为尤深。实在的，子恺不惟复写那首诗的情调而已，直已把它化成一幅更足迷人的仙境图了。"这个溢出诗意的部分应该说是一种新奇的体验。当丰子恺其他的文学家朋友还在为丰子恺绘画的诗意所陶醉时，郑振铎能精准地调动文学家的经验与画家的表现进行比照，感受到了绘画作为一种视觉语言的魅力。[1]

再进一步，理解这幅"仙境图"的视觉叙事方式，郑振铎则心有余而力不足了。语言文字在时间之流中展开，可以任意变换焦点和空

---

[1] 郑振铎可谓丰子恺的伯乐。"伯乐"可从两个层面理解：编辑之于作者，文学家之于画家。其一，他在看到此画之后便不断向丰子恺约画，冠以"子恺漫画"之名在《文学周报》发表，积累有日，更促成了丰子恺第一本漫画集《子恺漫画》的出版（1925年12月由文学周报社出版）。其二，他发现了作为画家的丰子恺。

间位置，绘画则始终是在空间之中处理叙事和情感的问题。如何将这种欢愉转化为空间表达的语言？换句话说，视觉以何种方式展开情感的叙述？

这幅画的场景构成有两组片段："人散后"交代了故事场景。"一钩新月天如水"则是对故事发生环境的描写。前者取自丰子恺与朋友聚会后的场景：客人刚刚散去，小桌上的茶壶茶杯还保留着聚会的余温。这个场景通过摊开还未及收拾的茶具暗示出来。[1]后者则来自画家对于诗歌图像性的发现和挖掘。这一点对于理解这幅画至关重要。丰子恺早年曾经到西湖边写月夜的风景，但发现一个很难处理的问题，"月光底下的景色观察不真：天用什么颜料，水用什么颜料，山用什么颜料，都配不适当"。[2]他带着失望的画稿回到友人的住处，友人见了他带回来的月夜湖景，对着画便吟出了赵嘏的"月光如水水如天"。经过绘画基本专业训练的丰子恺，敏锐地意识到诗人的观察解决了他的难题。诗人所说的月光、水、天乃是浑成一色。借助这一层理解，他获得了处理颜色层次的方法，第二天就获得了满意的画稿。丰子恺在讲绘画色彩的统调时就非常鲜明地意识到其对画面整体布局的作用（某一种色彩分布于画面各处，成为色彩的主调而统御全画面，在绘画技法上称为色彩的"统调"）。也正是通过这句诗，丰子恺将月光变成了极具表现力的视觉语言，以此来统摄全画的基调。在《人散后，一钩新月天如水》这幅作品中，月光通过茶杯、桌面、窗框、立柱的明暗对比和天空的亮度显现出来，将整幅画面统摄在月光之中，正如郑振铎所言，像一幅"仙境图"。

而作品抒情的实现来自在作者塑造的情境中对于时间的把握。从其故事性来说，这幅画叙述的时间非常短暂，"人散后"是这幅画的场

[1] 这个聚会结束的场景有实际的根据，在白马湖教书时期的丰子恺周围有一群志同道合的师友，夏丏尊、朱自清、匡互生、朱光潜等，常常聚会谈天至夜半。

[2] 丰子恺：《丰子恺文集·艺术卷二》，杭州：浙江文艺出版社，1990年版，第469页。

景出现的时间，而这场聚会带给未出场的人物情绪状态如何，聚会结束的时间就显得非常重要，这也是全画非常微妙的部分，那就是"一钩新月"所暗示的时间。图画中的月亮并非新月，而是下弦月，下弦月乃是夜半升起、黎明落下。由此暗示这个聚会显然宾主尽欢，持续了很长的时间。这幅画内在的时间就成为画家情感流露的踪迹和释放点。由此，这幅图画的故事性和抒情性就开始显现出来了。画家借助诗的外壳创造了一幅全新的作品，不仅如此，也大大地开拓了原诗的意境。在《千秋岁》当中，这句诗表达的是弥漫全词的惆怅，而在这幅画中，这句题诗传达出的则是聚会后的喜悦。这个情感的转换是通过文字与图画的转换过程来完成的。图画虽然表达的是"旧诗"，但其传达的情感体验却是全新的。

郑振铎对于这幅图的感受，实际上已经提示着诗歌与绘画所表现的"诗意"其实并不是完全重合的。文学家对于画家在视觉形式上的处理经验并不熟悉，故而敏锐如郑振铎者有感知而"说不出"。作品的这个"味儿"看得见，却又摸不着。丰子恺很清楚地意识到他和他的文学家朋友们在这一点上存在的"裂痕"。他在1926年《音乐与文学的握手》一文当中自述："我近来的画，形式是白纸上的墨画，题材则多取平日所讽咏的古人的诗句词句。因而所作的画，不专重画面的形式的美，而宁求题材的诗趣，即内容的美……我的画虽然多偏重内容的意味，但也有专为画面的布局的美而作的。我的朋友，大多数欢喜带文学的风味的前者，而不欢喜纯粹绘画的后者。我自己似乎也如此，因为我欢喜教绘画与文学握手，正如我欢喜与我的朋友握手一样。以后我就自称我的画为'诗画'。"[1]对于文学家朋友们对其漫画文学性的偏好，丰子恺当然是赞同的，但他用了一个颇有意味的修辞——"我自己似乎也如此"。其实他非常清楚，有效的视觉语言才是其绘画叙事

---

[1] 丰子恺：《丰子恺文集·艺术卷三》，杭州：浙江文艺出版社，1990年版，第52—53页。

和情感表现力的基础。

仍以上文提出的"月光如水水如天"这一诗句为例。丰子恺借助诗人眼睛的观察找到了处理月夜光线的灵感。在《子恺漫画》画集中，他将这种表现形式运用到极致。

比如《无言独上西楼月如钩》（图2），空间构图（主要是窗框和月亮的位置关系）基本上与《人散后，一钩新月天如水》相同，天空、人物、扶栏、楼台立柱都有明暗对比的变化。

图2

《黄昏》这幅作品（图3），天空和桌面用了整体的黑色，与桌面的物品：如茶具、信笺等形成明暗对比，这实际上来自于人的眼睛对于光线的感知经验。月光的光线十分微弱，无法照亮天空，暗色是统调。从理论上来说，处于暗色背景之中的物品，其本身的色彩会显现出来，如果赋予其足够的夸张强度，就会形成强烈的对比色。在《人散后，一钩新月天如水》当中，月光照亮了天空、桌面，茶具则显得十分暗淡。在《黄昏》这幅作品中的处理恰好相反。原因在于作者对于黄昏产生的光线与物品的关系有着十分清晰的认识。

图 3

图 4

再如《卧看牵牛织女星》（图4）这幅作品，室内燃烧的蜡烛产生的光照亮了桌面和窗棂，对于处于室内的人来说，对室内烛光亮度的感知显然超过了室外的月光。因此，天空使用了暗色。

将以上这些作品排列在一起，"光"的明暗变化、时间变化的节奏与叙事抒情的微妙关系都显现出来了。

还有对画面局部的颜色进行统调处理的，如《手弄生绡白纨扇，扇手一时如玉》《指冷玉笙寒》这两幅作品（图5、图6），人物的手指与玉笙、扇子在颜色上几乎融为一体。

图 5

图 6

丰子恺所说的专为绘画布局美而作的"纯粹的"绘画在《子恺漫画》集当中并不多见，但其中一幅《眉眼盈盈处》（图7）颇有代表性。这幅作品题词出自王观的词《卜算子·送鲍浩然之浙东》上阕："水是眼波横，山是眉峰聚。欲问行人去那边，眉眼盈盈处。"这幅画是对词的写实，两条眉毛的曲线构成了山峰，略加竖线装饰，水波以粗细不等的横线表示，眼波融入水波。线条的粗细、长短、疏密变化节奏既是作品的形式，同时也是其全部的内容。这幅作品在20世纪30年代末的时候产生了一个姊妹版《山如眉黛秀 水似眼波碧 为念争战苦 好景忽减色》（图8）。确切地说，丰子恺在这幅画的基础上添加了故事，画面也变得充实，内容成了重心，线条的力量在这幅作品中消失了。一般的观看者当然更易于接近充满故事性的作品。

图7

图8

丰子恺对于绘画形式语言的探索表明这些作品产生了独立于诗之外的价值，诗意也由此从画中诞生。这里的诗意产生于视觉的张力变化，与内容的诗意之间的联系已经非常微弱了，更不能为其所涵括。而这些取材于诗歌的作品，与诗之间始终保持着一种若即若离的关系。那么，如何来理解丰子恺的这些作品？这不仅是读画者，同时也是丰子恺本人一直在探索的问题。

二、"诗中有画，画中有诗"：激活中国画传统

丰子恺是少有的不断梳理和总结自己的创作并持续地进行理论思考的画家。在《子恺漫画》的序言当中，他评价自己的作品："没有画的素养而单从'听听看看想想'而作的画，究竟成不成东西，我自己也不懂，只好静待大雅之教。"这并不是一般的谦辞。他在浙江省立第一师范学校（以下简称"浙一师"）接受李叔同的指点，接受过基本的西洋绘画训练，获得了一些基本的认识。但到了东京，接触到大量的西洋绘画之后，他很快意识到自身"才力与境遇"的贫乏。无论是知识准备、技能训练还是金钱储备，对于成为一个专业的西洋画家所要具备的条件来说，相差太悬殊了。在十个月的留学时间内，他流连旧书摊、歌剧院，学习语言，上小提琴课，因此投入绘画的时间有限。"没有画的素养"也主要是针对这一点而言的。因此对于自己的画作，除了这些文学家朋友们之外，画坛到底会如何反应，他并没有把握。俞平伯在《子恺漫画》中看到了丰子恺这一创作路数的特出之处，在跋中向他指出："以诗题作画料，自古有之；然而借西洋画的笔调写中国诗境的，以我所知尚未曾有。有之，自足下始。尝试的成功或否，您最好请教您的同行去，别来问我。我只告诉您，我爱这一派画——是真爱。"[1]事实上，丰子恺的画集销量很好，文学界的人士赞不绝口，来自画坛的回应却是十分寂寥的。对于朋友们将他的画命名为"漫画"，丰子恺虽然接受了，但并不急于正名。而他确实意识到，对于自己这一路创作的"合法性"尚处于摸索之中，并没有同行可请教，只能从自己对于绘画的认识和判断出发，探索传统，来理解其创作的位置。

---

[1] 丰华瞻、殷琦:《丰子恺研究资料》，银川：宁夏人民出版社，1988年版，第253页。

1926 年 10 月，丰子恺在立达学园写就《中国画的特色——画中有诗》一文，初步探讨了诗画传统的问题。

　　这一命题最早的表述来自苏轼评价王维："味摩诘之诗，诗中有画。观摩诘之画，画中有诗。"笔者在考察苏轼在王维和吴道子之间做出选择的标准时，曾认为苏轼是将诗人的评价标准辐射和挪移到对王维绘画的评价之中，导致其对王维的评价高于画圣吴道子。这样的解读现在看来未免简单化。后世画家心折王维者甚众，但发展出一套对画史产生深远影响的观念体系者，也不过苏轼、董其昌二人。

　　丰子恺因其作画的经验，对苏轼关于王维诗画的评价进行了阐释和发挥。首先是"诗中有画"。他翻检了手边的唐诗，发现王维描写自然风景的诗几乎处处都是画境。如我们耳熟能详的"人闲桂花落，夜静春山空""明月松间照，清泉石上流""竹喧归浣女，莲动下渔舟"等。而"画中有诗"则是将胸中的"诗趣"投射于自然。故而画笔所描写的自然与人融为一体。丰子恺概括王维的作品："他的画中没有堂堂的楼阁，只有田园的茅屋，又不是可以居人的茅屋，而是屋自己独立的存在，不必有窗，也不必有门，即有窗门，也必是锁闭着的。这等茅屋实在是与木石同类的一种自然。他的画中的点景人物，也当作一种自然，不当作有意识的人，不必有目，不必有鼻，或竟不必有颜貌。与别的自然物同样地描出。总之，他的画的世界就是他的诗的世界。"[1]丰子恺在观看了王维的《江山雪霁图》之后，情不自禁地想起了他的诗"江流天地外，山色有无中"。这句诗里面有一个对空间处理关系和颜色的层次的描述，这不禁让人回想起董其昌为这幅图做的题跋："余评摩诘画，盖天然第一，其得胜解者，非积学所致也。想其解衣盘礴，心游神放，万籁森然有触，斯应此，殆技进于道，而天机自张者耶！巨言摩诘笔纵措思，参与造化，如山水平远，云峰石色，非

---

[1]　丰子恺:《丰子恺文集·艺术卷一》，杭州：浙江文艺出版社，1990 年版，第 47 页。

绘者所及。"题跋中提到巨然的看法,此图所用平远的空间处理,山外置水;为云雾所遮掩的山峰和石头的颜色想落天外,非一般绘者所能梦见。丰子恺的引诗和巨然的评价显然谈论的是同一件事。诗和画异曲同工,传达出王维对于自然的空间和色彩的认识,各有其独立的审美价值。王维的作品显露出来的天机,正在此处:诗即是画,画即是诗。这就意味着,从王维的层面看,诗画的界限是消泯的,时间和空间甚至完全重合在一起。在时间之流中绵延的诗同时就完成了画的空间的构造,诗定格为画;而表现空间的绘画则可以获得诗的灵活性和抽象性。

丰子恺在王维这里发现了诗与画相通而又展现各自独特魅力的特性,在丰子恺看来,王维的人格、思想、情感都是高度统一的,诗为无声画,画为无声诗。诗画可以相互独立而完整地传情达意,二者几乎能够达到同样的表现能力和水平。从绘画的角度而言,他借助诗,将画的诗性特征与绘画语言本身的表现力结合在了一起。丰子恺将王维的这种"诗趣"境界归结为中国画特色的典型:"是诗与画的内面的结合,即画的设想,构图,形状,色彩的诗化。"除此之外,丰子恺认为画中的诗趣还有另外一种试验,那就是宋代画院以诗题来考核画家的做法,他将之概括为:"是画与诗的表面的结合,即用画描写诗文所述的境地或事象……或者就在画上题诗句的款,使诗意与画义,书法与画法作成有机的结合。"宋代画院的这一做法一直为传统的画史所鄙薄,丰子恺则将之立为画之一格,称为"绘画与文学的综合艺术":"画与诗互相依赖。即画因题句而忽然增趣,题句亦因画而更加活现,二者不可分离。"[1] 由此,丰子恺关于"画中有诗"的"诗趣"的历史清理就完成了。事实上,他在 20 世纪 30 年代又在此基础上进一步发展了他的观点,将"诗"扩展为范围更加广阔的"文学",

---

[1] 丰子恺:《丰子恺文集·艺术卷一》,杭州:浙江文艺出版社,1990 年版,第 39 页。

在《绘画与文学》这本书当中，对"诗"的选择范围早就超越了王维而扩展到历代诗人的作品，对诗的绘画性也进行了更加精细的分类。但从早期的这篇文章，我们已经能看到其中释放出来的多重理论价值和意义。

首先，从"诗"的角度重新认识了中国画的传统。这一认识是通过讨论王维来完成的。王维在中国画史上是一个关键人物，苏轼对士人画观念体系的构建，董其昌对文人之画系谱的梳理都是通过对这个源头的清理而确立起来的。[1]对于王维的解读几乎意味着对其追随者做了一个总体的定位。丰子恺推进并强化了苏轼对王维"诗中有画""画中有诗"的评价，为解读王维的画史价值提供了一个新的维度：以画家之眼发现了诗人之眼。

其次，在诗画这一视域的观照之下，其创作获得了一个历史的位置。这个脉络当中，有士人画到文人画的传统，也有画院传统的恢复，而丰子恺因其绘画实践可以被看作这一传统的发掘者、继承者和开拓者。由此可以说，他完成了其创作"合法性"的一个理论论证。

而这篇文章完成的两个最为重要的功能是，丰子恺在传统中认识了自我，同时也在更新我们对于传统的认识。

丰子恺对于诗歌的发现让他走进了诗画这一并不为我们所充分认识的传统，然而这一回归并非易事。我们要进一步追问的问题是，他启动诗歌回归传统的利器到底是什么？

丰子恺早年受到的绘画训练来自李叔同。李叔同在日本东京美术学校西洋画科学习时，正是日本引入印象派并逐渐为画坛所接受的时

---

[1] 苏轼对王维画史地位确立的讨论可参看笔者专著：《身份建构的焦虑：北宋"士人画"观念的发展演变》第三章第二节"王维的感召力"，关于董其昌对王维的讨论可参看笔者论文：《董其昌"文人之画"观念辨析》。

期，他受到以黑田清辉为核心的外光派绘画的影响。[1] 回国后在浙一师任教的李叔同沿袭了其在日本的学画方式，用木炭描写，要求学生进行严格的写生练习。丰子恺遵照李叔同要求的步骤，"写木炭基本练习数年"，[2] 还提及"写法兰西农夫头像至十小时，而吾师犹责为草率"，画维纳斯头像，用了十七个小时乃告终。[3] 这些技能练习让丰子恺意识到写生的重要性。而这个重要性主要体现在磨炼"眼"和"手"上，即对"画形""画调子""色彩"这些绘画的基本元素和语言有一个准确的观察和把握，而习画者的基本的视觉素养就是由这些基本功奠定的。丰子恺认为，磨炼眼光必须从"看"入手。他曾记录经过写生训练之后，"看"人的眼光所发生的变化：

> 我在学校里热心地描写石膏头像的木炭画，半年后归家，看见母亲觉得异样了。母亲对我说话时，我把母亲的脸孔当作石膏头像看，只管在那里研究它的形态和画法。我虽在母亲的怀里长大起来，但到这一天方才知道我的母亲的脸孔原来是这样构成的！

---

[1] "外光派"由法国学画归来的黑田清辉引入。黑田清辉主持东京美术学校西洋画科时期，这里一度是"亚洲最为贴近西洋现代美术中心巴黎的场所"（详论见吉田千鹤子：《上野的面影——李叔同在东京美术学校史料综论》，曹布拉编：《弘一大师艺术论》，杭州：西泠印社，2001年版，第92页）。黑田清辉本人在法国受过学院派严格的绘画训练，但又吸收了印象派的一些表现方法，其周围聚集着一批留法归来的画家，他们"仿效巴黎美术学院的教育方法进行指导"，以木炭写生（包括石膏像和人体），裸体模特的色彩写生等，也开设有解剖学和透视学的课程。刘晓路认为日本的外光派远比印象主义的外光派要保守，"在严格的意义上充其量为印象派化的学院派"（见刘晓路：《日本美术史话》，北京：人民美术出版社，1998年版，第173页）。这一判断实际上是从黑田清辉本人在法国接受的绘画训练得出的，而这一特质也带入了日本的印象派绘画之中。与李叔同差不多同一时期在东京美术学校学西洋画的中国人，几乎都受到这一传统的训练和熏陶。李叔同的油画创作包括其毕业作品《自画像》展现出这一画风的鲜明特色，其用笔用色的大胆，在同期的同学之中是非常突出的。

[2] 丰子恺：《丰子恺文集·艺术卷一》，杭州：浙江文艺出版社，1990年版，第1页。

[3] 同上书，第6页。

她的两眼的上面描着整齐而有力的复线，她的鼻尖向下钩，她的下颚向前突出。我惊讶我母亲的相貌类似德国乐剧家华葛内尔（瓦格纳）（Wagner）的头像……[1]

在丰子恺的眼中，母亲变成了造型分明的石膏像。他对母亲的描述犹如拿着一只无形的笔在做母亲的肖像写生，而他这只无形笔下的母亲竟是他从未发现过的形象！石膏像练习实为人体模特写生的准备，而丰子恺已经能够将从石膏像写生中获得的原则迁移到"模特"（他的母亲在此时扮演的就是模特的角色）身上，可见其"看"的水平又进了一步。

除此之外，他还将阅读所得的绘画理论知识用实际的观察来验证，以此来纠正眼睛的错觉，并由此获得绘画处理的细部原则。比如他在浙一师期间曾读过一本介绍人体各个部分描绘方法的书《Figure Drawing》，提到普通人的眼睛居于头部二分之一处，与一般认为眼睛居于头的上部的看法不同。于是丰子恺时时留意，看到人头便目测人眼的位置，屡试不爽。在验证的同时，也不断地获得新的观察：

> 我向对座的几个头像进行目测，忽然发现其中有一个老人相貌异常，眼睛生得很高。据我目测的结果，他的眼睛决不在于正中，至少眼睛下面的部分是头的全长的五分之三……但我仅凭目测，不敢确信老人是特例。我便错认这船为图画教室，向制服袋里抽出一支铅笔来，用指扣住笔杆，举起手来向那位老人的头部实行测量了……后来我又在人体画法的书上读到：老人因为头发减薄，下颚筋肉松懈，故眼的位置不在正中而稍偏上部。[2]

---

[1] 丰子恺：《丰子恺文集·艺术卷二》，杭州：浙江文艺出版社，1990年版，第601—602页。

[2] 同上书，第603页。

借助理论和实践观察的验证，丰子恺得出了既不同于一般教科书的概括，也不同于一般人的眼睛所见的绘画经验："普通中年人的眼位于头的正中，幼儿的眼，位在下部，老人的眼稍偏上部。"[1]这一条绘画的原则，实为丰子恺磨出的"眼力"：提炼绘画素材的能力，也是一种捕捉事物典型特征的能力，而在具体的绘画创作中，就意味着创作能力。经过绘画训练的眼睛给丰子恺打开了一个新的观看世界的角度，母亲不复是原来所见的母亲的面容，而是变成了线条、造型，周围的世界也如同变成了一个大的图画教室。这是一个典型的陷入痴迷的写生状态的画家形象。丰子恺由此领悟到，一个画家所获得纯粹的观察世界的眼光，来自于其自觉地切断与世界的意义上的联系。如此，眼睛才能见到一般人所不能见之事物，绘画的世界，诸如造型、线条、调子所构成的世界才会真正开启，画家才真正开始使用这一套视觉的语言来重新组织、建造和表现其所见、所感和所思的世界。

丰子恺所受的绘画技法训练当然是来自西洋绘画的传统。而正是这一"眼力"的磨炼，使丰子恺在一个看似偶然的机会，在诗歌当中发现了绘画性。从本文第一部分所探讨的丰子恺获得处理月夜光线的图式就能看到这一点。

丰子恺果断地追随了诗画这一传统，并由此对大量的诗词进行了深入的探究。他将诗人的这种"眼力"在绘画中的应用称为"文学的写生"，并由此转化为一种在创作上可资训练的心得："习描须先习看，练手须先练眼"，"习画应该读诗"。他在读诗中显现出画家关注的焦点，[2]发现了文学中的远近法（即绘画中的透视法）：

[1] 丰子恺：《丰子恺文集·艺术卷二》，杭州：浙江文艺出版社，1990年版，第604页。

[2] 以下所引诗例及标题说明均为丰子恺本人对于诗歌中的远近法的归纳，见丰子恺：《丰子恺文集·艺术卷二》，杭州：浙江文艺出版社，1990年版，第456—468页。

1. 凡物距离愈远，其形愈小。

例诗：旷野看人小，长空看鸟齐。（岑参）

　　　　槛外低秦岭，窗中小渭川。（岑参）

2. 凡在视线之上的（即比观看者的眼睛高的）景物，距离愈远，其在画面的位置愈低。

例诗：野旷天低树，江清月近人。（孟浩然）

　　　　山月临窗近，天河入户低。（沈佺期）

　　　　真珠卷帘玉楼空，天淡银河垂地。（范仲淹）

　　　　碧松梢外挂青天。（杜牧）

3. 凡在视线之下的（即比观看者的眼睛低的）景物，距离愈远，其在画面的位置愈高。

例诗：黄河远上白云间。（王之涣）

　　　　黄河之水天上来。（李白）

　　　　回看天际下中流。（柳宗元）

　　　　平沙莽莽黄入天。（岑参）

4. 兼看视线上下（天与地）两方，则见其相接。

例诗：接天莲叶无穷碧。（苏轼）

　　　　百尺楼高水接天。（李商隐）

　　　　水浸碧天何处断。（张升）

　　　　晚云藏寺水粘天。（刘一止）

　　　　无数青山水拍天。（苏轼）

以上所示只是丰子恺读诗示例之一部分。正如写生带给他全新的体验一样，他用透视法来解读古诗之时，不仅重新呈现了诗趣，更将之变成画家锤炼眼力的试验场。这些发现都成为其以诗画为题材的作品的构图源泉。如果说一般的欣赏者还在笼统而模糊地赞叹诗的"如画之美"，丰子恺则将之分解为精确的绘画语言。正是拥有了画家的眼力，丰子恺发现了诗人所描绘的视觉世界。有意思的是，丰子恺借助的是西洋绘画的手段，激活了中国画的文学传统。这一传统既熟悉又陌生，因为中国古典的诗歌几乎从未如此大规模地在这种视域下被解读，也未如此大规模地以视觉的形式被呈现。受西洋绘画传统训练的丰子恺找到了一条回归传统的道路。

诗与画的相遇，对于丰子恺个人创作而言无疑具有巨大的意义，"子恺漫画"的"味儿"中所具有的文学性和视觉性由此也可以获得清晰的理解。然而对于回归传统的方式而言，由画到诗再回到画只是反映出其回归的微观层面。20世纪20年代末到30年代上半期，画坛之中中西绘画的竞争正处于一个非常微妙的时间点上，而中西对照的维度或显或隐地都构成了当时画家们创作和思考的重要一环，丰子恺也不能例外。他对中国传统绘画、他自身作品的定位中始终存在一个对西方绘画认知的维度。不了解这个维度，几乎也就很难理解其激活传统背后更为深广的意义。

三、印象派：中国画优胜论

俞剑华写于1928年的《现代中国画坛的状况》一文描述了当时西洋画家中出现的一个现象：

> 说起来，几位西洋留学生在西洋学了很多年，自己天才又好，也肯用功，画的有七八分像西洋画，但是回到中国来，不到几年，费了很多事穿上的这件洋服，便要慢慢地脱下来换上长衫马褂了，不但画的西洋画变成中国化的，并且大画其中国画。所以一直到现在，留学生虽然有几位，但是改行的改行，不拿笔的不拿笔，而真正的西洋画，还是如凤毛麟角不可多得。[1]

---

[1] 周积寅编：《俞剑华美术论文选》，济南：山东美术出版社，1986年版，第73页。

俞剑华所论能反映出一定的时代趋向，徐悲鸿、刘海粟、林风眠这些活跃在画坛中心的画家都在探索西洋画与中国画的融合之路。而传统画派在北平衰落之后，海派日渐壮大，明清之际的八大山人、石涛这一类处于画坛边缘的画家被重新发掘出来，也在部分留洋回来的画家当中产生了很大的影响。自美术革命以来，传统派绘画的地位从20世纪20年代末开始呈现逐渐上升的趋势。丰子恺在1926年发表了讨论中国画的论文之后，于1927年发表了《西洋画的看法》，1928年出版了《西洋美术史》，1929年译出了日本学者上田敏的《现代艺术十二讲》，1929年出版了《谷诃生活》（谷诃即现在通译的凡·高），1930年又编译了《西洋画派十二讲》。这些密集介绍西方绘画及画家的著作涉及的时段上至原始时代，下限则到了达达派，同时也在国内画坛率先讨论了谷诃（凡·高）这位后印象派的重要画家，关注的范围几乎与当时欧洲艺术发展的潮流直接接轨。[1]丰子恺这一时期的阅读和写作显示出他对流行于欧洲和日本的现代画派有了深刻的认识，他以一种历史的眼光和广阔的视野在美术发展的潮流中来观察中国美术的位置。因而在这些文章和著作当中，我们能够看到一条清晰的思考线索，那就是他几乎都是在中西对照的维度中展开对绘画的讨论。

在谈中国画的特色时，丰子恺认为中国画重视内容，而西洋画偏重画面的呈现。从纯粹绘画的角度来说，后者才是绘画的正格，但对于中西绘画不能以高低优劣来区分，只能以趣味相别。在谈论对西洋画的看法时，他指出西洋画重写实，中国画重传神，二者各有优劣。相较于当时画坛之中的派别之争，丰子恺的观察甚为冷静，态度也更为开放。但在讨论现代艺术的过程中，尤其是在梳理了印象派及之后的表现派等发展的脉络之后，丰子恺意识到这些新兴艺术派别的崛起与东洋绘画之间的共鸣：首先当然是莫奈等人发现了日本的歌川广重

---

[1] 需要指出的是，丰子恺对于欧洲艺术发展动向的了解几乎都是通过日本研究者的著作而获得的。他这一时期的著作带有编译性质，但在改写的过程中，他加入了很多中西绘画对比的讨论。

和葛饰北斋，他们通过微妙的色彩和光线变化塑造了一种平和的抒情画风，刺激了印象派对于光线和颜色的探索，因而带来了画坛的重要转向；其次是后期印象派发展了线条的表现力，而线条正是东洋绘画的特色。因此丰子恺认为，已经迈入现代的西洋绘画与还未进入现代的中国画之间发生了交集。中国画成为给予启发和灵感的老师，而西洋画变成了学生。从一定程度上来说，这是画史的事实，但在当时中国所处的政治、文化、历史环境之下，这一点很容易激发起民族主义的情绪。

1930 年 1 月，丰子恺的长文《中国美术在现代艺术上的胜利》在《东方杂志》发表。[1]而"胜利"一说的最为基本的根据就是西方现代艺术是完全受到中国绘画的启发而产生的。但这一论证中有一个环节被丰子恺一笔带过，即印象派受到直接启发的是日本画，丰子恺对这个关系进行了代换，其论证逻辑是：日本画完全出于中国画，近代西洋画受日本绘画的影响，因此这一流派完全受到中国画的影响。由此，中国画优于西洋绘画。实际上这里面还有一个如何认识日本绘画的独立性的问题。日本研究中国绘画的学者一直强调近代日本绘画才可以称为东洋画的代表（这一东洋实际上是代表了东亚文化圈）。[2]从两方的观点来看，有确立近代绘画宗主地位的意图蕴含其中。对此本文不拟展开讨论。众所周知，随着"一战"的结束，中国思想界兴起了一股重新评价中国传统的思潮。这一思潮开始反思早期盲目学习西方的狂热，甚至开始讨论东方文化如何来拯救西方文明的问题。传统派的抬头也是在这风气之下兴起的。这一反省的趋向在 20 世纪 20 年代后期的中国画坛也开始逐渐显现出来。毫无疑问，丰子恺的这篇文章放

---

[1] 后来这篇文章标题改为《中国美术的优胜》收录在《绘画与文学》这本著作当中。

[2] 日本学者西槇伟注意到了丰子恺的这一说法，与日本的美术学者的基本立场恰好相反。见［日］中村忠行、西槇伟：《新艺术的发轫：日本学者论李叔同与丰子恺》，曹布拉译，杭州：西泠印社，2000 年版，第 93—96 页。

在《东方杂志》中国美术专号的第一篇发表，带有明显的宣言的意味。丰子恺将历史的眼光和民族自尊混杂在一起，因而这篇文章在论证中国绘画的优胜方面，理论的展开显得有些急躁，基本上是举例式的印证和平行的比较，反而不如其在微观层面的探讨来得精彩：他在同一年发表在《中学生》杂志上的《文学的写生》这篇文章，将印象派与中国文学（主要是诗）统合在了一起，比如他回味"月光如水水如天"这句诗："月夜的水天及景物融成一色，远望楼阁或山，全体一片模糊，若有若无。这种情景，使人联想印象派的绘画。"[1]然而也不得不说，在20世纪30年代的画坛，丰子恺这样一种还算完整的出入中西的理论阐释架构是难能可贵的。

丰子恺回归传统的道路应该说是成功的，通过"诗"这一通道，他重新阐释了中国的绘画传统，而通过"印象派"，他又抓住了世界艺术发展的潮流。他本人的绘画创作也在东西方绘画目光的交错中，获得了一席之地。

---

[1] 丰子恺:《丰子恺文集·艺术卷二》，杭州：浙江文艺出版社，1990 年版，第 485 页。

《桥》中可曾有"桥"

——关于废名《桥》中破折号的解读

于阿丽[1]

[摘　要] 李健吾曾经评论过废名的代表作《桥》，指出该小说句子之间缺乏一道理解之"桥"。笔者在阅读《桥》的过程中，发现其中"——"（破折号）出现的频率非常高。本文对这些破折号的用法进行了细读，认为它们已经超出了基本标点符号的范围，体现出独特的功能，如：唤醒读者的审美想象，邀请读者直接对谈，帮助读者更好地理解作品，等等。从某种程度上讲，这些破折号所承担的，恰好是李健吾所谓的句与句之间所缺乏的那道"桥"的功能。由此，我们可能需要重新界定废名小说的"晦涩"及其与读者的关系。

[关键词]《桥》　破折号　晦涩　读者

作为废名的代表作之一，《桥》长久地散发着自己独特的艺术魅力，

---

[1] 于阿丽，九江学院副教授，北京师范大学文艺学研究中心兼职研究员。

经历了岁月沧桑的跌宕起伏，它渐渐化身为现代文学史上一处"美不胜收"的风景。[1]

对于这部作品，李健吾先生当年曾有过非常精彩的评论：

> 唯其用心思索每一句子的完美，而每一完美的句子便各自成为一个世界，所以他有句与句间最长的空白。他的空白最长，也最耐人寻味……废名先生的空白，往往是句与句间缺乏一道明显的"桥"的结果……他从观念出发，每一个观念凝成一个结晶的句子。读者不得不在这里逗留，因为它供过你过长的思维。[2]

在这段话中，李健吾先生指出了废名小说句子的几个特点，大概可以从三方面理解：一是废名小说句子本身的丰富性与复杂性；二是废名小说句子与句子之间的空白性与跳跃性；三是读者在阅读时必须花费较长的时间。很显然，这三个方面不是孤立的，后者往往由前者所决定。应当承认，李健吾先生的艺术感受力是敏锐的，也是卓越的，他对于废名小说特点的把握可谓深得其神矣。学术界一直非常重视这段评价，笔者对此也深表赞同。

笔者尤其感兴趣的是，李健吾先生关于废名小说所提出的"桥"的问题——"他有句与句间最长的空白""往往是句与句间缺乏一道明显的'桥'的结果"。我们应该怎样理解这些评论呢？是否可以结合对《桥》（1932年开明书店版）这本小说文本的阅读，获得一种更具体的领悟？本文想接着李健吾的话，斗胆尝试往下说说。

事实上，之所以会提出这一问题，是因为笔者在阅读《桥》的过程中，发现小说中出现了一个独特的标点符号，即"——"（破折号），该符号出现的频率之高远远超出现代其他作家的作品。在对这些破折

---

[1] 郭济访：《梦的真实与美——废名》，石家庄：花山文艺出版社，1992年版，第266页。

[2] 李健吾：《画梦录》，《咀华集·咀华二集》，上海：复旦大学出版社，2005年版，第85页。

号进行了一番细读之后，笔者认为，《桥》中破折号的使用已经超出了它基本的标点符号范围，从某种程度上讲，它恰好承担起了李健吾所谓的句与句之间所缺乏的那道"桥"的功能。由此，我们甚至可能需要重新界定废名小说的"晦涩"及其与读者的关系。

一、《桥》中破折号的高频使用

《桥》（1932年开明书店版）分为上篇十八章，下篇二十五章，其中破折号"——"的出现频率非常高。笔者初步统计了每章篇幅所占的页码和破折号使用的次数，可以把这一特点较为直观清晰地呈现出来，如表1所示。

表1：《桥》中破折号使用统计

小说篇目 （上篇）	所占 页码	"——" 使用次 数	小说篇目 （下篇）	所占 页码	"——" 使用次数
《第一回》	2	0	《日记》	3	5
《金银花》	3	10	《棕榈》	4	5
《史家庄》	2.5	4	《沙滩》	4.5	14
《井》	2.5	9	《杨柳》	5.5	13
《落日》	3.5	5	《黄昏》	3.5	13
《洲》	2.5	2	《灯笼》	4.5	13
《猫》	3	10	《清明》	5	12
《万寿宫》	2.5	3	《路上》	5.5	21
《闹学》	2.5	4	《茶铺》	5.5	24
《芭茅》	3.5	9	《花红山》	5	19
《狮子的影子》	5.5	6	《萧》	3.5	9
《送牛》	4	10	《诗》	4.5	20
《"松树脚下"》	3.5	12	《天井》	3.5	4
《习字》	4	8	《今天下雨》	4.5	14
《花》	3	8	《桥》	5.5	11
《送路灯》	3.5	9	《八丈亭》	1.5	4

小说篇目 （上篇）	所占 页码	"——" 使用次数	小说篇目 （下篇）	所占 页码	"——" 使用次数
《瞳人》	3.5	3	《枫树》	6.5	14
《碑》	6	17	《梨花白》	3.5	7
总 计	60.5	129	《树》	4.5	3
			《塔》	5	14
			《故事》	4.5	8
			《桃林》	7.5	13
			《"第一的哭处"》	1	1
			《"且听下回分解"》	1.5	3
			《灯》	4.5	9
			总 计	107.5	273

　　根据表 1 的统计结果可知，《桥》中各章所占篇幅总数大约为 168
页，其中破折号的出现高达 402 处，也就是说，几乎平均每页都会使用
2—3 个破折号。笔者又粗略统计了一下《桥》的字数，大约为 5.5 万字，
可以算出，大约每隔 140 字左右，废名就会使用一次破折号。很显然，
《桥》中破折号的出现频率非常高。更为关键的是，这一切是连续出现的。
想想看，废名要持续那么多页都保持如此高的频率，这恐怕绝不是一
般的语法现象，值得引起大家的高度关注。

　　还需要补充的是，《桥》虽然名为长篇，但其中各章的写作并不是
一气呵成的，这与废名独特的小说观念有关："我的长篇，于四年前开
始时就想兼有一个短篇的方便，即是每章都要他自成一篇文章，连续
看下去想增加读者的印象，打开一章看看，也不至于完全摸不着头脑
也。"[1] 由于废名把每章都当成一篇独立的作品来完成，所以《桥》中各
章的写作是断断续续、写写停停的，随时写作随时在刊物上发表。到
最后，这个薄薄不足一百七十页的长篇小说竟写了四五年之久。

　　也就是说，表 1 所呈现的《桥》中破折号高频出现的现象，不仅

---

[1] 废名：《桥·序》，王风编：《废名集》（第 1 卷），北京：北京大学出版社，2009 年版，第 340 页。

范围涉及《桥》中所有的篇章，而且背后涉及时间跨度的问题。换句话说，至少在长达四五年的时间里，无论废名自己是否清醒地意识到，他在小说创作中对破折号一直怀有不同寻常的、不可思议的热情。

因此，我们有必要进一步追问：为什么《桥》中要使用这么多的破折号？废名使用这么多的破折号到底想表达什么？读者又应该怎样理解这些破折号？要想回答这些问题，我们必须对这些破折号的使用展开分析。

关于破折号的基本用法，《标点符号用法》一书将之总结为七种：用于表示注释或说明部分之前；用于表示语义转折的地方；用于表示语音转折的地方；用于表示提示或总结；用于副标题的前面；用于表示列举的事项；用于引文之后。[1]事实上，在《桥》中四百多个破折号里，当然会有相当比例的常规使用。对于这部分，本文不再一一展开专门的分析。

本文关注的重点，是那些发挥独特功能的破折号。尽管如此，例子依然很多。限于篇幅，这里只能挑选极个别具有代表性的例子加以说明。

二、《桥》中破折号的具体分析

上文提到，李健吾先生在评论中提醒读者，要多注意废名小说的句子。这些句子各自成一个世界，由观念结晶而成，彼此有很长的空白，因此需要读者仔细品读玩味才可以更好地理解。这里不妨作一个有趣的推测，废名自己知道他小说的句子是这样吗？他会自己提醒他的读者慢慢欣赏吗？如果遇到粗心的读者，总是步履匆匆地一晃而过，废名考虑过怎么办吗？

众所周知，废名的小说一度以"难懂""晦涩"著称于世，这几乎是公开的秘密。当年周作人先生首先指出废名小说的"晦涩"问题，

---

[1] 刘树芝：《标点符号用法》，北京：世界图书出版公司，2001年版，第62—65页。

并认为是"由于文体之简洁或奇僻生辣"造成的。[1]吴晓东专门对《桥》进行了文本细读，也指出："《桥》的晦涩大体属于能懂的，它的耐读也正由于它的晦涩。"[2]他们都不约而同地指出了废名小说的"晦涩"，同时也都肯定了这种"晦涩"。

其实，由于众多读者意见的反馈，废名自己也很清楚这份"晦涩"。早在 1927 年的《语丝》上，他就曾说过："有许多人说我的文章obscure，看不出我的意思。但我自己是怎样的用心，要把我的心幕逐渐展出来！我甚至于疑心太 clear 得厉害。"[3]废名这段话值得深思，它们清晰地表明，废名不仅深刻地意识到了自己作品"晦涩"的问题，而且一直"用心"地在为此做出某种努力。

在笔者看来，正是因为知道自己作品的"晦涩"，也正是担心如果遇到粗心的读者该怎么办，废名才煞费苦心地在《桥》中设计了那么多的破折号，想以此之"桥"来帮助读者顺利抵达阅读的彼岸，并期待读者在阅读中充分发挥自己的想象，从而与叙述者完成愉快的沟通和交流！

为了叙述上的方便，这里暂且把《桥》中破折号的独特使用分为几大类，彼此之间可能会有些细微的重合，在所难免。

（一）唤醒读者的审美想象

例 1：前面一匹黑狗，——小林止步了。[4]

因为破折号的出现，读者在这里被迫停留，如同小林心里此时的

[1] 周作人：《〈枣〉和〈桥〉的序》，转引自陈振国编：《冯文炳研究资料》，北京：知识产权出版社，2009 年版，第 157 页。

[2] 吴晓东：《废名·桥》，上海：上海书店出版社，2011 年版，第 47—48 页。

[3] 废名：《说梦》，王风编：《废名集》（第 3 卷），北京：北京大学出版社，2009 年版，第 1153 页。

[4] 废名：《桥·金银花》，王风编：《废名集》（第 1 卷），北京：北京大学出版社，2009 年版，第 344 页。

一怔！时间就在这一刻被定格了，读者不自觉地被带到了黑狗与小林四目相对的画面中，静观这一画面，想象双方各自的神态、心理。这个破折号之于读者，颇有种朱光潜看到阿尔卑斯山谷路边那个标语牌的意味："慢慢走，欣赏啊！"

> 例2：小林斩截的一声。芭茅都交给了他。他团成一个球，四面望，——像狮子跑。[1]

破折号在这里是要把时间停留、延长，表明小林是东张西望、边望边想，望了有一会儿似的。这也是对读者发出的吁请，引导读者在此停留，以重构小林抱球四面张望的画面，那眼神、那淘气、那机灵，你都感受出来了吗？小说没有把这一切写出来，而是给读者留下空白，留给读者去猜想。

> 例3：他看一看狮子影子，——躺下去了，狮子影子大过他的身子。[2]

这里破折号的作用，同上面例2一样，也是发挥着时间延留、吁请读者参与画面想象的功能。小林的"看一看"究竟是如何看、如何想？这些破折号都是可以省略的，即使没有它们，小说传达出的意思也不会变，但是，却缺少了那种读者在构想、品味画面时所引发的幻美，也没有办法让飞流直下的叙述适时地停顿，从而获得一种舒缓的节奏，让全文既文气贯通，又张弛相间。破折号是废名小说"陌生化"的手段，扩展和延伸了小说的审美空间。

---

[1] 废名：《桥·狮子的影子》，王风编：《废名集》（第1卷），北京：北京大学出版社，2009年版，第388页。

[2] 同上书，第389页。

例 4：细竹首先跨出门，首先看见今夜是这么黑，——然而也就这样在看不见之中拉回头了。[1]

破折号在这里不是解释说明的作用，而是对读者停留阅读脚步的提醒，提醒读者去自己感受、想象"今夜是这么黑"到底是怎样的"黑"。叙述者期待读者能理解细竹此时内心的感受，亦期待读者能唤醒自己对黑夜的感受，由此读者也就做好了足够的心理准备，接受细竹接下来的行为——"拉回头了"。

例 5：我告诉你们，我常常喜欢想象雨，想象雨中女人美——雨是一件袈裟。[2]

破折号在这里的第一个功能，是让读者阅读的脚步停下来，邀请读者和主人公一起"想象雨中女人美"，那是怎样一种美呢？究竟有多美呢？然后，叙述者给出了主人公小林的答案："雨是一件袈裟。"这是和读者的一种隐性交流，你的答案是什么呢？与此同时，这个破折号其实还发挥了另一个功能，就是最大限度地突显和强调了"雨是一件袈裟"，叙述者愿意让这个领悟能在读者的脑海中产生深刻印象，引起读者久久的回味。

例 6：小林先生的眼睛里只有杨柳球，——除了杨柳球眼睛之上虽还有天空，他没有看，也就可以说没有映进来。[3]

破折号在此发挥的是解释说明的一般功能，不过所解释的内容却

---

[1] 废名：《桥·灯》，王风编：《废名集》（第 1 卷），北京：北京大学出版社，2009 年版，第 465 页。

[2] 废名：《桥·今天下雨》，王风编：《废名集》（第 1 卷），北京：北京大学出版社，2009 年版，第 535 页。

[3] 废名：《桥·杨柳》，王风编：《废名集》（第 1 卷），北京：北京大学出版社，2009 年版，第 484 页。

《桥》中可曾有"桥"　　115

似乎与常规不同。它不是因为某个词句自身的疑难困惑，而是出于提醒读者或帮助读者更好地理解这里使用的文字叙述。我们甚至可以说，如果这里没有破折号，读者自己根本不会想到这里有什么理解的困难，读者在匆匆的阅读过程中，会很自然地认为"眼睛里只有杨柳球"那就"只有杨柳球"好了，这有什么不懂呢？所以，这里的解释与其说是出于读者的需要，不如说是出于叙述者自己的需要：他担心自己的读者太粗心，根本无从领略这里他为什么会使用"只有杨柳球"的文字叙述。如果这样看的话，我们甚至可以说，叙述者是在培养和提高自己读者的审美想象与鉴赏力。

（二）邀请读者直接对谈

例 1：他哪里会怕狗？然而实在有点怕，回了一回头，——你看，俨然是走进了一条深巷子！他一个人！ [1]

这里破折号的前面，是对小林内心的恐惧和回头行为的描述，破折号后面的"你看"中，这个"你"当然是指读者了。在破折号所发出的"时间停留"的邀请或者"脚步暂停"的号令中，读者正式被小说叙述者邀请到场，一起去参与小说中叙述场景的展现！小说叙述者与其说是在"解释"小林为什么"怕"，还不如说是在"拷问"读者：你说碰上这样的场景，你怕不怕？

例 2：这一群孩子走进芭茅巷，虽然人多，……同时芭茅也真绿，城墙上长的苔，丛丛的不知名的紫红花，也都在那里哑着不动，——我写了这么多的字，他们是一瞬间的事，立刻在那石

---

[1] 废名:《桥·金银花》, 王风编:《废名集》(第 1 卷), 北京:北京大学出版社, 2009 年版, 第 344 页。

碑底下蹲着找名字了。[1]

破折号在这里引出的内容，虽从表面上看仍是解释，但他解释的方式与话语是跳出了故事层面的，是叙述者在提醒读者，如何更好地欣赏这段文字所描绘的美丽画面。也就是说，提醒读者仅仅把这里的文字当作"文字"来看是不行的，要把它当作"连续的画面"去想象才行，为此叙述者忍不住自己从幕后跳出来，交代叙述的过程，与读者进行交流。

> 例3：他没有想到立刻上去——是何故？我只能猜测的说是有这么一个事实暗示着，太阳在那边，是要与"夜"相近，不等他上到高头，或者正上到高头，昏黑会袭在他的头上。[2]

破折号前面是对小林行为状态的描述，破折号后面是叙述者对小林行为原因的推测。为什么叙述者要推测小林此举的原因？显然是因为这里有人提出了问题："是何故？"是谁在提问？是小说叙述者自问自答，还是叙述者设想读者可能会有此一问，因而提前予以解答？这流露出叙述者在写作时，对于心中隐含读者的可能性反应是很注重的。

> 例4：终于徘徊于一室，就是那个打扮的所在。不，立在窗外，确如登上了歧途，徘徊，勇敢的一脚进去——且住，何言乎"勇敢"？这个地方不自由？非也。小林大概是自知其为大盗，故不免始而落胆。何言乎"大盗"？请以旁观梳头说法。[3]

[1] 废名：《桥·芭茅》，王风编：《废名集》（第1卷），北京：北京大学出版社，2009年版，第378页。
[2] 废名：《桥·碑》，王风编：《废名集》（第1卷），北京：北京大学出版社，2009年版，第442页。
[3] 废名：《桥·萧》，王风编：《废名集》（第1卷），北京：北京大学出版社，2009年版，第520页。

破折号在这里简直是"强行阻拦"读者阅读的脚步。也许读者都觉得自己没有任何阅读障碍地读进去了，叙述者却用破折号让你"且住"！与其说这里是在"解释说明"，不如说是"提醒"和"质问"。叙述者在这里故意停留，是想让读者自己学会细细品味、慢慢领略他的小说，去敏锐地感知他每一个叙述文字背后所隐藏的丰富意蕴。

（三）帮助读者更好地理解

例1：不是琴子，小林见了松树要爬上去，——不是小林，琴子也要稀奇牛儿今天又回来了。[1]

破折号在这里不是解释说明，也不是让时间停留，而是要形成一种小说语言的诗性对称，形式上互相呼应，意义上相互补充。这个破折号简直像一个美丽的双面镜子，镜子的一面照见了琴子，另一面照见了小林；他们两人不正是"心心相印"的吗？这是以一种更加形象的方式，也是以一种形式美的方式，来帮助读者更好地理解。

例2：总之羞涩——还是欢喜呢？完全占据了这两个小人物。[2]

破折号在这里连接的是两种情感心理，像一座桥似的，一头连接着"羞涩"，另一头连接着"欢喜"。而读者会想，小林与琴子此刻的内心正好是桥中间的状态吧，羞涩中夹杂着欢喜，欢喜中夹杂着羞涩，亦羞涩，亦欢喜！这个破折号在这里的作用，仿佛就是为了给读者提供情感回味、徘徊的桥梁！随后的"？"（问号）是叙述者的自问，也是对读者的询问：读者最后决定站在桥的哪一个位置呢？

---

[1] 废名：《桥·"松树脚下"》，王风编：《废名集》（第1卷），北京：北京大学出版社，2009年版，第404页。

[2] 同上。

例 3：黑夜游出了一个光——小林的思想也正在一个黑夜。[1]

　　破折号在这里不是解释说明，也不是引读者停留想象，而是为叙述者写作时自己联想性、跳跃性的思维提供一个叙述上的方便。原本小说是在描述现实画面：史家庄奶奶在黑夜里远远地点着灯笼到河边来找小林，由"黑夜"便想到小林此时的思维状态，借助于破折号，叙述者便一下子跳到了小林这边去。同时，因破折号的存在，等于在这两个跳跃性的叙述中间架起了一座桥梁，给读者的思维提供一个跳跃性的暗示，使读者有足够的心理准备来迎接后面的叙述。

　　《桥》中还有许多精彩的例子，大部分都属于上面的几种类型。如：

　　一见山——满天红。[2]

　　坡上站住，——干脆跑下去好了，这样绿冷落得难堪！[3]

　　我的灵魂永远是站在这一个地方，——看你们过桥。[4]

　　听完这句话，细竹四面一望——尽是窗户照眼明！[5]

　　大家朝着东边的野坟望，慢慢地一盏火出现了，小林害怕，——他又喜欢望。[6]

　　限于篇幅，就此打住。恕笔者不能也没有必要一一列出所有例子。相信在对前面 13 个代表性例子的分析中，《桥》中破折号的主要功能已经基本体现。借助于这些例子的分析，我们可以看到，破折号在《桥》中最大程度地唤醒着读者的审美想象，不断地邀请读者直接进行

[1] 废名：《桥·灯笼》，王风编：《废名集》（第 1 卷），北京：北京大学出版社，2009 年版，第 495 页。

[2] 废名：《桥·茶铺》，王风编：《废名集》（第 1 卷），北京：北京大学出版社，2009 年版，第 508 页。

[3] 同上。

[4] 废名：《桥·桥》，王风编：《废名集》（第 1 卷），北京：北京大学出版社，2009 年版，第 538 页。

[5] 废名：《桥·八丈亭》，王风编：《废名集》（第 1 卷），北京：北京大学出版社，2009 年版，第 543 页。

[6] 废名：《桥·枫树》，王风编：《废名集》（第 1 卷），北京：北京大学出版社，2009 年版，第 546 页。

对谈，处处流露出帮助读者理解作品的良苦用心。在这个意义上，破折号在《桥》中所承担的，恰好是李健吾先生所说的句与句之间所缺乏的那道"桥"的功能，这是笔者对李健吾先生关于废名小说评论的一点小小补充。

当然，这并不影响李健吾先生那段精彩评论的有效性。因为废名小说中的"空白"原本是那样多，他不可能每次都使用破折号去为读者架起一座理解之"桥"。因此，废名小说依旧存在着大量的缺乏"桥"的"空白"，这是很显然的。

三、从《桥》中破折号说开去

司马长风先生在《中国新文学史》中，也有关于废名小说"晦涩"的评论。书中这样写道：

> 凡是发表出来文学，就牵涉到作者和读者之间的关系，故作奇僻使读者无法了解，这是对读者的大不敬，也是戏弄和侮辱。这必须受到郑重的谴责。废名的诗，虽然没有到那种程度，但已临危险的边缘。[1]

这里说的是废名难懂的诗，也意指废名晦涩的小说。倘若废名有幸读到这段文字，他会做何感想呢？至少借助对《桥》（1932年开明书店版）中破折号的分析，我们可以看到，废名在落笔行文的时候，常常是心怀读者的，并总是尝试着引领读者去感受、想象和交流。所以笔者觉得，司马长风先生的这段话是值得商榷的。

其实，废名并不是喜欢破折号的第一人，也不是唯一的一位。根

---

[1] 司马长风：《中国新文学史》（上），转引自陈振国编：《冯文炳研究资料》，北京：知识产权出版社，2009年版，第293页。

据敬文东的研究，鲁迅先生早年的文字中破折号的使用频率就非常高。他还专门写文章，谈论了鲁迅式破折号与鲁迅语调之间的关系。他认为：

> 鲁迅式破折号是一个巨大的扁担：它的两头挂满了过于沉重的箩筐：一边是时代和社会的黑暗以及黑暗对他的高度挤压，另一边则是内心的极度躁动、心绪上的高度激愤。因此，破折号在鲁迅那里有着分裂的危险神色。……鲁迅式破折号首先导致了鲁迅语调上两个相互关联的特性：犹豫和结巴。[1]

需要指出的是，敬文东此文所指的范围，不仅包括鲁迅的小说，更主要是针对鲁迅大量的杂文写作而言的。借助于对破折号被高频使用的分析，敬文东发现了理解鲁迅的一条隐秘线索，解读出了鲁迅在激愤之中的自我怀疑，还深刻地揭示出了鲁迅在晚年所发生的逆转变化。

很显然，废名式破折号与鲁迅式破折号的功能完全不同。原本《桥》就是一部长篇小说，不同于鲁迅的杂文，它更多的是一种艺术化呈现，而不是内心想法的直接表达。更重要的是，废名在《桥》中使用破折号的原因是为了帮助读者更好地理解自己"晦涩"的小说，这与鲁迅使用破折号的出发点根本不同。鲁迅关注的是怎样在"有趣填充人生和无聊现实之间寻找真正的平衡"。[2]所以笔者认为，废名在《桥》中对于破折号的使用，形成了自己独特的风格。

废名的《桥》也许是"晦涩"的，为了不让这份"晦涩"成为读者的阅读障碍，为了帮助读者更好地理解自己的小说，废名费尽心思地在其中使用了四百多个破折号，期待能帮助读者建造一些可以抵达

---

[1] 敬文东:《鲁迅的语调——关于鲁迅的絮语》,《天涯》2011 年第 2 期，第 46 页。

[2] 同上。

艺术圣境的理解之"桥"。这份深深的用意，相信有心的读者自会暖暖地感受到。

行文至此，让我们以《文心雕龙·知音》中的话收尾："夫唯深识鉴奥，必欢然内怿；譬春台之熙众人，乐饵之止过客。"[1]相信当我们付出足够的心力，真正读懂废名"晦涩"的文本时，必然会如刘勰所说，收获难以言喻的内在欢悦！

---

[1] 刘勰:《文心雕龙·知音》，陆侃如、牟世金译注，济南：齐鲁书社，2009年版，第626页。

文类视角内的废名"文章观"

梁 波[1]

[摘 要] 本文在文类视角内,对中国现代作家、学者废名的有关小说的部分文学观念——"文章观"进行研究,进而考察其小说的文学形式与当时文类制度之间的关系。本文以为,在中国现代文类被逐渐确立的语境中,废名的"文章"作为既表征个人文学理想,又游离于中国现代文类制度的一种构形模板,集中反映了废名对"中国现代小说"文类界限的质疑与冲击,并促成了废名建立以小说文类"理想型",即"文章"为核心诉求的中国现代小说的再建构。

[关键词] 废名 文章观 文类 中国现代小说

本文立足于中国现代小说作为通行文类被确立并且日趋固化为文类制度这一具体语境,试图通过该视角,对作家废名(1901—1967)散

---

[1] 梁波,中山大学南方学院讲师。

见于其各文类写作（包含若干随笔、中后期的小说及全部诗论）中的文学观念——其"文章观"进行研究。本文从废名对"小说"——这一学界公认的中国现代文学最高成就的非主流形式试验，以及废名不同于"五四"新文化主流话语的文学评价标准出发，着力探讨废名对"中国现代小说"的文类界限的思考，同时探讨废名借由"文章"（较之"文学"，废名更倾向于有所差异地沿袭其师周作人的"文章"，诸如：莎士比亚的戏剧、哈代的小说、俄国梭罗古勃的小说、六朝人的骈文散句，等等，俱为废名的"文章"[1]）对彼时既成文类的融合与二次建构，进而试图厘清"中国现代小说"的建构与现代文类制度之间的复杂关系，以及此关系对中国现代小说形式的影响。

需要声明的是，本文使用的"文类"（genre）一词，指涉文学大类之次级的分类（"三分"或"四分"）之下的类属（如小说、戏剧、诗歌等），一般译作"体裁"或"文类"，少数也译作"文体""类型"。[2]"文类批评"（genre criticism）的传统，在西方文学理论史上源远流长。[3]本文主要借用了法国叙事学家托多罗夫将 genre 定义为"话语属性制度化"的表述，[4]即作为"一种制度那样"存在的"文类"，作为本文阐释中国现代文类构形的基本工具。正如托多罗夫以"期待域"与"写作范例"所展现的，被确立了的"文类"，所描述的正是作为制度系统的一种状

---

[1] 废名:《中国文章》《三竿两竿》，王风编:《废名集（六卷本）》（第 3 卷），北京:北京大学出版社，2009 年版，第 1370—1371 页，第 1354—1355 页。本文所引用的废名文字均出自此《废名集》，由于引用较多，此后除大段引文外，将只注明所出篇目，特此说明。

[2] 这里需要特别阐明的是，"文类"对译 genre 以表示文学大类之内的次级类属，其内涵与当下的 style 常用对译——"文体"绝不相同。详情可参阅申丹:《叙述学与小说文体学研究》，北京:北京大学出版社，2004 年版。

[3] 有关 genre 的解释，参见《现代西方文学批评术语词典》，第 125 页；[美] 艾布拉姆斯:《文学术语词典》，吴松江等编译，北京:北京大学出版社，2009 年版，第 217 页；廖炳惠:《关键词200——文学与批评的通用词汇编》，南京:江苏教育出版社，2006 年版，第 118 页。

[4] [法] 托多罗夫:《巴赫金 \ 对话理论及其他》，蒋子华、张萍译，天津:百花文艺出版社，2001 年版，第 28—29 页。为统一术语之便，本文将 genre 的原译文"体裁"改为"文类"。

态，或者说，正是文类制度的基本模式。

虽然将某一非主流作家的边缘文学观念与中国现代文类制度的构形过程相联系，似乎过于见微知著或有些牵强，但前者也隐秘地揭示了彼时"中国现代文学史"正在被建构，而各种文学制度规则与文类界限尚处于模糊的进行时刻。同时，这一显示中国现代文学观念与文类格局演变的时刻，反过来，又正是被后世研究经常忽略的"起源"。日本学者柄谷行人在其《日本现代文学的起源》中称，现代文学一旦确立了自身，往往其"起源"连同整个现代文学确立的过程都会被迅速忘却。[1]这正如中国现代文学语境中通常近乎不证自明的"中国现代文学"与其最重要的文类（即被用作 species 的 genre[2]）——"小说"，其指向的，很大程度上正是被后世通行的文学史遮蔽的发生逻辑。

在此意义上，对"中国现代小说"在现代语境中受内外因（古典文学传统与西方文学译介的影响）共同作用而"发生"与"转变"的宏观现象描述，其"语境"与"现象"，其实应该被严肃追问。而在相应的微观视点下，尽管废名由于种种原因并未能够在通行的中国现代文学史上占据特别重要的位置，但是他对"文章"的观念与实践却很有意义，给后人留下了思考空间。废名在一定程度上揭示了"中国现代小说"被刻意建构的真相，然而这种"建构"的所谓现代性诉求究竟是以何种方式体现的？其最终构形的程度又如何？废名看到了小说文类对小说本身的限定，尤其是文类制度对文本形式的可能性的限制。如果我们从文类视角重新审视文学史的话，究竟什么才是中国现代小说与小说的现代性？

---

[1] 参阅［日］柄谷行人：《日本现代文学的起源》，赵京华译，北京：生活·读书·新知三联书店，2006 年版，第 1—34 页。

[2] ［美］勒内·韦勒克、奥斯汀·沃伦：《文学理论》，刘象愚等译，北京：生活·读书·新知三联书店，1984 年版，第 349 页。

一、"文章"的诉求

废名作为一个涉猎小说、诗歌、散文、翻译、批评等多方面的中国现代文人,其文学生命成长于"五四"新文学的年代,而成熟于中国现代文类基本确立且日渐固化的20世纪30年代之中国文坛。[1]按照通行文学史的一般定位,废名首先是作为一个非主流的小说家而立足于中国现代文坛的,其小说风格也经常被划分为:《桥》及《桥》之前的"诗化"风格与《莫须有先生传》及《莫须有先生坐飞机以后》的"散文化"风格。姑且不论这种将废名小说定位在"中间文类"的惯常做法是否一定妥当,但是废名曾于20世纪30年代左右自觉地进行写作手法的调整却是毋庸置疑的。这一点可以从废名明显相互区别为两类的"文章观"中窥得一斑。

然而,在习惯性地引入文学史对废名小说的典型"诗化"评价之前,不得不提及中国现代小说中存在的一个可能出乎今人想象的、极其强大的"抒情传统"——本该以叙事为主的小说文类在其发轫前期所表现出来的浓重抒情色彩。据陈平原的整理,中国现代小说普遍地非常讲究"诗趣"。一方面,表现为其时文学批评对域外小说的选择性阅读:比如茅盾视屠格涅夫为"诗意的写实家",周作人认为科罗连柯的小说是"诗与小说几乎合而为一",郁达夫从施托姆的小说里品出"篇篇有……诗味";另一方面,是给予本国作家的评价:冰心的"小说里,倒常常有优美的散文诗",徐玉诺的"许多小说,多有诗的结构",朱自清的小说里多有"散文诗一般的句子",鲁迅的小说更是"饶有诗趣",等等。[2]基于这样的事实,恐怕中国现代小说中的大多数都可以被称作"诗化小说",而小说的"诗化"乃至"散文化",似乎普遍到并不

---

[1] 废名的处女作——短篇书信体小说《一封信》发表于1923年1月10日的《小说月报》第14卷第1号。见陈建军编著:《废名年谱》,武汉:华中师范大学出版社,2003年版,第33页。

[2] 陈平原:《中国小说叙事模式的转变》,北京:北京大学出版社,2010年版。

足以成为独属于某个作家——比如废名的作品特征。真正需要思考的是，生长自浓郁的现代文学抒情传统之中的废名的前期小说，其脱颖而出成为某种"典型"的原因究竟是什么？这在废名的"文章观"中是否有体现？经过查考，有理由相信的是，就是在这种"特殊性"之处，废名表达了他几乎坚持了大半生的文学诉求。

在其小说创作的早期，废名就表现出了自己非主流的一面。在其最为人熟知的短篇小说《竹林的故事》的"题注"中，废名声称"别方面的东西我也能够写，但写的时候自己就没有兴趣"，甚至于为了进一步描绘那种"很容易知道是我的"的"我的文章"，还特别提出了波德莱尔的散文诗《窗》，称之为"我创作时的最好的说明"，[1]明确地表达了自己具有不同于一般"问题小说"式的对文学的考量。有趣的是，这一在结集出版小说集《竹林的故事》时被置于首章的《窗》，是废名极少量的译作中的一首，且此后经常被废名提及，也是一首非波德莱尔代表作的散文诗。

尤其值得注意的是，在这首译诗中，通过隔着"窗玻璃"向外看的这一场景所表现出的朦胧的另类真实感，与废名"文章观"中的"人生的意义本来不在它的故事，在于渲染这故事的手法，故事让它就是一个'命运'好了"[2]，"梦里头见我的现实，我的现实则是一个梦"[3]，"一个梦已自成其时间与空间，所以如来一念见三世"[4]，"历史都是假的，除了名字；小说都是真的，除了名字"[5]，"人生如梦，不是说人生如梦一样是假的，是说人生如梦一样是真的"[6]等文字中所蕴藉的含义有着极为惊人的和谐。更令人惊讶的是，废名几乎是中国现代文学史上唯

---

[1]　废名:《竹林的故事·竹林的故事》，《废名集》(第1卷)，第117页。

[2]　废名:《桥·故事》，《废名集》(第1卷)，第569页。

[3]　废名:《莫须有先生传·白丫头唱个歌儿》，《废名集》(第2卷)，第721页。

[4]　废名:《莫须有先生传·莫须有先生传可付丙》，《废名集》(第2卷)，第786页。

[5]　废名:《莫须有先生坐飞机以后·开场白》，《废名集》(第2卷)，第809页。

[6]　废名:《莫须有先生坐飞机以后·莫须有先生教国语》，《废名集》(第2卷)，第887页。

一的明确将"写作"这一中国现代文学语境中郑重而严肃的行为描述为"梦梦"并称其也是"真实"的人:

> 创作的时候应当是"反刍"。这样才能成为一个梦。是梦,所以与当初的实生活隔了模糊的界。艺术的成功也就在这里……莎士比亚的戏剧多包含可怖的事实,然而我们读者只觉得他是诗。这正因为他是一个梦……著作者当他动笔的时候,是不能料想到他将成功一个什么。字与字,句与句,互相生长,有如梦之不可捉摸。然而一个人只能做他自己的梦……梦梦,但依然是真实。[1]

所谓"梦梦",前者是动词,后者为名词。而在废名的译诗与"文章观"之间彼此共通的,正是一种介于或朦胧或模糊等大量中间感觉之中的"真实"——完全不同于作为文学史主流的"写实主义"的真实。

这种对描绘"中间感觉"的追求:一方面,正是废名给予其文学创作的诉求与其个人对文学价值的定位,是废名对所处的时代语境的个人化经验;另一方面,也是废名小说以及众多抒情传统之中的小说能够"诗化"的一个基本原因。那么,这种由废名明确表达出来的、普遍弥漫着"中间感觉"的小说的"抒情",其形成的渊源究竟是什么?蕴藉于废名"梦梦"的"真实"中的文学诉求究竟为何?这里将借由废名的译文《窗》与当下更为通行的郭宏安的译文《窗户》的对比来探讨以上问题。废名译本(以下简称"废译")与郭宏安译本(以下简称"郭译")的最大差异集中在这样一句当中:

Peut-être me direz-vous : " Es-tu sûr que cette légende soit la vraie ? " Qu'importe ce que peut être la réalité placée hors de moi, si elle m'a aidé à

---

[1] 废名:《说梦》,《废名集》(第 3 卷),第 1151 页。本篇发表于 1927 年 5 月 28 日的《语丝》第 133 期,是废名相当早期的作品。

vivre, à sentir que je suis et ce que je suis ? [1]

废译：

　　你将问我，"你相信这故事是真的吗？"那有什么关系呢？——
我以外的真实有什么关系呢，只要他帮助我过活，觉到有我，和
我是什么。

郭译：

　　可能您会对我说："你能保证这传说是真实的吗？"如果我自
身之外的真实帮助我生活、帮助我感觉到我的存在和我是什么，
那么它能是什么有何关系呢？[2]

　　从法语原文来看，郭宏安的译文似乎更符合原语序，但废名更为
个人化的译文有可能与诗人的原意在艺术的感觉上更为接近。此句直
译的话，大概是"你将问我：你能确定这一传奇吗？我之外的真实有
什么关系呢？只要他帮助我生活，感觉到我和这个'我'"。最显著的
差异是废、郭二者所使用的句式结构。

　　在废译中，对"有什么关系"的质问和破折号之后对"我以外的
真实有什么关系呢"这一再次稍具体的质问一起，重复强调了质问的
语气，使得后面的"只要他帮助我过活，觉到有我，和我是什么"能
作为对"质问"的补充成分而存在；换而言之，废译此句的重点即在

［1］ Charles Baudelaire, *Les Fenêtres*, Le Spleen de Paris. 转引自 Piton-Foucault, Emilie. *La fenêtre condamnée:
transparence et opacité de la représentation dans Les Rougon-Macquart d'Emile Zola —2012*。

［2］ ［法］波德莱尔：《窗户》，郭宏安译，波德莱尔：《巴黎的忧郁》，上海：上海译文出版社，2009 年版，
第 87 页。

于这种"质问"。而郭译中，则是将废译中的补充内容改为了条件状语从句，"有什么关系"这一重复质问语气相对弱了很多，而仅仅成为普通的疑问。两相对比，废名很明显地有一种面向自己写作的鲜明态度。而这一"态度"，后来曾多次被废名以"修辞立其诚"来加以阐释：其挂在嘴边的"作文是不应该要人作注解的，如果需要注解那就非自己注解不可，到得要旁人注解便不成其为文章了"，而"我作文向来不需要注解，若说旁人看不懂，那是旁人的事，不干我事"。[1]应该说，这是一种相当个性化，甚至非常个人本位的文学观念。如果考虑到西方现代性中对个人主体性的大力呼吁，这又是一种十分现代的主张。

再回到废名的"梦"。前文提到，"梦"代表了废名对"真实"尤其是"文学真实"的看法。联系到"窗玻璃"的功能，在废名的眼中，以文字为载体折射出的内容比眼睛直接看到的经验要真实。这是一种必须附带参照物的真实判断标准：现实存在的可视物与经验可能会受到各种可预测或不可预测的限制，但是如果文字本身能够作为一种并不透明的物质载体——而不仅仅是沟通语言与思想的单纯媒介——的话，也许文字本身的障碍正可以抵消意义传达过程中损失的部分。这种被限定面向自我的、被表述为"梦梦"的"文章观"，似乎与中国古典文化传统中经常就"言"与"意"——"语言"与"意识"之间极其复杂微妙的关系的思考有相当的共通性，也许还与西方现代主义文学传统中对语言的"物质性"的追求有异曲同工之处。而结合彼时已经形成的、以通俗晓畅白话进行文学写作的新语言制度，又颇有一点"后世贵简贵要。夫直情径行者，戎狄之道也。先王之道不然"[2]的反讽味道。

然而，也正是废名借由文字的"窗玻璃"属性，才表达出了以他个人为杰出代表的这种以文章面向自我的、强调"主体性"的诉求。并且，

[1] 废名：《莫须有先生坐飞机以后》，《废名集》（第2卷），第897页。

[2] ［日］荻生徂徕：《辩道》，转引自林少阳：《"文"与日本的现代性》，北京：中央编译出版社，2004年版，第38页。

也正是这种不透明的中间感觉形之于文字后，带动了废名更加自觉的、对能否以及如何突破小说文类的界限来写作现代小说的进一步思考。一如德国学者 Wolfgang Schamoni 对明治"文类地图变迁"的阐释："文类的解体与重构的整合过程"，正是"'文学观念'兴起的轨迹"。[1]反过来说，不在彼时主流文学语境之中的文学观念的兴起，也正反映了中国现代文学及其文类制度建构的未完成或者说"正在进行中"。基于此，我们就可以试图理解废名小说写作的特殊性：写小说的同时就秉承着不把小说作为小说来写的态度，换言之，从不按照彼时既成的文类构形与文类制度来写作。比如挑战小说的篇幅规则：

> 无论是长篇或短篇我一律是没有多大的故事的……我的长篇，于四年前开始时就兼有一个短篇的方便，即是每章都要它自成一篇文章……[2]

比如对抗小说的情节原则：

> 我写小说同唐人写绝句一样。[3]
> "小说绝对不是它的完全的表现"……西万提斯或者才不能不说是写实派。这里才真是没有结构。[4]

比如质疑小说的叙事立场：

> 我想，艺术的极致就是客观。而这所谓客观其实就是主观之

---

[1] Schamoni, *"The Rise of 'Literature' in Early Meiji: Lucky Genres and Unlucky Ones"*，转引自张丽华：《现代中国"短篇小说"的兴起》，北京：北京大学出版社，2011 年版，第 4 页。

[2] 废名：《桥·附记》，《废名集》（第 1 卷），第 340 页。

[3] 废名：《〈废名小说选〉序》，《废名集》（第 6 卷），第 3268 页。

[4] 废名：《阿佐林的话》，《废名集》（第 3 卷），第 1235—1236 页。

极致……

我们所有的小说，我以为都是小说家他们做的诗，这些小说家都是诗人。他们所表现的人物，都是主观的……小说家都是拿他们自己的颜色描画人物。[1]

也许在废名看来，这样才可能写出体现小说甚至是文学的本质的"文章"，因而，写"文章"就远远比写"小说"来得重要。

二、突破文类：从"写故事"到"用典故"

上文提到，虽然废名并不曾明确反对过文学文类的划分——毕竟废名也是使用着"小说""散文""戏剧""诗"这样的文类术语去批评特定文类的，但事实上，他却经常游离于既成文类制度之外，甚至将既成文类作为其个性文学话语系统建构的一个辅助性元素——这一点在废名的"诗论"中体现得尤其明显。这种"游离于文类"的手段发展到一定的程度，在 20 世纪 30—40 年代，竟自觉地应和了废名小说风格的转化，即"我现在只喜欢事实，不喜欢想象。如果要我写小说，我只能写散文，决不会再写小说"。小说风格由"诗化"而迈入"散文化"，其标志正是从《桥》到"莫须有"二传的废名长篇小说序列。在描述这一由"梦梦"转入"写实"的演化时，很多原因曾被讨论过，尤其是抗日战争中废名的黄梅避难经历。但其实在诸多现实性因素之外尚有一个并不为人们注意的关节点，那就是废名以六朝文人庾信及其文章为中心的、涉及古今中西的"文章大盘点"。该"盘点"集中在废名20 世纪 30—40 年代的散文——《关于派别》《三竿两竿》《中国文章》《谈用典故》《再谈用典故》等数篇文章之中，并于其创作于 20 世纪 30 年

---

[1] 废名：《立斋谈话》，《废名集》（第 3 卷），第 1251—1253 页。

代末的、著名"散文化的现实主义小说"——《莫须有先生坐飞机以后》的《旧时代的教育》《莫须有先生教国语》《上回的事情没有讲完》以及《民国庚辰元旦》四章中重新更为详尽地表述了这种以六朝文章为典范的、很是特殊的"写实文章观"。

必须声明的是，按照今日的学术规范，废名并不是在研究庾信，而是非常典型地借庾信来表达自己的"文章观"。换言之，废名对比较视野中庾信的阐释，与其说是阐释庾信，不如说是阐释废名式的庾信。大致而言，废名的这种推崇，基本上是围绕两个方面进行的：1. 要打破"腔调"而写有"材料"的文章；2. 好文章要在"故事"之外用"典故"。要而言之，前者大略是合理性的论述，而后者恰是探究如何写的问题；前者作为废名式"文章"成立的条件，而后者则牵扯到了废名以"文章"对既成四大文类之间界限的突破甚至于废名对文类制度的重新建构。

首先，"材料"与"腔调"的对比与褒贬。废名颇为神奇地将庾信定位为"新文学家"——与其老师周作人将晚明定义为"中国新文学的源流"深有共鸣！——之后，主要就体现在了庾信与唐宋古文派的开山者——韩愈的对比之中：

> 他（笔者按：指莫须有先生）乘虚而入，一针见血攻击韩昌黎："你想韩文里有什么呢？只是腔调而已。外国文学里有这样的文章吗？人家的文章里都有材料……韩愈的《送董邵南序》，这真是古今的笑话，这怎能算是一篇文章呢？里面没有感情，没有意思，只同唱旧戏一样装模作样。我更举一个例子你听，王安石的《读孟尝君传》，没有感情，没有意思，不能给读者一点好处，只叫人糊涂，叫人荒唐，叫人成为白痴……这样的文章都是学司马迁《史记》每篇传记后面的那点儿小文章做的，须知司马迁每每是言有尽而意无穷，写完一篇传记又再写一点文章，只看《孔子世家

赞》便可知道，这是第一篇佩服孔子的文章，写得很别致，有感情，有意思，而且文体也是司马迁创造的，正因为他的心里有文章。而韩愈王安石则是心里没有文章，学人家的形似摇头唱催眠调而已。"[1]

　　废名借由小说《莫须有先生传》中人物的嬉笑怒骂，相当不客气地批评了中国古典文章传统中的一大类型——废名称之为"心里没有文章""没有情感、没有意思，只同唱旧戏一样装模作样"的"腔调"。相应地，废名推崇以庾信为代表的，"有感情、有意思"且有新"文体"的，"有材料"的"文章"。对于"有材料的文章"，废名所标举的特点彼时许多学人都提及过，似乎并不难以理解，但是，废名所极力反对的"腔调"，究竟确指什么呢？为什么韩愈的《送董邵南序》、王安石《读孟尝君传》就是"装模作样"，就是"腔调"，而庾信、司马迁就写出了"新文学"呢？废名的观点在治古典文学者眼中是否有失偏颇，"庾信们"或者"韩愈们"的本来面目究竟如何，这些不是本文关注的内容，笔者仅从废名自己的文学感觉与文学史逻辑中予以阐释。

　　较之韩、王等人的"文章"，废名还定义了其他可资参考的"腔调"，如："中国人没有语言，中国人的语言是一套官说［话］。口号与标语是官话的另一种形式。"再如："以前的文章（笔者按：依废名之意，当指唐代之后的文章）则是一切的事情都不能写，写的都是与生活没有关系的事情。"[2]据此，废名这样得出了"腔调"的具体意思：

　　　　正如女人裹脚一样，不能走路，不能操作。同唱旧戏一样，不是说话是腔调，不是走路是台步，除了唱戏还有什么用处？世

---

[1]　废名：《莫须有先生坐飞机以后·莫须有先生教国语》，《废名集》（第2卷），第882页。

[2]　废名：《莫须有先生坐飞机以后·上回的事情没有讲完》，《废名集》（第2卷），第904页。

上哪有这样说话的方法？[1]

到这里，"腔调"就比较清晰了：是一种为了写而写的、高度程式化而使文章的施受双方彼此十分陌生的、基本上很难使读者在情感上获得实感的文字。而这一"腔调"的症结，显然在于如旧戏的"台步"与女人的"裹脚布"一般的程式，即漫长的中国古典传统中包容性极其强大、体式极其烂熟的那种文章成规。

但是，有一点值得注意，即符合废名文章理想的六朝时期的文章以及作为典范的庾信文章，恰恰被废名称作"新文学"。这里所隐含的并不仅仅是类似于中国现代文学三十年中许多学者前仆后继的"文化寻根"——如刘师培撰写"中古文学史"以标举骈体，胡适的"白话文学史"设计，鲁迅的"中国小说"的"史略"，郑振铎的"俗文学"梳理，周作人的晚明为"新文学源流"理论，以及20世纪40年代李长之将"五四"新文化运动定位为"文艺复兴"，等等。在笔者看来，废名的高明之处在于：他判断文学之"新旧"或者说是否"现代"的标准，不在年代与语体等时代语境尤其关注的因素，而在于"文章"是否能够真正"自由"地"达意"——将"心中的文章"无外在限制地转化为文字的"好文章"。按废名自己的说法，新文化"应该是一个科学的态度，也就是一个反八股态度"[2]——"反八股"在反形式之后还要反其自动趋向程式化的顽固习惯。并且，为了这一目的的最终实现，废名一方面不断地调整自己的"文章观"中对"文章"的阐释；另一方面，又非常自觉地将这种"文章观"融入自己的小说写作之中。

长久以来通行的文学史都不太肯定废名的"莫须有"二传，但是，这两篇在形式上杂糅了多种文体的、极具后现代小说特点的"试验"之作，正与废名自己的"文章观"共同构成了一个以文类为轴心

---

[1] 废名：《莫须有先生坐飞机以后·上回的事情没有讲完》，《废名集》（第2卷），第904页。

[2] 废名：《〈周作人散文钞〉废名序》，《废名集》（第3卷），第1276页。

的张力结构：个体文本在"文章观"的导演之下，作为独立于既成文类之外的存在而与作为文类的中国现代小说话语系统并置；且在其坚持与文类进行平等而非附属式的对抗的时候，个体文本围绕文类所进行的不同程度的位移，促进了作为轴心的既成文类完成了托多罗夫所说的"一般诗学和只叙述事件的文学史之交汇点"的事实功能。[1]换言之，废名的"文章"（包含哈代的小说、莎士比亚的戏剧以及废名自己对小说的形式期待等）最终混成为一种既附着于文类又不能仅用文类来界定的特殊体式——这无疑是一种企图游离于通行话语规则之外的努力。而被废名自己称作有"生活之实感"的"文章"的实现，[2]或者说，废名小说序列中最为晦涩难懂的部分的成因，废名则称之为"用典故"。

如果说借用"腔调"和"材料"的对举，废名完成了对中国文学史中的庾信的阐释；那么，对"讲故事"和"用典故"的描述，则被废名用以比对中西文学传统，这次的对象换成了庾信与莎士比亚。

在 1948 年 2—3 月发表于《天津人民日报·文艺》的《谈用典故》与《再谈用典故》两篇文章中，废名对此前经过深入思考并已基本成形的"作文用典故"主张做了最细致的表述，主要集中在两个方面：首先，是"文章"的好坏与"典故"的使用与否有关联。"中国的坏文章，没有文章只有典故。在另一方面，中国的好文章，要有典故才有文章"，[3]即并不因为"典故"的使用而获得必然的"好文章"，恰恰相反，"好文章"的"典故"是由"文章"生发而成的，这里强调的依然是废名始终坚持的"反八股"——须得"心里有文章"。其次，是以"典故"为参照区分中国"文章"与外国"故事"：

[1]［法］托多罗夫：《巴赫金、对话理论及其他》，蒋子华、张萍译，天津：百花文艺出版社，2001 年版，第 30 页。

[2] 废名：《给陈伯通先生的一封信》，《废名集》（第 3 卷），第 1188 页。

[3] 废名：《谈用典故》，《废名集》（第 3 卷），第 1459 页。

外国文学重故事，中国文学没有故事只有典故，一个表现方法是戏剧的，一个只是联想只是点缀。[1]

庾信文章是成熟的溢露，沙翁剧本则是由发展而达到成熟了……因为是发展，故靠故事。因为是溢露，故恃典故。[2]

废名敏感地觉察到，自西方引进的作为文类的中国现代小说的内在结构——故事的发展逻辑，其实并不完全与中国象形表意文字系统之下的"文"之"境界"追求相契合。这种差别，在废名看来，是"中国山水画"与"西洋风景画"的差别，甚至是"东西文化的区别"，[3]并不是一味地学习西方小说可以获得的。按照废名的观点，中国的文学未必一定要有"小说"，或者说中国的现代小说未必一定要按照胡适在"五四"新文化运动之初提出的"以最经济手段写人生一个横截面的短篇小说"的叙事性规则去发展：

中国文学里没有史诗，没有悲剧，也不大有小说，所有的只是外国文学里最后才发达的"散文"。于是中国的散文包括了一切，中国的诗也是散文。最显明的征象便是中国的文章里（包括诗）没有故事。没有故事故无须结构，他的起头同他的收尾是一样，他是世界上最自由的文章了。[4]

废名几乎解释了我们之前提到过的中国式现代小说的"抒情传统"以及以其自身为代表的相当一部分作家在 20 世纪 30 年代之后的"小说散文化"转变。

---

[1] 废名：《再谈用典故》，《废名集》（第 3 卷），第 1467 页。

[2] 废名：《莫须有先生坐飞机以后·民国庚辰元旦》，《废名集》（第 2 卷），第 994 页。

[3] 废名：《谈用典故》，《再谈用典故》，《废名集》（第 3 卷），第 1459、1467 页。

[4] 废名：《谈用典故》，《废名集》（第 3 卷），第 1459 页。

尤其意味深长的是，原本作为现代四大文类之一的"散文"，被废名以这样混淆文类的方式抽离出了中国现代文类制度，竟然试图作为一个新的"符号"或"象征"重新去阐释被打乱了界限的中国现代小说文类的既成构形，并野心勃勃地努力以"文章"这一特殊体式重新划分文类归属。甚至，废名绝不仅仅满足于"小说"这一被很多人定位为最现代的文学形式，而是在突破"文类"的基础上，去尝试发展以"文章"为理想型的现代小说形式的无限可能。

三、作为"小说"的"写实文章"理想型

废名的那种突破文类的"文章"，在中国现代文学史上其实并不算是孤立的，其与周氏兄弟早年翻译《域外小说集》《日本现代小说集》时的文类形式选择，有着相当类似的理念与坚持。几乎在 1908 年甚至更早的时候，周作人就养成了言"文学"而称"文章"的习惯——虽然也大概是将美国人的 literature 作以内涵提取并架构在被剥离出传统语境的"文"之上。[1]在"五四"之前的翻译活动中，周氏兄弟选译的小说——周氏称其为"近世小品"而非小说，[2]情节上普遍比较淡化，带有极浓的抒情色彩，周作人的解释是"因为要表示在现代文学里，有这一种形式的短篇小说"。[3]而这种后来被捷克学者普鲁塞克概括为"新文学的特点"的"减弱故事情节"甚至"彻底取消故事情节"的"小说"倾向，[4]与著名的《中国新文学大系》中鲁迅的《小说一集（二集）》、周作人的《散文一集》的若干编选原则，几乎有着本质上的惊人契合。

---

[1] 周作人：《论文章之意义暨其使命因及中国近时论文之失》，钟叔和编：《周作人文类编》（第 3 卷），长沙：湖南文艺出版社，1998 年版，第 21 页。

[2] 鲁迅：《域外小说集·略例》，鲁迅：《译文序跋集》，北京：人民文学出版社，2006 年版，第 8 页。

[3] 周作人：《点滴》，北京：北京大学出版社，1920 年版，第 167 页。

[4] ［捷克］雅罗斯拉夫·普鲁塞克：《鲁迅的〈怀旧〉：中国现代文学的先声》，《文学评论》1981 年第 5 期。

并且，不独是废名的"小说"在强调以"文章"来融合文类界限，正如普鲁塞克所指出的：鲁迅的小说同样"处理情节的方法是简化，把情节内容简括到单一的成分，企图不借助于解说性的故事框架来表现主题。作者想不靠故事情节这层台阶而直接走向主题的中心"，[1]其从最早的文言文小说《怀旧》始，如《一件小事》《头发的故事》《社戏》等中国现代小说名篇，其实早已偏离纵向情节的、故事中心叙事的传统说部，长期处在小说与散文两大文类归属的争论之中。

木山英雄在论述周氏兄弟与中国现代散文的发展之时，曾有一个颇具启发性的判断。木山认为，由于散文有着这样的"性格"："一个是散文的界限向广阔的非文学方面展开着；另一个是在文学内部成为各种文学样式之根底的文字语言具有最通融自在的形态"，才有可能"通过散文的问题来理解中国文学的时代与性格的某个方面"。[2]木山对散文"性格""在文学内部"的特点的描述，一定程度上概括了中国现代小说中经常出现的无法与"散文"相区分的情况。

然而，尽管包括周作人在内的新文学诸君乐于将废名的小说"当小品散文读"，并自以为"这样更觉得有意味亦未可知"，[3]废名自己事实上从不曾把他的小说《桥》及"莫须有"二传当作他人意义上的"散文"来发表与谈论。这正如木山将"散文"视作"各种文学样式之根底的文字语言具有最通融自在的形态"，这里的"散文"，可能并非文类意义上用以区隔文学之次级类属的那个"散文"。换言之，作为文字语言形态的散文，其实是一个语文意义上的概念，其所指涉的更有可能是与韵文或骈体相对的、较口语化的文字形式——"语文体"，而并

［1］［捷克］雅罗斯拉夫·普鲁塞克：《鲁迅的〈怀旧〉：中国现代文学的先声》，《文学评论》1981 年第 5 期。

［2］［日］木山英雄：《文学复古与文学革命——木山英雄中国现代文学思想论集》，赵京华编译，北京：北京大学出版社，2004 年版，第 70—71 页。

［3］周作人：《导言》，周作人编：《散文一集》，赵家璧主编：《中国新文学大系》（影印版）（十卷本），上海：上海文艺出版社，2003 年版，第 12 页。

非作为"文类"的散文。基于此，也许可以理解废名的看法：相较于彼时普遍认为散文处在"个人的文学之尖端"，是很"发达成功"的观点，废名认为散文是"本可以有一个形式上的成功，哪怕文章的实质还赶不上古人"，并且将来"必更有新的散文"。为何废名并不认为散文在新文学序列的"新"的意义上如同看上去的那般繁荣，却还依旧不断地提及个人由小说向散文的逐渐转化？这里的症结正在于废名所指的"散文"，并不是我们认为的一般意义上的"散文"。换言之，废名的"散文"，与其他人所说的文类意义上的"散文"并不在同一个话语层面之内：后者是既成的文类，而前者却是"文章"的进化方向，是废名意义上的"中国现代小说"的一个"理想型"。

废名比较完整地表述自己对具有"散文"形式的小说文类"理想型"的思考，是在其被视为"散文化小说"典范的《莫须有先生坐飞机以后》之中体现的，尤其体现在他以鲁迅的短篇小说为例所进行的阐释中：

> 《秋夜》是一篇散文，他写散文是很随便的，不比写小说十分用心，用心固不免做作的痕迹，随便则能自然流露，他说他的院子里有两株树，再要说这两株树是什么树，一株是枣树，再想那一株也是枣树，如是他便写作文章了。本是心理的过程，而结果成为句子的不平庸，也便是他的人不平庸。然而如果要他写小说，他一定没有这样的不在乎，首先便把那个事情想清楚，即是把两株树记清楚，要来极力描写一番，何至于连树的名字都不记得呢？写起散文来，则行云流水，一切都不在意中，言之有物而已……散文注重事实，注重生活，不求安排布置，只求写得有趣，能够多识于鸟兽草木之名更好，小说则注重情节，注重结构，因之不自然，可以见作者个人的理想，是诗，是心理，不是人情风俗。必于人情风俗方面有所记录乃多有教育的意义。最要紧的是写得

自然，不在乎结构……[1]

通过对散文与小说的文类对举，废名对散文做了一个区别于小说、必须在对比中才能加以理解的定义，即相对于"小说""注重情节，注重结构，因之不自然，可以见作者个人的理想，是诗，是心理"的"假装"，"散文"则"注重事实，注重生活，不求安排布置，只求写得有趣"的"还原事实"。其核心依旧是上文论述过的、废名很早就非常看重的"写实"。然而，"写实"在"文章观"中如此重要，以至于废名再次把什么是"写实"的问题置于众人眼前。

前文提到了"写实"的"人生如梦一般真实"的一面，也提到了"写实"不能够"装模作样"地写"腔调"的一面。然而，除此之外，废名的"写实"依然非常复杂。这种"复杂"，首先就表现在他在不同语境之中展现出的、近乎混乱的各种矛盾含义。比如，废名一方面说小说是诗、不写实，另一方面又认为"以前的文章都不是写实，而诗则还是写实的"。再比如，废名一方面说写"事实"，一方面又觉得"历史都是假的，除了名字；小说都是真的，除了名字"。又比如，废名讲"一切的事情都可以写"，又批评有些文章"写的都是与生活没有关系的事情"，等等。再联系到废名对"梦与真实"的那种"隔着玻璃观看"的特殊理解，其"写实"几乎矛盾到不能够被理性解读的程度。然而，又因为废名对散文的"写实"所做的定义被控制在了小说与散文的文类对举之中，联系废名对鲁迅的名句"一株是枣树，另一株也是枣树"的分析，似乎能够发现：废名通过对"写实的文章"的推崇所隐晦表达出的其个人对自己理想中文类构形的期待，恰与废名所希望抛弃的"没有感情，没有意思，只同唱旧戏一样装模作样"的"腔调"在文学诉求上完全一致。也就是说，由于之前提及的废名式"散文"的"理

[1] 废名:《莫须有先生坐飞机以后》,《废名集》(第2卷),第907—908页。

想型"而非"文类"定位，其理想中的小说未必就不能重合于其理想中的散文——正如废名的"新诗"享有着"散文的形式、诗的内容"，甚至于各种文类完全可以羼杂为废名"文章观"中"最自由"的"散文"，即小说的"理想型"，亦即"文章"。

木山英雄在《从文言到口语——中国文学的一个断面》一文中曾就文学的"过渡风格"与"文章的通常形式"之间的关联做过这样的追问：

> 理想的语文体是存在于精练的口语之中的。但既然文章本身具有既被（时代、制度等）制约又能制约所表现的意识之性质，口语文的实际典型则只能建立在"口语"的自由性和"文"的制约性的锤炼之上。加之，"文"的本质也许不外乎文言。倘如此，不能以锤炼为准则而把"半文半白"的过渡风格看成是文章的通常形式吗？[1]

若将废名的"羼杂文章"置于这种"过渡"的立场之上，换言之，若按照中国近现代文学转型以打破僵化传统为诉求的文学精神的立场思考，那么，真正的文学的形式，或者说作为"理想型"的废名"文章"，不正是废名自己所创作的那种分不清文类界限的文本吗？而废名的小说中写得最应该被赞誉的部分，似乎也当是那些"于这'不像'之外，还有一些别的东西——一些比'像'一部小说更为'诱人'些的东西"。[2] 尽管这也许是废名最后觉得多少有些悲哀之处，却也是很值得今人深思之处。

在评述夏目漱石涉及多种文类的小说创作时，柄谷行人曾经提到：

---

[1] [日] 木山英雄：《文学复古与文学革命——木山英雄中国现代文学思想论集》，赵京华编译，北京：北京大学出版社，2004年版，第124—125页。

[2] 茅盾：《〈呼兰河传〉序》，《茅盾全集》（23卷），北京：人民文学出版社，1996年版，第348页。

"从现代小说的观点来看"，漱石的这种文类的杂糅共存"并不意味着漱石的什么文才或大有作为"，而是"反映了漱石没能适应或者没想去适应现代小说"。[1]柄谷的这一思维中很有些"近代的超克"的立场，[2]他强调了小说现代性的某种"一体两面"的对立统一。但是，若以柄谷的观点关照废名的"文章观"及其"文章"理想型的建构，这种与漱石非常相似的"没能适应或者没想去适应现代小说"的行为，十分明显地显示出废名的行为自身，并不只是一种经过反思文学传统与现代文类而产生的、对现代文学规则的"抗拒"，更多的或者说更恰当的理解，也许是一种在特定语境之下自觉超越其自身的文学更新意识——持续拒绝将"文类"作为一种定型并不断打破"新"文类制度的顽固程式化倾向。在此意义上，废名的"文章"，正是在以文本对现代文学进行"自省"乃至"拒绝"，同时还意味着一种有意识、有诉求、有条理的小说试验与小说文类再建构。

四、结语

以上，借由部分地还原中国现代小说文类制度被建构的具体语境，本文详细分析了文类视角内废名"文章观"中有关"小说"的内容。

废名"文章观"的内在思维逻辑与我们习惯的将通行文类之外的文学置于"双类别性的构成"（诸如戏剧诗、诗化小说等）类属有着极

---

[1] ［日］柄谷行人：《日本现代文学的起源》，赵京华译，北京：生活·读书·新知三联书店，2006年版，第175页。

[2] 详情可参阅竹内好：《近代的超克》，李冬木、赵京华、孙歌译，北京：生活·读书·新知三联书店，2005年版；孙歌：《竹内好的悖论》，北京：北京大学出版社，2005年版；薛毅、孙晓忠编：《鲁迅与竹内好》，上海：上海书店出版社，2008年版。另外，个人以为，这种"反思"，很可能触及了"现代性之矛盾"的"本质"，即对其接受者而言，现代性中被追求与推崇的部分与造成灾难的部分也许恰好是"一个硬币的两面"。

文类视角内的废名"文章观"   *143*

大的不同[1]——不仅执着于非主流的小说形式试验，而且几乎从不遵守其时"中国现代小说"的既成文类制度，甚至不断对该制度发出貌似温和而实质上相当彻底的质疑与冲击——不争论却直接弃之不用。换言之，由于"文章观"经常性地表现出将既成的文类从彼时基本完成构形的文类制度中抽离出来，并在此基础上以"游离"后的文类来建构符合个人现代文学诉求的新"文类"的状况，废名其实已经将对现代文学文类制度的讨论带离了文类范畴本身，人为地给小说的文字形式与故事拉开了一个相当不透明的间隙。而填充其间的，极有可能是中国现代文类构形生成过程中对新文学语言的物质性的处理。

在"文章观"以及对"文章观"实践的基础上，废名借由"文章"这一"小说"的理想型，基本完成了一种既能够表征个人文学理想，又能够不受文类构形限制的文学形式模板的建构——其"文章"的设置与中国古典文论中"大体须有、定体则无"的规则异曲同工，并同时揭示了作为文类的"中国现代小说"与现代文类制度之间的复杂关系，以及这一关系对中国现代小说形式的深刻影响。本文以为，废名带给中国现代小说文类的质疑，废名对小说形式的试验性补充以及学界自20世纪80年代起重新发掘废名的意义，均在于此。在中国现代文学语境的分类、定型风尚中，废名所努力建构出的这种"文章"雏形以及这一坚持质疑、游离甚至突破既成文类的"文章观"试验，正可以为今时思考中国现代文类生成等重要问题提供意味深长的废名式答案。

---

[1] ［俄］瓦·叶·哈利泽夫:《文学学导论》，周启超等译，北京: 北京大学出版社，2008 年版，第 387 页。

从白话诗到新诗：胡适"新诗"概念的转变

陈 爽[1]

[摘 要] 1919 年 10 月胡适在《谈新诗——八年来一大事》中首次使用了"新诗"这一概念，从此"新诗"便正式成为现代汉语诗歌的名称。但从现有的资料中可以发现：胡适在为"新诗"命名时曾分别使用了"白话诗"和"新诗"这两个不同的名词。大体而言，1917 年至 1919 年，胡适主要使用"白话诗"一词；1919 年至 1931 年，"白话诗"与"新诗"两词交替使用；1931 年以后，胡适基本上全部使用"新诗"一词。"新诗"一词早已存在，并非为胡适所创，胡适在最初用白话写诗时，不将其称为"新诗"主要出于某种策略上的考虑。

[关键词] 胡适 白话诗 新诗

"新诗"一词被用来指称 20 世纪至今中国的主要诗歌样式。然而，回到"第一个尝试新诗的人"——胡适的文本语境中，可以发现胡适

---

[1] 陈爽，北京师范大学文学院 2012 级博士研究生。

在最初谈论新诗时分别使用了"白话诗"与"新诗"两个不同的名词（为使篇章简洁，以下酌情用引号）。本文将立足于《胡适全集》中的文本资料，对其使用白话诗与新诗两个名词的情况进行爬梳，进而指出胡适对白话诗与新诗的不同理解。胡适在不同阶段分别使用不同的新诗概念，其背后的原因亦值得探究。

一

胡适的文字中，对白话诗与新诗二词的使用呈现出极为鲜明的阶段性特征。第一阶段是 1917—1919 年，胡适主要使用白话诗一词；第二阶段是 1919—1931 年，胡适的文字中白话诗与新诗两词相互夹杂，交替使用；第三阶段是 1931—1960 年，胡适主要使用新诗一词，极少见白话诗一词。以下分别申之。

第一阶段：就目前所发现的资料来看，胡适首次使用白话诗一词是在《白话文言之优劣比较》一文中，这篇文章被收入胡适 1916 年 7 月 6 日的日记，属于追记之文：

> 余于二十四日自绮往克利弗兰城。数后日，得杏佛寄一白话诗，喜而录之：[……][1]

从那时起，胡适开始频繁使用白话诗一词，如 1916 年 7 月 22 日《答梅觐庄——白话诗》，同年 7 月 29 日的《答梅觐庄白话诗之起因》及 7 月 30 日补记的《一首白话诗引起的风波》等。在胡适 1919 年 8 月 1 日写作的《〈尝试集〉自序》中，曾通篇使用白话诗一词，事实上这篇文章还有一个题目——《我为什么要做白话诗》：

---

[1] 胡适：《胡适留学日记》（下），合肥：安徽教育出版社，2006 年版，第 243 页。引文中的 [……] 是作者所加，下同。

这首白话游戏诗是五年七月二十二日做的，一半是朋友游戏，一半是有意试做白话诗。[1]

同年 8 月 14 日《答黄觉僧君》的信中，胡适又提及用白话作诗：

所以我们主张文学革新的第一个目的是要使中国有一种国语的文学；是要使中国人都能用白话作诗，作文，著书，演说。因为如此，所以要纯用白话。[2]

总之，直到 1919 年 10 月《谈新诗——八年来一件大事》之前，胡适通常只使用白话诗来指称自己的尝试之作，几乎不见新诗一词的踪影。[3]

第二阶段：根据笔者翻检资料所见，转折点是 1919 年 10 月的《谈新诗——八年来一件大事》一文。在这篇文章中，"新诗"一词首次在胡适的文字中大量出现。与此同时，这篇文章中还夹杂着"新体诗"一词，如文中谈到"我现在且谈新体诗的音节。现在攻击新诗的人，

[1] 胡适：《我为什么要做白话诗》，《胡适全集》（第 1 卷），合肥：安徽教育出版社，2003 年版，第 188 页。

[2] 胡适：《答黄觉僧君》，《胡适全集》（第 1 卷），合肥：安徽教育出版社，2003 年版，第 107 页。

[3] 根据笔者翻检资料，胡适的文字中仅有四处提及"新诗"，但其意义与 1919 年之后的"新诗"不尽一致。如 1915 年 8 月 29 日《将去绮色佳留别叔永》中作一诗和叔永，即以留别："相知亦深别更难，赠我新诗语真切"（《胡适留学日记》第 139 页），此新诗指新近写成之诗；1916 年 11 月 17 日《陈衡哲女士诗》："以适之逻辑度之，此新诗人其陈女士乎？"（《胡适留学日记》第 304 页），此处新诗人指新近出道的诗人；1917 年 1 月《印象派诗人的六条原理》："总之，尽管'新诗人'关于在其诗作中达到一个新的更高境界的向往遭到了荒谬可笑的失败，但人们要赞赏他们诗作中的虎虎生气。"（《胡适留学日记》第 311 页），此处新诗是"new poets"的译文；1918 年 7 月 26 日《答任叔永》："公等做新体诗，一面要诗意好，一面还要诗调好，一人的精神分作两用，恐怕有顾此失彼之虑。"（《胡适全集》第 23 卷第 226 页）此处新体诗是任叔永对胡适诗作的评价，意指不同于古诗格律平仄，具有全新特征的诗歌。四处"新诗"中，仅最后一处与新诗之意庶几近之。

多说新诗没有音节。不幸有一些做新体诗的人也以为新诗可以不注意音节"。[1]根据文意，新体诗与新诗同义，事实上整个"五四"时期所说的新体诗基本就是新诗的意思。从这篇文章开始，新诗一词逐渐成为胡适的习用语。

然而此时期新诗一词的大量出现，并不意味着在胡适的文字中，新诗一词已全面取代白话诗一词。现举数例如下：

> 第一，这本书含有历史的兴趣，我做白话诗，比较的可算最早，但是我的诗变化最迟缓。从第一编的《尝试篇》《赠朱经农》《中秋》……等诗变到第二编的《威权》《应该》《关不住了》《乐观》《上山》等诗；从那些很接近旧诗的诗变到很自由的新诗，——这一个过渡时期在我的诗里最容易看得出。[2]

又一则材料：

> 至于这五年来白话文学成绩，因为时间过近，我们还不便一一的下评论。但是我们从大势上看来，也可以指出几个要点：第一，白话诗可以算是上了成功的路了，诗体初解放时，工具还不伏手，技术也还不精熟，故还免不了过渡时代的缺点。但最近两年的新诗，无论是有韵诗，还是无韵诗，或是新型的"短诗"，都很有许多成熟的作品。[3]

还有一则材料：

---

[1] 胡适：《谈新诗——八年来一件大事》，《胡适全集》（第1卷），合肥：安徽教育出版社，2003年版，第167页。

[2] 胡适：《〈尝试集〉再版自序》，《胡适全集》（第2卷），合肥：安徽教育出版社，2003年版，第197页。

[3] 胡适：《五十年来中国之文学》，《胡适全集》（第2卷），合肥：安徽教育出版社，2003年版，第342页。

《尝试集》是民国九年三月出版的。当那新旧文学争论最激烈的时候，那初次试做新诗的时候，我对于自己的诗，选择自然不很严；大家对于我的诗，判断自然也不很严。

[……]

做白话的人，若不讲究这种似微细而重实要的地方，便不配做白话，更不配做白话诗。[1]

以上所引述的三段话，均作于1919年《谈新诗——八年来一件大事》发表以后。由此可见，在胡适开始使用新诗一词后，他并没有放弃使用白话诗一词，新诗与白话诗两词相互夹杂、交替使用成为胡适文字的常态。

第三阶段：从1931年开始，直到1960年，白话诗一词在胡适那里的"露脸"机会越来越少，最后几乎完全被新诗一词取代，并且值得注意的是，白话诗一词的使用范围受到越来越多的限定，而新诗一词的使用范围则在不断扩大。据笔者统计，1931年以后，胡适使用白话诗一词的文章仅有两篇。第一篇是1933年12月3日所作的《四十自述·逼上梁山》：

白话文学在小说词曲演说的几方面，已得梅（光迪）任（叔永）两君的承认了。[……] 现在我们的争点，只在"白话是否可以作诗"的一个问题上了。白话文学的作战，十仗之中，已胜了七八仗。现在只剩一座诗的壁垒，还须全力去抢夺。待到白话征服这个诗国时，白话文学的胜利可说是十足的了，所以我当时打定主意，要作先锋去打这座未投降的堡垒，就是要全力去试做白话诗。[2]

值得一提的是，在后来出版的《胡适口述自传》中也出现了白话

---

[1] 胡适：《〈尝试集〉四版自序》，《胡适全集》（第2卷），合肥：安徽教育出版社，2003年版，第814页。

[2] 胡适：《中国新文学大系·建设理论集》（影印本），上海：上海文艺出版社，2003年版，第18页。

诗一词。这部自传的第二部分《文学革命的结胎时期》是根据胡适《四十自述·逼上梁山》的英文记录翻译而成，翻译者为唐德刚，但是由于唐德刚对白话诗与新诗两词的区别并未给予足够的关注——他认为白话诗"今日叫作新诗"，[1]因此出于审慎的考虑，我们有必要对《胡适口述自传》中的白话诗一词的可靠性产生怀疑。

第二篇是 1943 年《致杨联陞》一文。在这封信中，胡适同时涉及白话诗与新诗二词：

古人说，用将不如激将。我的一激竟使康桥多产新诗——多产这样新鲜的白话诗，岂不大有功于白话诗国也哉！

你的《新闺怨》和《出塞前》都很好。佩服，佩服。（"不离儿"，我不知道，乞告我。）我做不出这样"地道的"新诗。[2]

除上述两处之外，胡适在 1931 年后谈到新诗问题的留存文献中，只见"新诗"一词而不见白话诗一词。

可以看出，胡适在为新诗命名的时候，分别使用了两个不同的名词。这两个名词出现的时间不同，使用的频率也不相同，且胡适对这两个词的使用呈现出鲜明的阶段性特征。需要指出的是，上述所列的时间分期，只是一个大致的划分。因为在所能获得的文献中，虽然资料卷帙浩繁，可以找到大量的论据，但是作为一个不在场的研究者，不可能面面俱到记录胡适每时每刻的言行。即便是有意识记录自己思

---

[1] 参见 http://www.douban.com/group/topic/2124631/，1990 年 12 月 17 日胡适百岁诞辰之夕，唐德刚在台北耕莘文教院讲演："再说白话诗（今日叫作新诗）吧。胡适当年提倡的目的，是要它'语体'易读、易懂、'作诗如作文'。可是 70 年发展的结果，恐怕天下文字，没有哪一种比中国目前的新诗，更难懂、更难读、更朦胧、更晦涩、更'不合文法'了——这也是'新诗老祖宗'胡适当年所未尝想到的罢。"后收入《胡适与近代中国》，台北：时报出版公司，1991 年版。

[2] 胡适：《致杨联陞》，《胡适全集》（第 24 卷），合肥：安徽教育出版社，2003 年版，第 665 页。

想言行的胡适，也不可能做到这一点，所以只能按照现有文献做一个模糊的时间分界。尽管如此，我们依旧可以在胡适的文本语境下获得充分的证据，大致看出白话诗与新诗两个名词使用情况的发展与变化：白话诗—新诗／白话诗—新诗。

二

在胡适的文字中，白话诗与新诗作为不同的名词，被赋予了不同的阐释内容，二者所涵盖的内容虽然不一样，但也有交叉的地方。给予二者准确的界定十分困难，但我们不妨从一个初步的看法——白话诗不一定是新诗，但是新诗一定是白话诗——为出发点，沿途返回，层层剥离。借此展示二者在概念上的某些交叉性与复杂性，从而进一步证实胡适文本语境下白话诗与新诗运用情况的不同，并从此一隅逐渐扩大研究视野，以新的视角重新审视胡适的"新诗"理论。

首先，白话诗不一定是新诗。在相关资料中，可以发现白话诗一词共在 29 篇材料中出现，新诗一词则为 22 篇。在这些文本中，能够发现胡适在使用白话诗一词时的奇怪现象——白话诗一词与古人相连。如 1918 年 3 月 15 日《记张九成的白话诗》：

> 近来因搜集古代的白话文学，颇发现许多材料。去年在家时，见《艺海珠尘》内有南宋张九成的《论语绝句》一百首，多是白话诗。[……] 但是其中也有几首好诗，因为他是专意作白话诗的一位老前辈，所以我把他的诗抄几首在此：[……]^[1]

又如 1921 年 5 月 17 日所记录的：

---

[1] 胡适:《记张九成的白话诗》,《胡适全集》(第 12 卷),合肥:安徽教育出版社,2003 年版,第 18 页。

夜读《四部丛刊》中的《朝野新声太平乐府》，——元人杨朝英（澹斋）编。这书共九卷，都是元人的歌曲，内中真有许多绝妙的白话诗！我且随手抄几首：[……][1]

另外，诸如"杜甫白话诗""宋人白话诗""白话诗人王梵志"等说法在胡适那里也多次出现。胡适在这种情况下，所使用的均是白话诗一词，并不是新诗一词。在上述所列举的材料中，胡适以"白话"为标准，因而十分谨慎，从不使用新诗一词，即便新诗一词已然出现。而在此方面另一个最明显的证据，便是胡适所作的《国语文学史》以及《白话文学史》（上）。在这两本书中他以"白话"为一个新的视角，重新审视中国的文学史，将白话诗带入中国古代文学中。仅以《白话文学史》（上）来看，胡适为了支持白话，遂去证明白话在中国文学史上是一直存在的。他的理解是"白话文学史就是中国文学的中心部分"，"我们"现在只是在完成诸多先辈们没有完成的事情，所以现在的白话一经提倡，便取得了巨大的成功，这就是因为历史根源存在之故。白话在文学中的发展是顺其自然的，亦是合理的，而文学革命，不过是为了在缓慢的历史进程中，为白话文学加加鞭。因而，胡适会把《归园田居》说成是陶潜的白话诗。同样，在谈到唐朝文学史时，题目即为《唐初的白话诗》，诸如此类，不胜枚举。所以说，白话诗一词在胡适那里有一个很广泛的含义，不能片面地将其所言白话诗认作新诗，否则人们会质疑：陶潜的诗和范成大、杨万里等人的诗为何是白话诗，而不是新诗？

其次，新诗一定是白话诗。胡适的《〈蕙的风〉序》（1922年）中有这样一段话：

当我们在五六年前提倡作新诗时，我们的"新诗"实在还不

---

[1] 胡适：《胡适全集》（第29卷），合肥：安徽教育出版社，2003年版，第254页。

曾做到"解放"二字……故民国六七年的"新诗"，大部分只是一些古乐府式的白话诗，一些《击壤集》式的白话诗，一些词式和曲式的白话诗，——都不算是真正新诗。[1]

无独有偶，《〈尝试集〉再版自序》的结尾处，胡适说道：

总结一句话［……］这十四篇是"白话新诗"。其余的，也还有几首可读的诗，两三首可读的诗，但是不是真正的白话新诗。[2]

他认为他的诗"从那些很接近旧诗的诗变到很自由的'新诗'"，[3]"很接近旧诗的诗"便是先前胡适所指认的白话诗。但是显然从他的上述表述中可以看出，新诗是在白话诗的基础上发展而成的，这就要涉及新诗的标准问题。也就是说，新诗一定是白话诗，但是新诗又不仅仅是白话诗。

1919 年以前的文章、日记与书信中，涉及与诗有关的言论，"白话"一词以及相关的"活文学"与"死文学"等词语出现的频率较高。"白话"是胡适着力强调的方面，尽管会涉及其他方面，如诗中的情感、内容等，但较之白话入诗来说，这些并不是胡适最关注的。[4] 1919 年 10 月写作的《谈新诗——八年来一件大事》中，胡适不似之前《我为什么要做白话诗》中细数其写白话诗的原因，而是真正的谈新诗。他从"文的形式"入手，提出了"诗体的大解放"，在他看来形式与内容有着密切关系，新诗较之旧体诗的优势在于：

---

［1］ 胡适：《〈蕙的风〉序》，《胡适全集》（第 2 卷），合肥：安徽教育出版社，2003 年版，第 818 页。

［2］ 胡适:《〈尝试集〉再版自序》,《胡适全集》(第 1 卷)，合肥：安徽教育出版社,2003 年版，第 205 页。

［3］ 同上书，第 195 页。

［4］ 这里所表达的意思并不是说胡适对诗歌情感、内容等不关心，而是说明胡适试图以白话入诗时的某种策略性，他暂时将这些问题隐去不谈。

丰富的材料，精密的观察，高深的理想，复杂的感情，方才可以跑到诗里去。五七言八句的律诗决不能容丰富的材料，二十八字的绝句决不能写精密的观察，长短一定的七言五言决不能委婉表达出高深的理想与复杂的感情。[1]

新诗在胡适那里最起码要满足以下两个条件：一是白话；二是诗体的解放。前者可以引申出"胡适之体"的一个重要标准，即是"明白晓畅"，"说话要明白清楚"。胡适正面论述这个标准的文章很多，并且他评诗的首要标准便是"明白晓畅"，这一点很清楚地体现在他的相关言论中，如 1931 年胡适就曾写信给陈梦家，在信中他认为陈的诗"意义不很明白"。[2]另外，正因为胡适认为新诗首先应该"明白晓畅"，所以他欣赏不了艾略特等人的诗歌，认为艾略特等人的诗歌不是诗，因为"丝毫不懂得"。[3]至于后者，则表明了胡适开始将新诗作为一种新文类来看待，他有意地将新诗与旧体诗进行区别，认为新诗不仅仅是用白话写成的，更应该做到诗体上的解放。

胡适曾反复强调，"单有白话算不得诗"。胡适 1921 年 5 月 19 日的日记记载如下：

今天我做了一件略动感情的事。有中国公学就同学谢楚桢君做了一部《白话诗研究集》，里面的诗都是极不堪的诗。他曾拿来给我看，我说这里面差不多没有一首可算是诗，我又说单有白话算不得诗。他后来结交了易家钺、罗敦伟等一班新名士，他们把他捧作一个大诗人，他这部诗居然出版了！出版后，他来缠我，

---

[1] 胡适：《谈新诗》，《胡适全集》（第 1 卷），合肥：安徽教育出版社，2003 年版，第 160 页。

[2] 胡适：《复陈梦家》，《胡适全集》（第 24 卷），合肥：安徽教育出版社，2003 年版，第 81 页。

[3] 胡适：《胡适全集》（第 32 卷），合肥：安徽教育出版社，2003 年版，第 79 页。关于胡适对艾略特的看法，可以另外参见本卷第 91 页的内容。

要我替他在报上介绍，我完全拒绝了他。他后来竟在报上登出这样一个大广告：[······][1]

这里胡适表达了仅将白话作为新诗标准的不满，可以看出胡适也在有意区分白话诗与新诗，并且新诗在胡适那里比白话诗有着更高的要求。

需要指出的是，即使在新诗这一名词获得普遍认可之后，胡适仍然没有放弃使用白话诗一词。较为有趣的是，除了与古人相关的诗歌外，他指代自己的诗作时，也频频使用白话诗一词，如1924《致胡近仁》的信中谈道：

> 福保的白话诗，都通顺了，"月"一首最好。作诗先要文理通顺，将来总有进步。[······]但将来的少年如果都去学胡适之做白话诗，那么，我也许害他们不浅，将来我也许得着"少年流毒翰墨林"的墓铭呢！[2]

又如1928年《致李拔可》中记载道：

> 写呈先生一看，不知颇有词的意味否？近年因选词之故，手写口诵，受影响不少，故作白话诗多作词调，但于音节上也有益处，故也不勉强求摆脱。[3]

这似乎可以说明胡适本人较为偏爱白话诗一词，因为较之新诗，白话诗更能体现胡适的成就，胡适常常承认自己写新诗是"提倡有心，

---

[1] 胡适：《胡适全集》（第29卷），合肥：安徽教育出版社，2003年版，第258页。

[2] 胡适：《致胡近仁》，《胡适全集》（第23卷），合肥：安徽教育出版社，2003年版，第426页。

[3] 胡适：《致李拔可》，《胡适全集》（第23卷），合肥：安徽教育出版社，2003年版，第562页。

创造无力"，是被"逼上梁山"。但胡适的主要功绩在于为"白话"入诗开创了新路，他清醒地认识到了这一点，或许这就是他为什么在晚年（1960）不赞同黄应良把《谈新诗》一文收入《新诗的开拓者》中的原因，"你要附录《我为什么要作白话诗》(《尝试集》自序)，我不反对。《谈新诗》一篇似可不必附录了罢？"[1]

综上可以看出，白话诗一词涵盖了胡适认为与白话有关的诗歌创作，如"杜甫的白话诗"等。因而，白话诗一词显然具有新诗一词所没有的含义。而新诗一词较之白话诗一词来说，也有着白话诗一词所涵盖不到的意义，如"单有白话算不得诗"，这也是胡适弃用新诗一词而使用白话诗一词的原因之一。虽然上文指出新诗一定是白话诗，似有意将新诗这一概念归属于白话诗之下，但正如本文所着力说明的那样，白话诗与新诗既然是两个不同的命名，便也就有着不同的含义。

三

在《逼上梁山》中，胡适谈到引起轩然大波的《文学改良刍议》时，写道：

> 这完全是用我三四月中写出的中国文学史观，稍稍加上一点后来的修正，可是我受了在美国的朋友的反对，胆子变小了，态度变谦虚了，所以此文标题但称"文学改良刍议"而全篇不敢提起"文学革命"的旗子。[2]

在这里，胡适指出他在"文学改良"和"文学革命"这两个名称

---

[1] 胡适：《致黄应良》，《胡适全集》（第26卷），合肥：安徽教育出版社，2003年版，第448页。

[2] 胡适：《四十自述·逼上梁山》，《中国新文学大系·建设理论集》（影印本），上海：上海文艺出版社，2003年版，第26页。

中进行的策略性选择，这一点也为历来的研究者所注意。新文化运动前后的那个时期，进行改革之人在著述论说时，执笔之时会考虑所面临的复杂情况，因而往往会使用某种话语策略。除了胡适斟酌的"文学改良""刍议"这样的字眼，陈独秀直接使用"革命"一词也是一种话语策略，而诸如"全盘西化""打倒孔家店"等口号，如果放在当时的历史语境以及言说者自己的思想语境中，这些也是某种话语上的策略，并非真的如此极端。[1]

那么，胡适在为新诗命名时，初期命之为白话诗，后来称其为新诗，是否也是出于某种策略性的考虑？胡适曾有过这样一段表述：

> ［为攻克这最后一个堡垒］我开始用的战术是把他们反对我的原因排一个队。第一，从来没有诗人用俗语俗字作过诗。［在中国诗词中］我只能找到一首，甚或一首中的几句——是用白话文写的。所以他们振振有词的原因，是白话诗的数量太少。第二，也是他们更能言之成立的，则是中国从来没有中国作家认真着实用白话来作诗文。诗人们最多是兴之所至，在他们的作品中偶用白话，或者一时之中偶用数行白话而已。他们就对白话有种下意识的鄙弃，从来没有认真地用白话作诗。因而我想我如果要说服我的朋友们，使他们相信白话也可以作诗的话，那我只有以身作则，来认真尝试用白话作诗。除此之外，别无他法。[2]

---

[1] 陈平原在《触摸历史与进入五四》中，对这种策略性的言论多有论及，颇有启发。他指出："考虑到群众的麻木以及对抗中必不可少的损耗，革命家于是语不惊人死不休，故意将问题推到极端，在警醒公众的同时，也保留了这种回旋的余地。"（第101页）陈平原接着引述了鲁迅《无声的中国》中一段话，更进一步点明了言论中的策略性，在此本文也一同引述："中国人的性情是总喜欢调和，折中的。譬如你说，这屋子太暗，须在这里开一个窗，大家一定不允许的。但如果你主张拆掉屋顶，他们就会来调和，愿意开窗了。没有更激烈的主张，他们总连平和的改革也不肯行。"那时白话文之得以通行，就因为有废掉中国字而用罗马字母的议论的缘故。

[2] 胡适口述：《胡适口述自传》，［美］唐德刚译注，桂林：广西师范大学出版社，2005年版，第149页。

这段话出自《胡适口述自传》,[1]胡适在谈及当时的情况时用了"战术"二字,这两字似乎颇有深意。胡适的目的在于进行"诗国革命",而这场"诗国革命"的第一步就是要让白话能够入诗,然而这并非易事。清末诸人对白话、俗语的提倡显然要早于胡适,但需要注意的是,清末所提倡的白话主要是针对"下层"而言,以非常明确的"开启民智"为目的,鲜有从文学本身出发对白话的重视。这就是说,在清末民初提倡白话并不是让人难以接受的观点,而以白话来写作"真正"的文学,尤其是以白话来写作诗歌才是与主流相悖的观念。

如果说胡适最早将新诗命名为白话诗是出于胡适执行"战术"的考虑,而非一个随意的命名,那么其后来对新诗的命名由白话诗转为新诗,自然也有胡适的诉求在其中。可以说,胡适在初作新诗以及改变新诗命名时,其所处的历史文化语境决定与制约了胡适的行为,让胡适不得不使用某种策略。

胡适对新诗进行命名时,主要因以下两点择名白话诗一词而非新诗一词:其一,胡适试图以白话入诗,因而命新诗为白话诗,简单明了,意图明确。其二,胡适对"尝试之作"并不那么自信,他不确定新诗能否成功,所以没有使用具有"新"的含义的名词。这样一种话语策略的实施,不仅能够让白话入诗成为一种可能性,同时在试验后,如果这种可能性不存在,那么依旧可以全身而退。

胡适在给陈独秀的一封信中,曾说要用三年的时间尽力作白话诗,写这封信的时间是 1917 年 4 月,胡适最初开始作白话诗的时间大致为 1916 年 10 月,此时距胡适初作白话诗有六七个月。那么三年之后,也

---

[1] 唐德刚写道:"在胡氏口述本章时,笔者就一再劝他不要再把'逼上梁山'那套陈锅粑烂豆腐翻成英文了。[⋯⋯]他老人家自己在本章里,好汉专提当年勇,真令人泄气。[⋯⋯]因此本章的英文稿,原是我们自他《四十自述》的《逼上梁山》那一节译出来的,今日只要复原一下,就不必再回译了。不过这是经过胡适先生自己手订的英文稿与《逼上梁山》的原文,多少也有点出入,所以笔者还是把它翻译回来了。"

就是 1919 年左右，胡适有心尝试、大力提倡的白话诗境况如何？这个问题的答案显而易见，胡适并没有全身而退到文言诗国中去，他的"诗国革命"逐渐获得了强有力的支持，而那些对白话诗的批评与责难，也让白话诗在公共舆论领域得到了传播机会。此时的诗坛状况在很大程度上促使胡适将白话诗一词改为新诗一词，而他本人在白话诗的写作中，逐渐确立了自身的诗歌美学规范，这也是新诗易名的原因之一。

1919 年左右诗坛情况大致是这样的情形：从作者方面来看，新诗作者不仅止于"打打边鼓，凑凑热闹"的《新青年》同人；从新诗发表情况来看，发表新诗的报纸杂志逐渐增多，同时新诗集开始出版，并且热卖。胡适的《尝试集》、俞平伯的《冬夜》、康白情的《草儿》等这些个人诗集的出版以至热卖，[1]均能体现 1919 年左右新诗发展的良好势头。新诗从 1916 年胡适本人不太自信的独自"尝试"到成为一种创作潮流，从《新青年》"先生一代"的"凑凑热闹"到《新潮》等"学生一代"的大力创作，尽管新诗的反对者大有人在，但客观地说新诗在胡适自我给定的三年尝试时间内无疑得到了极大的发展。同时新诗俨然成为提倡新文化的象征符号，"无论什么报章杂志，至少也得印上两首新诗，表示这是新文化"。[2]回到新诗的命名问题上，正是新诗逐渐获得了普遍的接纳与承认，且成为一股写作潮流，才促使胡适舍弃了白话诗一词。

从白话诗一词到新诗一词，胡适在新诗概念上的转变虽然集中在短短几年的时间里，却是中国新诗史上不容忽视的现象。透过新诗命名的变化，对进一步研究中国新诗发生时期的相关问题有所裨益。此外，胡适在新诗命名过程中所采取的策略及其诉求，本文虽有论及，但这一问题涉及更为广阔的内容，当另作文予以详述。

---

[1] 胡适的《尝试集》初版时就大卖两万册，并在短时间内多次再版。

[2] 张友鸾：《新诗坛上一颗炸弹》，《京报·文学周刊》1923 年第 2 号。

"诗人"鲁迅之发现

——李长之的《鲁迅批判》再解读[1]

於　璐[2]

[摘　要]《鲁迅批判》是在争论的语境中面世的，一面是左翼理论家对鲁迅思想性和社会意义的褒扬，另一面则是自由知识分子对鲁迅价值的否定。李长之在《鲁迅批判》中从浪漫主义视野揭示了鲁迅身上的诗人本质。鲁迅学在很长时间内陷入"神化"形象的研究误区，鲁迅退化为一个文化符号，直到近年来才重新发掘出被遮蔽的诗人鲁迅的意义，并成为当前鲁迅研究中的热点问题。对《鲁迅批判》的再解读将对今天"去意识形态化"后的鲁迅研究具有重要启示价值。

[关键词]《鲁迅批判》 诗人鲁迅 李长之 左翼 浪漫主义

李长之的《鲁迅批判》被认为是第一部成体系的研究鲁迅的学术

---

[1] 本文系江苏省教育厅 2013 年度高校哲学社会科学基金指导项目（项目号：2013SJD750020）的阶段性成果。

[2] 於璐，东南大学人文学院中文系讲师。

专著，它以独特的学术价值和独立的批判精神在鲁迅研究史上占据重要地位。然而，这本著作在奠定了李长之现代批评家地位的同时，更多地遭受了磨难。此书在出版前即遭到删改（去除了鲁迅的书信和照片），出版之后，《鲁迅批判》屡遭批判和查禁。在国民党统治时期，它被视为左派读物予以排斥；在日伪时期，则被列为禁书。[1]1957年，李长之被划为右派，《鲁迅批判》成为"黑书"封存于图书馆，不得借阅。"文化大革命"以后的相当长一段时期内，《鲁迅批判》并未再版，直到2003年才得以重新出版。[2]《鲁迅批判》很长时间内被斥为学术异端，直到当今，《鲁迅批判》的价值才被越来越多的学者肯定。

我们要考察《鲁迅批判》为鲁迅研究带来何种新突破，必须先观察《鲁迅批判》出版前学界对鲁迅的研究情况。在1927年以前，以成仿吾为代表的创造社对鲁迅几乎全盘否定和"现代评论派"陈西滢的攻击，是比较突出的有代表性的一方面。1927年茅盾的《鲁迅论》发表，肯定了鲁迅作品的社会意义和思想价值。[3]1928年，创造社、太阳社对鲁迅进行攻击。1933年瞿秋白的《鲁迅杂感选集·序言》面世，维护了鲁迅的形象。[4]1935年以前的鲁迅研究大多是从不同政治立场和角度进行的评价，尤其是在鲁迅加入左联以后，左联更加积极地推崇鲁迅思想立场的转变和社会意义。1935年5月29日起，李长之的《鲁迅批判》中的部分文章（3月开始写，7月写完）陆续在天津《益世报》文学副刊和《国闻周报》上发表，引起文坛注目。1936年1月，李长之的《鲁迅批判》出版。值得注意的是，1936年在鲁迅研究史上是一个独特的年份。1936年10月，鲁迅逝世。此时正值左翼和其他派别争

---

[1] 李长之在《鲁迅批判》三版题记中透露："北平沦陷后，有一个杂志上曾发表过敌人所查禁的书单，这书却也即是其中之一。"

[2] 2003年1月，《鲁迅批判》被收入"大家小书"书系，由北京出版社出版。

[3] 方璧（茅盾的笔名）：《鲁迅论》，《小说月报》1927年第18卷第11期，第40—51页。

[4] 瞿秋白：《鲁迅杂感选集·序言》，见中国社会科学院文学研究室编：《1913—1983鲁迅研究学术论著资料汇编》（一），北京：中国文联出版公司，1985年版，第818页。

夺鲁迅的阐释权最为激烈的时候。鲁迅逝世后，左派文人组织了一系列纪念鲁迅的活动，利用鲁迅在青年中的巨大影响力和在文坛的威望，借着民族危亡的关键时刻，试图将鲁迅塑造为"民族英雄"以获得民族认同，渗透进无产阶级思想的重要性。在左联极力利用民族危机宣传和塑造他们所需要的鲁迅形象之时，自由知识分子、国民党右派文人也纷纷参与对鲁迅的"盖棺定论"。这场针对鲁迅的论争表面上是文学批评或文化批评层面的，实质上却是两种不同文化势力和政治派别间对文化话语权的争夺。不过很明显，左翼所塑造的"民族英雄""革命战士"的正面鲁迅形象，在内政混乱、国难当头的时刻，更能唤起全国的认同。于是，鲁迅的形象渐渐被人为地"神化"了。李长之的《鲁迅批判》正是在左翼对鲁迅的社会学意义加以张扬和自由知识分子对鲁迅价值进行否定的历史背景中面世的，他关于鲁迅身上具有诗人本质和战士身份的二重性的观点颇为中肯和独特。

李长之的《鲁迅批判》无疑是将"民族魂"的旗帜掀开了一角，让我们看到了一个被遮蔽的真实的鲁迅。李长之所指出的鲁迅的诗人特性，正是鲁迅被左派文人批为局限性的特性，并在"神化"鲁迅的过程中极力遮蔽的。后来，鲁迅被进一步推为"新中国的圣人"，[1] "是中国文化的主将，他不但是中国伟大的文学家，而且是伟大的思想家和伟大的革命家……是文化战线上……空前的民族英雄"。[2] 这一定位进一步将国家民族情怀和政治思想在鲁迅身上实现融合，构成了当代语境中鲁迅研究的经典阐释。但是，不得不注意的是，"神化"鲁迅的后果就是使得真实的个体意义上的鲁迅被排挤出大众视野，而空留下作为"民族英雄""革命战士"的集体意义上的鲁迅，鲁迅形象逐渐退

---

[1] 毛泽东：《鲁迅论——在"陕公"纪念大会上演辞》，见中国社会科学院文学研究室编：《1913—1983鲁迅研究学术论著资料汇编》（二），北京：中国文联出版公司，1986年版，第889—890页。

[2] 毛泽东：《新民主主义论》，见中国社会科学院文学研究室编：《1913—1983鲁迅研究学术论著资料汇编》（三），北京：中国文联出版公司，1987年版，第32页。

化为一个文化符号，更多具有社会、政治意义而缺乏文学意义。

　　然而，相对于鲁迅的社会意义和政治意义，李长之重点关注到的是文艺审美层面，关注到鲁迅的个体精神与文学创作之间的联系。由此，李长之将鲁迅认定为一个诗人，其创作中体现出独特的情感特征。这种情感，不仅具有个人感受上抒情的特殊性价值，而且具有人性层面的普适性价值。从这个角度考察，才能更好地从创作中去探察鲁迅的创作对于中国文学乃至人类的永恒意义，也更能发掘鲁迅高于一般作家的独特价值。然而，这一研究思路在 20 世纪 30 年代特殊的时代形势下并未得到热烈响应，倒是当时的日本学界颇为重视。[1] 此后，在海外，夏济安、李欧梵等学者纷纷从文学和精神品格的角度试图还原被意识形态遮蔽的个体的鲁迅。在国内，几乎到 20 世纪 90 年代，这一研究思路才引起强烈反响。而李长之早在 20 世纪 30 年代便将鲁迅从集体声音的喧嚣中拖拽出来，让鲁迅自己发出个体的声音，还原一个真实的鲁迅。可以说，李长之在浪漫主义的意义上，对鲁迅的"情感"一面进行独特阐释，打开了鲁迅研究的另一条思路，挖掘出传统研究方法下鲁迅被遮蔽的特质，在鲁迅研究史上具有开创性意义。

一、"诗人"鲁迅之发现

　　在漫天"思想界的权威"之赞誉和"刻薄毒舌"之骂名之中，李长之却冷静地指出：鲁迅在本质上是一个诗人和战士。李长之并不赞同学界对鲁迅"思想界权威"的尊称："可是说真的，鲁迅在思想上，不够一个思想家。"[2] 他没有完整理论体系和抽象思辨能力。[3] 这一观点

---

[１]　吉村永吉在 1936 年 11 月竹内好主编的《中国文学月报》2 卷 20 号上，以近三分之一（35 页之中的 10 页）的篇幅介绍《鲁迅批判》的内容。

[２]　李长之：《鲁迅批判》，《李长之文集》（第 2 卷），石家庄：河北教育出版社，2006 年版，第 36 页。

[３]　同上书，第 103 页。

在当时和后来都遭到强烈批判和质疑，因为这颠覆了当时人们对鲁迅的崇拜，也颠覆了左翼和新中国后"红色鲁迅"之塑造。实际上，李长之的这一看似偏颇的观点更多程度上是一种纠偏，因为当时的鲁迅研究太过重视鲁迅的思想层面和社会意义，而忽略了鲁迅首先是一个文学家。他指出"鲁迅并不能算是一个思想家"的革命性意义在于，这使鲁迅研究得以摆脱社会学的研究套路，纠正了过于重视鲁迅的社会价值而忽略其文学价值的弊端。李长之指出，在思想上，鲁迅止于一个对旧制度旧文明施以猛烈攻击的战士；而在艺术上，鲁迅乃是一个诗人。诗人和战士构成了鲁迅的本质。李长之跳出"神化"的思维怪圈，从作家人格与创作之间的契合与映射来进行分析，展现其艺术价值，这是左翼鲁迅研究者所不可比拟的优点。

李长之在 1950 年鲁迅逝世十四周年时写《〈鲁迅批判〉的自我批判》，反省《鲁迅批判》受了浪漫主义思想的影响，"艺术至上，过重天才，过重技巧，缺乏党性，缺乏阶级观点，缺乏战斗性……总之，着眼于艺术，超过于着眼于政治，就是那根本毛病所派生的"。[1] 其实，李长之在特殊政治环境下所自我反省的"这本书的根本毛病"，恰恰是此书的独到视角和价值体现。李长之在浪漫主义的视野下，摒弃政治视角，对鲁迅进行艺术上的观照，从而发现了作为"诗人"的鲁迅的价值。在李长之看来，鲁迅是带有一种浓重的浪漫色彩的，尤其是早年，"因为他抑物质而崇精神，排社会而崇个人，天才"。[2] 尽管由于时代形势的需求鲁迅接受了其他思想，但"诗人"的本质却一直未曾泯灭。

李长之指出："倘若诗人的意义，是指在从事于文艺者之性格上偏于主观的，情绪的，而离庸常人所应付的实生活相远的话，则无疑地，

---

[1] 李长之：《〈鲁迅批判〉的自我批判——为鲁迅先生逝世十四周年纪念作》，《光明日报》学园副刊第 6 期，1950 年 10 月 20 日。

[2] 李长之：《鲁迅批判》，《李长之文集》（第 2 卷），石家庄：河北教育出版社，2006 年版，第 113 页。

鲁迅在文艺上乃是一个诗人。"[1]这一"诗人"性格体现于文本中便是抒情,"大凡他抒情的文章特别好"。文学武曾评论说:"中国现代抒情小说作为一支独异的文学脉络曾产生过重要的影响,它的首创者就是鲁迅,后来又为废名、沈从文、萧红、艾芜、孙犁等人所继承,李长之是最早关注鲁迅小说抒情性特色的学者之一,这方面的贡献是不应该被遗忘的。"[2]《鲁迅批判》在评价鲁迅作品时,多关注鲁迅的情感特质在作品中的渗透及其贡献。一谈到情感,一般人会理解为情绪、感觉或两性之爱,但李长之在这里所指的情感,并不是简单地指个体的感受或感觉。李长之并非将鲁迅以吟风弄月的雅士作比,他认为鲁迅的灵魂深处并无此消闲、优美和从容,"他所有的,乃是一种强烈的情感,和一种粗暴的力",[3]具有与陀思妥耶夫斯基的作品类似的因素。这种"强烈的情感"和"粗暴的力",正是鲁迅之为诗人的原因。李长之能够从这样的角度理解情感,与浪漫主义思想的影响有关。英国浪漫主义诗人华兹华斯明确指出:"诗是强烈情感的自然流露。"[4]情感是诗的本质体现,也是诗人之为诗人的重要因素。浪漫主义意义上的情感,不仅仅是感受、感觉,更是内心的激情,它的发生是与诗人的内在本质相关的。鲁迅的"抒情"正是在此意义上的情感,是个性化的表达,并不是粗暴的集体声音的代言。李长之以这一角度切入鲁迅研究,便将鲁迅从集体意义上的发声拉回到鲁迅个体本身。

李长之认为最好的文学作品能够实现一种可沟通于各方面的根本的感情,"是抽去了对象,又可溶入任何的对象的。它已是不受时代的

[1] 李长之:《鲁迅批判》,《李长之文集》(第2卷),石家庄:河北教育出版社,2006年版,第88页。

[2] 文学武:《〈鲁迅批判〉与中国现代独立学术品格——写在李长之〈鲁迅批判〉出版70周年之际》,《文艺理论研究》2005年第4期。

[3] 李长之:《鲁迅批判》,《李长之文集》(第2卷),石家庄:河北教育出版社,2006年版,第88页。

[4] [英]华兹华斯:《〈抒情歌谣集〉一八○○年版序言》,《西方文论选》(下卷),上海:上海译文出版社,1988年版,第16页。

限制的了，如果文学的表现到了这种境界时，便有了永久性"。[1]从这一批评理念入手，较之一般人关注到鲁迅文章对现实、社会的犀利攻击，李长之更关注其具永久价值的审美的方面。李长之以"含蓄、凝练、深长的意味，和丰盈充沛的感情"为评价标准，认为《孔乙己》《风波》《故乡》《阿Q正传》《社戏》《祝福》《伤逝》和《离婚》这八篇是具有永久价值的完整艺术，那"诗意的、情绪的笔，统统活活泼泼地渲染到纸上了"。[2]这诗意的、情绪的表达传达出的是"最热烈，最愤慨，最激昂，而同情心到了极点的感情"。[3]

这一观念集中体现在对《阿Q正传》艺术价值的阐释上。阿Q的形象一直是学界讨论的热点话题。在20世纪20—30年代，阿Q的形象一再被文化或政治势力利用以进行意识形态化的阐释。[4]然而，李长之却表示："在往常我读《阿Q正传》时，注意的是鲁迅对于一般的国民性的攻击……可是我现在注意的，却不是这些了，因为这不是作者所主要的要宣示的。"[5]李长之关注到的是，在文本冷冰冰地奚落的外表下渗透着"最大的同情"，"别人尽管以为他的东西泼辣刻毒，但我以为这正是浓重的人道主义的别一面目，和热泪的一涌而出，只不过隔一层纸"。[6]"鲁迅对于阿Q，其同情的成分，远过于讽刺。"[7]鲁迅让《阿Q正传》里的一般人对阿Q没有同情，正隐藏了他自己对阿Q的无限同情。阿Q天真、可爱，立意要好，然而，社会对阿Q是那么残酷、

---

[1] 李长之：《我对于文艺批评的要求和主张》，《现代》，1933年第3卷第4期，第453—465页。

[2] 李长之：《鲁迅批判》，《李长之文集》（第2卷），石家庄：河北教育出版社，2006年版，第40页。

[3] 同上书，第47页。

[4] 1928年前后太阳社、创造社与鲁迅论争，认为鲁迅所批判的阿Q身上的封建性已经不合时宜，而现阶段农民已经觉醒，"中国农民的革命性已经充分的表现了出来，他们反抗地主，参加革命"，抨击鲁迅不具有无产阶级的思想。详见钱杏邨：《死去了的阿Q时代》，《太阳月刊》1928年3月号。

[5] 李长之：《鲁迅批判》，《李长之文集》（第2卷），石家庄：河北教育出版社，2006年版，第51页。

[6] 同上书，第52页。

[7] 同上书，第48页。

冰冷，因而阿 Q 只能以精神胜利法来作为唯一的安慰，"这是多么大可哀悯的事，却并不是可笑"，[1]阿 Q 更像是陀思妥耶夫斯基小说里的"被损害和侮辱了的人物"。当时，左翼尽力将鲁迅思想上的转变阐释为——"从个性主义到集体主义，从进化论进到阶级论"，"从绅士阶级的逆子贰臣到无产阶级和劳动群众的友人，以至于战士"，[2]而将尼采、陀思妥耶夫斯基等其他思想资源看作鲁迅转变前"唯心主义"的思想成分体现而加以批判。李长之则明确指出鲁迅的《阿 Q 正传》很像陀思妥耶夫斯基的作品，探索到了人在灵魂深处相同且相通的所在，具有普遍价值和永恒价值，是堪比世界文学经典之处。在鲁迅冷冰冰的、犀利的、讽刺的笔墨下，深藏着对活生生的人物的情感，有批判之愤慨，也有同情之理解。

然而，我们不得不问的是，既然鲁迅有着"最热烈，最愤慨，最激昂，而同情心到了极点的感情"，那又是如何以表面上的冷静姿态表现出来，而没成为情感的过度宣泄呢？李长之认为，浓烈的情感以从容的笔墨抒发出来，要做到这一点需要与现实生活保持一点距离，"因为，这点距离的所在，正是审美的领域的所在"，[3]也正是鲁迅作品"诗性"的体现。这点与现实生活距离的存在，一方面来自于对文学之独立性的体悟。李长之认为，鲁迅自己对文学和实用的关系很清楚："自然也有人以为文学于革命是有伟力的。但我个人总觉得怀疑，文学总是一种余裕的产物，可以表示一民族的文化，倒是真的。"[4]在《阿 Q 正传》中，"鲁迅不是没有奚落阿 Q 的意思，鲁迅也不一定初意在抒发他的同情心，更不必意识到他这篇东西之隆重的艺术的与社会的意义，

［1］ 李长之：《鲁迅批判》，《李长之文集》（第 2 卷），石家庄：河北教育出版社，2006 年版，第 48 页。

［2］ 瞿秋白：《鲁迅杂感选集（序言）》，见中国社会科学院文学研究室：《1913—1983 鲁迅研究学术论著资料汇编》（一），北京：中国文联出版公司，1985 年版，第 818 页。

［3］ 李长之：《鲁迅批判》，《李长之文集》（第 2 卷），石家庄：河北教育出版社，2006 年版，第 47 页。

［4］ 鲁迅：《革命时代的文学》，《鲁迅全集》（第 3 卷），北京：人民文学出版社，2005 年版，第 442 页。

然而这是无碍的，而且恰恰如此，这篇东西的永久价值才确立了"。[1]
正是因为鲁迅并没有完全以先验的理念来覆盖全文，因而得以真实地
抒发作者的情感，"是一篇有生命的东西，一个活人所写的一个活人的
东西"，[2]具有永恒的"纯粹艺术价值"。"所谓的纯艺术，并不会说它毫
没有别的作用，乃是说它的作用乃是放在创作欲之后的，并且它的形
式，是完整的艺术的，与其说它纯艺术，或者不如说'非纯作用'。"[3]20
世纪30年代的中国文学界，对文学与时代的关系有过热烈的争论。不
少知识分子是明白文学的自由性与独立性的，但由于时代形势的需求
和中国文人传统的社会责任感，使得他们常常将文学当作解救苦难、
揭露社会弊端、宣扬新观念和掀起新革命的工具，尤其是左翼倡导文
艺应当服务于无产阶级思想的宣传。文学的工具化特性凸显，艺术价
值则遭到或多或少的损害。而李长之却在文学日益工具化的时代大力
倡导"纯粹的艺术价值"的重要意义。"艺术的凭借是物质的，艺术的
反映是时代的，然而这与创作之主观的意识的过程不必有关。事实告
诉我们，在创作时一有意识地顾忌到许多，必不会有伟大的艺术。"[4]
李长之不同意左翼理论家茅盾的文学观，认为茅盾"专从表现现实
与否，以批评文艺的，最容易把青年导入这个虚伪的一途"，[5]并表
示"倘若偏重，我宁偏重美而不偏重善"。[6]"纯粹艺术价值"的实现
要求作者在写作时摒除功利心的影响，从而可以超越历史的束缚而探
求到人类生存本身。李长之从这一角度去分析《阿Q正传》，能够避
免阿Q被贴上某种意识形态标签并被任意阐释这一弊端，而为还原一

［1］ 李长之：《鲁迅批判》，《李长之文集》（第2卷），石家庄：河北教育出版社，2006年版，第47页。

［2］ 同上书，第47页。

［3］ 同上书，第37页。

［4］ 李长之：《批评家为什么要批评》，《批评精神》，重庆：南方印书馆，1942年版，第61页。

［5］ 李长之：《论新诗的前途》，《批评精神》，重庆：南方印书馆，1942年版，第170页。

［6］ 李长之：《我对于"美学和文艺批评的关系"的看法》，《批评精神》，重庆：南方印书馆，1942年版，第5页。

个多面的、复杂的、立体的圆形人物，打开了广阔的阐释空间。20世纪80年代以后，在逐渐摆脱了马克思主义的实证思维的影响后，阿Q形象的丰富性和超越时代的普遍意义便展现出来了。由此可见，李长之的研究思路颇具有前瞻性和开创性，而《阿Q正传》的永恒价值也在于此。

总体上看，李长之认为鲁迅这类"具有纯粹艺术价值"的作品尽管不多，但已经证明鲁迅有这样的艺术能力，是有望成为一个伟大的艺术家的。20世纪20—30年代写生活之苦的乡土小说自鲁迅开始，但李长之认为后来的乡土小说"总多少加入了点理智，社会的意义容或是有了……艺术的价值却是被剥夺了"。[1]作家为了揭露社会之黑暗或农民之愚昧，往往不惜用了曲笔，离艺术便远了。"实际生活中的人们是处于热情的实际紧压之下，而诗人则在自己心中只是创造了或自以为创造了这些热情的影子。"[2]李长之所强调的正是鲁迅作品中为数不多的"艺术的真实"——"每一篇都触到人生的深处的一面"。

另一方面，审美领域的存在也是由鲁迅的诗人性格决定的。在李长之看来，鲁迅的性格是"内倾"的，鲁迅"不爱'群'，而爱孤独，不喜事，而喜驰骋于思索情绪的生活"。[3]鲁迅自己也表示"我在群集里面，是向来坐不久的"。[4]正是诗人"内倾"的性格使其缺席了现实的热情体验，这也使得鲁迅能够更好地超越现实、超越时代而观察到更为广阔和深刻的问题。李长之以大段引文引入了《怎么写（夜记之一）》的一小部分（按：引用的是"记得还是去年……打熬"这部分），这段引文表达出作者独自在深夜的精神思索，"这是多么美，而近于诗的呢"，

[1] 李长之:《鲁迅批判》,《李长之文集》（第2卷）,石家庄：河北教育出版社,2006年版,第54页。

[2] ［英］华兹华斯:《〈抒情歌谣集〉一八○○年版序言》,《西方文论选》（下卷）,上海：上海译文出版社,1988年版,第11页。

[3] 李长之:《鲁迅批判》,《李长之文集》（第2卷）,石家庄：河北教育出版社,2006年版,第41页。

[4] 鲁迅:《致许广平》,《鲁迅全集》（第11卷）,北京：人民文学出版社,2005年版,第469页。

体现了作者"寂寞的哀愁"。[1]这"寂寞的哀愁"实际上是作者在与现实生活的热情保持距离后对现实的重新反思，并不同于周作人、林语堂对个人性情的表达，而是对社会的切切希求无望后退回到个人的世界里。鲁迅在《呐喊》自序中提到这"寂寞的哀愁"的来源："独有叫喊于生人中，而生人无反应，既非赞同，也无反对，如置身毫无边际的荒野，无可措手的了，这是怎样的哀愁呵，我于是以我所感到者为寂寞。这寂寞又一天一天地长大起来，如大毒蛇，缠住了我的灵魂了……只是我自己的寂寞是不可不驱除的，因为这于我太痛苦。我于是用了种种法，来麻醉自己的灵魂，使我沉于国民中，使我回到古代去。"[2]准确地说，鲁迅的"寂寞的哀愁"是来自对社会和未来的深刻思考，与鲁迅内心的虚无有关。李长之指出："倘若以专门的学究气的思想论，他根底上，是一个虚无主义者，他常说不能确知道对不对，对于正路如何走，他也有些渺茫。"[3]鲁迅并没有明确的信念，这既是缺陷却也是优势。正因为虚无，他不会因信念而蒙蔽了对时艰的洞察，因而能够体会到"绝望之为虚妄，正与希望相同"，这使他超出同时代作家对民族未来变革的乐观假设，并未"听将令"式地表现为一个光明的战士，而体现出思想的深刻性，"因为真切，所以这往往是他的作品在艺术上最成功的一点，也是在读者方面最获得同情的一点"。[4]然而，鲁迅并不愿意将这样的消极情绪明确地流露出去，落笔时又常常觉得给予希望是在骗人，于是处于无以诉说的矛盾状态——"当我沉默着的时候，我觉得充实，我将开口，同时感到空虚"。[5]李长之认识到，在鲁迅书写个人回忆的《朝花夕拾》的温柔抒情背后，是作者的痛苦。鲁迅表

---

[1] 李长之：《鲁迅批判》，《李长之文集》（第2卷），石家庄：河北教育出版社，2006年版，第147页。

[2] 鲁迅：《呐喊·自序》，北京：人民文学出版社，1976年版，第5页。

[3] 李长之：《鲁迅批判》，《李长之文集》（第2卷），石家庄：河北教育出版社，2006年版，第103页。

[4] 同上书，第95页。

[5] 鲁迅：《野草·题辞》，北京：人民文学出版社，1979年版，第1页。

示："一个人做到只剩了回忆的时候，生涯大概总要算是无聊了吧，但有时竟会连回忆也没有。"[1]正是因为鲁迅对于时艰感到痛苦，又不得宣泄，因而回返到自己的世界里去躲避用以安定自己。"'目前是这么离奇，心里是这么芜杂'，只有这才是这些散文背后的一字一句的骨髓。"[2]这"寂寞的哀愁"又何尝不是一种痛苦的激情，而《野草》正是这样一部"虚无"的作品。李长之发现了《野草》中寂寞和空虚的色彩，认为《野草》中暗藏着鲁迅对人生和时代的思索和热情，却以诗意的抒情流露于笔端，是痛苦的激情的另一种体现。"寂寞的哀愁"这一情绪在鲁迅后期的创作中越发明显，主要体现于李长之所察觉到的本应极具批判性的杂文中出现的"困乏"。因此，李长之所喜爱的鲁迅描写个人感受的抒情文字，其实都是一种对社会和未来倦怠的表现。鲁迅对时艰的敏感事实上并未得到当时的评论者乃至后继者的充分赏识，尤其是在左翼的批评视野中，鲁迅的寂寞和痛苦被认为是未彻底转变思想时所体现出的局限性，而李长之则充分肯定了"寂寞的哀愁"的人文价值和艺术价值。这些具有独特美感的抒情文字中蕴含着鲁迅即便做出"呐喊"的姿态，内心深处也未摆脱的"寂寞的哀愁"，这正是鲁迅思想的深刻处之一。

除了"寂寞的哀愁"外，鲁迅在杂文中所体现出的"激情"也是其"诗人"性格的体现。20世纪20—30年代鲁迅的杂文作为一种独特的文学现象引起了广泛争议。梁实秋、陈西滢等自由知识分子曾竭力贬低鲁迅杂文的价值，而左翼理论家如茅盾、瞿秋白、冯雪峰等人则高度评价鲁迅的杂文。瞿秋白在其著名的论文《鲁迅杂感选集·序言》中表示："鲁迅的杂感其实是一种社会论文，战斗的阜利通（feuilleton）……他用艺术的形式来表现他的政治立场，他的深刻的对

---

[1] 鲁迅：《朝花夕拾·小引》，《鲁迅全集》（第2卷），北京：人民文学出版社，1973年版，第339页。
[2] 李长之：《鲁迅批判》，《李长之文集》（第2卷），石家庄：河北教育出版社，2006年版，第74页。

于社会的观察，他的热烈的对于民众斗争的同情。"[1]这样的评价在鲁迅研究史上长期被认为是经典阐释。与一般人重视杂感的现实批判性和论战效果不同的是，李长之更关注杂感的美学价值，认为鲁迅杂感的美学特色是与其个性紧密相关的。鲁迅"缺少一种组织的能力……思想上没有建立"，"他没有深邃的哲学脑筋"，"他根底上，是一个虚无主义者"。[2]李长之并不简单地将这些批判为鲁迅的局限处，而是从个性气质对文章风格的贡献短长的角度出发，认为所有这一切对于鲁迅作为一个战士方面是毫无窒碍的，而且方便着的——"因为他不深邃，恰恰可以触着目前切急的问题；因为他虚无，恰恰可以发挥他那反抗性，而一无顾忌；因为一偏，他往往给时代思想以补充或纠正；因为无组织，对于匆忙的人士，普通的读者，倒是一种简而易晓的效能"。[3]鲁迅的杂感正是"他在文字技巧上最显本领的所在，同时是他在思想情绪上最表现着那真实的面目的所在"。[4]可以看到，鲁迅的杂文对中国现代文学影响深远，20世纪30年代在杂文创作的繁荣时期，出现了瞿秋白、茅盾、唐弢、徐懋庸、聂绀弩等一批左翼杂文家，将杂文作为文化匕首和投枪。20世纪40年代的杂文创作量尤大，但都大多着眼于现实批判，基本未有"超越"鲁迅的杂文创作。模仿鲁迅的杂文创作多得其形而未得其神，因为鲁迅的杂文特征乃是由其独特个性在文章中激荡而成的。李长之关注到的鲁迅杂感的长处在于激情，在于"寂寞的哀愁"和浓烈的热情。杂感可谓是"强烈情感的自然流溢"意义上的"浪漫诗"，这也是李长之将鲁迅看作诗人的重要依据之一。李长之认为鲁迅的情感是盛于理智方面的，"他的过度发挥其情感的结果，

---

［1］ 瞿秋白：《鲁迅杂感选集·序言》，见中国社会科学院文学研究室编《1913—1983鲁迅研究学术论著资料汇编》（一），北京：中国文联出版公司，1985年版，第819页。

［2］ 李长之：《鲁迅批判》，《李长之文集》（第2卷），石家庄：河北教育出版社，2006年版，第73页。

［3］ 同上书，第103页。

［4］ 同上书，第67页。

令人不禁想到他的为人在某一方面颇有病态"。[1]人格上的病态往往是自由知识分子用以否定鲁迅价值的把柄之一，但李长之从文学意义的角度指出这样的人格对创作的独特价值："以一个创作家论，病态并不能算坏。而且在一种更广泛、更深刻的意义上，一切的创作家，都是病态的……但正因为他病态，所以才比普通人感到的锐利，爆发的也才浓烈，于是给通常人在实生活里以一种警醒、鼓舞、推动和鞭策。这是一般的诗人的真价值，而鲁迅正是的。"[2]在浪漫主义看来，"诗人和别人不同的地方，主要是在诗人没有外界直接的刺激也能比别人更敏捷地思考和感受，并且又比别人更有能力把他内心中那样产生的这些思想和情感表现出来"。[3]从这个角度看，鲁迅对情感的过度发挥、强烈的攻击性乃至横暴，正体现了浪漫主义诗人的本质。事实上，鲁迅早年的思想中确实曾体现出浪漫主义的痕迹。[4]李长之在《鲁迅批判》后记中指出："养育于资本主义社会下的浪漫主义，并不是全然无缺的，倘若因为重在人的缘故，而弃置了对于大自然的利用，这无疑是堕落；倘若重在人的情志、精神的缘故，而忽略了理智的发展，这无疑是颓废；倘若因为重在个性的缘故，而只允许一部分人的自由，同时却把多数人的自由给剥夺，这无疑是横暴；所有这些，统统可说是弊端。鲁迅这时的思想，却是很容易走入这一途的。"[5]正是因为认识到浪漫主义思想的弊端，李长之提出的浪漫主义思想的改善途径之一便是以理智引导情感，使得浪漫主义发挥出更积极、健康的作用。这也是为什么李

---

[1] 李长之：《鲁迅批判》，《李长之文集》（第2卷），石家庄：河北教育出版社，2006年版，第94页。

[2] 同上书，第94页。

[3] ［英］华兹华斯：《〈抒情歌谣集〉一八〇〇年版序言》，《西方文论选》（下卷），上海：上海译文出版社，1988年版，第15页。

[4] 鲁迅的《摩罗诗力说》《文化偏至论》被认为具有浪漫主义倾向。参见刘正忠：《摩罗，志怪，民俗：鲁迅诗学的非理性视域》，《清华学报》（台湾）2009年第39卷第3期；陈晓明：《曲折与急变的道路——二十世纪中国文学理论与批评的历史变异》，《当代作家评论》2014年第1期。

[5] 李长之：《鲁迅批判》，《李长之文集》（第2卷），石家庄：河北教育出版社，2006年版，第113页。

长之会批评鲁迅有些杂文的失败在于"他执笔于情感太盛之际，遂无一含蓄"，[1]这也是为何他会欣赏鲁迅那些将浓烈的情感蕴于含蓄的笔下的从容创作。

不过，李长之以抒情与否作为判断标准，在发掘鲁迅作品独特美学价值的同时，也会在理解上出现一些偏颇。如李长之谈到鲁迅在文艺上的失败之作时表示，《头发的故事》《一件小事》《端午节》《在酒楼上》《肥皂》《弟兄》，"写得特别坏，坏到不可原谅的地步"。[2]如《在酒楼上》体现出自我灵魂的对话与相互驳难，对话性强而少抒情性，李长之并未认识到这部作品的内在对话性，反而批评是"利用一个人的独白，述说一个人的经历，结果就往往落单调"。[3]再如《肥皂》是一篇讽刺力作，却被李长之认为是"故意陈列复古派的罪过，条款固然不差，却不能活泼起来"，[4]"讽刺太过，太露骨，变成了浅薄"。[5]这些都是李长之的抒情标准所体现出的偏见。然而，从另一角度看，这些偏见恰恰体现出了本书的独特分析角度——以鲁迅的精神气质对文章贡献短长进行评价。李长之指出，这些文章失败的根本原因在于鲁迅坚韧、固执、多疑的性格不适合写城市，而更适合写农村生活以发挥他那"受奚落的哀感，寂寞和荒凉"。因此，"在鲁迅写农民时所有的文字的优长，是从容，幽默，带着抒情的笔调，转写都市的小市民，却就只剩下沉闷，松弱，和驳杂了"。[6]李长之从人格与风格互动的角度指出能够让鲁迅的诗人气质得以自由发挥的便是完整的优秀的作品。因此，李长之所欣赏的鲁迅的作品，在一定意义上，可以认为是诗人鲁迅的诗作。

---

[1] 李长之：《鲁迅批判》，《李长之文集》（第2卷），石家庄：河北教育出版社，2006年版，第84页。

[2] 同上书，第62页。

[3] 同上。

[4] 同上书，第63页。

[5] 同上书，第64页。

[6] 同上书，第63页。

二、诗人本质与战士身份之间的复杂关系

在左翼理论家对鲁迅思想性和社会意义的褒扬与自由知识分子对鲁迅价值的否定的争论中，李长之洞察到鲁迅身上有诗人本质和战士身份共存的二重性特征，并强调二者之间相互作用的复杂关系。这种二重性特征为当时的评论者乃至在一定时期内的后继者所忽略，近年来才成为鲁迅研究中的热点问题。

诗人的性格使得鲁迅的作品中抒情的文字往往特别好，然而这样具有美学价值的文字却不常有，因为鲁迅对文学有别的信念，"热情驱使他，对于社会的关怀逼进他，使他常忘了自己的寂寞，而单是挺身而出、作战士去了"。[1] 鲁迅后来不创作小说而从事杂文的"最大的缘故似乎在他创作的认识、与革命的信念的冲突"。[2] 鲁迅在《呐喊》自序中表示："既然是呐喊，则当然须听将令的了，所以我往往不恤用了曲笔……这样说来，我的小说和艺术的距离之远，也就可想而知了。"[3] 时局的艰辛和传统的文人责任感使得他希望文学能够发挥社会功用，然而又不能忘怀于艺术的独立性，于是便产生了冲突，"恐怕鲁迅也陷于这样的苦闷……也是鲁迅此后少有创作的最大的根由"。[4] 鲁迅的确有艺术上的创作才能，只是战士身份的使命使得他没有机会充分发展诗人个性，这不得不说是中国现代文学的一大遗憾。

李长之强调鲁迅并不是一个思想家而仅是一个战士，有针对左翼而论的意味。在李长之看来，鲁迅有着战斗的姿态与热情，与政治立场并无直接关联，并不是左翼所塑造的为革命信念而战的战士。"明目

---

[1] 李长之:《鲁迅批判》,《李长之文集》(第2卷),石家庄:河北教育出版社,2006年版,第79页。

[2] 同上书,第39页。

[3] 鲁迅:《呐喊·自序》,北京:人民文学出版社,1976年版,第7页。

[4] 李长之:《鲁迅批判》,《李长之文集》(第2卷),石家庄:河北教育出版社,2006年版,第40页。

张胆而提倡革命文学，为革命文学而造作那类题材，这是革命家的事，是宣传家的事。不是诗人的事。"[1]李长之从诗人本质入手，指出鲁迅是"不知不觉，而作了时代的代表的"[2]——他对于取材，并无革命文学、平民文学或普洛文学的企图，只是恰好作了后来文学运动的先声。实际上，"他却是有着一些偏不能忘怀的感印，让他要写出来以驱散寂寞"。[3]鲁迅其实自己也曾表示："在我自己，本以为现在是已经并非一个切迫而不能已于言的人了，但或者也还未能忘怀于当日自己的寂寞的悲哀罢，所以有时候仍不免呐喊几声，聊以慰藉那在寂寞里奔驰的猛士，使他不惮于前驱。"[4]在当时左翼极力认为鲁迅是自觉选择革命文学创作之路的时期，这一论断极具颠覆性意义，一语道破了左翼是利用鲁迅所体现出的符合时代所需的批判性来塑造"革命战士"的鲁迅形象的。

鲁迅曾表示承认自己是左翼的一员，但又不否认个人主义的出发点。被左翼批评为是鲁迅早年思想局限处的个人主义，在李长之看来却正是鲁迅浪漫诗人本质的体现。"浪漫主义的特色是重在人的，重在情志的（也就是精神的），并且重在个性的……（鲁迅）他是带一种浓重的浪漫思想。"[5]李长之明确指出鲁迅思想中"小资产阶级的根性很厉害"，这是由诗人性格决定的，"大凡生活上内倾的，很容易走入个人主义"[6]。而这种小资产阶级根性是有价值的，"倒是正因为他那样，才作了这时代里的战士，完成了这一时代里的使命"。[7]画室（按：冯

---

[1] 李长之：《鲁迅批判》，《李长之文集》（第2卷），石家庄：河北教育出版社，2006年版，第38页。

[2] 同上。

[3] 同上。

[4] 鲁迅：《呐喊·自序》，北京：人民文学出版社，1976年版，第7页。

[5] 李长之：《鲁迅批判》，《李长之文集》（第2卷），石家庄：河北教育出版社，2006年版，第113页。

[6] 同上书，第99页。

[7] 同上。

雪峰的笔名）曾在《革命与知识阶级》中指出革命中有两种知识阶级，一种是毅然投入新的，一种是既承受新的，又反顾旧的，同时又在怀疑自己，鲁迅乃是后一型。革命让鲁迅尽量地在艺术上表现内心生活的冲突痛苦，在历史上留一个过渡的两种思想的交接的艺术痕迹。李长之同意冯雪峰的观点，认为鲁迅的诗人性格使得其作品中留下了过渡时代挣扎的痕迹，可以给激进、乐观的时代思想以补充或纠正。尽管鲁迅作了时代的战士，但他身上的诗人本质并未因加入左联而消失，诗人的思维常常跳出来怀疑战士身份的意义。鲁迅诗人性格中的"粗疏、枯燥、荒凉、黑暗、脆弱、多疑、善怒"，恰恰体现出了灵魂深处的追问和对时艰的感受——在怀疑战斗与光明的意义和给予民众希望之间挣扎。诗人鲁迅在生命的最后六年（加入左联后）尤为感受到战士身份的压制。鲁迅被左翼宣传为光明的战士，坚持他对"黄金世界"有向往。"光明"使得真实的鲁迅"消失"了，幻化为一个作为勇往直前的革命斗士的文化符号，而倘若鲁迅回到个人化的状态，对于未来的无望的"黑暗又会吞并我"。[1]李长之敏锐感受到了鲁迅在光环和黑暗意识间的巨大痛苦。而左翼却极力回避他的痛苦并将他推向光明的境地。在鲁迅生前，他尚且用笔墨委婉挣扎，暗示着自己个体化的一面。而在他死后，左翼将鲁迅彻底塑造成一个光明的文化符号，诗人鲁迅被遮蔽在"民族魂"的旗帜下。这使得在相当长的时期内对鲁迅晚年思想的研究出现误区，鲁迅被认为是接受了无产阶级的理论后实现了思想上的转变，摒弃了此前的个人主义的观念。这其实是"红色鲁迅"的"神化"运动所造成的曲解。鲁迅的个人主义立场是由其诗人的本质决定的，并不会随立场的变化或思想觉悟的程度而变化。李长之这一见解的重要性在于不仅直接对抗了左翼所坚持的鲁迅接受了马列思想而自觉摒弃先前"小资产阶级思想"的看法，而且从更深

---

[1] 鲁迅:《影的告别》,《野草》, 北京: 人民文学出版社, 1979年版, 第4页。

层次上否定了"神化"鲁迅的基础，还原了一个真实的鲁迅。近年来，鲁迅研究逐渐发现了鲁迅思想的复杂性，海外学者夏济安较早认为"把鲁迅看作一个报晓的天使，实在是误解了这个中国现代史中较有深度的人，而且是一个病态的人，他确曾吹起喇叭，但他吹出的曲调却是阴郁而且带讽刺，既包含着希望，也表达着绝望，是天堂的仙乐和地狱的哀歌之混合"。[1]李长之所突出强调的诗人鲁迅，成为当今鲁迅研究中的热点之一。

三、结语

综上所述，在浪漫主义的视野中，李长之敏锐地观察到了鲁迅身上诗人本质和战士身份之二重性的复杂关系。战士身份的要求限制了鲁迅对作品诗性的美学上的追求，诗人本质却又常常怀疑战士身份的意义，因而鲁迅常感到精神上的痛苦。不过，诗人本质在一定意义上又方便着战斗姿态的发挥，而且还能展现出在历史过渡时期知识分子的精神上的困境，使得鲁迅的战士身份具有了独特的时代价值。总之，"撇开功利不谈，诗人的鲁迅，是有他的永久价值的，战士的鲁迅，也有他的时代的价值。"[2]李长之的《鲁迅批判》可谓是在污蔑声和"神化"运动中为真实的鲁迅的有力一辩，在一定程度上说出了鲁迅未明确道出的自己，还原了被光明的文化符号吞没的鲁迅的"影子"。这可能也是为何不愿别人为他写传的鲁迅，晚年却对当时仅是初入文坛的李长

---

[1] 夏济安：《鲁迅作品的黑暗面》，《夏济安选集》，沈阳：辽宁教育出版社，2001年版，第22—23页。

[2] 李长之：《鲁迅批判》，《李长之文集》（第2卷），石家庄：河北教育出版社，2006年版，第104页。

之的作家论表示帮助的原因。[1]虽未表示赞同或否定，但从其热心的态度可以看出鲁迅对李长之的《鲁迅批判》的重视。

然而，《鲁迅批判》的存在无疑是"神化"鲁迅过程中的绊脚石。因此，《鲁迅批判》不断遭到批判和删改。该书在准备出版时即被出版社删除了鲁迅的书信和照片。在1950年鲁迅逝世十四周年时，对《鲁迅批判》又掀起了一场检讨与批判。[2]而到了1976年，有出版社找李长之接洽再版《鲁迅批判》事宜时，建议改"批判"二字为"批评"或"分析"，想必担心"圣人"鲁迅若被"批判"会引起轩然大波。殊不知李长之的"批判"二字乃是取自康德"批判"的"分析评论"之意，倔强的李长之坚持不改名字，出版事宜遂流产。然而，尽管不断遭到删改和批判，在20世纪80年代以来"去意识形态化"后的鲁迅研究界，

---

[1] 鲁迅在1936年5月8日给李霁野的信中说："我是不写自传也不热心于别人给我作传的，因为一生太平凡，倘使这样的也可作传，那么，中国一下子可以有四万万部传记，真将塞破图书馆。"参见鲁迅：《致李霁野》，《鲁迅全集》第14卷，北京：人民文学出版社，2005年版，第95页。鲁迅为李长之的作家论寄了两封信和一张照片，并帮忙订正其中的著作时日，还鼓励李长之不要被舆论左右。在1935年7月27日给李长之的回信中，鲁迅写道："长之先生：惠函敬悉。但我并不同意于先生的谦虚的提议，因为我对于自己的传记以及批评之类，不大热心，而且回忆和商量起来，也觉得乏味。文章，是总不免有错误或偏见的，即使叫我自己做起对自己的批评来，大约也不免有错误，何况经历全不相同的别人。但我以为这其实还比小心翼翼，再三改得稳当了的好。"参见鲁迅：《致李长之》，《鲁迅全集》第13卷，北京：人民文学出版社，2005年版，第509页。在同年9月12日给李长之的回信中，鲁迅又向李长之提供了自己的画集及译著的书目和出版时间，并说："因为忙于自己的译书和偷懒，久未看上海的杂志，只听见人说先生也是'第三种人'里的一个。上海习惯，凡在或一类刊物上投稿，是要被看作一伙的。不过这也无关紧要，后来大家会由作品和事实上明白起来。"参见鲁迅：《致李长之》，《鲁迅全集》第13卷，北京：人民文学出版社，2005年版，第546—547页。[按：茅盾在《"很明白的事"》开头将李长之列入"第三种人"，直呼其为"'第三种'批评家"。参见茅盾：《"很明白的事"》，《太白》（半月刊）第2卷第11期。]

[2] 见李长之：《〈鲁迅批判〉的自我批判——为鲁迅先生逝世十四周年纪念作》，《光明日报》学园副刊第6期，1950年10月20日；李蕤：《保卫鲁迅先生——李长之的〈鲁迅批判〉的自我批判〉读后感》，《光明日报》学园副刊第9期，1950年10月31日；李长之：《关于〈保卫鲁迅先生〉——答李蕤先生》，《光明日报》学园副刊第11期，1950年11月14日。

《鲁迅批判》的价值日益凸显，终于获得了它应有的地位。在 1935 年初版的序中，李长之表示："我的用意是简单的，只是在尽力之所能，写出我一点自信和负责的观察，像科学上的研究似的，报告一个求真的结果而已，我信这是批评者的唯一的态度。"[1]正因为抱着求真的态度，并不因外界舆论和鲁迅在世与否而作违心之论，在 1943 年再版时李长之坚持只字不改。这是批评家的可贵精神。《鲁迅批判》尽力试图为我们展现在各种标签覆盖下的真实的鲁迅，唱响了新时期鲁迅研究"回到鲁迅本身来"的先锋号，在鲁迅研究史上保留了一条宝贵的研究脉络，鲁迅的永恒价值和伟大之处才得以真正彰显。

---

[1] 李长之：《鲁迅批判》，《李长之文集》（第 2 卷），石家庄：河北教育出版社，2006 年版，第 5 页。

徘徊于"抒情绪"与"叙事实"之间

——重评徐志摩的新诗写作

陈太胜[1]

[摘　要]"抒情绪"与"叙事实"这两类诗,代表着徐志摩诗中两种不同的声音,即两种不同的音乐性:"吟唱的"和"说话的"。一般读者和评论者提到徐志摩时,喜欢的恰恰是那些以《再别康桥》《我不知道风是在哪一个方向吹》为代表的"抒情绪"的诗,而于其他类型的诗(尤其是"叙事实"的诗)则没有加以充分的注意。正是"抒情绪"与"叙事实"两类诗的共同存在,才更充分地证明了徐志摩诗艺的丰富与高超。就徐志摩最好的一些诗看来,像《火车擒住轨》《献词》,乃至于《再别康桥》,其实都是将"抒情绪"与"叙事实"很好地结合在一起的。

[关键词]　徐志摩　新诗　抒情绪　叙事实

---

[1]　陈太胜,北京师范大学文学院教授,北京师范大学文艺学研究中心专职研究员。

从 1921 年写出第一首新诗《草上的露珠儿》到 1931 年飞机失事，徐志摩（1896—1931）的新诗写作只持续了短短十年多的时间。若与何其芳仅 19 岁便写出了《预言》这样华美的诗相比，25 岁才开始写作新诗的徐志摩称不上早慧。不管是在徐志摩在世的年代，还是在他不幸飞机失事后的民国年间，他和他的诗都是充满争议的。自 20 世纪 80 年代后，对徐志摩和他的诗还有个重新发现的过程。有意思的是，他的新诗写作不为叶公超、废名和卞之琳这样对新诗卓有见解的"行家里手"所认可，却一直在公众间享有很高的知名度，甚至被许多人视作新诗的代表。当然，徐志摩作为一个诗人写出了很有代表性的新诗，这一点是毋庸置疑的，关键是如何看待他的写作及其在新诗史上的位置。这里将特别指出徐志摩新诗写作中"抒情绪"与"叙事实"这样两个早已经被评论者注意到的方面，以一些诗歌为例加以详细探讨，并在此基础上指出，怎样一种可能的写作由于他的飞机失事而令人遗憾地终止了。

　　根据卞之琳的说法，《志摩的诗》1925 年由现代评论社出第一版时，诗人朱湘提出了一些意见，认为其中最好的诗是《雪花的快乐》，而《默境》最差。徐志摩的反应也有意思，在 1928 年由新月书社重印此书时，他作了较大的增删，把《雪花的快乐》放在全集第一首，把《默境》删去。这一方面反映了诗人从善如流的态度，另一方面也反映出诗人对自己的写作还没有多少"必然如此行之"的信心，用卞之琳引徐志摩本人的诗说，则是自己也还不知道风是往哪一个方向吹。朱湘认为《默境》一诗"一刻用韵，一刻又不用，一刻像旧词，一刻又像古文，杂乱无章"，卞之琳认为这一点说得对；但是非议这首诗"一刻叙事实，一刻说哲理，一刻又抒情绪"，卞之琳则认为"未免迂阔"。[1]卞之琳的评价确实非常精到。诗未免不能叙事实，也未免不能说哲理，也未免不能抒情绪，

---

　[1]　卞之琳：《〈徐志摩选集〉序》，《卞之琳文集》（中卷），合肥：安徽教育出版社，2002 年版，第320页。

关键在于怎么做。事实上，一般读者和评论者提到徐志摩时，喜欢的恰恰是那些以《再别康桥》《我不知道风是在哪一个方向吹》为代表的"抒情绪"的诗，而于其他类型的诗（尤其是"叙事实"的诗）则没有加以充分的注意。

一、"抒情绪"的诗

"抒情绪"的诗往往被认为是徐志摩的标志性作品，其典范是《再别康桥》《我不知道风是在哪一个方向吹》一类。一般公众也认为，这类诗是新诗还称得上有点成就的标志性作品。徐志摩的这类诗，与戴望舒的《雨巷》一样，似乎是白话语言本身也具有文言那种婉转的音乐性的很好证明。这恰恰也是一般公众基于古诗传统而高评这类新诗相当重要的一个理由。

徐志摩这类"抒情绪"的诗基本的修辞策略是"重复"。它既包括音韵上非常明显的叠音、叠韵、双声等，也包括行尾的押韵。同时，它还可以是一首诗基本的结构技巧，通过章句的反复，甚至可使一首诗近似于更为通俗的"歌词"，"歌词"的基本修辞策略恰恰也是重复。以徐志摩的名诗《再别康桥》的前三节为例：

> 轻轻的我走了，
> 　正如我轻轻的来，
> 我轻轻的招手，
> 　作别西天的云彩。
>
> 那河畔的金柳，
> 　是夕阳中的新娘；
> 波光里的艳影，

在我的心头荡漾。

软泥上的青荇，
　油油的在水底招摇；
在康河的柔波里，
　我甘心做一条水草！[1]

短短的三节，有三个"轻轻的"的叠音的重复，还有第三节中的一个叠音"油油的"。叠韵则有"荡漾""青荇""招摇"等。不仅如此，这里的押韵也非常严格，遵循的是有一定难度的"a（了）bab acdc defe"的形式。其中，第一节第一行中的"走"和第三行的"手"的押韵，近似于一般说的"阴韵"的方法。胡适在翻译《关不住了》一诗中大量使用这类押韵方式，以使韵脚看起来不太明显，并使现代诗的押韵具有不同于古典诗歌太过严谨的现代特质。而且，徐志摩在这前三节中采取了每两行换韵的方式，并隔行以韵相连属，造成既有变化又相联系的感觉。韵的这种变化也与情感的变化形成某种呼应关系。比较起来，这首诗后面四节的韵脚安排要逊色一些。但无论如何，《再别康桥》都称得上是现代诗中强调此类音乐性的一首杰作，尤其是韵脚的安排，比之戴望舒的《雨巷》，要更少生硬和斧凿的痕迹。当然，押韵的生硬更多时候是徐志摩这类"抒情绪"的诗的常态，这正如这类诗表现的情绪往往是浅显、轻清的一样是一种常态。但像《留别日本》《雪花的快乐》《我不知道风是在哪一个方向吹》等诗，押韵往往就缺少上面所举的例子的变化，更常见的是在每节或节与节之间押死韵，如《留别日本》中的第二节：

---

[1] 徐志摩：《再别康桥》，韩石山编：《徐志摩全集》（第4卷），天津：天津人民出版社，2005年版，第352页。

古唐时的壮健常萦我的梦想：

　　那时洛邑的月色，那时长安的阳光；

那时蜀道的啼猿，那时巫峡的涛响；

　　更有那哀怨的琵琶，在深夜的浔阳！[1]

　　这节诗每行押一样的韵，显得生硬，以至于会让人怀疑这些意象本身就是为了押韵而存在的。这甚至使我们可以这样推想：如果你愿意，也可以换上意象相似的、押同样韵的词语，却不会改变这首诗的什么东西。这种推想或者也在很大程度上是对诗人独创性的怀疑。称得上是徐志摩诗中"吟唱"特点最典型体现的，可能是《雪花的快乐》和《我不知道风是在哪一个方向吹》。这里以后者的后三节为例：

我不知道风

是在哪一个方向吹——

我是在梦中，

她的负心，我的伤悲。

我不知道风

是在哪一个方向吹——

我是在梦中，

在梦的悲哀里心碎！

我不知道风

是在哪一个方向吹——

我是在梦中，

────────────

[1]　徐志摩：《留别日本》，韩石山编：《徐志摩全集》（第4卷），天津：天津人民出版社，2005年版，第158页。

黯淡是梦里的光辉。[1]

　　对于一个想让自己的心智更像哲学家的诗人（如艾略特）来说，这首诗肯定是太浪漫主义、太多愁善感了。你甚至会认为，这个诗人的伤悲和忧愁已经到了近乎神经质的地步。我们之所以会有这样的猜想，当然是由于这首诗的语言给予我们的印象。这首诗共六节，每节四行，但每节的前三行是完全一样的重复。重复在这儿成了全诗纲领性的结构，几乎到了压迫人的、神经质的程度。这首诗给人以这样的印象，它的修辞相当"丰盛"，但说的东西却相当少，尤其是将每节的最后一行这样放在一起时：

　　　　在梦的轻波里依洄。
　　　　她的温存，我的迷醉。
　　　　甜美是梦里的光辉。
　　　　她的负心，我的伤悲。
　　　　在梦的悲哀里心碎！
　　　　黯淡是梦里的光辉。

　　确实，这里传达的信息相当少，与其修辞的"高调"和"丰富"恰成反比。就其言辞本身的性质而言，这确有形成现代汉语中的"陈词滥调"的危险。胡适等新文学的开创者，曾批评古诗词发展到清末民初具有某种"陈词滥调"的性质。古诗词中常用的月台花榭或小桥流水一类的语词，就其本身而言，这些语词没有任何一个称得上是"陈词滥调"。问题的关键在于，当诗人在创造性地安排诗歌形式的时候，虽然使用了这些语词，却并没有创造性地使它们具有丰富的意义；事

――――――――――

[1] 徐志摩：《我不知道风是在哪一个方向吹》，韩石山编：《徐志摩全集》（第4卷），天津：天津人民出版社，2005年版，第339页。

实也许恰恰相反，它们像交通信号灯一样，提供给读者少得可怜，并且往往是固定的信息。这首诗可以称得上是在言辞上说得很多，但其内容却少得可怜的一个极端例子。我相信，造成这种后果的重要原因，是诗本身太囿于押韵，而且变化不多。俄国理论家洛特曼强调诗的语言"差异和同一间无休止的作用"，他甚至从中发展出了诗的价值的理论，即："好诗是这样一些诗，在可预期的和破坏性的，体系和体系的跨越之间存在着令人满意的互动；坏诗则是，要么过分地可预期，要么过分地随意。"[1] 这首诗显然是过分地可预期的例子。故步自封的形式在这儿确实成了说话者无法挣脱的牢笼。说话者太刻意要培养一种单一的情调，这有点像伊格尔顿对丁尼生（Tennyson）的《马利亚娜》（*Mariana*）一诗的评论：

> 这首诗出差错的地方，是它想要培育的情调太明显。这首诗情感的氛围太过于连贯了。几乎每个词语、声音和意象，都毫无顾忌地用荒谬的类同（homogenising）方式被强行攘入到总体的氛围效果中。一个有用的可以很好描述这一点的形容词是 voulu，它在法语中意为"有意的"，指一种过分矫饰的、不自然的努力。[2]

这一评论对这首诗来说似乎也再合适不过了。

其实，最后一节的最后一句"黯淡是梦里的光辉"与前面的"甜美是梦里的光辉"相比，是更为巧妙的一笔，并因暗含某种使人惊奇的"反讽"而令人有更多的期待。但放在这首诗的语境中，似乎它也只是为了修辞而修辞所写出的无意义的一行。

在徐志摩的诗中，重复中也不乏变化的例子。除上文提到的《再别康桥》外，《为要寻一个明星》当是应该一提的徐志摩这一类诗中的

---

[1] 转引自 Terry Eagleton, *How to Read a Poem*, London: Blackwell Publishing, 2007, p.54。

[2] Ibid., p.112.

好诗：

我骑着一匹拐腿的瞎马，
　　向着黑夜里加鞭；——
　　向着黑夜里加鞭，
我跨着一匹拐腿的瞎马！

我冲入这黑绵绵的昏夜，
　　为要寻一颗明星；——
　　为要寻一颗明星，
我冲入这黑茫茫的荒野。

累坏了，累坏了我胯下的牲口，
　　那明星还不出现；——
　　那明星还不出现，
累坏了，累坏了马鞍上的身手。

这回天上透出了水晶似的光明，
　　荒野里倒着一只牲口，
　　黑夜里躺着一具尸首。——
这回天上透出了水晶似的光明！[1]

　　这首诗重复的修辞手法是非常明显的，与《雪花的快乐》《我不知
道风是在哪一个方向吹》一样，也是基本的结构原则。全诗共四节，每
节的第一、第四行与第二、第三行大部分或完全重复。在押韵上，也

---

［1］　徐志摩：《为要寻一个明星》，韩石山编：《徐志摩全集》（第4卷），天津：天津人民出版社，
　　　2005年版，第186—187页。

不回避常常会让人觉得特别笨拙的同字押韵。但与上面那首《我不知道风是在哪一个方向吹》有所不同，这首诗并没有给人以说得很多但"内容"却非常少的感觉。相反，此诗的四个诗节形成了不断递进的"讲故事"结构，并因此塑造了一个颇具现代特点的、骑着瞎马在夜里狂奔的说话者的形象（尽管它还是有点单薄，具有徐志摩式的、顾影自怜的抒情主人公的形象特点）。亦即是说，这首诗的重复对诗意的递进和深化做出了某种贡献，这或者可以让我们回溯到《诗经》那种借章句重叠"讲故事"并深化抒情的传统。

对新诗很有研究的叶公超，曾经对新诗与旧诗节奏上的差异做过创造性的区分，他谈到了徐志摩在这方面的尝试和努力：

> 新诗的节奏是从各种说话的语调里产生的，旧诗的节奏是根据一种乐谱式的文字的排比作成的。新诗是为说的、读的，旧诗乃是为吟的、哼的……徐志摩曾想创了一种唱新诗的调子，因为他感觉旧诗的歌唱的声调实在好听，新诗读起来只是平凡的字音，但是他忘记了新的节奏根本不是歌唱的，而是说话的。[1]

显然，在叶公超这样认为新诗应当倾向于说话，并因此更具有某种思考的特质的评论家看来，徐志摩走的是新诗的一种歧途。徐志摩的这类新诗就像歌词一样，如果不是唱出来供耳朵听，而是放在眼前让我们通过眼睛来阅读，其缺点显然就会是内容上的浮泛清浅。进而言之，这类诗甚至难逃"为文造情"（即废名所批评的古诗词的"情生文文生情"）的嫌疑。朱自清在《中国新文学大系》的《诗集》导言中引用过陈西滢对徐志摩的评论："为爱情而咏爱情，不一定是实生活的

---

[1] 叶公超：《论新诗》，《叶公超批评文集》，珠海：珠海出版社，1998 年版，第 53 页。

表现，只是想象着自己保举自己作情人。"[1] 从这个角度看，这甚至就是诗人写作上"诚挚不诚挚"的问题了。一般而言，在古典诗歌写作的氛围中，人们可以只看他写得好不好（尤其是措辞上），而不去看他写得是不是真实。但新文学要求"文学"是严肃的事业，是作家灵魂的表现。因此，这一"指责"看似平常，其实却相当严重，即是说：不用相信他，他说的不是真的。

对徐志摩的写作，卞之琳曾有自己独特的解释：

> 徐志摩的诗创作，一般说来，最大的艺术特色，是富于音乐性（节奏感以至旋律感），又不同于音乐（歌）而基于活的语言，主要是口语（不一定靠土白）。它们既不是直接为了唱的（那还需要经过音乐家谱曲处理），也不是像旧诗一样为了哼的（所谓"吟"的，那也不等于有音乐修养的"徒唱"），也不是为了像演戏一样在舞台上吼的，而是为了用自然的说话调子来念的（比日常说话稍突出节奏的鲜明性）。这是像话剧、新体小说一样从西方"拿来"的文学形式，也是在内容拓展以外，新文学之所以为"新"，白话新诗之所以为"新"的基本特点。[2]

可以看出，在评论徐志摩诗的音乐性时，与叶公超有所不同，卞之琳大大降低了徐志摩诗歌的"吟唱"性质，并将徐志摩的整个写作放在现代白话诗的传统中（与叶公超说的带有"复古"倾向的"吟唱"不同）。尽管可以肯定卞之琳熟悉叶公超的相关评论，但并不清楚这是否就是卞之琳针对叶公超的批评为徐志摩所做的辩护。一方面，徐志摩的这一写作倾向确实构成了现代白话诗的一种路向，其有意义的地方，

---

[1] 朱自清：《〈中国新文学大系·诗集〉导言》，朱自清编选：《中国新文学大系·诗集》，上海：上海良友图书印刷公司，1935年版，第7页。

[2] 卞之琳：《〈徐志摩选集〉序》，《卞之琳文集》（中卷），合肥：安徽教育出版社，2002年版，第317页。

也正像戴望舒的《雨巷》一样，发挥了现代白话诗"吟唱"的调子的特点。卞之琳亦曾公允地指出，对像林语堂这样习惯于读中国旧诗（词、曲）以至西方诗，而自己不写诗的人来说，读到了徐志摩的新诗才感到白话新诗也真像诗，因此徐志摩的创作"为白话新体诗，在一般公众里，站住脚跟，做出了一份不小的贡献"。[1]另一方面，却又不能不对同样作为白话诗的徐志摩诗的这种音乐性，与卞之琳本人的诗中的音乐性进行区分。细究起来，这种区分有点类似于戴望舒以《雨巷》为界的前后期写作的不同。[2]无法否认的是，徐志摩那些流传很广的诗更偏向于叶公超讨论过的"唱"的语调，而非"说"的语调。

徐志摩本人曾对象征主义的诗的音乐性做出过这样的阐释："所以诗的真妙处不在他的字义里，却在他的不可捉摸的音节里。"[3]这段话是徐志摩谈到波德莱尔的诗艺时讲到的，这对象征主义追求的那种充满神秘主义色彩的音与义的谐和（甚至是音乐更具支配性）的诗学来说，自然是贴切的，但若用这种观念来分析徐志摩本人《雪花的快乐》《再别康桥》一类的诗，则显然会是一种对象征主义所做的浪漫主义误读。在他的这一类诗中，辞（外在的音乐性）更胜于义，体现的是"义"（所指）与"音"（能指）的不相称，即上面说的音的"丰盛"与义的"单薄"。

二、"叙事实"的诗

徐志摩恰恰死于一个诗人由青春期（尽管这个青春期对徐志摩的写作来说是 25 岁才出现的）到中年的过渡过程当中。他的诗的特质，

[1] 卞之琳：《〈徐志摩选集〉序》，《卞之琳文集》（中卷），合肥：安徽教育出版社，2002年版，第318页。

[2] 参阅陈太胜：《从"唱"到"说"——戴望舒的 1927 年及其诗学意义》，《天津社会科学》2007 年第 1 期。

[3] 徐志摩：《〈死尸〉译者导言》，韩石山编：《徐志摩全集》（第 7 卷），天津：天津人民出版社，2005 年版，第 229 页。

在他生命的最后几年中，出现了一些不为一般评论者关注的新东西。而我个人认为，评论徐志摩尤其应当重视这部分的诗。细细观之，徐志摩的诗集由《志摩的诗》（1925年）到《翡冷翠的一夜》（1927年）有种转变。后一诗集的第一首是与诗集名相同的诗，与经增删后的《志摩的诗》的第一首《雪花的快乐》恰成一种对照，或者恰好也体现了徐志摩本人对其写作的一种认识：开始重视"叙事实"的诗。他于1931年出版的《猛虎集》也延续了这种变化。当然，做出这种判断，并不是说徐志摩的写作完全由先前的"抒情绪"转向"叙事实"了，因为不可否认的是，他的歌唱性很强的诗，包括写于1928年的《我不知道风是在哪一个方向吹》和《再别康桥》两首诗都第一次出现在他的《猛虎集》中。这只是说，他开始在"抒情绪"之外，重视其写作中对别的东西的挖掘了。实际上，"叙事实"这种因素在他最早的《草上的露珠儿》（1921年）、《康桥再会吧》（1922年）这样的诗中就已存在（这首诗与《再别康桥》恰成有意思的对照），但现在，被当作另一重要的因素在其新出版的诗集中予以突出强调。

这里尤其要讨论一下写于1929年的诗《我等候你》。这首诗长达79行，不分节，以下为整首诗开端的一部分：

> 我等候你。
> 我望着户外的昏黄
> 如同望着将来，
> 我的心震盲了我的听。
> 你怎还不来？希望
> 在每一秒上允许开花。
> 我守候着你的步履，
> 你的笑语，你的脸，
> 你的柔软的发丝，

守候着你的一切；

希望在每一秒钟上

枯死——你在那里？

我要你，要得我心里生痛，

我要你的火焰似的笑，

要你的灵活的腰身，

你的发上眼角的飞星；

我陷落在迷醉的氛围中，

像一座岛，

在莽绿的海涛间，不自主的在浮沉……[1]

　　这首诗体现了徐志摩诗中与上面讨论的"抒情绪"的诗迥然有异的气质。它不分节，诗行长短参差不齐，甚至不刻意押韵。与他那些格律或半格律的强调外在音乐性的诗相比，这首诗则是彻底的自由诗。第一行只有短短的四个字，但节奏分明，行尾的句号干脆利落，但给人以分外期待的感觉。这首诗的前六行可谓精彩，情感被有节制地抒发，而不是直接地宣泄出来。将"户外的昏黄"比作"将来"，将"希望"比作"花"，含蓄而有力量，罕见地体现了诗人驾驭语言非凡的能力。除了类似于"我要你，要得我心里生痛，/我要你的火焰似的笑，/要你的灵活的腰身"这样的句子有徐志摩诗常见的"浅薄"外，所选的大部分诗行都堪称徐志摩最为出色的诗行的一部分。其结构形式更多的是"叙事实"，但抒情亦蕴含其中。像最后的三行将自己比作不能自主地在莽绿的海涛间浮沉的岛，是尤其巧妙的一笔。

　　写于 1930 年的《秋月》一诗，在我看来是徐志摩最好的诗之一。它在形式上与《我等候你》类似。下面是诗中间的一些诗行：

---

[1] 徐志摩：《我等候你》，韩石山编：《徐志摩全集》（第 4 卷），天津：天津人民出版社，2005 年版，第 363—364 页。

它展开在道路上，

它飘闪在水面上，

它沉浸在

水草盘结得如同忧愁般的

水底；

它睥睨在古城的雉堞上，

万千的城砖在它的清亮中

呼吸，

它抚摩着

错落在城厢外面的墓墟，

在宿鸟的断续的呼声里，

想见新旧的鬼，

也和我们似的相依偎的站着，

眼珠放着光，

咀嚼着彻骨的阴凉。[1]

这些诗行让我立刻想到了戴望舒的诗《我底记忆》。或许，徐志摩这首诗的写作，受到过戴望舒写于1927年发表于1929年的《我底记忆》的影响。试将它们与戴望舒的《我底记忆》中这样的诗行进行比较：

它生存在燃着的烟卷上，

它生存在绘着百合花的笔杆上，

它生存在破旧的粉盒上，

它生存在颓垣的木莓上，

它生存在喝了一半的酒瓶上，

---

[1] 徐志摩：《秋月》，韩石山编：《徐志摩全集》（第4卷），天津：天津人民出版社，2005年版，第378—379页。

在撕碎的往日的诗稿上，在压干的花片上，

在凄暗的灯上，在平静的水上，

在一切有灵魂没有灵魂的东西上，

它在到处生存着，像我在这世界一样。

与戴望舒所描写的记忆无处不在一样，徐志摩也竭力去描写这秋月是无处不在的。与戴望舒的诗中有大量散文化的"它生存在……上"句式相仿，徐志摩《秋月》一诗中也有大量相类似的"它展开（飘闪、沉浸）在……上"口语化的散文化句式。诗行也与《我底记忆》一样，自由随意，用韵随意，甚至诗行的长短也相当随意，像"水底"和"呼吸"这样的两个字也独立成行。当然，也正像我在分析戴望舒《我底记忆》中所提出过的那样，这并不能说是没有诗的音乐性，其实它所实行的是另一种更深层的音乐性。[1]

此外，像徐志摩失事不久前写的《火车擒住轨》这类形式整饰、押韵严谨的诗，却也应归入这类"叙事实"（或者说是与"抒情绪"相结合着）的诗。它是徐数量不多的真正的杰作之一。或者，这类诗也包括同样是失事不久前写的《献词》（又名《云游》）一诗。当然，并不是说这类有"叙事实"倾向的诗不抒情，而是说这类诗表面上的抒情性（尤其是对表面上的音乐性的依赖而言）相对弱一些，并因此具有更为深沉的带有沉思意味的抒情空间。

至少，从上面这些诗看来，徐志摩在其短暂的写作新诗的十年间，从来没有只写一种后来被众多评论家和一般读者注意的单一的抒情诗，而是一直在实践着多种可能性，尤其是在他生命的最后三四年间，他的这种实践其实已经达到了相当的高度。因此，我们完全没有理由怀疑徐志摩在写诗上的才能。即便是徐志摩本人，早在1926年就对"格律"

---

[1] 参阅陈太胜：《从"唱"到"说"——戴望舒的1927年及其诗学意义》，《天津社会科学》2007年第1期。

可怕的流弊有着很清醒的认识，他说：

> 明白了诗的生命是在他的内在的音节（internal rhythm）的道
> 理，我们才能领会到诗的真的趣味；不论思想怎样高尚，情绪怎
> 样热烈，你得拿来彻底的"音乐化"（那就是诗化）才可以取得诗
> 的认识，要不然思想自思想，情绪自情绪，却不能说是诗。但这
> 原则却并不在外形上制定某式不是诗某式才是诗，谁要是拘拘的
> 在行数字句间求字句的整齐，我说他是错了。[1]

显然，徐志摩在此反对将诗外形上字句的整齐看作内在的音节的
担保，明确地说，即是："正如字句的排列有恃于全诗的音节，音节的
本身还得起源于真纯的'诗感'。"[2]这不能不说是很有见地的看法。也
就是说，早在闻一多明确提出"格律诗"主张前一年，徐志摩就已经
对过分重视外形整齐的格律诗有了某种警醒。当然，徐志摩这种"明
确诗观"也确实只是部分地实现在他自己类似于《秋月》《我等候你》
这样的后期诗歌里。

三、翻译实践与哈代的影响

徐志摩写作上"抒情绪"与"叙事实"这两种倾向，除了别的因素，
确实也与他本人的翻译实践构成了某种同构关系。徐志摩对外国诗的
翻译，与其新诗写作几乎同时开始。从目前可见的资料看，1921 年的《草
上的露珠儿》是其第一首新诗作品，而其最早的白话译诗则是 1922 年

---

[1]　徐志摩：《〈诗刊〉放假》，韩石山编：《徐志摩全集》（第 3 卷），天津：天津人民出版社，2005 年版，
　　　第 86 页。

[2]　同上。

译自华兹华斯的《葛露水》[1]与被全集编者判定是 1922 年 8 月前但具体翻译日期不详的柯勒律治的《Love》[2]。事实上，徐志摩译诗并不始于是年。此前，他曾在翻译外国小说的过程中试用过"骚体"及七言古体等体式翻译德国作家富凯的小说《涡堤孩》中的唱词。[3]另据台湾版《徐志摩全集》所收的认为是 1922 前所译的《Inclusios》（白朗宁夫人原作）、《Atalanta's Race》（莫里斯·汤姆森原作）、《To Fanny Browne》（济慈原作）等译诗，都采用四言、五言或七言古体诗来翻译，而史温朋原作的《Early Bathing》采用的则是四言、五言、七言甚至字数更多的句式杂糅但全是文言体式的特殊体式来翻译。[4]此外，他还于 1924 年在一篇随笔中试用"散文诗"的体式翻译过济慈的《夜莺歌》。[5]也是在此前后，大概是在 1923—1924 年，徐也用散文诗的体式翻译过希腊诗人的《牧歌第二十一章》[6]、嘉本特的《海咏》[7]等。从上面的描述中，我们不难得出这样的结论：几乎是与徐志摩开始新诗写作的同时，他不再采用古体诗的格式来翻译外国诗。这样的结论也说明了徐志摩写作（至少是在体式上）与翻译的某种一致性。除了不多的试用过散文诗来

---

[1] 徐志摩译：《葛露水》，韩石山编：《徐志摩全集》（第 7 卷），天津：天津人民出版社，2005 年版，第 169 页。

[2] 徐志摩译：《Love》，韩石山编：《徐志摩全集》（第 7 卷），天津：天津人民出版社，2005 年版，第 178—182 页。

[3] 徐志摩译：《涡堤孩》，韩石山编：《徐志摩全集》（第 8 卷），天津：天津人民出版社，2005 年版，第 160，185—188 页。这本小说出版于 1923 年，所以译诗的时间肯定是在 1922 年前。

[4] 参见韩石山编：《徐志摩全集》（第 7 卷）译诗部分，天津：天津人民出版社，2005 年版。

[5] 见《济慈的夜莺歌》，原载《巴黎的鳞爪》，新月书店，1927 年版，见韩石山编：《徐志摩全集》（第 1 卷），天津：天津人民出版社，2005 年版，第 483—489 页；梁仁在编：《徐志摩诗全编》将其摘录出来作为独立的作品收入"译作"部分中。

[6] 徐志摩译：《牧歌第二十一章》，韩石山编：《徐志摩全集》（第 7 卷），天津：天津人民出版社，2005 年版，第 199—201 页。

[7] 徐志摩译：《海咏》，韩石山编：《徐志摩全集》（第 7 卷），天津：天津人民出版社，2005 年版，第 204—207 页。

翻译诗体的尝试外，徐志摩此后翻译外国诗时，采用的都是胡适在《关不住了！》一诗中所采用的白话体。只要将徐志摩的原创写作与译诗进行对照就会发现，在诗体上，它们确实具有很大程度的一致性。或者，这正好也可以证明这样的观点：诗人的译诗某种程度上即是他本人写作的一种延伸。

一般来说，认为对徐志摩写作的外国影响主要是浪漫主义的。卞之琳曾说徐志摩写诗通过自己的翻译受西方诗的影响，"诗思诗艺几乎没有越出过 19 世纪英国浪漫派雷池一步"。在阅读了他的译诗集后，卞之琳又说："徐志摩曾从一度受现代派影响返回到 19 世纪浪漫派诗风的转折。"[1]但从徐志摩的译诗来看，其对哈代的翻译占了相当重要的一部分，一共有 17 首之多，在其并不多的译诗中占有相当大的分量，并且多于任何一个浪漫主义诗人或浪漫主义诗人的诗作的全部。哈代译诗中的最早一首译于徐志摩开始译诗的 1923 年，最后一首译于 1928 年，几乎贯穿于其写作新诗的全过程。1928 年，在哈代去世以后，徐志摩还专门写过一首颇有哈代诗风的名为《哈代》的诗。除了其他方面的特点，与浪漫主义更倾向于"抒情绪"相比，哈代更倾向于"叙事实"。这或者也对徐志摩的写作形成了重要的影响，尤其影响他后期那些倾向于"叙事实"的诗风。也许在两者之间很难找到对应性，但这肯定可以部分地解释徐志摩那种"抒情绪"与"叙事实"相杂糅的诗风的成因。

四、结语

大概地讲，"抒情绪"与"叙事实"这两类诗，代表着徐志摩诗中两种不同的声音，即两种不同的音乐性："吟唱的"和"说话的"。这颇

---

[1] 卞之琳:《〈徐志摩译诗集〉序》,《卞之琳文集》(中卷), 合肥: 安徽教育出版社, 2002 年版, 第 325 页。

类似于戴望舒诗中以《雨巷》和《我底记忆》为代表的两种不同的音乐性。一般公众出于古诗词的阅读惯习，只认徐志摩诗中吟唱性较强的诗（像《再别康桥》《我不知道风往哪个方向吹》）是好诗，是新诗中的好诗，殊不知这是对新诗本身的现代特质极大的误解，同时也是对徐志摩诗中另一类"说话的"或许更应受重视的诗的莫大忽视。甚至可以说，正是"抒情绪"与"叙事实"两类诗歌的共同存在，才更充分地证明了徐志摩诗艺的丰富与高超。就徐志摩最好的一些诗来看，像《火车擒住轨》《献词》，乃至于《再别康桥》，其实都是将"抒情绪"与"叙事实"很好地结合在一起的。

卞之琳曾很有见地地认为："徐后期，随了思想感情的日益消极、消沉，写诗技巧日益圆熟。"[1]在另一篇文章中，他还说："若天假以年，在现实里经过几个更大的'波折'，大难不死，可以期望有一个新的开端。"[2]对识见精深且持论公允的卞之琳来说，这样的话不是一般的客套，确是某种不为一般人认识到的真知灼见。

---

[1] 卞之琳:《〈徐志摩选集〉序》,《卞之琳文集》(中卷)，合肥：安徽教育出版社，2002 年版，第320 页。

[2] 卞之琳:《徐志摩诗重读志感》,《卞之琳文集》(中卷)，合肥：安徽教育出版社，2002 年版，第309 页。

"权""力"之辩的文化主体性问题

——朱自清文学鉴赏思想的历史缘起[1]

罗　成[2]

[摘　要] 1921 年至 1922 年间，朱自清发表了《民众文学谈》与《民众文学的讨论》。这两篇文章作为朱自清文学思想的起点，对于理解朱自清的人生史与思考史具有本源性意义。朱自清在现代中国文学思想史上第一次提出了"鉴赏权"与"鉴赏力"的命题，这一思考超越了新文化运动中"为人生"与"为艺术"的二元对立式文化假设，同时包容"人生"与"文学"的方式，深刻触及了理想文化秩序的构想与民众文化主体性的自觉等问题。

[关键词] 鉴赏权　鉴赏力　民众文学　文化主体性　朱自清

朱自清，这个名字在普通国人的心目中，往往是与《背影》《荷塘

---

[1] 本文系教育部人文社科基地重大项目"中国文学艺术思想通史·现代卷"（项目号：13JJD750003）子课题的中期成果。

[2] 罗成，文学博士，中山大学中文系讲师。

月色》等现代散文名篇联系在一起的。其文章风格韵味温和醇正，字句安排精深考究，深远地影响了现代中国人对于白话散文的理解。就文学成就而言，朱自清的确如他自己晚年所倡导的标准而达到了"雅俗共赏"的境界。但殊不知，朱自清给予现代中国文化的贡献实际上远远不止于文学创作。有人曾将朱自清一生的价值归结为"作家、学者、斗士"，[1] 评价大体上固然不错，但问题在于这种评价过于简单地将朱自清与闻一多的人生作了等同。[2] 通常，人们惯于将共事多年的两位文学家——最终拍案而起的闻一多与至死不领救济的朱自清——视为"进步"知识分子的典型代表，这种理解自有它的历史合理性。但需注意，这种理解主要是处在 1946 年至 1948 年的特定历史语境做出的判断。如果我们将问题视野扩展到具体个体自身的人生史与思考史，就不难发现，尽管具体个体的历史命运在很大程度上的确呈现出了某种"同归"的大致趋势，但是隐匿于个体历史终点之前那漫长的"殊途"才是更值得研究者深思的真正对象。只有当我们从"殊途"去把握和观察"同归"，或许才能更深刻地认识到，那些在历史脉络与社会结构的困境中不断挣扎、绽放出来的个体生命以及他们思想努力的现实性、丰富性与完整性。就此而言，作为历史个体的朱自清，其人生史与思考史的价值仍然是一个值得人们重新出发去讨论的问题。

本文选择的研究对象是朱自清在人生史与思考史的最初阶段便已然浮现的鉴赏问题，通过考察这一问题在朱自清个体历史实践中的形成过程，剖析鉴赏问题在新文化运动这一特定历史社会结构中的思想意涵。或许，"返本"才能"归真"。考察朱自清的人生史与思考史，首先需要搁置其遗留后世的巨大声名影响，如思想史家沟口雄三所告

---

[1] 柏生：《作家、学者、斗士——回忆朱自清先生》，郭良夫编：《完美的人格》，北京：生活·读书·新知三联书店，1987 年版。

[2] 实际上，"诗人、学者、斗士"这一评价，更早是由吴晗用来指称闻一多的。见吴晗：《哭亡友闻一多先生》，《吴晗文集》（第 3 卷），北京：北京出版社，1988 年版，第 265 页。

诚的那样，我们需要做的"不是从作为历史结果的现象出发去看历史，而是从现象所产生的动因的角度去把握历史"。[1] 如果借用这一方法论视野来展开考察，那么，朱自清的人生种种，如文学声名显著的散文创作，政治声名显著的气节行动，乃至被传统研究轻易带过的早期思考，就都不能被固化为那种"为文学而文学""为政治而政治""为鉴赏而鉴赏"的理解。在他的文学—政治—思想世界当中，各因素间一定有着某种关联意义，在笔者看来，鉴赏问题正是这一关联意义的核心表征。因此，只有将朱自清的人生史和思考史置于其整体人生的历史脉络中才能获得最大限度的意义敞开，现在迫切需要的就是让朱自清的人生和思考如其所是地发出属于自己的声音。

一

1921 年 10 月 10 日，上海《时事新报》附刊的"文学研究会"会刊《文学旬刊》发表了署名为"柏香"的《民众文学谈》一文。作者"柏香"，便是在新文学舞台上崭露头角不久的朱自清。是年，朱自清 24 岁，正辗转任教于杭州、扬州、上海等地中学。同年 4 月他刚刚加入文学研究会，决意投身于"为人生而艺术"的文学潮流。此前，他的文学活动主要是新诗创作和翻译外国作品。朱自清有独立文学见解的思考撰述，从时间上来看，《民众文学谈》当属首篇。同年 11 月，《文学旬刊》刊发俞平伯的《与佩弦讨论"民众文学"》。次年 1 月，朱自清为了回应俞平伯又发表了《民众文学的讨论》一文。同时，《文学旬刊》第二十六、第二十九期集中刊文，郑振铎、叶圣陶、许昂诺以及诸多读者围绕"民众文学"展开了大量讨论。

1921 年年末到 1922 年年初的这场讨论，在朱自清的人生史与思

---

[1]［日］沟口雄三：《中国的冲击》，北京：生活·读书·新知三联书店，2011 年版，第 72 页。

考史中具有特殊的思想意义。众所周知，在短暂的一生中，朱自清既是新文学创作中重要的诗人与散文家，又是现代文学批评与新文学史的开创者，后来还曾多年担任清华大学中文系主任。身兼作家、学者与教育者多重身份的朱自清，其一生的文学关怀与价值抉择，其实可以归结为一个根本性的问题：文学如何"为人生"？隐藏在他那温醇平和文字背后的，是忧思现代中国人生的文化关怀。在朱自清的思考史中，"为人生而艺术"的初衷经受了社会历史结构加之于现实人生的不断淬炼，最终在其思考史的演化中成就了"为人生""为现代""为中国"的诸般思考。传统研究比较关注的是朱自清20世纪40年代后向"人民的立场"或"雅俗共赏"的"转变"，且多将这种变化归结为他受到西方人道主义甚至民粹主义的影响，从而忽视了朱自清自身人生史与思考史的内在脉络，割裂了朱自清的文学—政治世界之间的复杂连带性，将其文学观仅视为政治观的简单诠释，而遗漏了自始至终就作为其文学观念构成关键的文化主体性意识。其实这种文化主体性意识本身才是其深刻的政治意识所在，它涉及的并非狭隘的党派立场，而是对现代中国人在一个现代启蒙和民族危亡的时代，如何妥帖安排自我身心状态的文化政治问题。由此而言，朱自清核心思想关切的起点，正源于最早的《民众文学谈》和《民众文学的讨论》这两篇文章。

1921年3月，商务印书馆出版了耿济之翻译的托尔斯泰的《艺术论》，朱自清便是在阅读该书后写下了《民众文学谈》。从当时来看，直接触动他的，的确是托尔斯泰所代表的人道主义言论："其实我们的艺术……却只是人类一部分极少数的艺术。""在基督教社会里也不过百分之一的人能享受我们所称的'全'艺术，其余百分之九十九的欧洲人，还是一代一代生生死死，做极劳苦的工作，永没有享受着艺术的滋味——就是间或能享受着，也决不会恍然'了解'。"[1]其时，浸染于"人

---

[1] 朱自清:《民众文学谈》,《朱自清全集》(第4卷)，南京:江苏教育出版社,1996年版，第24页。

的文学""平民文学"思潮的朱自清，对这样的同情和呼吁，自然深有所感，表示"这番精神，我们自然五体投地地佩服"。但同时，他并没有失掉自己的判断，认为托尔斯泰的见解"却便很有可商量的地方"。[1]

到底要"商量"什么呢？在肯定了西方人道主义对民众关怀的同时，朱自清提出了一个有意思的问题：究竟什么是"民众文学"？朱自清认为，可以有"民众化的文学"和"为民众的文学"两种解释。"民众化的文学"，是"以民众底生活理想为中心，用了谁都能懂得的方法表现。凡称文学，都该如此；民众化外，便无文学了"。"为民众的文学"，则是"不必将文学全部民众化了，只须在原有文学外，按照民众底需要再行添置一种便好"。[2]看上去，朱自清仿佛试图为"民众"与"文学"的关系寻找一个更恰切的定位：究竟"民众"高于"文学"，还是"文学"高于"民众"？"民众化"倾向于前者，"为民众"则倾向于后者。但实际上，朱自清界定讨论"民众文学"所真正指向的却是文化主体性的构成问题。朱自清指出，托尔斯泰和罗曼·罗兰强调"人类底享受""万人之快乐"，固然是对"少数久主文坛底反动"，但同时却也"蔑视了他们的进步的要求"。朱自清那一贯"近乎少年老成"而又"和平中正的性格"，[3]使他超越了简单的人道主义式立场表态，而试图在人道与反人道两种姿态性观点之外找到某种新的理解方式：

> 公平说来，从前文学摒弃多数，固然是恶；现在主张蔑视少数，遏抑少数底鉴赏力的文学，怕也没有充分的理由罢！因为除掉数目底势力以外，排斥多数底鉴赏权，正和遏抑少数底鉴赏力一样是偏废。况且文学一面为人生，一面也有自己的价值；它总得求进步。[4]

---

[1] 朱自清：《民众文学谈》，《朱自清全集》（第4卷），南京：江苏教育出版社，1996年版，第25页。
[2] 同上。
[3] 孙伏园：《悼佩弦》，《大公报》副刊《大公园地》第305期，1948年8月31日。
[4] 朱自清：《民众文学谈》，《朱自清全集》第4卷，南京：江苏教育出版社，1996年版，第25—26页。

从对"民众文学"的臧否过渡到"鉴赏"中对"多数"与"少数"的辨析，这意味着主体性问题才是他所关心和焦虑的重心。对于理解朱自清毕生的文学关怀与价值抉择，这段话显得尤为重要。在现代中国文学思想史中，朱自清第一次明确提出了有关"鉴赏力"与"鉴赏权"的问题。在"人的文学""平民文学""民众文学"成为主潮的时代，朱自清却对"文学"与"民众"内含的张力有着敏锐的感触，这种微妙的距离感呈现的正是真正的理性态度。

二

朱自清认为，"鉴赏力"是"少数""特殊""非常之才"和"先驱者"的，而"鉴赏权"则是"多数"、普通、芸芸大众的。无疑，前者是文学要求进步的动力，而后者则代表了文学要求公平的权利，两个方面共同构成了朱自清式的"为人生"文学观，它并不同于当时受西方人道主义思潮影响且以代言平等为特征的"为人生"文学观。如果我们需要将这种富于张力感的"为人生"文学观置入当时的社会历史结构中去考察，那么便不难理解：朱自清的文学思考看似因西方人道主义思潮而兴发，实际上却获得了来自社会历史结构内在经验的有力支撑。实际上，朱自清也并未流于简单的人道主义表态宣传，而是以更具体而丰富的理性方式展开了对文学与人生的复杂思考。

的确，以孔德、罗素、易卜生、托尔斯泰等为代表的西方近代文化思潮曾广泛影响了"五四"一代的中国知识分子，陈独秀、周作人等人道主义文学论者强调要以多数抗议少数，以"国民文学"抗议"贵族文学"，以"人的文学"抗议"非人的文学"，从而形成了"五四"时期文学观念的主潮。但是，学者舒衡哲（ Vera Schwarcz ）曾注意到，"五四"时期的知识分子实际上可以分为以《新潮》为代表的学生世代与以《新青年》为代表的教师世代，两代人虽然共同致力于文化批判与文化更新，但还是有着微妙的差异："师辈毕生追求在一代人之内推翻传统，而学生们则知道自己处于破坏者和建设者的二者统一的位置上。"[1]历史经验更深刻的复杂性在于，"学生们"内部也存有差异，"五四"时期北京大学的核心学生社团是1918年冬成立的国民社与1919年成立的新潮社，两个社团在宗旨上有着"救亡"与"启蒙"的倾向区别。直到1919年3月，二者才逐渐达成共识，共同促成了平民教育讲演团的成立。[2]

恰逢其时，时为北京大学学生的朱自清于1919年年底加入了平民教育讲演团，同时还参加过北京大学校役夜班的教学工作，直至毕业前曾多次参与讲演团在北京及周边地区的讲演活动。之后他于1920年3月加入了新潮社，参与过《新潮》的刊物编辑与学术讨论。[3]也就是说，在参加文学研究会之前，朱自清早已浸染过《新潮》的思想，也身体力行过面向平民的教育。因此，只有注意到朱自清的人生史在如此复杂交织的历史脉络中的展开，对于朱自清将鉴赏问题作为民众文学之核心问题的理解，才有可能面向历史意识而得以敞开。

显然，朱自清并非那种一意推翻传统而陈义甚高的颠覆型知识分子。因为推翻旧文化传统，也许并不意味着一定能够建立新文化秩序。而就算建立了新文化秩序，这种秩序一定能保证它不会造成新的文化压迫吗？相比之下，《新青年》着力批判旧文化的弊端，《新潮》则更关注如何阐明西方的新概念，而平民教育讲演团却将更多心力付诸知识分子与平民的交往实践。早在新文化运动的高潮时代，朱自清的人生实践已然深度地介入了这种新与旧、中与西、精英与平民相互交叠的思想历史实践结构之中。当老师们肩负起黑暗闸门之时，作为学生辈的朱自清并没有直接将反抗黑暗等同于光明未来，而是基于切身体

---

[1]［美］舒衡哲:《中国启蒙运动》，北京：新星出版社，2007年版，第84页。

[2] 同上书，第101—103页。

[3] 姜建，吴为公:《朱自清年谱》，合肥：安徽教育出版社，1996年版，第14—19页。

验（平民讲演、校役夜班）去直面更为根本的问题：何为理想的文化秩序？何为理想的文化主体性？文学究竟该如何现实而非概念、具体而非抽象地"为人生"？

朱自清鲜明提出了"文学一面为人生，一面也有自己的价值"。显然，这个论述为文学的价值做出了某种复杂区分：它既有现实的价值，也有理想的价值；既有他律的价值，也有自律的价值。显然，为人生的文学，不仅要解决文化压迫，而且还要推动文化进步。前者是解决"多数"文化主体的解放问题，后者认为还得重视"少数"文化主体的积极作用。"为人生"的最终目的不是"为平等而平等"，而是为求得一个合理公正秩序的文化世界。"为人生"并不必然与"为文学"相矛盾，"为人生"的完整内涵应该是"一面为人生，一面也有自己"。

反观新文化运动不难看到，受西方人道主义思潮影响，新文化运动十分倾向于关注文化压迫问题，号召"为人生而艺术"并成为文化思想界的主旋律，这种"为人生"的实质就是为多数大众争得"鉴赏权"这种文化公平的权利，这的确是一种历史进步。作为北京大学平民教育活动的积极参与者，朱自清对于主流"为人生"价值标准的肯定毫无疑义。但是，文学毕竟还有自身"为文学"的艺术追求，比如同时代的创造社就打出了"为艺术而艺术"的唯美主义旗帜。而这种艺术追求更多时候的确是展现在"少数"身上，如朱自清所说："文学底长足的进步是必要托付给那少数有特殊鉴赏力的非常之才的了。他们是文学底先驱者。先驱者的见解永不会与民众调和；他们始终得领着。"[1]那么，与之相对应的主体性诉求就呈现为"鉴赏力"。作为受《新青年》《新潮》感召成长的时代新人，朱自清自然也能理解"为文学"确有超乎常人世界的进步价值。

表面上看，朱自清仿佛是在调和文学研究会与创造社的两种时代

---

[1] 朱自清：《民众文学谈》，《朱自清全集》（第4卷），南京：江苏教育出版社，1996年版，第26页。

典型态度。实际上，朱自清的问题意识却完全超出了"人生／艺术"这一典型的新文化运动二元对立思维结构。因为，从文化主体性角度来理解，"为人生而艺术"与"为艺术而艺术"，实质上都是强调精英主体性的：前者强调的是精英面向大众的艺术导向，后者强调的是精英张扬自身的艺术导向。至于大众，要么只是被教育和批评的对象，要么就是被遗忘和忽略的他者。文学，无论是"为人生"还是"为艺术"，归根结底均只是精英确认自身"少数"文化主体性和文化领导权的方式。至于属于大众自身的文化主体性，在"为人生而艺术"和"为艺术而艺术"的理论想象构架中却没有为之预留一个应有的位置。朱自清的思考，首要便是对这种二元对立思维的一个突破，他试图以更契合文学人生的现实态度去把握两者的关系。

三

此外，在"五四"时期，强调"鉴赏权"有着不言而喻的正确性，但朱自清也确实同时强调了少数非常之才的"鉴赏力"，这是不是在同新文化运动的人道主义唱反调呢？比如，俞平伯就对朱自清提出了批评："他以为文学底鹄的，以享受趣味，是以美为文学批评的标准，所以很想保存多方面的风格，大有对于贵族底衰颓，有感慨不能自己的样子。"[1]在俞平伯的眼中，似乎朱自清强调少数非常之才就等于企图唤醒贵族旧文化。但朱自清真正要做的，其实是避免抽象地使用人道主义、贵族、平民等概念，而从文学与人生的实践结构中去理解问题的根本性：什么是真实历史脉络中的文化不公？如何才能彻底打破这种文化不公？人道主义的动情呐喊固然值得佩服，但是如何才能以更为契合历史文化肌理的方式来真正完成文化公正秩序的现实构建？

---

[1] 俞平伯：《与佩弦讨论"民众文学"》，《文学研究会资料》（上），郑州：河南人民出版社，1985年版，第211页。

朱自清采取的方式是，切割"多数/少数""贵族/平民"的抽象等价理解与二元对立思维，展开对有关文化进步的深度而纠缠的理解：一方面，要为民众争取鉴赏权，这是"为人生"的要求。如朱自清所说："多数底鉴赏权被摒弃，倒真是眼前迫不可掩的情形！文坛上由少数人独霸，多数已被叠压在坛下面；这样成了偏畸的局势。"[1]因此，在"权衡于轻重缓急"之后，需要"为民众文学鼓吹"，进而"更要亲自'到民间去'"。唯其如此，民众才会觉醒，鉴赏权才能恢复。另一方面，也不能抹杀鉴赏力，这是"为文学"的要求。如朱自清所说："'文学'底情调比较错综些、隐微些，艺术也比较繁复些、致密些、深奥些便了。"[2]所以，为了文学自身的进步着想，不能不容许"多少异质的少数底文学"，唯其如此，文学才能进步。在此，"为人生"与"为文学"不是简单的对立关系，而是内在地被包容在了一个更大的"为人生"的思考框架之中。亦即，不再是仅仅把"为人生"与"为民众"做简单等同的理解，"为民众"不再是简单关怀同情作为文化客体的民众，而应视为最终将民众经由"少数"的引导、推动而成为文化的主体。这就赋予了"为人生"整体人生秩序乃至文化秩序的意义。正因为如此，"为人生"不只是要解决少数压迫多数、贵族压迫平民这类问题，它要解决的更重要的问题是：实现社会平等后的社会民众如何才能实质性地拥有文化？如何才能建立正当合理并且始终进步的文化秩序？

传统上的"为人生"与"为文学"，实质上代表了两种类型的社会进步，前者是历史的进步，后者是艺术的进步。历史的进步，要求对文化的平等权利的肯定与认可，艺术的进步，要求的则是文化的高低秩序的调理。因此，"鉴赏力"与"鉴赏权"深刻地触及了现代社会中文化平等与文化进步的相互缠绕关系。诉诸平等还是分判高下，二者看似矛盾，实质上却有一个复杂的内在层次感需要人们加以细心把握。

---

[1] 朱自清：《民众文学的讨论》，《朱自清全集》（第4卷），南京：江苏教育出版社，1996年版，第36页。

[2] 同上书，第27页。

英国学者雷蒙德·威廉斯（Raymond Williams）曾指出：

> 现代社会中，从理论上强调平等的做法，总体来说是一种对抗反应；与其说这是一个积极的目标，还不如说这是对不平等的抨击，而后者所对应的是对平等主义观念的强调。唯一重要或者说唯一可见的平等，是生命存在的平等。人类各个方面的不平等是不可避免的，甚至是值得欢迎的好事；因为这是任何丰富和复杂的生活的根本所在。只有在否定了生命存在的根本平等时，不平等才是邪恶的。这样的不平等无论是何种形式，实际上都在排斥其他人类，把其他人类、把其他人非人格化，贬低其他人的人格。[1]

借此而言，鉴赏权的平等诉求，实际上是对人类生命存在的一视同仁，而鉴赏力的高低秩序，则是考虑到人类在各种能力方面的自然差异，两者均有其正当性。实际上，这种差异的现实也是其他新文学作者们所无法否认的。在关于民众文学的讨论中，郑振铎看到了"一般民众，现在仍未摆脱旧思想的支配"；许昂诺指出"共和的国家以民众为本位，而民众思想的基础，乃建筑在诲淫，诲盗，佞鬼神，养成奴隶性的小说曲本上面"；叶圣陶看到了民众"因为无聊，或者欲期消遣，常常拿了一本石印细字的小册子在那里阅览"；俞平伯也"相信一般人底不了解新的作品"。[2]

显然，强调民众鉴赏权的正当性，不一定必然带来民众鉴赏力的提高。但是，对于如何解决这种基于文化内在秩序的矛盾性，"五四"时代新文化运动中的人物们或是采取单纯批判民间旧文化的做法，或是采取为民众另作一种"民众文学"的设想，又或是主观愿想未来能

---

[1]［英］雷蒙德·威廉斯:《文化与社会》，长春：吉林出版集团有限责任公司，2011年版，第330页。

[2] 郑振铎、许昂诺、叶圣陶、俞平伯:《民众文学的讨论》，《文学研究会资料》（上），郑州：河南人民出版社，1985年版，第211，220，222，235页。

够使所有的文学都得以民众化。这也就是属于"五四"时代特有的启蒙批判、民众化的文学、为民众的文学三种典型态度。要注意的是，三者的实质却是相通的，它们最终是着力于打倒士大夫的旧有高位文化和批判民间文化的旧有低位文化，最终树立起基于西方启蒙主义的批判知识分子文化主体性的新高位文化。其问题在于，陈义甚高的同时却是以遗忘或漠视底层民众可能应有的文化主体性为代价的。因此，"平民文学""人的文学""民众文学"最终的历史效果，却是造成了"五四"新文化运动无可避免地脱离了中国文化自身的历史脉络与社会结构，无法从普通人的身心状态、精神意志、伦理行为上去真正感奋、改变与重塑新型主体性。因为，在单一展开人道主义"权利"呼吁的同时，文化的"力量"仍然只是存在于精英文化主体性中，"民众""平民"与"人"仍只是相对"我们"的他者。

四

虽然，1921年的朱自清也无法完全摆脱在三种态度中做出某些选择，但可贵之处在于，他明确提出了争取鉴赏权与重视鉴赏力的并重。这个命题所开启的，正是朱自清毕生对于民众文化主体性的结构性把握和历史性关怀。朱自清明确地说："现在要企图民众底觉醒，要培养他们的情感，灌输他们的知识，还得从这里下手才是正办。不先洗了心，怎样革面呢？这实是一件大事业。"[1]显然，从一开始，民众的主体性自觉就是在朱自清脑中盘旋的"大事业"。具体来看，这个"大事业"又实际关涉着三个重要问题：

第一，"民众"究竟是谁？朱自清说："我们所谓民众，大约有这三类：一，乡间的农夫、农妇……二，城市里的工人、店伙、佣仆、妇

---

[1] 朱自清：《民众文学谈》，《朱自清全集》（第4卷），南京：江苏教育出版社，1996年版，第28页。

女以及兵士等……三，高等小学高年级学生和中等学校学生、商店或公司底办事人、其他各机关底低级办事人、半通的文人和妇女。"他认为，"每类人的知与情底深广之度大致相同"，并相信"在知与情未甚发达的人们里，个性底参差总少些"，"惟其这样，民众文学才有普遍的趣味和效力"。[1]可见，民众并非一类独特的人，而就是你我周围的普通人，虽然"知与情未甚发达"，但是也有着"大致相同"的普遍情知。所以，民众的鉴赏权值得而且应该为之争取。朱自清的努力在于，不是把"民众"抽象化、概念化，而是实际地做出了一定程度的细致区分，这种区分不难使人们联想到后来毛泽东在1942年的延安文艺座谈会上所提及"我们的文艺是为什么人"的问题。两者的相关性，并非表面上的工农兵和小资产阶级的对象分类，而是在根本意识上，两者均把握到了"为什么人"这个文化主体性需要加以塑造的问题。

第二，如何为民众争取鉴赏权？鉴赏权首先是鉴赏的权利，而鉴赏并不是无标准的。比如，阅读"石印细字的小册子"和"养成奴隶性的小说曲本"，显然不能算鉴赏。鉴赏一定要着眼于"觉醒""情感"与"知识"，也一定是以对旧文化的"洗心革面"为基础的。因此，要争取这种真正属于鉴赏的权利，就必然连带地需要提升民众鉴赏的能力。因此，争取鉴赏权与提升鉴赏力，就具有了内在连带性。这样，朱自清就在思考上与西方人道主义思潮的抽象概念式呼吁拉开了距离，也与"五四"时代对人道主义脱离主体性的想象保持了距离，而从鉴赏权和鉴赏力的角度开启了对于文化主体性复杂内在理解的可能。进而，如果把这一点思考放在一个"长时段"的现代中国历史脉络中来考察，也不难发现它与后来毛泽东在延安文艺座谈会上所提到的"如何去服务"的问题，亦即与"普及／提高"问题具有内在的思想史关联性。

在肯认了鉴赏权的正当性，又确定了鉴赏力与鉴赏权的连带性后，

---

[1] 朱自清：《民众文学的讨论》，《朱自清全集》（第4卷），南京：江苏教育出版社，1996年版，第37—38页。

第三个重要问题是：如何提升民众的鉴赏力？朱自清认为要注意两个层面：首先，要搜辑和创作歌谣、故事，为的是了解和凭借民众的需要和趣味；其次，更重要的是，"民众文学底第一要件还在使民众感受趣味"。[1]趣味问题进入朱自清的视野，主要在于它有着"潜移默化"的作用。他认为，民众文学要以"纯正、博大的趣味"替代"不洁的、偏狭的趣味"，民众的觉醒，重要的不是片面说理的"教导"，而应是"用感情的调子"来"启发"。无疑，在"灌输知识"与"培养情感"之间，朱自清更看重后者。鉴赏的重要性，恰恰在于它直接勾连着民众的趣味以及情感世界，乃至与之紧密相关的文化主体性。朱自清指出，"板着脸教导"不如"感情潜滋暗长"，这就是对民众的文化主体性更具现实态度的理解。朱自清看到，"使他们感受趣味"并不等于"逢迎他们的心理"和"仅仅使他们喜悦"。显然，"趣味"关联着的是一种真正的文化主体性的自觉能力。在朱自清看来，只要获得正当的趣味，"民众自然能够自己向着正当的方向思想和行动"。[2]

实际上，朱自清的思考最终触及了文化自觉和主体自觉的意义层面，这也正是包蕴在其文学思考最深处的人文关怀的呈现。1920 年，朱自清就曾在发表于浙江省立第一师范学校《十日刊》上的《自治底意义》一文中有过关于"自觉"主体性的思考：

> 各个人乃至各人群都各有他们自己的生活，他们自己的生活只有他们自己最能懂得；"治"也只能由他们自己去治——别人代治，就是抱着一片好心，也苦得搔不着痒处，不是太过，便是不及。让各个人，各社会自己向圆满的生活努力，便是自治……但"自治"底"自"字不可太看重了……要晓得"人是社交的动物"，无论哪个"自己"，都是在"人"里生活着的。

[1] 朱自清：《民众文学的讨论》，《朱自清全集》(第4卷)，南京：江苏教育出版社，1996年版，第43页。
[2] 同上。

......

　　自己固然要顾，不过不要忘却比自己更大的还有"人"，要顾"人"底自己，别顾"自己"底自己；所以越能"兼善"，才越能"独善"，否则所谓"善"的也就很浅薄了！[1]

　　朱自清强调，自治不是代治，自治一定是基于真正的自我努力与自我觉醒。同时，自治也不是自封或者自私，而一定是兼顾人我关系的生活。需要注意的是，朱自清对于主体性自觉问题的此番理解，并非基于西方的人道主义或者民粹主义，而是基于对传统中国观念脉络中"独善"与"兼善"之辩的自觉承继与转化。他将传统思想中"穷则独善其身，达则兼济天下"这种人生处境的二元对立模式转化成了一种对于人生根本处境的现代理解。在朱自清看来，"自治"，就是既自觉意识到社会的生活，更自觉朝向"人生底向上或品格的增进"。正是基于这种对于人生的根本性理解，文学如何"为人生"，才需注意到既要为普遍的普通人生争取公正平等的权利，同时也要提升文学引领人生、改造人生的艺术能力。鉴赏，也就此成了勾连"人生"状况与"独善""兼善"目标的文化性实践方式。同时，鉴赏的核心又在于趣味，因此唯有通过趣味的引导才能真正实现文化主体性的自觉，民众才能真正觉醒，文学鉴赏权才能真正恢复。这样，鉴赏权与鉴赏力，最终在趣味问题的浮现之中，获得了完整的理解。

　　无疑，1921 年至 1922 年间，鉴赏的发现及其连带而来的对于文化主体性的深度关切的开启，为朱自清的人生史与思考史奠定了关键性的航标，也为我们对现代中国文学思想的把脉提供了一种新的理解可能性。

---

[1] 朱自清:《自治底意义》,《朱自清全集》(第 4 卷),南京:江苏教育出版社,1996 年版,第 2—3 页。

文本内外：《背影》的症候分析

——兼及文本解读中作者传记资料运用的正当性问题

黄　键[1]

[摘　要]《背影》是一个透露作者心理症候的文本。如果改变作品所提供的以儿子为视角的读者位置，而从父亲的角度来观看，就会发现，父亲的种种表现乃是出于经历变故之后对家人亲情慰藉的渴求。正是由于看到父亲衰老的背影，从而发现了父亲实际上的弱势，儿子的情感才从抗拒抵触转变而为感动与愧疚，于是"背影"就成为承载朱自清对于弱势父亲的愧悔的符号。多年以后，在导致父子两年不相见的那场冲突中，正是父亲的强势与控制欲将朱自清越推越远，但是，当父亲写信来示弱与和解时，朱自清又一次产生了歉疚忏悔的心态，正是在这种心态中，父亲的背影又一次在记忆中浮现。而《背影》问世后被奉为经典则曲折地透露了现代中国人的集体心理症候，可以说，对于"背影"的念念不忘，所流露的正是"五四"以后现代中国人的一种文化

---

[1]　黄键，福建师范大学文学院副教授。

无意识，那个蹒跚老态的渐渐远去的父亲的背影，隐秘地提示着每一个现代中国人心中对于父辈乃至对于传统伦理文化欠下的那笔感情债。

[**关键词**]《背影》心理症候 愧疚 弱势心理 集体心理症候

可能很少有哪一篇散文会像朱自清的《背影》这样持久深入地触动现代中国人的情感与心灵。这种触动不仅表现在这篇文章于 1925 年问世之后就一直被奉为经典杰作，更直观的指标是，从 1930 年赵景深先生将它选入中学国文课本之后，这篇短文就一直在中学国文或语文课本中占据着稳固的一席之地（除去 1951 年至 1978 年期间）。而 2003 年以来，媒体上关于某些机构或个人欲将此文剔出中学语文教科书的报道屡屡引发社会舆论的激烈反应，更足以证明这篇仅仅 1500 字左右的短文在中国人的情感世界中有着怎样的重要意义。

然而，这种重视与热爱并不意味着我们真正读懂了这篇作品，甚至对于自己在这种热爱的底下，究竟潜藏着怎样更为微妙的"情结"，我们也未必敢说有多么清楚的自我省察。

一、解读父爱：文本的内部逻辑与外部逻辑

《背影》显然是一个隐秘地透露着作者心理症候的文本。事实上，文章第一句话就暗含玄机。作者写道："我与父亲不相见已二年余了，我最不能忘记的是他的背影。"粗看起来，这句开门见山的话似乎是在诉说作者长时间未见父亲，非常想念，因此时常想起父亲的背影。但细想却不禁令人疑惑——既然思父之情如此强烈，为何两年多的时间里不回家看看呢？虽然可用"人在江湖身不由己"来辩解，但是朱自清从 1920 年秋大学毕业后到杭州浙江省立第一师范学校任教起，一直

从事教师职业，每年有三个月假期。事实上，从1917年赴北京读书开始，无论是当学生还是当教师，他每年暑假必定回扬州父母家中度夏，一直到1923年暑假，文中所谓"与父亲不相见已二年余了"即是从这一年暑假之后开始算的。两年多的时间里，寒暑假加起来有六个月之多，居然没有抽出一点时间回家探望如此令他念念不忘的父亲——实际上，朱自清并不是没有时间与机会回家看望父亲。根据姜建、吴为公编的《朱自清年谱》记载，1924年7月2日至8日，朱自清在南京参加中华教育改进社的活动，并参加少年中国学会第五届年会，离扬州已经非常近了，但始终没有回扬州看望父亲；1925年8月，朱自清经俞平伯推荐，前往清华大学任教，在赴京之前，也未回家探望父亲[1]——这实在不能不令人疑惑。

当然，近年学术界对于《背影》的解读已经有了很大的突破，不少论者对于它的解读，也早已超越了简单地谈论父爱或父子之情的层次，不少论者运用了朱自清的传记资料，也已经发现了朱自清"与父亲不相见已二年余了"的隐情，即朱自清与父亲关系失和，导致朱自清与父亲见面有了情感与心理上的障碍。因此，这两年的"不相见"，恐怕在很大程度上不仅仅是因为客观原因不能相见，更主要的是因为主观原因不愿相见。基于这一认识，文末的种种隐约之辞，诸如"触他之怒""待我渐渐不同往日"，等等，其所指与意涵都有了更加实在的落点。不少论者都指出，结尾处父亲来信主动示好，表示和解，这种态度，加上父亲在信中所写"大去之期不远矣"的伤感之语引发了作为儿子的朱自清歉疚与忏悔的泪水。而对于有关"背影"的往事的追忆，也正是这种忏悔之情的表露——回想父亲对自己的种种好处，更感到愧疚与不安。

然而，这种阐释仍然无法解释为什么是关于"背影"的这一段回

---

[1]　姜建、吴为公编：《朱自清年谱》，合肥：安徽教育出版社，1999年版，第54—55，63页。

忆而不是其他的记忆承载与凝聚了这种愧疚之情。显然，在父子相处的漫长岁月中，儿子必定留下了大量有关父爱的记忆，父亲对自己的种种好处自然不止于此，为什么"背影"成为朱自清在父子失和的两年多的时光中"最不能忘记"、伴着父亲来信引发的泪水而浮现的唯一的对于父亲的记忆呢？

尽管有人说《背影》是可以倒着读的，[1]但要解决这些问题，恐怕仍然要将文章从头读起。"背影"显然镌刻着朱自清人生经历中的一段哀伤的体验。在这段叙述之初，一切看来都还合乎常情：祖母去世，父亲失业，在此祸不单行的冬日，父子相见，儿子"不禁簌簌地流下眼泪"，自然属于人之常情，而父亲对儿子的温言劝慰显得颇为理性、沉稳，亦称得上颇有担当。以传统上对一个成年男性为人处世的标准来衡量，父亲的表现可以说是合格以上。

然而，到了送别一段，父亲的表现却有些奇怪。在送不送儿子这件事情上，父亲表现得优柔寡断，犹豫不定，而在送儿子的过程中又显得过于细心与温柔，这些表现，显然偏离了一般社会关于男性形象的惯常想象的标准，以至于有些论者认为这个父亲形象更接近于一个母亲的形象。[2]对于这一段的解读，以往一般都认为这里所表现的正是父亲对于儿子的爱，按照叶圣陶先生的话说，父亲是把作为大学生的"我""看作一个还得保护的孩子，所以随时随地给他周到的照顾"。[3]不能说叶先生所言完全没有道理，但是正如一些论者所指出的，仅仅看到这一点，还是比较表面的，之所以如此，就在于他仅仅抓住了父亲行为表现的外部特征——甚至也只是一部分外部特征，因为如果是果真把"我"当作还得保护的孩子的话，那恐怕就不会有送行之前的反复"踌躇"了，实际上，这个"踌躇"恰恰说明父亲未必认为自己

［1］ 王本朝:《歉疚与嗟悔：在父子情深的背后——〈背影〉的心理分析》,《名作欣赏》2012 年第 28 期。

［2］ 蒋济永:《〈背影〉里的"背影"解读》,《中国现代文学研究丛刊》2001 年第 1 期。

［3］ 叶圣陶:《文章例话》,沈阳：辽宁教育出版社,2005 年版,第 6 页。

亲自送儿子是必要的。作为父亲，他当然很清楚年已二十的儿子从一年前赴京读书开始，在这条路上已经往返三次，完全有能力自己照顾自己，自己去送是完全不必要的，而之所以仍然决定亲自去送，当然不是出于一种理性层面上的考虑，更不是因为把儿子当作一个还需要保护的孩子，而是完全出于自身的情感驱动。

与以往把父亲的这种情感解释为单纯的慈父之爱不同，近年来不少研究者根据朱自清的传记材料来分析朱自清父亲的心理，发现朱自清父亲在徐州担任烟酒专卖局长期间又纳了好几房姜，早年在江西任上所纳的姨太太得知此事后，跑到徐州大闹，上司怪罪下来，朱父因此被撤职。为了打发徐州的几房姨太太，朱父花了不少钱，让家里变卖首饰，才补上亏空，祖母不堪此变故而辞世。因此，文中开头所言的"祸不单行"都肇因于父亲的错失。基于这一认识，不少论者将文中父亲对"我"过度的关爱都归结于父亲的愧疚心理——"在付出关心的同时，也在为自己的愧疚松绑，或者说缓解内心的紧张"。[1] 而另一方面，"我"对于父亲这些照顾的心理抗拒，则是对于父亲这些错失的不满的情绪反应。而后来因看到父亲背影而产生的感动，则是出于对父亲的原谅与对自己的懊悔。

显然，这种传记式研究确实让我们对于朱自清的这一段与《背影》有关的人生体验有了更深刻的认识，但用这些传记材料来解读《背影》的文本本身，很难说是没有问题的。文本自身的内部逻辑是否提供了这些情况的蛛丝马迹呢？显然，答案是否定的。文中写到这期间家中光景很是惨淡，谈及原因仅仅说"一半为了丧事，一半为了父亲赋闲"，并无任何言辞暗示父亲的行为对这一切应当负有责任。当然这并不是说朱自清对于父亲的所作所为一无所知，事实上，在朱自清 1923 年以

---

[1] 王本朝:《歉疚与嗟悔：在父子情深的背后——〈背影〉的心理分析》,《名作欣赏》2012 年
第 28 期。

自己的家庭生活为素材创作的小说《笑的历史》中，[1] 有一段叙述就是以这次回家办丧事的情形为材料，其中提及当时父母围绕变卖首饰的问题而爆发的争吵与纠纷，在这期间，即使父亲想要对儿子刻意隐瞒什么，在争吵的气头上，肯定也难以守住秘密了。但是就《背影》文本自身逻辑而言，显然作者并不想在此纠缠，这些信息完全没有以任何形式进入文本。将这一段与《笑的历史》的相关叙述相比较就可以发现，《笑的历史》非常具体地指明父亲亏空了五百元，并且多少有些煽情地写到父亲要求妻妾交出首饰去典当变卖时，后者的不情愿与委屈，且很明确地提到这些钱"寄到省里去了"。文中甚至通过母亲的口指责父亲"只一味浪用，不知攒几个钱儿"，家里发生的这些不幸都很显然地被归于父亲的错失。而在《背影》中，虽然也提及"回家变卖典质，父亲还了亏空"，但如果不了解朱自清的相关传记材料，这样简单的叙述恐怕不会引起读者太多的注意，也很难会想到父亲就是造成这个"亏空"的责任人，而很可能将这个"亏空"理解为因"祸不单行"而导致的家庭财政危机。因此，可以说，这些论者读出的所谓父亲的愧疚与儿子不满，并不是从文本中读出来的，而是从文本外"读进去"的。

这就涉及一个重要的文本解读的方法论问题，即文本解读过程中传记性材料使用的正当性问题。尽管知人论世经常是一种比较可靠的解读路径，但是我们往往会忽略，历史与生活都是无限丰富的存在，而文本则是一种容量有限的语言建构物。文本与具体历史语境、文本与作者的具体生活事件之间的联系并不是无条件的，甚至文本与和文本相关的生活事件之间的联系也并不是无条件的。即使是常常给人以

---

[1] 朱自清后来批评自己这篇作品"只是庸俗主义的东西，材料的拥挤，像一个大肚皮的掌柜……我不知道怎样处置我的材料，使它们各得其所"。见《〈背影〉序》，《朱自清全集》第一卷。也就是说朱自清认为这篇小说并不成功，只是大量未经妥善艺术处理的"材料"的堆积。但这反而说明，从了解当时朱自清家庭生活情况的角度来说，这篇小说中的"材料"是相当可靠的。

"写生活"印象的散文，文本与生活之间也仍然不是完全一一对应的，作品中所描述与建构的生活图景，未必就是作者所经历与体验的生活本身，哪些生活事件与信息可以进入文本，不仅取决于作者知道或者记得些什么，也取决于作者建构文本时的修辞意图。因此，最终决定哪些传记材料可以进入对某一作品的解读，仍然必须取决于文本的内部逻辑，否则，如果没有文本内部逻辑的支持，简单地以作者对应时期的生活事实来解读文本，就是以文本外部的人事逻辑代替文本的内部逻辑，从某种意义上说，这与用曹雪芹的生平来索隐《红楼梦》里的人和事几乎没有太大的区别。

这种粗放式的知人论世的解读方法是有过教训的，例如对于朱自清的另一篇名作《荷塘月色》的解读。在相当一段时期内，人们理解文章的写作动机，抓住开篇的"这几天心里颇不宁静"，将这篇写于1927年的文章的写作动机与同年发生的"四一二"政变相联系，于是这篇优美的写景散文就成为小资产阶级逃避现实的软弱意志的表现。显然，作家的写作心态与时代背景有关，于是研究作家的写作动机就要联系时代背景，具体说来就是联系具体写作时段的最重大的社会政治事件，这样简单粗放的历史原则是导致这种解读的根本原因。然而文本逻辑不但不能提供对于这一解读的支持，反而提供了否定这一解读的证据——朱自清是从安宁温馨的家庭环境中跑去荷塘的，如果心里颇不宁静是因为外界的政治动荡，那按照逻辑，他应该躲在家里，而不是在半夜跑到很不安全的外面去。孙绍振教授指出《荷塘月色》中所说的"自由"不是政治自由，而是伦理自由，[1]这才是符合文本逻辑的，正是出于对伦理自由的追求，朱自清才会离开家庭这样一个伦理的空间跑到荷塘去。

---

[1] 孙绍振：《超出平常的自己和伦理的自由——〈荷塘月色〉解读》，《名作欣赏》2003年第8期。

二、"背影"逻辑

如果《背影》中父亲的这种过度的慈爱表现不是出于愧疚——至少朱自清看来并没有将它理解为一种愧疚,文本的内部逻辑也并不支持这种理解——那么是出于什么样的心理呢?显然,对于自己当时不理解父亲的心情,朱自清反倒是抱着愧悔心理的,文中反复批评当时的自己"聪明过分""太聪明"就是一种明显的表征。

显然,从某种角度说,年轻的儿子对父亲行为的评价也许并非没有道理,如果说儿子觉得父亲说话"不大漂亮",还可能多少出于年少轻狂的自以为是,那么对于父亲嘱托茶房照顾自己,在心里"暗笑他的迂",却确实是建立在社会经验常识基础上的判断,至于认为自己作为成年人完全可以料理好自己,父亲所做的这些完全没有必要,则更是一个非常正确的判断。从这些层面说,儿子确实是"聪明"的——从理智的、知识的角度看,儿子未必有什么错。但是"太聪明"的评价则暗示了儿子看似正确的、理智的认识视野中包含着一个盲区,即父亲的所作所为并不是出于理智与利益的考量,而是出于情感。以往对此的理解是比较笼统的,即认为父亲的表现是出于父爱,但是,必须承认,这似乎不是父爱的常规表现方式,作为男性,父亲表达爱的方式往往是理智的、内敛的,甚至是倾向于粗线条的、严厉的。实际上,文本的第一段父亲劝慰儿子的那句话,就是比较典型的父爱的表达范式。

将父亲的这次非常规表现,笼统地理解为父爱的表达,这在相当程度上是因为文本预设的读者位置造成的。文章的叙述者是儿子,聚焦与视角也是儿子,因此读者在阅读时不自觉地代入的也是儿子的位置。从儿子的角度看,父母理当爱儿子、照顾儿子、满足儿子的需要,这一切都是不言自明的,儿子也应当孝敬父母,年轻的儿子对父亲的爱不理解不领情,自然是不懂事,是"太聪明"。但是这种看似对等的关系其实未必完全对等，长期的父子关系中，父亲是给予的一方，儿子是接受的一方，这已成为一种心理定式。儿子能够理解父亲对自己的感情，已属不易，却很少有儿子会真正费心关注父亲自己内心的情感需求。正是在这样的心理定式中，读者很容易将父亲的表现笼统地理解为慈父之爱的流露。

但是如果改变这种读者位置，从父亲的角度来看，就会意识到，在这次家庭变故中，父亲的处境并不好受，丧母加上失业的双重打击，作为一家之主，身负安抚子女与家人、支撑整个家庭经济的沉重压力，这些都会使得父亲内心充满痛苦、无助与煎熬，尤其是作为一个成年男性，他还不能随意宣泄这种痛苦与压力，绝不能像儿子那样轻易就"簌簌地流下眼泪"，甚至很难去主动要求家人的温情慰藉。在这样的凄风苦雨中，他实际上非常需要家人亲情的温暖与慰藉，而目前唯一可能使他得到这种慰藉的就是身边这个少不更事的儿子。因此，父亲正是通过向儿子付出超量的温情，来强化这种亲情的联系，通过这种方式既使自己尽量延长与亲人相处的时间，也通过付出爱来使自己对爱的渴求得到满足。在亲情与爱的关系中，付出本身就是获得，接受本身就是施予。在理解了这些之后，我们会猛然发现，父亲的情感表达方式其实并没有失范，这仍然是一种男性式的外表理性克制的、内敛含蓄的方式，正是这种方式在隐藏父亲内心痛苦软弱的同时，使父亲的心灵得到些许的抚慰。而儿子后来自责"聪明过分"，其原因也正在于他终于发现了父亲掩藏在理性稳健的外表之下的内心的软弱。

可以说，儿子对于父亲的情感变化，是颇有点戏剧性的：几分钟前，他还在心里对父亲抱着某种不以为然的轻视，几分钟后，他就被父亲感动到流泪，而这一切只是因为看到父亲的背影！那么，为什么背影会有这么强大的力量呢？显然，文章中所着力描写的父亲的背影所强调的是父亲衰老的信息，正是这一信息使儿子的内心发生了强烈的地震，彻底改变了儿子对父亲的情感态度。很显然，在此之前，儿子仍然习惯于父亲占主导的父子关系格局——在这一关系中，父亲是保护者、照顾者，是强势的、主导的，儿子是被保护的、弱势的，是从属的。而在这个时候，儿子一方面无意识地习惯于父亲的保护与照顾，另一方面，刚刚步入成年的青年人的自我意识与独立欲望又在反抗着父亲的保护与照顾，于是父亲就扮演了一个吃力不讨好的角色，儿子一面接受着父亲的照顾，一面又对父亲的照顾心怀抵触。可以说儿子心里对于父亲的批评，实际上正是建立在对于父亲在父子关系中强势地位的某种无意识承认的基础之上的——既然是强势者与主导者，就应该是能者，如果做得不好，就应当被批评。

而当儿子接收到父亲的背影所传达的衰老的信息的时候，儿子心中的这个强弱关系格局被瞬间颠覆，衰老的父亲实际上是弱势的、需要被照顾与关爱的，成长起来的儿子应该在这个时候承担起照顾父亲的责任才对。正是这种觉悟，使得儿子产生了强烈的愧疚感，同时也意识到了实际上弱势的父亲所承受的压力，从而流下泪来。

这里还有一个问题，就是为什么只有看到背影才会让儿子发觉父亲衰老了呢？很显然，从在徐州会合到一同回家办丧事，再到一起出门旅行到南京，再到父亲送儿子到车站，这期间恐怕至少也有一个多星期的时间与父亲朝夕相处，儿子却完全没有发现父亲的衰老，只有在一个较远的距离看到父亲的背影，儿子才陡然发觉父亲的衰老。显然，一个人的背面所传达的关于这个人的信息远比正面要少得多，但是，"五色令人目盲"，正因为信息少，就更单纯，在过滤与屏蔽掉其他丰富复杂因而互相干扰的信息之后，关于父亲生理性衰老的身体信号就变得非常单纯而强烈，才能被正处于"过分聪明"状态的儿子所接收到，并对他的心理与情感产生强烈刺激。

有趣的是，儿子被父亲的背影感动到流泪，却要在父亲面前极力加以掩盖——"我赶紧拭干了泪，怕他看见，也怕别人看见"。孙绍振教授指出，这正是文章的动人之处，父子双方的感情不同步，儿子先前对父亲的抗拒父亲并不知道，因而这时候的愧疚感也就不便让父亲知道，而父亲对于儿子的情感变化则一无所知，他的爱是不求回报的。[1]但是，我认为，恰恰是这种掩盖才显出了儿子这时候对父亲的感情：显然，在这个时候让父亲看到自己没来由地流泪，无疑会给父亲增加心理上的压力。在这个时候，儿子的情感表达方式实际上与父亲的方式非常相似——父亲买了橘子爬回铁道这边时，儿子"赶紧去搀他"。也许中国人——尤其是中国男性，在生活中往往吝于表达情感，他们往往尽量节制与避免情感通过泪水或语言等等比较直接的方式来展露，而惯于采用较为含蓄内敛的方式，将情感的表达限制在日常生活的理性化框架之内。可以说，在这个时候，父子的情感是对称的，但同时又是有所隔膜的，似乎相互间存在着某种心有灵犀的默契，又似乎根本不存在这些情感的波澜，双方只不过在日常的伦理礼数中各尽其责而已。这正是东方情感的动人之处。

显然，"背影"所蕴含的，正是朱自清对于弱势的父亲的愧悔。可以说，当父亲展现其强势与主导地位的时候，儿子是抗拒的，只有当父亲显露其弱势的时候，儿子才被彻底征服。多年以后，在朱自清大学毕业回乡任教之后与父亲发生的一系列冲突与纠葛之中，这一逻辑又一次重现。根据朱自清的传记材料，我们知道，正是父亲的专横与控制欲，将朱自清越推越远，最终导致父子之间两年的"不见"。但是，文末最后一段，给读者的感觉却完全不是这么回事——对照朱自清的传记材料，这一段半遮半掩、含糊其辞的叙述多少有些扭曲事实、误导读者的嫌疑。作者似乎暗示，父亲并没有什么错，父亲即便"待我渐渐不同往日"，也完全是有可以谅解的原因的，反而是儿子有许多"不好"——文中这句"他终于忘却我的不好"，可以有两种理解方式，一种是这"不好"是从父亲的角度看的，在父亲看来，儿子有"不好"；

---

[1] 孙绍振:《〈背影〉的美学问题》,《语文建设》2010 年第 6 期。

另一种角度则可以理解为儿子客观上是有"不好"的。而对于一般读者来说，恐怕会更倾向于后一种理解。显然，这一段叙述恰恰是朱自清心理症候的显现。之所以会写成这样，问题的关键就在于父亲信中的这句话："我身体平安，惟膀子疼痛利害，举箸提笔，诸多不便，大约大去之期不远矣。"朱父的这几句话显得有些不合情理，这时候的朱父，大约五十五岁，而他所诉说的身体病痛，大概是中老年人常患的肩周炎，并不算什么大病，而他却由此推测自己"大去之期不远矣"，这多少有些夸大其词（事实上，朱父于 1945 年辞世，终年七十六岁）。然而，正是这种夸大其词的诉苦透露出了他内心的软弱，以及对于子女亲情慰藉的渴求。然而，父亲的示弱又一次让儿子泪如泉涌，不仅彻底缴械投降，而且干脆以一种歉疚忏悔的心态，将父子失和的全部责任都自己一个人背负起来，承认自己"不好"。正是在这样一种忏悔心态中，父亲的背影——一个弱势的父亲的形象又一次在记忆中浮现。

三、从"'五四'亲子关系症候群"到"背影"情结

《背影》透露了朱自清的心理症候，而《背影》问世后被尊为现代中国人心目中的经典，则曲折地透露了现代中国人的集体心理症候。

据说李欧梵曾在一次演讲中指出，"五四"时期是个反传统的年代，是个"打死父亲"的年代，因而"五四"文学的父亲形象都是负面的；而《背影》不同，在中国现代文学作品里，它第一次重点刻画了一位正面的父亲的形象。这个"好爸爸"一下子激起了无数读者的共鸣。[1]这个描述自然不错，但是仍然不能解释清楚为什么在"坏爸爸"四处流行的时候会出现这样一个"好爸爸"，更不能解释为何他一出现就能

---

[1] 倪文尖:《〈背影〉何以成为经典》，《语文学习》2002 年第 2 期。

如此打动无数读者的心。

确实，在"五四"时期，传统的父亲的身份受到了启蒙知识分子的全面批判，这些知识分子将父亲、父权看成中国传统封建伦理制度的象征符号与核心要素，企图通过对以父亲为主导的传统父子伦理规范的攻击，来颠覆整个传统伦理制度。显然，传统父子关系的不对等，是这些接受了西方自由平等观念的新知识分子最为不满的地方。吴虞在1915年将中国传统的家庭伦理制度视为社会政治制度的根源："法律之所以不良，实以偏重尊贵长上，压抑卑贱，责人以孝敬忠顺，而太不平等之故。"[1] 因而，对父亲权威的攻击，就是对于传统伦理的批判与颠覆，而这被视为瓦解中国封建专制制度的必要手段。

在"五四"知识分子看来，传统思想之对于父母权威的认定，是以父母对子女有恩这样一个观念为前提的，因此，否认父母对于子女有恩，为父母（主要是父亲）权威的天然神圣性祛魅，几乎成为当时启蒙知识分子不约而同的思路。1919年3月，周作人在《祖先崇拜》一文中说："父母生了儿子，在儿子并没有什么恩，在父母反是一笔债……在自然律上面，的确是祖先为子孙而生存，并非子孙为祖先而生存。所以父母生了子女，便是他们（父母）的义务开始的日子，直到子女成人才止。世俗一般称孝顺的儿子是还债的，但据我想，儿子无一不是讨债的，父母倒是还债——生他的债——的人。"[2]

可以说，周作人这一观点得到了当时新文化运动领袖们相当的认同。1919年8月3日，《每周评论》上发表了胡适的一首小诗《我的儿子》，表达了初为人父的胡适对于父子关系迥异于传统的理解，诗中写道："我实在不要儿子，/ 儿子自己来了……譬如树上开花，/ 花落天然结果……树本无心结子，/ 我也无恩于你。/ 但是你既来了，/ 我不能不养你教你，/ 那是我对人道的义务，/ 并不是我待你的恩谊。/ 将来你长大

————————
[1] 吴虞：《家族制度为专制主义之根据论》，《新青年》1917年第2卷第6号。
[2] 仲密（周作人）：《祖先崇拜》，《每周评论》1919年第10号。

时，/这是我所期望于你：/我要你做一个堂堂的人，/不要做我的孝顺儿子。"[1]

这首诗发表后引来了读者来信质疑，胡适在回信中进一步辩解道："我想这个孩子自己并不曾自由主张要生在我家，我们做父母的不曾得他的同意，就糊里糊涂的给了他一条生命。况且我们也并不曾有意送给他这条生命。我们既无意，如何能居功？如何能自以为有恩于他？他既无意求生，我们生了他，我们对他只有抱歉，更不能市恩了。我们糊里糊涂的替社会上添了一个人，这个将来一生的苦乐祸福，这个将来在社会上的功罪，我们应该负一部分的责任。说的偏激一点，我们生一个儿子，就好比替他种下了祸根，又替社会种下了祸根。他也许养成坏习惯，做一个短命浪子；他也许更堕落下去，做一个军阀派的走狗。所以我们'教他养他'，只是我们自己减轻罪过的法子，只是我们种下祸根之后自己补过弥缝的法子。这可以说是恩典吗？"[2]

而同年10月，鲁迅在《我们现在怎样做父亲》一文中则根据进化论思想提出"幼者本位"的观念，认为"后起的生命，总比以前的更有意义，更近完全，因此也更有价值，更可宝贵；前者的生命，应该牺牲于他"。[3]因此，父辈对于子辈应该承担起更多的责任和义务，作为父母，对于子女，应该"用无我的爱，自己牺牲于后起新人"。[4]

按照这样的标准，传统社会中的父亲在"五四"新文化人的眼中看来，几乎是无一合格的。这就是李欧梵所说的"五四"时期的"坏爸爸"现象——"五四"文学所塑造的父辈形象往往是落后的、专横的，是时代的落伍者、子辈的压制者与剥削者。鲁迅就在文章中不无偏激地写道："中国的孩子，只要生，不管他好不好，只要多，不管他才不

［1］ 适（胡适）：《我的儿子》，《每周评论》1919年第33号。

［2］ 《每周评论》1919年第34号。

［3］ 鲁迅：《鲁迅全集》（第1卷），北京：人民文学出版社，2005年版，第137页。

［4］ 同上书，第140页。

才。生他的人，不负教他的责任。"[1]他在同一篇文章中还说男人可以分作"父男"和"嫖男"两类，而父男又可以分成两种，其一是孩子之父，其一是"人"之父。"第一种只会生，不会教，还带点嫖男的气息。"[2]第二种则生了孩子，还想着要如何教育才能使这孩子成为一个"完全的人"，而这后一种父男，当然是罕见的。由此鲁迅甚至认为应该办一个"父范学堂"来对中国的父亲进行资格的养成与教育。

我们可以看到，鲁迅小说中拥有父亲身份的主人公并不多，但这些父亲基本上都应该被送进"父范学堂"接受教育。比较典型的当属《肥皂》中的四铭，在子女面前始终是一副严厉的父亲的面目，但是在这个道貌岸然的严父的面具之下，却是连他自己也尚未知觉的"嫖男"本色，心中蠢动着不足与外人道的卑下的欲望。尤其可鄙的是，这被压抑的隐秘的欲望往往借着管教与训斥子女而得到情绪性的宣泄。可以说这篇小说从道德的层面颠覆推翻了父亲对子辈的权威。而《风筝》的主人公虽然不是父亲，但是按照"长兄为父"的传统，这个哥哥也可以被视为一个父亲。这篇作品叙述了作为兄长的"我"早年粗暴压制幼弟对于玩具（风筝）的热爱，并对这一往事表达了深深的追悔，可以说是从一个觉醒了的父亲的角度忏悔父亲压制子辈的"原罪"。

按照这种观念，传统的父辈是子辈的障碍，"要占尽了少年的道路，吸尽了少年的空气"，[3]而父辈对于子辈的价值，几乎就是以死亡为子辈让路："进化的途中总须新陈代谢。所以新的应该欢天喜地地向前走去，这便是壮，旧的也应该欢天喜地地向前走去，这便是死；各各如此走去，便是进化的路。""老的让开道，催促着，奖励着，让他们走去。路上有深渊，便用那个死填平了，让他们走去。"[4]

---

[1] 鲁迅：《鲁迅全集》（第1卷），北京：人民文学出版社，2005年版，第311页。

[2] 同上书，第312页。

[3] 同上书，第354页。

[4] 同上书，第355页。

可以说，这些新文化运动的领袖们对于亲子关系的这些思想构成了某种"'五四'亲子关系症候群"。就子辈而言，这种症候集中表现为两个方面：父母无恩，故而对于长辈的照顾不需要感恩；父母是落伍的甚至不够格的，故而可以批评嘲笑他们。鲁迅在写完《我们现在怎样做父亲》之后，在有岛武郎的小说《与幼者》中看到了这样一段令他大为认同的话："时间不住的移过去。你们的父亲的我，到那时候，怎样映在你们（眼）里，那是不能想象的了。大约像我在现在，嗤笑可怜那过去的时代一般，你们也要嗤笑可怜我的古老的心思，也未可知的。我为你们计，但愿这样子。你们若不是毫不客气的拿我做一个踏脚，超越了我，向着高的远的地方进去，那便是错的。"[1]可以说，有岛武郎的这一抒写非常充分地满足了"五四"一代对于应然的父子关系的想象。

于是，尽管鲁迅与周作人都强调用"爱"来代替传统亲子伦理关系中所强调的"恩"，但是，这样一种对于父母的单向度的责任要求，使得子辈几乎完全摆脱了对父母的责任，这同样是一种不对等的关系。虽然作为"父亲"的鲁迅可以怀着"肩住了黑暗的闸门，放他们到宽阔光明的地方去"这样的伟大情怀，但是，就子辈而言，这样完全不需对父辈负责、以父辈为自己所做的牺牲为当然的、不知感恩的心态，是否可能如鲁迅所说的那样产生或者保存天性之"爱"，恐怕也大可怀疑。

可以说，《背影》所体现的，正是对于"'五四'亲子关系症候群"的某种重审与反思——虽然未必完全是自觉的。在《背影》中，儿子原先对待父亲的态度可以说正是我们所说的"'五四'亲子关系症候群"的表现。儿子显然觉得父亲在应对人事方面显得过于笨拙，认为自己比父亲要高明——"总觉得他说话不漂亮，非自己插嘴不可"，对于父

---

[1] 鲁迅：《鲁迅全集》第一卷，北京：人民文学出版社，2005年版，第380页。

亲托付茶房照顾自己，儿子的反应是："我心里暗笑他的迂：他们只认得钱，托他们直是白托！"这是非常有意思的一个细节，如果儿子认为自己完全能够照顾自己，父亲的这些安排纯属多余，这还只是一个刚刚成年的年轻人常见的独立意识的表现，但是，在这里，儿子所批评的却是父亲在社会经验方面的缺失。按常理，人们一般认为在社会经验方面父辈相对于子辈理应具有绝对的优势。所以，父辈批评子辈缺乏社会经验是常事，然而在这里，情形完全颠倒了。这种子辈对于父辈表现出来的优越感与天然正当性，正是"五四"时代精神的一种表现。

然而，多年以后，写这篇文章的作者却给了当年的自己一个"聪明过分"的评价。这个评价在"五四"时期从子辈的角度理直气壮地贬低父亲的话语浪潮中，显然是极为另类的。不仅如此，实际上，正如我们所知道的，在文章所叙述的这个时期，朱自清父亲确实有着种种行为甚而道德上的错失。可以说，在这方面，朱父恰恰十分吻合"五四"时期新文化人所塑造的否定性父亲的形象。然而，文章显然有意对此进行省略与回避，从而打造出一个与"五四"式的"坏爸爸"迥然不同的慈父形象。相比之下，这个"五四"式的儿子就更显得不那么懂事了。而导致这一反转的，是对于父亲的重新发现——发现父亲的衰老与软弱。正是这一发现，使原先专制家长式的父亲形象土崩瓦解，而软弱老父对于儿子的亲情的渴求，更使得儿子意识到自己对父亲的责任。血缘与亲情的力量苏醒了，子辈"欢天喜地"地踏着父辈的尸骨前进的进化论伦理观就显得过于冷酷而不那么理直气壮了，儿子因此陷入了内疚与忏悔。可以说，对于"背影"的念念不忘，所流露的正是"弑父"之后的儿子们对父亲的歉疚心理，这种歉疚可以说是"五四"时期以后现代中国人的一种文化无意识。可以说，那个蹒跚老态的渐渐远去的父亲的背影，隐秘地提示着每一个现代中国人心中对于父辈乃至对于传统伦理文化欠下的那笔无法清偿的感情债，这种负债心理已经成为现代中国人的某种"情结"，正是对于这一文化无意识与"情结"的触动使得《背影》很快成为现代文学的经典，并进入了中学国文课本。这种无意识尽管在 20 世纪 50 年代之后再次受到了压抑，但在另一场更大规模、更加激烈的"弑父"运动——"文化大革命"——结束之后再次抬头，于是《背影》重新成为这个民族希望他们的后代反复诵读的经典文本。

理论视野

希利斯·米勒的文学伦理观[1]

张　旭[2]

[摘　要]"伦理转向"是西方20世纪80年代以后人文研究领域的一个主要话题，表现在文学批评领域便是伦理批评的盛行。本文以美国文学批评家希利斯·米勒为个案，讨论他如何运用解构主义批评途径探讨文学中的伦理问题。文章重点介绍他的阅读伦理观、叙事伦理观和地志伦理观，追溯各理论的缘起，梳理其主要内容，并在互文语境中展开剖析，进而提出自己的批评与反思意见。

[关键词] 伦理　阅读　叙事　地志　解构主义

伦理是指在处理人与人、人与社会相互关系时应遵循的道理和准

---

[1]　本文系福建省社会科学基金项目"全球化视野下希利斯·米勒文论研究"（项目号：2014B143）阶段性成果之一。

[2]　张旭，广西民族大学外国语学院教授、博士生导师。

则，亦即那些"决定以何种方式生活与行事的原则"。[1]在西方，伦理（ethics）与道德（moral）二词均来自"Ethos"，其本义是"人的住所""赋予人人性化的生存的东西"。不过二者间的区别大致可以理解为原则（伦理）与规范（道德）间的差异，其最根本的差别就在于，伦理偏重社会层面，它属于"语言的述行使用范畴"；[2]道德则偏重于个人层面。总的来看，无论是在东方还是西方，将文学与伦理问题结合起来进行思考的历史久远，最早的理论依据可以分别追溯至孔子和柏拉图。[3]譬如，中国历代文论思想中都有各自强调的"道"，以儒家表现得尤甚。这种"道"可以简单地解释成真谛、哲理或道德，换言之，它必然关涉到伦理。在世界范围内，无论是在古代还是近现代，文学与真理或道德关系的探讨在文学理论中每每可见。亚里士多德虽与柏拉图一脉相承，却有其自身的侧重。他说诗要表现的是普遍的真理与伦理，贺拉斯提倡寓"教"于"乐"，但丁、薄伽丘、彼特拉克等都将自己视作真理妙谛的揭示者，锡德尼在《为诗一辩》中主张诗歌具有完善道德的作用，浪漫主义作家雪莱、席勒和雨果等相信文学具有伦理之目的。[4]可以说，在历来的中西文论界，伦理批评一直居于主流地位。直到后来，理查兹（I. A. Richards）在《新批评》（1941年）一书中明确提出文学不应成为伦理的、语言的或历史的研究，于是随着形式主义和结构主义文论的盛行，文学与伦理关系问题的探讨遭到扼制。[5]时至20世纪下半叶，随着侧重于文学外部关系问题探讨的"批评理论"的盛行，

---

[1]　J. Hillis Miller, *New Starts: Performative Topographies in Literature and Criticism*. Taipei: The Institute of European and American Studies, Academia Sinica, 1993, pp.69-70.

[2]　J. Hillis Miller, *Topographies*. Stanford: Stanford University Press, 1995, p.257.

[3]　T. O. Beebee, "Literary Ethics", *Comparative Literature Studies*. 1999, 36 (4), p.341.

[4]　Murray Krieger, "In the Wake of Morality: The Thematic Underside of Recent Theory", *New Literary History*. 1983,15, pp. 119-136.

[5]　Wayne C. Booth, *The Company We Keep: An Ethics of Fiction*. Berkeley: University of California Press, 1988.

尤其是伴随着解构主义和其他强调差异批评理论的兴盛，人们更是刻意于道德、种族、性别诸特征的微观研究，其中包括从伦理等维度重新审视文学问题。到了20世纪80年代以后，随着西方学界"伦理转向"的出现，文学中的伦理、道德问题重新被推至前台。[1]在这场"伦理转向"的过程中，先后涌现出众多的研究方法，其中就包括解构批评方法，而运用此方法来探讨文学与伦理关系问题最出色的，当推美国著名批评家希利斯·米勒。

米勒有关文学伦理思想的雏形出现在《作为寄主的批评家》(*The Critic as Host*，1977)一文。在该文中，米勒提出，如果生活行为中包含的事情会依次地做出其他事情，那么它们就具有伦理性。后来，他将这一观点陆续地拓展到文学批评领域，继而形成一整套文学伦理思想。米勒有关文学伦理的论述最集中地见于其专著《阅读的伦理》(*The Ethics of Reading*, 1987)，这是一部刻意将文学批评与伦理道德相结合，并为解构主义进行辩护的批评力作。此后，米勒在相关著述中继续探讨文学中的伦理问题。如1990年他推出的《皮格马利翁诸貌》(*Versions of Pygmalion*)设有专章"叙事的伦理"。1993年他在《新的开端》(*New Starts*)中收有《地志的伦理：论史蒂文斯〈基韦斯的秩序理念〉》一文。1995年他推出了《地理志》(*Topographies*)一书，其中许多章节均涉及文本中的地志伦理问题。2009年他推出了专书《纪念德里达》(*For Derrida*)，内设专章讨论德里达的不负责任的伦理问题。可以说，在米勒近二十年的文学批评活动中，伦理批评成了非常重要的一部分。而他的这些著述在中国除了《阅读的伦理》一书有过评述外，甚少有人就其伦理思想作过系统介绍。本文将全面介绍米勒与文学相关的伦理思想，包括他的阅读伦理观、叙事伦理观和地志伦理观，并在互文语境中对其有关文学伦理问题的阐述展开解读，进而提出自己的批评

---

[1]　David Parker, *Ethics, Theory and the Novel*. Cambridge: Cambridge University Press, 1994, pp.32-42.

与反思意见。

一、米勒的阅读伦理观

20 世纪 80 年代，米勒在文学批评上已经完成由意识形态批评向解构批评的转型。米勒的阅读伦理思想最初是针对时人指责解构主义为虚无的文本游戏，并将其视作缺少价值和伦理关怀的代表而提出的。[1] 正如米勒所有的批评理论多是结合文学作品的阅读与思索提出的，他有关文学伦理问题的思考，同样是紧扣文本阅读进行的。就像有人指出的，米勒有关解构主义的论述与德曼和德里达有着一脉相承的关系，[2] 也许是从德曼的《阅读的寓言》(*Allegories of Reading*, 1979) 一书得到启示，米勒将他早期的伦理学说称作"阅读的伦理"。在他看来，这种伦理"指的是阅读行为所产生的某种反应是必然的，亦即是对某种不可抗拒的要求所做出的回应；这种回应同时是自由的，就是说，阅读行为必须对我的反应和未来在人际、机构、社会、政治、历史等方面产生的影响负责。例如，它可以通过教学或对某一文本发表评论等形式予以体现"。[3] 简单地说，阅读不仅关涉认知、政治、社会、人际交流活动，它更是一种彻底的伦理行为。这种伦理因素一则表现在阅读中对某事的反应、体现的责任感以及流露的尊重意识，体现在文本中不断出现"我必须"(I must) 之类的字眼，如"我必须这样干，我不应那么干"，等等；另则表现为阅读中的伦理因素会相应地引发别的行为，并涉及社会、机构、政治等领域。一旦伦理与政治相结合，其判定的标准会

---

[1]　Simon Critchley, *The Ethics of Deconstruction: Derrida and Levinas.* Oxford & Cambridge: Blackwell, 1992, p.3.

[2]　Murray Krieger, "In the Wake of Morality: The Thematic Underside of Recent Theory" , *New Literary History.* 1983,15, p.130.

[3]　J. Hillis Miller, *The Ethics of Reading.* New York: Columbia University Press, 1987, p.43.

相应地发生变化。然而传统的研究并不能解决"我必须"这类文本所赋予的伦理问题，且这种文本自身又受到某种规律或称逻各斯的制约，故而有待专门的研究。接着，米勒就某些诗人对解构主义的种种指责予以澄清，认为他们首先是误解了德里达和德曼关于读者与文本关系的真实内涵，文本意义并非像人们想象的那样，是由读者随意赋予的；其次是他们硬给解构主义套上了"虚无主义"的帽子，这实则是误解了阅读中的伦理因素所致。

　　要理解米勒的阅读伦理思想，很有必要清楚互文性 (intertextuality) 对其论述的重要性。在他看来，任何一个文学文本并非一个自在的"有机统一体"，而是与其他文本相关联的，同时其他文本又与外在文本相关联。明白了此点，就会清楚像米勒早年讨论文本中的"寄生"与"寄主"关系一样，此次他也是以先在的文本解读为突破口，并试图在互文性文本中找寻自相矛盾处。从哲学依据来看，米勒的阅读伦理的提出，是以康德的伦理道德理论，即从《道德的形而上学基础》（1785 年）这一传统人文伦理基础的哲学经典之解构入手的。正如大家所熟知的，普遍主义和形式主义、理性主义、自主性、对义务或职责的强调，以及一个目的领域等概念构成了康德伦理学的一般特征。在"三大批判"中，康德始终坚持用他的先验唯心论去研究人的伦理准则，并解释了伦理准则为何是先天的、先验的。在《道德的形而上学基础》一书的最末部分，康德曾反复强调国家、阶级、宗教和时间等问题的伦理性，认为伦理只是一种先天的、不依赖于经验的伦理意识，即"实践理性"，它是一种不具社会性、不从世俗功利出发的"绝对命令"(categorical imperative)。在此，"绝对"意指服务于伦理自身目的之外别无其他目的；"命令"是因为它只是"应当"做的，而不是"实际"这样做的。因为真正的社会人，除了"理性"之外，还有感性经验条件对道德行为的影响。康德曾声称建立了一套适合于一切场域的道德的普遍形而上学基础。他这一学说此后又引起尼采、海德格尔和弗洛伊德等的异议。

接着，米勒沿用《道德的形而上学基础》中的一个脚注，讨论了"尊敬"（respect）这一关键词的意义，并试图追寻它的认识论根源。康德曾这样解释道："义务是出于对规则的尊重而产生的必然行动。"[1]这就意味着履行某一道德行为不是出于个人喜好或恐惧，也非出于对可能性后果的顾虑，一旦这种个人或社会的动机消弭，"除了规则之外，再也没有别的可以左右个人的主观意愿，除了对这种实际规则纯粹的尊重外，一切主观的东西均不复存在"。[2]根据我们的理解，可以这样认为，对某人的尊敬只是出于对道德规律的尊重；同样，对某个文本的尊重恰似对某人的敬重。换言之，"如果一个哲学、文学或批评性文本值得尊重，唯一的原因在于，它是出于对规则尊重而创作的"。[3]接下来，米勒对康德论及的"承诺"这一述行行为进行了解构，以此说明其中的问题并不像康德所说的那样。

正如一切现代批评都会从语言的理解和指涉存在的问题入手，[4]米勒在此也不例外。既然传统人文伦理的哲学基石已被掀翻，米勒继而阐发了解构批评家德曼关于阅读中的不可读性 (unreadability) 问题。文本不可读性，确切地说，就是文本自身的不可阅读性，它与读者本人的阅读无涉。在《阅读的寓言》中，德曼曾断言：寓言总是富有道德的，"道德一词意指两套不同的价值体系在结构上相互抵牾"。[5]德曼的意思无外乎是，道德范畴具有强制性，它专属于语言，与主观意愿或主体间性无涉。对德曼而言，"语言上的必然性会促使我们做出道德评判，其本身却缺乏认识论基础，而且会在我们有了认识洞见时自行消隐，故而总体上是不可理喻的。我们永远无法阅读读物。这就意味着

---

[1]　J. Hillis Miller. *The Ethics of Reading*. New York: Columbia University Press, 1987, p.16.

[2]　Ibid.

[3]　Ibid., p.22.

[4]　Robert Eaglestone, *Ethical Criticism: Reading After Levinas*. Edinburgh: Edinburgh University Press, 1997, p.27.

[5]　J. Hillis Miller, *The Ethics of Reading*. New York: Columbia University Press, 1987, p.49.

我们永远无法明白为何凭着我们的聪明才智，仍免不了会在道德问题上观点矛盾，或前言不搭后语"。[1]事实上，从德曼与康德这里我们看到了人文传统的伦理观与解构主义伦理观之间的一个根本区别，那就是康德对语言自身的能力充满了信心，并一直思索着将文本表达的道德内涵由读者可靠地加以重构。这点也能解释为何西方长期以来对不同读者的"相似性"和"交流性"予以了高度的重视；对于德曼而言，要试图通过语言来理解语言规则，其可能性简直是微乎其微，这就注定他会像其他解构批评家一样更多地强调文本的"自我指涉""晦涩"和"不确定性"等因素。正因如此，米勒不无感慨地指出：人类"要生存就得阅读，却免不了一次次的失败，这就是人类的命运。然而我们毕生都在履行那'知其不可为而为之'的使命"。[2]此部分的论述尤为重要，特别是文本的不可读性观念成了米勒阅读中的一大基石，他后来的阅读理论，包括伦理批评思想就是建立在这种文本的不可读性观念之上的。

当然，在米勒论述中最为精彩的是他能够运用高超的解构技巧，对自己早年曾剖析过的一些经典个案，反复从不同角度进行细致入微的阐析，以此说明阅读中的伦理道德问题。首先是针对小说《亚当·贝德》的第17章，米勒解构了乔治·艾略特的写实主义理论。他认为，"艾略特崇奉叙事中直截了当的写实主义，并对读者能够从她的小说中得到道德启迪充满了信心"。[3]对艾略特而言，"小说的价值在于它必须忠实地表述那些反映在脑海中的人与事"。[4]按照她的思路，写实主义的语言可能是那种字面的、非比喻性的、讲实话的叙述性语言。然而问题在于，写实主义的叙述必须依靠比喻性的语言，说得更准确些，"是

[1]　J. Hillis Miller, *The Ethics of Reading*. New York: Columbia University Press, 1987, p.55.

[2]　Ibid., p.59.

[3]　Ibid., p.61.

[4]　Ibid., p.65.

依靠使用一种比喻牵强 (catachresis) 的特殊型语言，亦即从别的领域借用一些语词来命名那些尚无专门术语的人与事"。[1]或者说，人们必须借用一些语言以外的东西，这样，"比如那位又丑又笨的邻居，当他经过一部'写实主义'小说的再现后，会变得可爱起来"。[2]因此，艾略特的写实主义的作用在于把那些邻里之类的人物形象地刻画出来，并说服我们去关爱他们。在此，米勒联系到自己所探讨的阅读伦理问题，认为作家对其自身作品进行解读时，由于不觉间已在自己的作品中使用了修辞性或比喻性语汇，从而导致作品的不可读性。其实，艾略特本人在阅读《亚当·贝德》时，曾试图彻底抛弃那种先验权威以及超语言的观照，然而她遭遇到的却是那种命名时所谓的"比喻牵强"，这就注定连同她本人都无法彻底地阐释其作品。当她把那位丑陋的笨邻居描写得如何可爱时，其实已犯下她曾经谴责过的那种错误。这种重新命名对她来说是写实主义小说中真实叙述的内核。小说促使我们去关爱那位不太可爱的邻居，就在于小说本身把他说得是如何的可爱。

原典儒学强调"修辞立其诚"，所谓文章之道，忠信为本，而这种"忠信"首先要求写作动机符合伦理道德。似乎是为了证明此点，西方哲人米勒专门针对英国维多利亚时代显赫一时的小说家安东尼·特洛罗普的《自传》进行了解构。特氏曾在《自传》中回忆早年的创作经历，说到自己儿时总有做白日梦的习惯，后来小说创作成了这一习惯的最佳替代游戏。这种写作可以把天花乱坠的梦幻转换成外在的语言，并通过文字诉诸他人。但他还强调这种写作的规约性。这种规约一则表现为做白日梦所固有的法则，另则表现为作家日常写作时遵循的原则。在米勒看来，特氏关于小说写作的论述有点前后不一。"一方面，特洛罗普尽量说服读者其小说是如何具有良好的道德因素，因为它们直来直去，也就

---

[1] J. Hillis Miller, *The Ethics of Reading*. New York: Columbia University Press, 1987, p.75.

[2] Ibid.

是说，它们是以社会现实为参照的，并能自行呈现给读者。"[1]对于特氏而言，小说创作的精要在于塑造人物形象而非情节。写实主义小说的目的在于通过塑造人物形象来改造我们自身。这种人物一旦塑造完好，并传达给读者，其作用就会是道德的。此外，他还强调小说寓教于乐的作用。然而令人费解的是，特氏在别处又承认自己写作小说时并非总是那样理性和深思熟虑。在此，米勒巧妙地引领我们对特洛罗普的《自传》进行细致入微的剖析，披露了特氏的自我阅读基本上是自相矛盾的。一方面，他想说明自己写作小说是立身社会而行之有效的方式，其小说在维护社会价值方面颇具道德，他的读者花钱购书是物有其值。另一方面却事与愿违，他犯下了一个致命的错误，他已于不觉间摧毁了其赖以安身立命的社会价值基础。由于自己写作时老是盯着读者手中的钱囊，其腐蚀作用可想而知。可以说，特洛罗普的所有小说最终都无法道清自身的道德取向，它们往往使读者（包括作者本人）陷入尴尬的境况。尽管特氏本人也觉得这一状况令人无法忍受，但他写作时一味地沉迷于金钱，这样自然不是真正地为读者的接受而写作。

　　循此，米勒对亨利·詹姆斯的阅读理论也进行了解构。在纽约版《金碗》的"前言"中，詹姆斯声称写作可能是一种伦理行为，属于人类所有行为举止的一部分。同时，他还强调道德与生活间的相互联系，认为生活的意义主要在于行动，而非仅仅在于认识与被动的欣赏。在此，詹姆斯对道德的观照超出了对认识论和美学的关怀。无论是对于康德还是詹姆斯，写作既是自由的，又是受到制约的。但他们所说的却带出一大悖论：一方面，在某种必然性的制约下，我们显得更具责任心，事实上我们并不承担责任；另一方面，当我们最自由、最无拘无束时，我们却富有责任心。至于重新阅读则是对早先的协议或承诺进行回忆和修正的次要性行为，它既是自由的，又受到某种必然性制约。这种

---

[1]　J. Hillis Miller, *The Ethics of Reading*. New York: Columbia University Press, 1987, p.85.

希利斯·米勒的文学伦理观　　243

必然性并非来自他过去所写、现在重新阅读的文本内部，而是由于重读时发现了某种不妥引发的。由于詹姆斯经历的这种必然性是自由的，故而在一定意义上说，这种身临其境的重读就像是对"绝对"产生莫名恐惧的结果。"绝对"一词意味着"无拘无束，悠然自在"的态度。而适当的阅读必然会生发对绝对洞察的乐趣，能给人带来绝对有身临其境的感觉。至于"前言"就是对小说本身的一种"转译"批评，它的存在意味着作者深谙真正的阅读永远是一种误读。误读主要是由文本的不可读性引发的。这种不可读性一则是由文本自身固有的，或被詹姆斯称为"它自身内在的优美法则"引起的，这种法则本身有着某种不可抗拒的诱惑；另则是由于无法在语言的阅读和认识上做出明确的区分。然而，无论是语言上的，抑或是其他何种绝对的必要，都注定一切阅读是对文本的误读。米勒这里的论述，会让人联想起亚里士多德、康德、休谟以及哈贝马斯关于伦理既是义务的又是自主的说法，[1] 二者实际上都受到理性是普遍的同时是不证自明的法则制约。由于詹姆斯一再把阅读视作"修正"（revision）行为，把重新阅读视作翻译行为，本雅明同样认为一切语言都是译文。据此，米勒自然联想到本雅明的《译者的任务》中的有关论述，讨论了翻译中的不可能的问题，进而联系到自己所探讨的"阅读的伦理"问题，最后表现出了万般的无奈。

可以说，在《阅读的伦理》中，米勒通过自己的解读与批评活动，建构的是一种不可读性的伦理（an ethic of unreadability），亦即一种语言的绝对命令，这种命令是一种普遍的必然，同时也是所有读者始终无法逃脱的。[2] 一句话，阅读的伦理，就是那种道德上的必要，也就是，不管人们怎么说，你都会以某种方式屈从于这种语言的绝对命令。正是在这一过程中，故事的讲述者、听众、见证人和读者等联系在一起了，进而赋予了他们履行伦理的义务。事实上，米勒这种阅读的伦理观就

[1]　Adam Zachary Newton. *Narrative Ethics*. Cambridge, MA.: Harvard University Press, 1995, p.12.

[2]　Ibid., p.10.

成了他后来对文学伦理问题系统思考的基础，他新近提出的种种伦理思想均与它有着不可割裂的联系。

二、米勒的叙事伦理观

简单地说，自古以来伦理学大致可以分为两类：理性的和叙事的。前者主要探讨生命感觉的一般法则和人的生活应遵循的基本道德观念，进而制造出一些理则，让人的性情通过教育培育来履行这些理则。叙事的伦理学则是通过讲述个人经历的生命故事，通过个人经历的叙事来体现关于生命感觉的问题，进而营构具体的道德意识和伦理诉求。无疑，文学更多的是履行后者的职能。事实上，20 世纪末期，叙事的伦理再度引起人们较多的关注。此间，米勒就叙事伦理的探讨特别引人注目。

在米勒的伦理批评思想中，与阅读的伦理思想紧密相关的自然是他的叙事伦理思想。叙事伦理本是 20 世纪 80 年代随着人文领域"伦理转向"和"叙事转向"出现而盛行的一种文学批评方法，它在西方文学批评界曾演绎出众多研究观点与方法，其中包括诺斯鲍姆（M. Nussbaum）的责任说、维恩·布斯（W. Booth）的"书即友"说以及纽顿（A. Z. Newton）的"作为伦理的叙事"说等，而米勒的伦理批评则以运用解构方法著称。[1]换言之，米勒的伦理批评更多的是建立在文本的"自我指涉""晦涩"和"不确定性"等观念之上的，而且侧重的始终是文学伦理中的语言和修辞维度。[2]

从理论渊源来考察，可以发现米勒的叙事伦理观无疑是在他的阅读伦理观基础上发展而来的。在《阅读的伦理》一书结尾部分，米勒就承诺要对叙事这种更多地展现行为特点的文本类型展开伦理解读。

[1]　James Phelan、唐伟胜：《"伦理转向"与修辞性的叙事伦理》，《四川外语学院学报》2008 年第 5 期。

[2]　J. Hillis Miller, *Versions of Pygmalion*. Cambridge: Harvard University Press, 1990, p.239.

这一承诺行为的直接结果便是他的另一部专著《皮格马利翁诸貌》（1990年）的诞生。一方面是针对叙事作品，另一方面是焦聚于文本中的拟人，书中米勒较为系统地演绎出他的叙事伦理思想。换言之，作者试图通过对一系列叙事作品展开修辞性解读，以此来探讨与写作、阅读以及文学教学相关的伦理问题。同时这也可以看成他试图通过叙事来"读图"，进而接近那个由伦理、美学和政治交汇的结点的一大表现。[1]

正如米勒后来指出的，"理解即读图"（to understand is to read a picture），而叙事作品正好能够弥补哲学中那种假象的概念性语言之不足。[2] 在该书的"前言"部分，米勒就明确地表示，他想通过一些具体的实例来探讨如何在历史语境中去认识一部文学作品，进而追问文学写作、阅读、教学和关于文学的写作是否会在真实的历史世界导致某事发生。如果是这样，它又是如何发生的？接着还将发生什么？谁又该为此承担责任？而故事往往能够展示人们是如何行事、选择、评价或"做出事情，这些还会依次地做出其他事情"；同时故事本身还包含一种伦理行为，也就是故事里的人必须为他们的所作所为承担责任；另则对过去故事的讲述及其阅读必然关涉拟人，也就是，通过语言的有意或无意的误用而赋予那不在场者、非生命物或死去的人声音或面孔。这样也赋予了故事作者和叙事人伦理义务。这种拟人是强有力的言语行为，它还必须与行为而非认识直接相关。[3] 正是基于这些，于是在某种绝对命令或他所说的那种"阅读的伦理"的驱使下，米勒先后对詹姆斯、克莱斯特、梅尔维尔、布朗修等人的一些叙事作品展开了深入细致的阅读，进而披露了这些故事实际上都是奥维德的《变形记》（*Metamorphoses*）中皮格马利翁（Pygmalion）以及他所塑造的雕像葛

［1］ J. Hillis Miller, *The J. Hillis Miller Reader*. Ed. Julian Wolfreys, Stanford: Stanford University Press, 2005, p.86.

［2］ Ibid., p.87.

［3］ J. Hillis Miller, *Topographies*. Stanford: Stanford University Press, 1995, p.8.

拉蒂（Galatea）的不同翻版，在这些故事里，拟人手法对于故事的讲述是必不可少的，而且这些又明显地被转换成了共同的主题，即某人爱上了一座雕像。譬如在《梅西所知道的》（*What Maisie Knew*）里，皮格马利翁的创造性的拟人在詹姆斯本人、叙事人以及读者与梅西的关系中得到了再现；在《最后的瓦雷里人》（*The Last of the Valerii*）中，意大利伯爵卡米罗颠倒了现实与虚构的关系，居然把自己的美国妻子玛莎当作了一座雕像，而把出土的古代雕像朱诺当成了真人；在《弃儿》（*Der Findling*）中，拟人的手法更是达到了极致，它复活的并不是某个缺席者或非生命物，而是那位早已过世了的保罗；《书记员巴特尔比》（*Bartleby the Scrivener*）讲述的则是如何将一个活人变成一座雕像，它与皮格马利翁故事相反的就在于，它是关于活人石化的故事；《死刑》（*L'arrêt de mort*［*Death Sentence*]）通过 J 对 N 的呼唤，进而讨论了垂死的不可能性以及永恒回归的问题。所有这些都是皮格马利翁故事的某种翻版。正是文学作品中的这种拟人言语行为，一方面指向过去，另一方面能够使某个不在场者、非生命物或死去的人得以复活。而在运用拟人手法的同时，作者、叙事人还有读者都须承担某种责任，进而履行伦理道德的责任。正如在《变形记》中，无辜和惩罚贯穿了叙事的整个过程，这种无辜可以定义为字面地对待一种修辞手法而导致的错误，这种错误就像那些幻觉、错觉或误读一样，可能导致某种社会的、历史的或个人的不幸。在阅读的过程中将某些死去的人当作活人来对待，无疑是一种错误，这种错误却能由另一个阅读行为加以揭示。因此我们通过阅读故事，可以体察到那种始终是善的，同时在道德上是正确的伦理行为及其评判，是如何与拟人相关联的。一句话，这些伦理行为将产生某种政治的、历史的和社会的影响，这样自然就需要有人来为它们承担责任。

故事的写作和叙述会运用拟人手法，进而涉及伦理问题，同样阅读也会重复叙述中所发生的一切。鉴于故事阅读始终是一种写作或重写形式，同时它也是一种拟人行为。它就像皮格马利翁一样能够赋予一座雕像生命。[1]阅读一开始固然是一种获取正确意义的行为，但它更多的是一种有关认知或认识论的问题，而不是与行为或义务相关的伦理问题。诚如詹姆斯在《金碗》中所言，写作行为是"生活行为"中的一部分，米勒同样认为阅读行为属于生活行为中的一部分。不过，米勒更关心的是，在阅读的过程中阅读本身是否具有一种适当的、不可避免的伦理维度呢？如果是这样，这种伦理维度将是何种模样呢？同时，阅读与其他的伦理行为，譬如信守诺言、讲出真话、收受礼物或跟邻居道安等行为间有何区别呢？在米勒看来，一个伦理行为不仅意味着做某事，这些还会依次地做其他的事情；而且一个伦理行为必然是自由的，亦即我必须有自由来选择做或不做它，这样我势必就要为它担负责任。在此过程中，我必然受制于某个绝对命令："我必须；我不能那么做。"这种伦理行为在具体的叙事作品中比比皆是。譬如在特洛罗普的《他知道他是对的》中，诺娜·劳丽决定拒绝格拉斯科克先生的求婚，原因在于自己压根儿不爱他；在詹姆斯的《梅西所知道的》结尾部分，梅西提出只要克劳德爵士中断与比尔太太的通奸关系，他就会放弃维克斯太太。他们这种子女与自己（继）父母之间错综复杂的纠葛干系又可以在《变形记》中皮格马利翁的后代那里找到原型。梅西的"我必须"，在詹姆斯的叙事主人公看来，就是建立在"某种比道德意义更深层的东西之上"。同时"宣布放弃"在詹姆斯那里也成了最高的美德。这种"我必须"的根源何在？它是否与詹姆斯在写作小说时回应的那种要求，抑或我们在阅读、教授和就它撰写评论时回应的那个要求具有某种类比性呢？这点也成了米勒此刻关注的重点。

从表面上看，米勒有关叙事作品中伦理问题的探讨显得有点抽象。对此，米勒也有所认识。他本人就坚决主张通过一些具体的实例分析

---

[1] J. Hillis Miller, *Versions of Pygmalion*. Cambridge: Harvard University Press, 1990, p.186.

来讨论伦理问题。然而问题在于，在任何阅读的伦理中，实例与概念的普遍化之间的关系仍然存在着问题。人们可以十分轻易地看到，任何例子的选取都不是任意的。选择人必须为他所选取的每个例子承担责任。另一方面，在人们的生活行为中，没有例子就无所谓行为。表现在文学研究中对伦理的解读同样如此。譬如在康德的《道德的形而上学基础》中提到的那个人，他许下了诺言却不准备信守它，这种叙事实例对于伦理问题的思考却必不可少。说来也许有点奇怪，在米勒看来，将伦理作为一个哲学或概念的范畴加以理解，还取决于对书面故事诠释的能力，这种能力通常被认为是文学批评领域的事情。如果真是这样，米勒所谓的文学修辞性解读，在我们的道德、社会和政治生活等方面具有至为重要的现实意义。通常叙事作品特别适合于作为阅读伦理的考察对象，这并不是因为故事本身拥有对伦理情景、选择与判断的主题之戏剧化而适合于该项课题的讨论；相反，这是因为伦理本身与我们所说的叙事这种语言形式有着某种特殊的关系。叙事作品中伦理主题的戏剧化，便是这种语言必然性的间接寓言化，而这种寓言化始终是建立在运用拟人手法基础之上的。

当然，任何用语言写下的东西都具有一个内在特点，那就是它渴望得到阅读，尽管它们可能永远都找不到任何读者。类似的观点早在本雅明《译者的任务》中就有过表述，尽管在那里本氏针对的主要是文本的翻译问题。阅读的伦理始于读者对这种就一个文本进行阅读和不断阅读要求的回应。一旦我决定阅读某件作品，就意味着自己会搁置或背弃其他种种责任与契约性义务，这些责任与义务，有对家庭和机构的，有对学生和同事的，也有对自己所服务的委员会和顾问团的。这样的例子在叙事作品中比比皆是，如在普鲁斯特笔下描述他早年的阅读经历，已经将那种偷偷摸摸、充满内疚同时是私下里的阅读予以了形象的展示。此刻，类似于读者祖母这样的人物，一直都在说服他去从事别的事情，譬如走出户外，投身到大千世界中去。此外，还有许多诸如此类的小说，其中讲述了那位小说的读者此刻正在做些什么。又如乔治·艾略特描述的马吉·塔利维尔童年时代阅读的经历；康拉德笔下的吉姆阅读过的冒险故事对其人生所产生的决定性影响，还有阅读堂吉诃德与爱玛·包法利等所产生的影响；等等。总之，这些小说都是在警示读者，而他们要了解这个警示就必须做些什么。这种情形下，或许不阅读比阅读还要好得多。这种放弃阅读的压力随着人们的年龄增长而与日俱增。凡是正儿八经地从事过阅读的人们都能体会到此种责任的力量。

一种关于阅读伦理的理论，可能会非常严肃地包含一种可能，那就是，一方面阅读可能导致其他种种道德上的善举或有价值的行为；另一方面，即便是阅读一部堪称道德典范的著作也可能导致某种非常不道德的行为发生。诚如荷尔德林所说的，"凡是真的东西就是即将发生的东西"。阅读行为本身是作为一个事件而发生的。这种阅读事件，就像文本写作一样首先会发生 / "占有"（take place）。阅读会发生在某个特定的地点，针对某个特定的人物进行，同时出现在特定的历史、人际、机构和政治语境里，然而，它时刻都会突破这些可预见的因素。阅读还会导致语境之外其他事件发生，而每个新出现的事情自然需要加以重新界定。针对这种阅读行为又会诞生更多的文字或话语，阅读时刻都会导致种种其他行为发生。

总之，在米勒的叙事伦理中，最核心的问题便是如何才能唤起我们对无法记忆的承担责任。[1]鉴于故事的叙述和阅读自始至终都兼具述行和认知的维度，因此对文学（尤其是叙事作品）进行的历史的、实用的以及理论的研究，都应考虑到阅读所具有的这种述行力量。在本书中，作者一方面将叙事作品与拟人相联系，另一方面他紧紧地扣住叙事的伦理问题，这些一则可以看作米勒关注文学具有这种述行力量，

---

[1]　J. Hillis Miller, *Versions of Pygmalion*. Cambridge: Harvard University Press, 1990, p.24.

并将阅读置于具体情境之中的体现；另则也是他在解构具体的文学作品过程中如何努力说出自己所知道的一切，并意在激活文学作品的述行力量，谨防它仅仅被当作一部纯粹的文学史。这样，米勒有关文学的伦理批评和解读就完全异于以往的伦理批评。

三、米勒的地志伦理观

地志的伦理是米勒近十年来开始关注的一个全新的领域。米勒有关地志伦理的论述，主要见于他的《新的开端》（1993 年）和《地理志》（1995 年）二书。仔细考察，米勒的地志伦理思想是他在对小说、诗歌以及哲学文本中的地志问题进行一系列思考和叩问过程中提出的。同时他的这些论述又与他的文学中的言语行为理论紧密融会在一起，而其理论的呈现则是针对具体的地理描写实例的阅读进行的。

《地理志》一书本是从地志的视角讨论小说和诗歌中的地形地貌或城市描写所起到的作用，同时也探讨地志术语在哲学和批评思维中起到的作用，然后作者结合具体的实例考察了这些地志因素的构成及其运作情况。地志术语在作品中能够为读者创造一个想象的地貌，然后派生出叙事和概念的意义。地理志牵涉的问题众多，其中就有言语行为、伦理义务、政治或法律权力、不同地域间的理论翻译、充当寓言式的地志上的划界，还有地貌与拟人间的关系等问题。在这众多的因素中，有两点最为根本，那就是拟人与伦理问题。鉴于任何地形地貌的呈现都会运用到拟人手法，而拟人又关涉到伦理责任问题，于是米勒通过一系列的解读，阐述了他的地志伦理思想。首先是结合海德格尔的筑、居、思的学说与哈代小说《还乡》的解读，他讨论了哲学、文学与地志之间的关系问题。同时他还对海德格尔的《筑·居·思》展开了剖析，进而将纳粹时代海德格尔的地志观念与他的国家社会主义政治意识形态联系在一起，讨论其中所蕴含的伦理问题；接着，他根据柏拉图对苏格拉底与普罗塔哥拉就美德是否可以教授问题的辩论之描述，展示了拟人与地志间亲密无缝的关系以及其中所蕴含的伦理问题；而他对克莱斯特（Heinrich von Kleist）的《密歇尔·科拉斯》（*Michael Kohlaas*）这一故事的解读，展示了法律和伦理义务是如何通过边界和边疆的形象予以戏剧化的再现，而边界（border）连同界限（limit）又是地理志中最基本的观念；[1] 另外他在讨论福克纳的《押沙龙！押沙龙！》时，一方面阐述了意识形态与地志间的密切关系，另一方面展示了积极的介入型阅读所隐含的伦理责任。

不过，米勒的地志伦理思想最集中地体现在该书第十章《地志的伦理：史蒂文斯》中，它与《新的开端》（1993 年）的第四章《地志的伦理：论史蒂文斯〈基韦斯的秩序理念〉》内容完全相同。虽然米勒在建构其阅读理论的时候，其实例多来自于叙事文本，而此次讨论地志的伦理时，他一改以往的做法而选择了诗歌。在此，米勒首先从史蒂文斯早期诗作《何以为生，所为何事》（*How to Live. What to Do*）讨论入手，将伦理关系界定为"决定以何种方式生活与行事的原则"。史蒂文斯此诗的伦理问题在于，寒风能否带来新的伦理义务。寒风袭来，令人不禁自问："何以为生？所为何事？"该诗标题可以解读为骤然提出几个未解与无解的问题：面对此种非关人情的欢喜，我该做些什么？该如何生活？寒风虽然愉悦、欢欣与明确，却似乎没有给我任何指引或训示。它对我无所求，我对它亦不负任何义务。另一方面，寒风以其冷漠可能赋予诗中主人公一种新的伦理义务；它可能加诸他及其同伴一种新的法则。这才是问题之所在。本来伦理必须涉及人际关系与对伦理法则的遵循；它是语言的述行使用范畴。在这一范畴里，我们用言语来许诺、签约或遂行各种社会义务。表面上看，地志似乎属于语言的纯粹述谓范畴，它主要涉及地名研究，即依据景物的实像来命名，如"此

---

[1]　J. Hillis Miller, *Topographies*. Stanford: Stanford University Press, 1995, p.266.

处却有成簇的岩石"。然而，在这首诗的奇特地志寓言中，道德主题便借由与其对应之景物展现出来，而这个未赋予专有名称的景物，也因此被勾勒出来。经由此创造出来的是一个纯粹由文字创造出的空间，环绕着对立的上升／下降，黑夜／白昼，日／月，堆肥／石块等产生的空间。可以说，该诗本身就是诗的地志，无景的描写。它们分别为日、月、石块、浮云、寒风以及景物之上的主人公及其同伴命名。全诗的伦理主题只能透过这些不同项目的景色所产生的效价和张力来传达。因此，它可以说是一篇蕴含着"地志的伦理"之代表。

接着米勒继续追问，史蒂文斯的这类诗歌，可否仅仅为的是以不自然而又刻意的地志词汇传达诗样或寓言般的意境，即言在此而意在彼？同样的意义是否能以其他寓言手法来表现呢？接下来，他以史蒂文斯的那首有名的伦理—地志诗《基韦斯特的秩序理念》(*The Idea of Order at Key West*) 为例，对上述问题进行解答。作者的解读以一个地志典范为出发点，围绕史蒂文斯的"灵"字推演开来。该诗大抵讨论的是诗中那位女子的歌声与海浪声之间的关系。诗中主人公和他身份未明的同伴注视并聆听女人歌唱，而诗的内容则是诗人的冥想所得，是他对女人对大海反应之反应。诗中有关沙滩、大海、天空、云彩和地平线等景物，经由不断仔细冥思女人歌声与海空关系而逐渐勾勒出来。从另一个角度来看，该诗探讨的又是诗性语言的述行力量。文字与其他符号能使事情发生，在此例中，它们奇迹般地带来"世界"及其所有的地志特征。以文字为船只命名或为佳偶证婚即为例证。而且在诗中可以看出，上述这种述行为发生在不断推陈出新的诗里，而包含了佳偶成婚或船只命名等事件的世界，也正来自于这种不断创新的行为。某一个地方的地志并非等待被陈述或描绘的显存之物，而是经由像诗或歌等文字或其他符号以述行方式制造出来的。所有的这些均是由"地方"转变为"世界"的行为赋予的。在诗中，地志物体之名取代了物体本身，然后再以全新的替换与移置的结构，为这些名词制定新的秩序。如果说"秩序"是理性的，是关于度量、比例、轮廓的，那么对秩序的渴望则是非理性的、直觉的、无法控制与选择的，可能是回应大海骇人的冷漠与无形。在诗中创造着渴求得到的秩序并非如海、空、海岸、地平线等外在的地志特征，而是对这些特征以文字所做的描绘。换言之，景物方面的含义延伸到一般的地名，仿佛即便渔火也需要凭借文字的中介力量，方能征服黑暗并划分大海。而对秩序的渴求却是神圣的，因为唯有如此，才能把精灵安置于某地，才能召来新的海灵。这种渴望能够赐福，因此是神圣的；它使该地圣洁并拥有一种守护精灵。赐福本身是一种言语行为，是具有特殊法则的述行行为。在此过程中，秩序理念是秩序的构成原则和原型，而非一个人格化并有意识的心智；它的运作不带任何个人或父系神祇的意图在内。无政府状态则是相对于秩序而言的；创作者所渴求的正是要从无政府状态转变成具有起源与典范可循并能使万物适得其所而统辖于某个精灵之下的状态。

总之，所有这些言语述行行为都在回应一种要求，只是这点在回应之后才能清楚确定。这种奇特的决定命令暗示了一项新的伦理责任，也就是对一项经由我们的发言而设立的法则之责任。《基韦斯的秩序理念》诗中的女人之歌，正是回应该项命令的召唤而产生的。这也正如海德格尔所言，人类因为"无家可归"，所以才"将凡人召唤入其住所"。该诗实为回应歌者的回应，一种为"使之正确"而作的长篇冥想。而且米勒认为自己的这篇文章，正是对此回应的回应之回应。虽然并没有任何人或精灵要求他评论此诗，但他在读诗时却觉得它需要并要求自己的关注，仿佛没有自己它就没法发生／占有。而他自己的论述也为它创造了一个发生的空间和场所，此举可能同时兼具述谓和述行特征。米勒接着指出，他撰写本文固然是为了增强对该诗的认识，但该文又具有它自己的位置与坐标，并能创造出一个全新的意义范畴。而位置、坐标与意义范畴等三项肇始的行为，正如诗人所说的，都是"无拘无束，自由自在"的。米勒进而指出，自己身为此诗的读者，此一关系又倍增了这种歌者、听者的结构。这些都是义务的关系，是一种特别的伦理义务。这些都是无法抗拒的义务，但又缺乏明确的指向，只知道必须超越，正如歌者的"歌声胜过海灵"一样。这些述行总是盲目的，虽然回响好像是言语行为发生时才现形的精灵所管辖，但在开始时却没有方向和目标可言。

一言以蔽之，无论是歌、诗还是论文，每样都以无法预期的事件，容纳或安置了一个全新的地志，正是这些新的开端铺陈出地志的伦理。

四、伦理阅读之后的反思

诚如王德威所言："文学伦理不过就是在用文字（或其他艺术符号）作为象征的社会媒体或者文化建构里，不断地探讨：'我'在人生关系里、在世界处境里，如何成为一个有意识、有知识的主体，而这个主体当然永远是群之内的主体，或用我们的语境来说，是一个公民社会的主体。"[1] 文学的伦理问题可以是一个历久弥新的话题。

如果放眼西方文论界，我们会发现伦理批评的盛行固然是20世纪80年代出现的"伦理转向"之后的产物。解构主义者开始关注伦理问题，是由于它一开始就被指责为缺乏伦理和不具道德的，另一部分原因是德曼"二战"期间在比利时写过一些支持纳粹的文章，这些文章的披露动摇了解构主义的根基，于是众理论家纷纷撰文或发表言论，表示解构主义并不是意在忽视那些伦理和社会问题，由此而促成众人对文学中伦理问题的普遍关注。[2] 正是在这种时代背景下，米勒相继推出了

---

[1] 王德威：《现当代文学新论：义理·伦理·地理》，上海：复旦大学出版社，2014年版，第186—187页。

[2] Martha Nussbaum, *Love's Knowledge: Essays on Philosophy and Literature*. New York: Oxford University Press, 1990, p.29.

《阅读的伦理》及其姊妹作《皮格马利翁诸貌》，还有其他相关的作品，以此来对那些攻击解构主义的人们进行回应。同时，他还要反对马克思主义、心理分析和诠释学批评流派等将文学文本简单地理解为政治的、社会的、历史的、宗教的或心理状况的做法。一句话，他反对的是种种将外在文本语境作为决定文本意义的举措。[1]同时，在这一过程中，就像现代哲人理查德·罗蒂所说的，还伴有一种范式的转变，那就是时代的文化实证主义逐渐被一种文化实用主义取代，[2]这点在米勒的伦理批评中就有充分的体现。

就像有学者总结的那样，米勒有关伦理的思考有两点显得特别抢眼，"一是他始终扣紧文本的阅读，并在那种阅读的伦理瞬间密切留意文本是如何以其独特的方式接近道德法规的；二是他以一种后康德主义者的姿态来审视那种普遍的同时是无法理喻的'道德法规'问题"。[3]也就是说，他更多地避免像康德那样在伦理关怀中忽略社会和历史环境的差别，排除人类的情感和欲望，忽略道德运气，低估德行的价值以及对实践直觉的拒斥等做法。正因如此，也有学者将米勒和德曼、福柯等人的伦理道德完全归入浪漫主义的传统，认为他们渴望的是那种纯粹的、符号的和语言上的批评，以求通过这种批评而免于卷入日常生活中去。[4]其实不然。如果从批评方法着眼，米勒的文学伦理批评无疑是以运用强调他者和他异性的解构主义方法而著称。既然解构主

---

[1] Simon Critchley, *The Ethics of Deconstruction: Derrida and Levinas*. Oxford & Cambridge: Blackwell, 1992, p.44.

[2] Richard Rorty, *Consequences of Pragmatism (Essays: 1972-1980)*. New Edition, Hempel Hempstead: Harvester Wheatsheaf, 1991, p.xliii.

[3] J. Hillis Miller, *The J. Hillis Miller Reader*. Ed. Julian Wolfreys, Stanford: Stanford University Press, 2005, p.89.

[4] Tobin Siebers, *The Ethics of Criticism*. Ithaca: Cornell University Press, 1988.

义本身就蕴含了某种义务，它的发生必然具有某种伦理的价值。[1] 而且我们可以发现，米勒所捍卫的主要是解构批评的实用性。这也能解释他为何在那种理论批评盛行的时代，会加入德曼"抵制理论"的行列，并开展种种带有解构性质的修辞性解读。鉴于一切艺术作品的存在，都会不同程度地与周遭的世界发生某种联系，因此，在米勒的心目中，解构主义并不能仅仅局限于文学，解构的触角应该延及哲学、历史、伦理道德乃至整个西方的文明传统。在 20 世纪，随着文学理论在美国日益实现建制化，文学理论的功能也更多地成为一种意识批评，这种批评的做法就是将一种语言的实体视作一种物质的实体。这样文学理论更加成了一种"唯理论而理论"的研究对象。对此，米勒也提出了自己的批评意见，认为如果文学理论不能或甚少能够"运用"，这样的理论将是无用的理论。因此，文学理论必须是积极的、生产的和述行的。[2] 表现在伦理问题的探讨上，与其他哲人注重哲学上的阐发不同的是，他关注的并不是伦理之本身，而是阅读的伦理以及阅读中的伦理时刻与报告、讲述故事或叙事之间的关系，[3] 这也能解释他历年来为何总是注重结合具体的文学作品，并展开那种批评的、修辞的、生产性的解读，以此来讨论文学中的阅读伦理、叙事伦理和地志伦理等问题，由此而使他的伦理思想更易于为世人所接受。而且他认为，既然一切文本都是语言的，其最佳方式便是修辞性的解读，也就是运用修辞的、词源的或形象的分析，以求从内部而非外部"去掉文学与哲学语言的神秘色彩"。[4] 这一点，在其《阅读的伦理》《皮格马利翁诸貌》和《论基韦斯的秩序理念》等作品中就可以清楚地体察到。在这些论述中，

[1]　Simon Critchley, *The Ethics of Deconstruction: Derrida and Levinas*. Oxford & Cambridge: Blackwell, 1992, p.2.

[2]　J. Hillis Miller, *Versions of Pygmalion*. Cambridge: Harvard University Press, 1990, p.83.

[3]　J. Hillis Miller, *The J. Hillis Miller Reader*. Ed. Julian Wolfreys, Stanford: Stanford University Press, 2005, p.89.

[4]　Ibid., p.36.

作者始终扣准文本与伦理关联这一中心环节，通过大量精彩的文本阐释范例，尤其是关注那些故事中的拟人手法，阐明解构主义批评是行之有效且富有启发的文本解读方式。从表面上看，作者似乎一味地沉迷于文本解构游戏的乐事，他也不试图建构什么，乃至读者会怀疑其研究的价值所在。其实，这种关涉伦理的阅读正是他在玩弄那种修辞性解读中惯用的手段，也就是使用了偏差度较大的修辞性语言造成的。正是他的这种高超的"伎俩"，引导着那些"投身"于阅读的人们在不知不觉间"认同"并了解到这种思想，从而使他们获得一种难以言表、某种寓于另一种意识之中的存在。而这种修辞性阅读"对我们的道德、社会和政治生活有着至为重要的实际意义"。[1]

正如米勒指出的，"即便是最抽象的哲学观念都无法脱去它的政治内涵"，[2] 以此来考察米勒的这种批评活动，其背后的"政治"原因就有必要加以澄清。通观米勒的文学批评生涯，大致可以分为两个时期，即早期以现象学理论为基础的"意识批评"以及后期的修辞性解构批评。他在批评方法上之所以会发生如此大的转变，一则是由于德里达频繁地造访美国，另则是由于他在法文和比较文学以及文论方面的专长，还有可能是他对形式结构的反感，以及其他诸多原因，这些都决定了他后期会向解构理论靠拢，以担当起拯救美国文学思想危机的重任。然而他又本能地感到，重建结构理论体系可能会毁掉整个批评传统，但必须打破从新批评到解构主义所不断加固的语言囚笼。两难选择中，较明智的做法便是以黑格尔式的否定来保留现代批评的科学尊严与批判活力，即以修辞解读的方式，在以往形成的结构研究基础之上，以形式分析的专门术语与工具去瓦解传统的作家与文本权威，努力揭示符号的差异本质和语言的含混歧义，把文学批评变成无休止的逆向消解运动，变成一种不重目的，但求循环过程的魔术表演。故而他认为：

[1] J. Hillis Miller, *The Ethics of Reading*. New York: Columbia University Press, 1987, p.3.

[2] J. Hillis Miller, *Topographies*. Stanford: Stanford University Press, 1995, p.217.

文学文本的语言是关于其他语言和文本的语言，语言是不确定的；一切阅读都是"误读"，通过阅读会产生附加文本，破坏原有的文本，而且这个过程是永无止境的；阅读可以改进人们的思维，提高人们的意识，增强辨析问题的能力。尽管在米勒看来，阅读是不可能的，但阅读同时又是一种做事的行为，而在做事的过程中必然会关涉伦理问题。不过，他的这一系列的伦理解读，完全属于那种后康德式的特点，完全有别于自启蒙时代对伦理的思索，这种传统的伦理观可以从康德那里一直上溯至古希腊、罗马、犹太的和基督教的伦理。[1]在他对詹姆斯的《梅西所知道的》这一作品的分析中，这点就附带地得到了阐述。

细心的读者还不难发现，尽管在 20 世纪 70—80 年代，米勒已经彻底转变成一名解构主义者，同时可以看出日内瓦现象学批评对他仍然有着重要影响，那就是，他重新探讨文学的外缘关系问题，也就是文学与历史、政治、社会以及与个人和机构之间的关系，并着重强调"阅读的责任"和"阅读的伦理"。在此，他强调阅读者要细致而耐心地用研究的态度来阅读，在阅读中要做出基本的设想，如文本中说了哪些人们曾料想到的东西，说了哪些人们想说的东西，其中关于文化、历史、伦理道德、语言或符号系统的物质基础表示什么思想等。在这个意义上或许可以说，现象学的批评方法通过解释学理论而延伸到了解构批评理论之中。从总体上讲，他的解构批评仍在强调文学作品是人类意识集中的表现形式，而文学批评正是对这种意识的集中表现的批评态度。因为通过对意识的揭示，尤其是把文本的解读与伦理道德等问题结合在一起，能够显露意识背后的意识对象，从而使意识对象不再是二元对立的，而是一元性的，你中有我、我中有你的本体蕴含关系。

另外，还有一点值得留意，那就是米勒在讨论阅读伦理、叙事伦

[1] J. Hillis Miller, *Versions of Pygmalion*. Cambridge: Harvard University Press, 1990, p.35.

理和地志伦理的过程中，始终将文学中的伦理问题与言语行为理论紧密地结合在一起。在他看来，文学作品同时兼具述行和述谓的特点，此点是显而易见的。正如在《皮格马利翁诸貌》中讨论"阅读即行事"的思想时，米勒以《梅西所知道的》为例，指出自己在批评中坚守的四大指导原则，其中的第四条便说到文学文本一方面会努力地以其复杂而含蓄的方式反映历史状况，另一方面还会变革这些历史状况，也就是对它们做出一些事情。其中的一些作品一旦得到了阅读，就会介入历史之中。这就意味着文字还兼具生产性和述行的特征，它会促使某事发生。就此进行的研究自然也带有言语行为的性质，同时也属于修辞学的一个分支。[1] 因此，所有的批评应该是将阅读与那真实的物质历史世界产生的事件联系起来。[2] 换言之，一方面，文学固然会描写周遭的人与事，而人们通过阅读文学可以了解到更多的人与事；另一方面，文学具有以言行事的职能，也就是，它能够促使人们通过文学阅读来从事某项活动。正是文本本身让读者意识到那些故事不但提供了知识，而且还会在伦理和政治领域产生影响。[3] 同时，在米勒看来，阅读行为无疑属于生活行为的一部分，由此而关涉到伦理问题。上述所举的这些有关伦理问题讨论的作品，还只是米勒将文学的伦理问题与述行行为结合在一起的代表，其实他近年绝大部分的论述多带有这种性质。这样，他通过自己的身体力行，将文学的伦理研究推向一个全新的方向，亦即通过文学的修辞性解读而将伦理研究与言语行为理论紧密地结合在一起，这可以说是米勒的一大贡献；同时这也是他对那些将解构主义视为虚无和缺乏伦理关怀之类指责的最好反驳。

当然，近年也有学者就米勒的伦理批评思想及其方法提出一些批

---

[1]　J. Hillis Miller, *Versions of Pygmalion*. Cambridge: Harvard University Press, 1990, p.34; J. Hillis Miller, *Topographies*. Stanford: Stanford University Press, 1995, pp.321-322.

[2]　J. Hillis Miller, *Versions of Pygmalion*. Cambridge: Harvard University Press, 1990, p.85.

[3]　Ibid., p.89.

评意见。第一，针对他的《阅读的伦理》，认为他对文本概念的理解显然过于狭窄，仅仅局限于书本，而不像德里达那样有更宽泛的理解；第二，他在理解伦理的时候只是把它作为传统的哲学研究中的一个部分，而不像利维纳斯一样进行更宽泛的解释；第三，他的伦理观显然只局限于文本，这点也适合于那种伦理瞬间，还有针对文本的"我必须"，以及在文学课堂中阅读一部书时的具体语境；第四，那些从伦理过渡到政治的段落没能得到充分的说明，同时这种政治行动的准确性及其针对语境未能得到适当的限定；最后，米勒意义上的伦理还很不具体，很可能流于空洞或形式上的普世论，尽管这种理论是从康德的伦理中得到了启示，却不是康德意义上的伦理。一句话，在他们看来，在米勒那里，伦理还只是一种形式的、普适的唤起尊敬的命令，一种"我必须"或由某个文本派生的崇高时刻，然后被转写进政治行动当中。[1]除此之外，也许有学者认为米勒的伦理思想主要局限于阅读行为本身，其讨论的范围显然有点过于狭窄；[2]另外也有人指出，米勒的几部作品虽然凸显的只是文学中的语言问题，他未能在文学与伦理问题之间建立起一种令人满意的联系；[3]还有学者在研究叙事伦理的过程中对米勒的伦理解读提出了批评，认为他"往往被自己的伦理批评模式所禁锢，因此经常只能对叙事文本做出'程序化'的解读"，这样就"阻碍了对叙事做出灵活的、具体的伦理研究"，[4]并指出其《阅读的伦理》一书便是这方面的典型代表。可见，上述这些学者的批评主要是针对米勒在探讨伦理问题时一味地关注语言，关注阅读，由此导致其视域相对狭窄。这样的批评因限于视角，难免有失偏颇。其实米勒就此有过解释，

[1] Simon Critchley, *The Ethics of Deconstruction: Derrida and Levinas*. Oxford & Cambridge: Blackwell, 1992, pp.47-48.

[2] David Parker, *Ethics, Theory and the Novel*. Cambridge: Cambridge University Press, 1994.

[3] Robert Eaglestone, *Ethical Criticism: Reading After Levinas*. Edinburgh: Edinburgh University Press, 1997, p.5.

[4] James Phelan、唐伟胜：《"伦理转向"与修辞叙事伦理》，《四川外语学院学报》2008 年第 5 期。

他认为在阅读行为当中会涉及认识和伦理等方面的因素，不过这些首先是由文本引发的。无论如何，阅读作为一种认识的必然，总是先于它作为一种伦理选择或评价的事实。这就意味着阅读的伦理首先取决于一种语言上的绝对命令，而非一种超验的或主观意愿的东西。一句话，在阅读的过程中，认识必须先于伦理。[1]这就能解释他为何在解读中会对文本和语言问题表现出更多的关注。事实上，米勒近年来就文学展开的一系列解读活动均带有修辞性解读的特征。这点在他探讨文学与伦理的关系问题时就有明显的表现。换言之，他的这种解读始终紧扣了文本自身与伦理意味的关系，重点考察的是作品"通过什么技巧，在特定的写作和阅读语境中强化或质疑特定的道德价值和规范，以及文本如何在强化或质疑这些道德的过程中彰显自身的价值"，[2]由此体现了批评家米勒在运用解构批评方法中的高度灵活性，同时他的这些批评往往能够凸显文学作品中那种"奇特性、特异性和不同寻常之处"。[3]无论怎么讲，米勒在当今西方文论界尤其是文学的伦理批评方面做出的成绩是不容磨灭的。

诚如批评家伊格尔顿所言，伦理和批评间的一大逻辑联系在于，二者对意义和真理表示了深切的关注。而对意义和真理的关注，又构成了一切批评的基础。[4]这点在这位将文学批评视作生活行为中一部分的米勒那里就显得尤为重要了。到了新世纪，米勒继续将自己的伦理解读活动进行了新的拓展。目前，他更是刻意从后现代伦理的角度，通过对文学作品中的伦理问题展开解读，进而将这种解读与当今世界

---

[1]　J. Hillis Miller, *The J. Hillis Miller Reader*. Ed. Julian Wolfreys, Stanford: Stanford University Press, 2005, p.57.

[2]　James Phelan、唐伟胜：《"伦理转向"与修辞叙事伦理》，《四川外语学院学报》2008 年第 5 期。

[3]　J. Hillis Miller, *The J. Hillis Miller Reader*. Ed. Julian Wolfreys, Stanford: Stanford University Press, 2005, p.viii.

[4]　Robert Eaglestone, *Ethical Criticism: Reading After Levinas*. Edinburgh: Edinburgh University Press, 1997, p.20.

局势的发展联系起来，以此唤起人们的伦理意识，并寻求以最恰当的方式来行事。如他近年借用德里达晚期讨论的免疫性和自身免疫性逻辑对诺贝尔奖得主莫里森的小说《宠儿》中塞丝杀婴行为所产生的伦理悖论的解读，就是这方面的典型代表，而这也可以看成作者"认真地对待他异性以及他者的独特性"的一种表现；[1] 另外，他在《纪念德里达》（2009 年）文集中，结合德里达的不负责任的伦理思想，将文学界定为《圣经》的不负责任的儿子，进而提出自己如何才能变得富有责任的问题。这些关怀实属难能可贵。

　　总的来看，随着当今世界全球化进程的加快，经济发展日益一体化，各种政治的和地理的疆域不断被突破，种种地方法律和条例随即被抛置一旁，还有那些普适性观念、不可动摇的基础和伦理准则受到了广泛的质疑，人们的伦理道德观念也在发生着剧变，另外，当今世界各文明间的冲突在不断地攀升，恐怖主义日益肆虐。处在这样的后现代语境中，米勒尝试通过文学中的伦理解读来晓喻世人，文学故事本身同样兼具认识和伦理的功能，通过文学作品同样可以教授读者以美德，进而唤起他们的伦理意识，这样可以确保他们努力朝着"使之正确"的方向发展，进而"根据美德来行动、决策和判断"。[2] 如果从这个角度来看，米勒上述就文学的伦理问题展开的思考和剖析，其意义就显得不同一般了。

---

[1]　J. Hillis Miller, *Others*. Princeton & Oxford: Princeton University Press, 2001, p.26.

[2]　J. Hillis Miller, *Topographies*. Stanford: Stanford University Press, 1995, p.79.

价值多元与价值虚无

——从施特劳斯与伯林的思想张力看文化多元主义的悖论

张兴成[1]

[摘　要]现代社会的一个根本特征就是文化与价值的主观化、相对化与多元化。伯林是坚持和倡导价值多元论与自由主义的代表性思想史家，他以一元论与多元论之间的冲突来划分西方的思想图景；而施特劳斯则视价值多元主义为西方自由民主制的危机表现之一，认为这是古典哲学的自然权利论被现代科学、历史主义和实证主义取代后的结果，现代价值多元论很容易滑入虚无主义，而正是多元主义带来的虚无主义导致了现代的思想专制——平庸的大众思想的新的专制，多元主义正在成为各种低劣价值获得平等权利的借口和理由。伯林与施特劳斯对于多元论和一元论的不同看法很大程度上源于二人对现代极权主义思想来源及其性质的不同判断，尤其是在浪漫主义思潮上的分歧。二人的思想张力让我们能更清晰地看到文化多元主义的内在矛盾与困境，辨清文化多元主义的思想基础

---

[1]　张兴成，西南大学文学院副教授。

及其与自由民主制之间的关系。多元主义一旦沦为相对主义，就有可能不是在为自由主义辩护，相反是在削弱自由主义的力量。

[**关键词**] 以赛亚·伯林　列奥·施特劳斯　文化多元主义　虚无主义　自然权利

文化多元主义在20世纪已成为人类思想的主流，马克斯·韦伯（Max Weber）认为，价值的"多神主义"（polytheism）是前现代的一元神（基督教上帝）世界被理性化"祛魅"（Disenchant）后的结果，现代社会的一个根本特征就是文化与价值的主观化、相对化与多元化。"我们这个时代……的命运便是，那些终极的、最高贵的价值，已从公共生活中销声匿迹，它们或者遁入神秘生活的超验领域，或者走进了个人之间直接的私人交往的友爱之中。"[1]

当今流行的文化多元主义与"差异的政治""承认的政治""身份政治"等虽然在内涵上略有差别，但根本观念是一致的，这些提法都是基于对个体所依存的文化的多样性和平等性的强调和辩护。虽然文化多元主义具体在每个国家强调的内容有所不同，比如在加拿大和澳大利亚可能只是用来指称对移民群体的容纳，而在美国，文化多元主义通常指所有形式的"身份的政治"，包括种族文化群体、性别（女权主义）、性倾向（同性恋）、残障人士等特殊的文化与政治表达。[2]它们背后的文化、政治情境和历史传统或有不同，但支撑它们的哲学基础基本上都是各种权利哲学和价值多元论思想。在20世纪的思想史家中，以赛亚·伯林（Isaiah Berlin）、迈克尔·奥克肖特（Michael Oakeshott）等都曾系统地梳理过多元主义的思想脉络和意义，特别是伯林，由于其影响，"多元主义现在已经成为一个得到承认的标签，一个被各种各

[1] ［德］马克斯·韦伯：《学术与政治》，冯克利译，北京：生活·读书·新知三联书店，1998年版，第48页。

[2] ［加］威尔·金里卡：《当代政治哲学》（下），刘莘译，上海：上海三联书店，2004年版，第599页。

样的当代著作家们应用和经常肯定的标签"。[1]

对价值和文化的多元主义的流行存在两种截然不同的判断，一种视之为西方自由民主观念的积极表现，而另一种则视之为西方自由民主制的危机征兆。这种对立在以赛亚·伯林和列奥·施特劳斯（Leo Strauss）的思想张力中表现得尤为突出，伯林基本以一元论与多元论之间的冲突来划分西方的思想图景，将价值的多元奉为人类最值得追求的基本原则之一；[2] 而施特劳斯则认为，当我们不再相信价值世界存在着永恒性和普遍性的标准，但我们又不愿把自己的命运交给随便的选择或没有根据的"自由"，那么，剩下的就只有这等意义的"自由"了："我们可以自由地或者是在命运所强加给我们的世界观和标准中做出痛苦的选择，或者是在虚幻的安全感或绝望中丧失自己。"[3]

关于施特劳斯与伯林的思想张力问题，国外论述甚多，仅在汉语学界，刘小枫、钱永祥等人已经有非常深入的辨析，[4] 本文不过是循其理路，着重从施特劳斯与伯林对价值多元问题的不同思想史解读入手，辨析文化多元主义的思想基础与悖论，特别是文化多元主义可能滑入相对主义和虚无主义的危险。

一、一元论、多元论与现代虚无主义

20 世纪 60 年代以来，西方现代性危机日益凸显，其主要特征正

---

[1] ［美］约翰·凯克斯:《反对自由主义》，应奇译，南京：江苏人民出版社，2005 年版，第 223—224 页。

[2] 参见［英］伯林:《反潮流：观念史论文集》，冯克利译，南京：译林出版社，2002 年版；［英］伯林：《浪漫主义的根源》，吕梁等译，南京：译林出版社，2008 年版。

[3] ［美］列奥·施特劳斯:《自然权利与历史》，彭刚译，北京：生活·读书·新知三联书店，2003 年版，第 29 页。

[4] 刘小枫:《刺猬的温顺》，上海：上海文艺出版社，2002 年版；钱永祥:《多元论与美好生活：试探施特劳斯政治哲学的两项误解》，邓正来主编：《复旦政治哲学评论》第 1 辑，上海：上海人民出版社，2010 年版。

如余英时先生所述，集中体现为建立在一元论基础上的"基础主义"（fundamentalism）和建立在多元论基础上的相对主义、虚无主义之间的此消彼长。[1] 现代一元论源于启蒙思想对人类理性化带来的进步、解放的自信和规划。相信在理性、科学和物质发展的基础上，人类终将抵达自由的"美丽新世界"，人类历史的演变与发展被描绘成朝向这个美丽新世界的必然运动，人类将最终从各种宗教的、神话的、自然的和社会的角色的束缚中摆脱出来，走向大同社会（自由主义或共产主义），实现"同一个世界，同一个梦想"。这种一元论思想确立了现代性的霸权地位，使得人类的文化被逐步纳入一个以西方中心主义为基础的殖民体系之中，而且，一元论推动下的各种进步主义、乌托邦冲动也成为20世纪各种极权主义思想的基础，导致巨大的历史灾难。正是基于这些原因，20世纪60年代以来，西方世界出现了反思和批判一元论启蒙思想的潮流，后现代主义、后殖民主义、新历史主义等，几乎都将启蒙思想作为攻击的主要标靶。这些反启蒙思想大多建立在多元论和相对论基础之上，它们在攻击启蒙理论的一元霸权，张扬多元主义的同时，却不可避免地滑入了相对主义和虚无主义。现代人在不断革命、咸与维新、与时俱进的"进步追求"中，逐渐丧失了最基本的生存根基和价值信条，只有新与旧、进步与落后、穷与富之分，没有正确与错误、善与恶、美与丑、真与假之辨，认为一切都不过是权力意志和知识的游戏（尼采、福柯）。人类的价值秩序从古典到现代发生了一个根本性的颠倒。这个世界越来越缺乏基本的尺度和标准，"此亦一是非，彼亦一是非"，"道术将为天下裂"（《庄子》），一切价值都是相对的，"怎么做都可以"（尼采、陀思妥耶夫斯基），这就是施特劳斯等人所批判的"现代性危机"。"在欧洲，现代性的危机表现在形而上学和神学关于世界结构理论的衰落，以及与此相关的关于本体论和认识论之间所

---

[1] 余英时：《中国现代的文化危机与民族认同》，《现代危机与思想人物》，北京：生活·读书·新知三联书店，2005年版。

谓的一致性这类理论的衰落。世界日益被理解为不是一整个有限的世界，而是分散为各种可能的世界观的多元状态；多种世界观这一概念本身就显示了已经发生的变化。"[1]

其实，早在 18 世纪，休谟（David Hume）就提出"实然"与"应然"之间存在不可逾越之鸿沟——"事实判断"与"价值判断"分离，"实然"推不出"应然"。韦伯进一步认为，价值和意义已经从客观知识中被清除，价值变成了"中立"的事情，对于事实判断，我们拥有客观知识，而对于价值问题，我们只有主观意见。价值是如此多元，我们不可能用一套理性的方法去证明哪一个价值是正确的，也无法在价值和意义的问题上达成共识，因此，"道德是一个个人选择的问题"。同样，在存在主义哲学家如海德格尔、萨特那里，也把价值问题交给个人，变成个人的一种自由"选择"。甚至像罗尔斯这种追寻普世主义的康德主义者，也不得不承认价值选择是个人的事情。自由主义的要义在于，国家制度不能预设价值的序列和目标，国家和制度的功能在于保障个人的自由选择，但不能干预个人的自由。国家制度之所以不能预设价值的序列和目标，是因为"上帝已死"，自柏拉图以来的西方世界的一元论形而上大厦已整体崩塌，不再有一个统一的最高法官和裁定者，一切都是历史的、相对的、民族化和个人化的。

伯林用一元论和多元论的冲突来区分西方思想史传统，信奉多元论甚至超过了自由主义，他晚年认为多元主义与自由主义没有逻辑关系，有各种不属于多元论的自由主义。[2] 但是通观其著作，是否坚持多

[1]［美］施耐德：《真理与历史》，关山、李貌华译，北京：社会科学文献出版社，2008 年版，第 241 页。

[2]［伊朗］拉明·贾汉贝格鲁：《伯林谈话录》，杨祯钦译，南京：译林出版社，2002 年版，第 40 页。关于价值多元论与自由主义的复杂关系可以参阅乔治·克劳德：《自由主义与价值多元论》，应奇、张小玲等译，南京：江苏人民出版社，2006 年版；乔治·克劳德：《多元主义、自由主义与历史的教训》，刘东、徐向前主编：《以赛亚·伯林与当代中国：自由与多元之间》，南京：译林出版社，2014 年版；贝阿塔·波兰洛夫斯卡 - 塞古尔斯卡：《多元论与悲剧》《价值多元论与自由主义：相互联结还是彼此排斥？》，以赛亚·伯林、贝阿塔·波兰洛夫斯卡 - 塞古尔斯卡：《未完的对话》，杨德友译，南京：译林出版社，2014 年版。

元论恰恰可能是他衡量"真正的"自由主义的标准之一。多元论否定了一元论所秉承的世界存在最高的、普遍的、永恒的、不变的、中心的、绝对的价值,而认为人类的诸多价值之间是不相容、不通约、相互冲突的,基本上认同人类的价值是多元论的、历史的、民族的、现世的、"我们的"、个人的、相对的。在《相对主义》一文中,施特劳斯将多元论的这种观念视为相对主义,并以伯林的自由主义思想为当代典型,追溯了这种观念的渊源与脉络。[1]在《自然权利与历史》中,施特劳斯系统清理了这些现代"多元论"与相对论思想的虚无主义本质,认为它们是古典哲学的自然权利(natural right)论被现代科学、历史主义和实证主义取代后的结果。如果一切都是历史的、相对的、民族化和个性化的,若一切事物变动不居而无某种不变的根基或基础,便难以看到真理、正义和道德何以是可能的。否定永恒的上帝或存在,必然破坏一切有关善恶或贵贱的固定的或不朽的标准,因而必然破坏普遍道德律或人之优秀的自然标准的基础。[2]当生活的价值和意义,道德和各种行为规范成为个人的"自由"选择和"偏好"后,"我们对于我们据以做出选择的最终原则、对于它们是否健全一无所知;我们最终的原则除却我们任意而盲目的喜好之外并无别的根据可言。我们落到了这样的地位:在小事上理智而冷静,在面对大事时却像个疯子在赌博;我们零售的是理智,批发的是疯狂。如果我们所依据的原则除了我们盲目的喜好之外别无根据,那么凡是人们敢于去做的事就都是可以允许的。当代对自然权利论的拒斥就导向了虚无主义——不,它就等同于虚无主义。"[3]

---

[1] [美]列奥·施特劳斯:《相对主义》,丁耘主编:《五四运动与现代中国》(思想史研究第7辑),上海:上海人民出版社,2009年版。

[2] [美]列奥·施特劳斯、约瑟夫·克罗波西主编:《政治哲学史》(下),李天然等译,石家庄:河北人民出版社,1998年版,第1020—1021页。

[3] [美]列奥·施特劳斯:《自然权利与历史》,彭刚译,北京:生活·读书·新知三联书店,2003年版,第4—5页。

按照施特劳斯的解释，自然权利论本身就是"历史"的，存在着古典自然权利论与现代自然权利论的巨大区分。古典自然权利论与一种目的论的宇宙观联系在一起。一切自然的存在物都有其自然目的，都有其自然命运，这就决定了什么样的方式对于它们是适宜的。对人类来说，就是需要运用理性去认识这些自然目的以及人自身的自然目的（天性），并按照适宜这种目的的方式行事，只有这样才符合自然之道。古典自然权利与习俗（nomos, convention）是相对的，自然高贵的东西高于习俗高贵的东西，但是，这种观念被现代科学和哲学颠覆了，古人认为自然比习俗更高贵，而现代人认为习俗与历史（自由和价值领域）比自然（缺乏目的或价值）更高贵。[1] 因此，与古典自然权利论不同，现代自然权利论是古典自然权利论被现代自然科学摧毁后的结果，它与机械论的宇宙观联系在一起，其基本的目标不是按照自然的目的行事，而是按照人的目的行事。古典自然权利与现代自然权利的基本区别可以概括为，前者称那些"自身即善"之物为"最高的善"（summum bonum），而后者将"我们的善"——"有用性"视为最高的善。这种区分的关键在于，对"自然"的理解古今存在巨大的不同。自苏格拉底、柏拉图、亚里士多德直至基督教哲学传统，都将自然理解为万物"实在而永恒不变的本性"或事物的"本质"，人只有在理性指导下认识了这些"本性"和"本质"，才可以摆脱沉溺于现世的"影像"和个人与局部的私欲，遵循普遍的秩序和公正。这种古典的自然权利论又被称为"本质权利理论"。但现代人理解的"自然"一词，更多的是意指那些"具有规律性并受规律支配的自然进程"，"自然"就是"依从定律之物"。于是，自马基雅维利、霍布斯以来，政治哲学变成了"政治物理学""政治科学"，人们从机械物理学、运动学理论的角度去思考人与国家的问题，自然权利思想走向了权利实证主义，认为"为了达到

---

[1] Leo Strauss, *The City and Man*. Chicago: the University of Chicago Press, 1964, pp.13-16.

实效，我们的行动可以毫不顾及既有的自然秩序"。人类的理性实际上都是"工具理性"，人类的道德、正义和秩序实际上都是追逐私欲的结果。这种现代的自然权利论也可以称为"运动权利理论"。[1]

按照施特劳斯的逻辑，现代人用"现实主义"取代了古人的"理想主义"，用"合法性"代替"正义"，用"权力"代替"智慧"，用"有效政府""合法政府"代替"最佳制度"，强调"权利"高于"义务"，所谓自由主义就是将人的权利视为最基本也是最高价值的政治学说。在古典时代，自然权利论的敌人是各种习俗主义，而在现代，自然权利论的最大敌人就是历史主义、实证主义和存在主义，而且，更为狡猾的是历史主义、实证主义实际上已经把自己装扮成了自然权利论。但不管是古典社会中的习俗主义还是现代社会中的历史主义，都取消了基本的善恶、好坏判断标准，不同的是，习俗主义认为"古老的""传统的"就是"好的"，历史主义则把"新的""进步的"当作"好的"。[2]

伯林把民族认同等视为人的"自然属性"——"归属感"的需要和个人正当权利的体现，实际上是把"我们的"生活方式，即存在于一个民族传统的习性与文化价值提高到"至高"的地位，把那些"古老的""传统的"，属于"我们的"民族的生活方式和价值观等同于"正义的""好的"乃至"最合理的"生活方式与价值观，这样必然与人的真正普遍存在的，不能加以历史化、地域化和种族化的"自然权利"——每个人生而（by nature）平等、自由等权利产生冲突。因此，衡量一切事物之真与假、有与无的，既非任何特殊团体的"我们"，也非某一

---

[1] 参见［美］列奥·施特劳斯：《自然权利与历史》，彭刚译，北京：生活·读书·新知三联书店，2003 年版，第 8 页；纳什-亨奇克：《自然权利理论与政治中的柏拉图主义》，刘小枫、陈少明主编：《柏拉图与天人政治》（"经典与解释"第 31 辑），北京：华夏出版社，2009 年版，第 45—59 页。

[2] Leo Strauss, "What Can We Learn From Political Theory?" *The Review of Politics*, Cambridge University Press, 2007,69(4), pp. 520-522.

独一无二的"我",而是人之作为人。[1]伯林认为一元论的价值观会导致权力中心主义或集权式统治,但他倡导的多元论的价值观也并不能避免这种后果,因为如果关于正义等各种观念和价值都是因时、因地、因民族、因个人等而变化的话,那么,必然导致人们把某一特定人群、民族或个人的价值视为特殊乃至优越的,或者把"自己的"价值观和生活方式确立为唯一合理和正确的,这样产生的结果无非是围绕各种"意见"(而非"真理")或意识形态的争斗而最终以"强力"而不是"道义"或"正义"达成的妥协或专政,而不可能是真正的合乎正义的秩序。

所以,在施特劳斯看来,伯林所追求和倡导的各种多元论的、历史的、民族的、现世的、"我们的"、个人的观念和价值正是习俗主义、历史主义的典型,它们与其所反对的现代启蒙主义、一元论思想与其说是截然对立的两极,不如说都属于古典自然权利论的敌人——现代自然权利论,它把"自然"置换为各种具有现代意味的"人性""民族性""地域性""本土性""社群""性别""肤色",等等。的确,在我们这个时代普遍流行的观念中,个性高于共性,特定时空的东西高于普遍之物,民族性高于世界性,此岸感、世俗性高于理想性,经验的、实证的高于玄想的和抽象的。这些观念至少催生这样两种流行的虚无主义行为,其一,导致人们放弃一切高尚的人类抱负,因为虚无最终高于其他一切价值,因而没有理由为困难的和遥远的目标而奋斗和牺牲。其结果是庸俗的享乐主义盛行,人们都追求最不费力的东西,为片刻的欲望所引导。这导致人的平面化,没有了价值深度,人们只能沉溺于功利主义和实用主义。"柏拉图和亚里士多德以及他们的信徒都坚持认为,理想和现实之间、合理的和现实的之间有着根本的差异,与之

---

[1] [美]列奥·施特劳斯:《自然权利与历史》,彭刚译,北京:生活·读书·新知三联书店,2003年版,第83—88页。

相反，黑格尔宣称，合理的就是现实的，而且现实的就是合理的。"[1] 其二，历史主义、相对主义试图摧毁一切准则，而确立自身为人类活动的最高目标。这就是尼采意义上的作为权力意志的虚无主义，其表现形式是科学技术以征服自然为目的，权力政治以奴役人类为目的。这导致人的自我中心化，自我之外皆是虚无，他人成为手段；人与人、人与自然对立。世界只有纯粹的技术关系，科学以征服自然为目的，政治以奴役人性为目的，经济以制造欲望为目的，文化以出卖灵魂为目的。肉体狂欢，精神日渐丧失其统治力，必然成为我们这个时代最大的文化危机。

二、德国浪漫主义传统与自由主义的悖论

对思想史的不同解读与描述常常隐含着解读者对现实问题的不同理解与回应。伯林与施特劳斯对于多元论和一元论的不同看法很大程度上源于二人对德国纳粹、苏联等极权主义思想来源及其性质的不同判断。

伯林认为，是古希腊柏拉图主义传统和启蒙运动带来的各种形而上学的一元论思想导致了人类在观念和政制上的各种专政。人类在20世纪犯下的一系列滔天罪行，比如纳粹和苏联的极权主义，也是一元论思想导致的恶果；现代性的理性化和专家治国论以及各种权威主义都是一元论价值观的产物。只有驱除这些一元论、独断论思想，张扬多元论，才是人类的救赎之道。因此，伯林在西方思想史上的反启蒙的多元论、怀疑论思想家那里不断寻找自己的思想根据。伯林的多元论思想在二次大战后的西方世界受到了冷战思维的激发，成为反思和批判纳粹思想以及共产主义思想的最重要的武器，与伯林同时的还有

---

[1] Leo Strauss, "What Can We Learn From Political Theory?" *The Review of Politics*, Cambridge University Press, 2007, 69（4）, p. 527.

波普尔、哈耶克、阿伦特等自由主义思想家。不同的是，施特劳斯的思想更多是对纳粹主义的反思，而伯林等更多的是对斯大林专政和马克思主义、共产主义的批判。[1]

具体地说，伯林思想的基础主要有两个方面，一个是经验主义哲学，另一个是在康德、哈曼、赫尔德等人思想影响下产生的浪漫主义哲学，而这两种思想几乎都包含多元论、相对论倾向。经验主义宣称人类的一切知识都来源于个体的经验，价值观念也不过是人的经验的总结，是主观的、相对的，不可能存在超越主观经验之外的绝对的、不变的知识和价值。浪漫主义潮流被伯林视为人类思想史上"最重大的""以后再也没有发生过如此有革命性的事情"，是古希腊斯多葛学派等兴起的个人主义观念和马基雅维利所开启的道德多元之后，西方政治思想的"第三次转折"。[2]德国浪漫主义的"革命性"在伯林论述康德、费希特的思想时得到了最明确的表达。在康德的道德哲学中，道德不再是某种外在的大家共同遵守的规则，也不再是源于自然中的某些事实，或者来自先知的教诲，而是源于内心的律令，这个律令无所谓真与假、对与错、正义还是邪恶。道德是内心命令的结果，是自我的创造，而不是发现，自由便是服从自己给自己下的指令，于是人最重要的就是真诚地按照内心去生活、去追求、去创造，一个人的最大罪恶就是出卖、背叛自己的理想和内心。费希特在康德的"理性的自主"的基础上发展出了一个"意志"的"绝对自我"的概念。"自由意志"是我们的一切出发点，他把万物都归结于绝对精神的名下，因此，费希特比康德走得更远，认为世界不过是人的灵魂或者人的想象的放大。价值、原则、

---

[1]［美］拉塞尔·雅各比:《乌托邦之死：冷漠时代的政治与文化》，姚建彬译，北京：新星出版社，2007年版，第65—75页。

[2]［英］伯林:《浪漫主义革命：现代思想史的一场危机》，《现实感》，潘荣荣、林茂译，南京：译林出版社，2004年版，第191页；同时参见［英］伯林:《浪漫主义的根源》，吕梁等译，南京：译林出版社，2008年版。

道德和政治的目标，都不是客观既定的，不是自然或超验上帝施加的，"不是我的目标决定了我，而是我决定了目标"。伯林认为，这是"崭新的、革命性的思想"。[1]因为这个思想颠覆了西方对待自然和自然秩序的整个传统。在古希腊、古罗马、基督教和伊斯兰教等传统思想中有一个共同的观点，即每个东西都有其被指定的位置，每个东西都遵从不可违背的法则，人也不例外。这个位置要么来源于自然秩序、自然等级，要么来源于上帝的安排，然而现在这个秩序被康德哲学颠覆了。而且，这个"绝对自我"被费希特当作一种超越个人的自我——群体（the group）（比如文化、民族、教会）来谈论，康德的主体概念在费希特那里产生了"最大飞跃"——从孤立的个体飞跃到作为真正的主体或自我的群体，这就产生了政治上的神人同性论（anthropomorphism），真正的、自由的自我不是包裹在身体之内而且处在一定时空中的经验的自我，而是所有人共有的一个自我，一个超级自我——它与自然、上帝、历史、民族等同。这样，费希特将国家、民族、进步、历史转化为超知觉的行动者（agent），赋予意志和自由无上的地位，人的神圣天职就是依靠他不屈的意志来改造、征服他自己及他的世界。[2]因此，人离开了社会、群体、民族将什么都不是。所以，德国浪漫主义更是证明了人类的一切思想、价值和观念都是历史的、民族的、地域的和主观的（后来马克思把一切价值都看作阶级意识的体现，尼采把一切价值都看作权力意志的体现），根本就不存在放之四海而皆准的客观存在的普遍主义思想和价值。

但是，必须指出的是，德国浪漫主义思想在伯林那里是有所区分的，伯林真正赞同的是浪漫主义的多元论思想，比如哈曼和赫尔德，而这两位几乎都是康德的敌人。赫尔德被伯林称为"文化民族主义之

[1]［英］伯林：《浪漫意志的神化》，《扭曲的人性之材》，岳秀坤译，南京：译林出版社，2009年版，第228页。

[2]同上书，第229—230页。

父"。赫尔德的思想充满了历史主义色彩,他否定启蒙思想中认为存在普遍的人性、民族和历史等"纯粹理性"观念,认为根本就不存在超越特定历史和环境的普遍主义,每种文化都是特定历史和环境的产物,我们每一个人都有一种独特的作为人的存在方式;每个人都有他自己的"尺度"和目的,不能用启蒙主义的历史目的论来预设或规定每一个独特的民族或个人未来的无限可能性。这一思想是对启蒙理性主义和历史目的论的否定,从康德、黑格尔一直到马克思,几乎都为现代人设定了一种普遍的人性和历史目标,而正是这些观念成为现代人失去自由的枷锁,伯林在赫尔德的思想中找到了摆脱这些枷锁的钥匙,这是伯林把赫尔德视为自由主义思想基础之一的重要原因。[1]康德、费希特被伯林视为自由的"背叛者",由于他们过于强调主观性和"自决",在逻辑上必然从"主观的我"发展成"绝对的我",从"理性的我"发展成非理性的"意志的我",从"本真的我"发展成对抗英法唯物主义现代性的、体现了希腊始源精神、承载了拯救人类历史的"德意志天命",变成后来纳粹德国进攻性的、极端的民族主义意识形态的基础。所以,伯林把康德视为民族主义的一个"源头",把费希特视为"德国浪漫主义之父"。康德、费希特的思想虽然从起点上看是对传统一元论的"革命",是相对的、多元论的,但实际发展成了新的一元论和绝对主义、理想主义,又是伯林批判的对象,在这一点上伯林是矛盾的。由于取消了基本的善恶、好坏区分,伯林的多元主义难免会重蹈他所批判的一元论思想的覆辙。

施特劳斯与伯林的思想史判断存在相当大的分歧,就现代极权主义和纳粹的罪恶来源,施特劳斯表面上与伯林没有差异,他也将思想的罪责放到了启蒙运动和浪漫主义思潮上,但实际看法却与伯林截然不同。施特劳斯认为不是启蒙观念的一元论导致了大屠杀这样的后

---

[1] 张兴成:《文化认同的美学与政治》,北京:人民出版社,2011年版,第100—112页。

果，恰恰是现代启蒙运动摧毁了古典价值的一元的普遍主义和对高贵精神的追求而催生的现代虚无主义导致了人类的浩劫，现代虚无主义的典型就是多元主义、历史主义和各种相对主义思想。在施特劳斯看来，伯林的错误在于把结果当作了前提，多元主义、相对主义不能作为批判极权主义的武器，相反，正是多元主义、历史主义带来的虚无主义导致了现代的思想专制——平庸的大众思想的新的专制，多元主义可能正在成为各种低劣价值获得平等权利的借口和理由。施特劳斯也用自己这一代人的亲身经历来证明了其思想史探寻的现实根据。由多元主义奠基的自由主义思想不仅培育了软弱的魏玛民主共和国，而且为希特勒党徒的崛起提供了温床。自由主义的多元论带来的不是宽容，而是纵容，承认各种价值的"平等"与民主，导致在与保守主义、民族主义和共产主义等思想的博弈中，魏玛共和国的自由主义却为专制打开了大门。这正应和了柏拉图在《理想国》第八卷中对民主制度的预言，不当的民主将不可避免地导致暴政，独裁政治有时是从民主政治中产生出来的。《理想国》中的苏格拉底宣称，"不顾一切过分追求自由的结果，破坏了民主社会的基础，导致了极权政治的需要"。"一个民主的城邦由于渴望自由，有可能让一些坏分子当上了领导人，受到他们的欺骗，喝了太多的醇酒，烂醉如泥。"[1] 施特劳斯暗示，软弱但追求自由民主的魏玛共和国就是这一论断的现代翻版，是自由民主社会选出了希特勒及其纳粹政党。所以，他确信纳粹的野蛮不过是现代民主自由社会斩断了古典的自然权利和宗教价值的必然结果。大屠杀不过是现代性导致的虚无主义泛滥的表现，是人类陷入价值相对、放纵、无序，缺乏基本善恶判断的堕落状态之后产生的极端行为。[2] 在施特劳斯看来，历史主义、多元主义就是教条主义在当今借以出现的面具，

---

[1]［古希腊］柏拉图：《理想国》，郭斌和、张竹明译，北京：商务印书馆，1986 年版，第 339—340 页。

[2]［加］莎蒂亚·B. 德鲁里：《列奥·施特劳斯与美国右派》，刘华等译，上海：华东师范大学出版社，2006 年版，第 4—11 页。

所谓的价值多元主义不过是伯林所攻击的启蒙一元思想的产物和变种，而根本不是其敌对者，更遑论可以此来医治一元论的病症。

众所周知，作为反英法现代性的德国浪漫主义思想传统，强调"文化"（culture）重于"文明"（civilisation）。然而施特劳斯指出，虚无主义正是对文明本身的拒斥，文化所张扬的特殊性（如民族性、感性等）恰恰是对文明的反动，"文化这个说法并未规定要教化养成（cultivated）些什么（鲜血、大地还是心灵），文明这个字眼立刻表明了这样一种过程：将人变成公民（citizen）而非奴隶；变成城邦的而非乡村的居民；变成热爱和平而非战争的人，变成彬彬有礼而非粗野凶暴的人"。[1]因此，文明的主体是作为人的人，而凡是根据种族、民族、性别、肤色或者文化来解释科学和道德的，都是虚无主义。

施特劳斯虽然很少指名道姓地攻击伯林的多元论，但其《自然权利与历史》一书所要批判的主要思想就是多元论意义上的历史主义、虚无主义，施特劳斯直接批判的现代代表是韦伯的"价值中立"论，但这些批判几乎也适用于伯林："自然权利论在今天遭到拒斥，不仅是因为所有的人类思想都被视作历史性的，而且同样也因为人们认为存在着许许多多永恒不变的有关权利与善的原则，它们相互冲突而其中没有任何一个能证明自己比别的更加优越。""真实的价值体系并不存在；存在的只是一系列不分高下的价值观，它们的需求彼此之间相互冲突，而此种冲突又非人类理性所能解决。社会科学所能做到的只能是澄清此种冲突及其全部蕴含，冲突的解决只能留待每个个体自由的、非理性的决断。"[2]在直接提到伯林的《相对主义》一文中，施特劳斯也只是以伯林作为评判的起点，检讨了其"两种自由概念"存在的价值相对

---

［1］［美］列奥·施特劳斯：《德国虚无主义》，丁耘译、刘小枫主编：《施特劳斯与古典政治哲学》，上海：上海三联书店，2002年版，第752页。

［2］［美］列奥·施特劳斯：《自然权利与历史》，彭刚译，北京：生活·读书·新知三联书店，2003年版，第38，44页。

问题（其思路与《自然权利与历史》是一致的），然后追溯这种思想的现代起源和危机，思路延续到韦伯、马克思、黑格尔、休谟、克尔凯郭尔、尼采和海德格尔等重要得多的思想家身上。施特劳斯认为，现代价值多元论不可避免地将导致"价值中立"，价值多元论与其攻击的社会科学实证主义是一丘之貉。正如刘小枫所指出的，伯林攻击社会科学实证主义的理由是，社会科学实证主义是传统形而上学自然法原则和神学的上帝原则的翻版，是价值的一元论；而施特劳斯认为，社会科学实证主义原则是现代哲学与传统形而上学决裂后的结果，不是什么价值一元，而是根本放弃对价值问题的关切。[1]

因此，按照施特劳斯的理解，伯林必然陷入以下矛盾之中：价值多元在否定存在绝对的一元主义时，要么自己滑入绝对主义，把多元主义和相对主义绝对化，把各种价值的特殊性、历史性和民族性抽象化，任何价值都是平等的，导致人类放弃对善恶等根本问题的道德选择，"每一种取舍，无论其如何的邪恶、卑下或无辜，都会在理性的祭坛前被判决为与任何别的取舍一样合理"。那些现代的"全无精神或睿识的专家与毫无心肝的纵欲之徒"的生活方式，与苏格拉底所倡导的生活方式同样合理；当我们没有任何解决办法在道德上比别的更加优越，那么合乎情理的结果就是，决断权得由道德的法庭转移到便利或功用的法庭。[2]要么使自己的思想存在前提陷入矛盾，把多元主义绝对化也就取消了消极自由的中心和前提性地位，因为一切都是相对的，消极自由凭什么优越于积极自由呢？自由主义凭什么优越于其他主义？因此，施特劳斯认为伯林的"消极自由"概念恰恰体现了自由主义的危机，因为它抛弃了自由主义的绝对主义基础而企图完全变成相对主义论。

[1] 刘小枫：《刺猬的温顺》，上海：上海文艺出版社，2002 年版，第 185 页。

[2] ［美］列奥·施特劳斯：《自然权利与历史》，彭刚译，北京：生活·读书·新知三联书店，2003 年版，第 44，70 页；［美］列奥·施特劳斯：《相对主义》，丁耘主编：《五四运动与现代中国》（思想史研究第 7 辑），上海：上海人民出版社，2009 年版，第 318—319 页。

"伯林所理解的自由主义，没有绝对的基础就不可能，同时，有了一个绝对的基础它也不可能。"[1]按照施特劳斯的逻辑，即便伯林区分了多元主义与相对主义，自由主义的"价值虚无"问题依然会存在。多元主义、相对主义不可能成为自由的保障和基础，相反可能在帮助自由的敌人。因为，由于对多样性和个性的过度尊重，可能导致宽容与不宽容这样截然对立的价值会获得同样的尊严和平等性，"自由主义的相对主义，植根于宽容的自然权利论传统之中，或者说是植根于认为每个人都具有按照他对于幸福的见解而去追求幸福的自然权利的观念之中；但是就其本身而论，它乃是不宽容的一个源泉"。[2]

因此，这里实际上彰显了自由主义与多元论之间的一种复杂关系。多元主义既是当代西方自由主义的新的发展，也是西方自由主义内在困境的一种表现。从流行的文化多元主义来看，文化多元主义及其对各种群体价值的认同和对承认的强调，对权利自由主义观念构成了极大的挑战，因此，文化多元主义也常常是当今社群主义批判个体权利自由主义的武器之一。文化多元主义不能仅仅满足于坚守其基本立场，即没有任何一种文化比其他文化更优秀，也没有一种超然的标准可以证明这样一种正当性；可以把自己的标准强加于别的文化。否则，对于那些邪恶的宗教原教旨主义、极权主义统治文化，我们又有什么资格指责呢？多元主义一旦沦为相对主义，就有可能不是在为自由主义辩护，相反是在削弱自由主义的力量。"伯林的多元论以捍卫自由主义起家，结果却是认可了自由主义的一个最凶恶的敌人——社群主义（communitarianism）。"[3]这就是多元主义的自由主义必然存在的一个著

---

［1］［美］列奥·施特劳斯：《相对主义》，丁耘主编：《五四运动与现代中国》（思想史研究第7辑），上海：上海人民出版社，2009年版，第316—317页。

［2］［美］列奥·施特劳斯：《自然权利与历史》，彭刚译，北京：生活·读书·新知三联书店，2003年版，第5—6页。

［3］［英］迈克尔·H.莱斯诺夫：《二十世纪的政治哲学家》，冯克利译，北京：商务印书馆，2001年版，第288页。

名悖论。自由主义者在否定存在任何最高的、普遍的、永恒的、自明的价值的同时，也就否定了自己所信奉的自主、自由、权利等价值要优于其他价值的合理性。[1] 所以伯林也不得不强调：多元价值绝不代表文化相对主义，因为如果不存在什么超然的价值，那么自由的价值本身也不是超然的，如果自由的价值并非超然的，那么我们就没有理由非得接受将宽容、相对主义和差异作为首要的善（good）和争取合理性的前提。[2] 但是，如果差异性、多样性、特殊性不能作为文化多元主义要求特权的理由，那么，文化多元主义存在的基础必然被抽空。

一种政治制度的确立，总是建立在对"何为美好生活"的价值判断基础之上，而伯林主张政治哲学必得坚守"何为美好的生活"无法做出最终裁决这一处境，无异于说，政治制度无须带有价值决断。"一种主张放弃价值裁决的政治哲学，等于主张政治制度对恶'中立'。某些自由主义者主张，自由民主政制的正当原则是价值中立或多元价值的宽容，根本就是自相矛盾。设立自由的民主政制，无异于肯定了自由是生活中更美好、甚至最美好的价值。甚至可以说：自由的民主政制同样是一种专制——价值的专制：强制人们'自由'。这种强制基于哲人的价值决定：自由是美好的价值。"[3]

三、文化认同、身份政治与"好人政治"

文化认同、民族主义和各种身份政治问题构成了当代文化多元主义的核心内容。当今流行的各种身份政治在价值选择上也常常在一元论与多元论中间徘徊，难免陷入各种悖论之中。当它需要强调权利和

---

[1] ［美］约翰·凯克斯：《反对自由主义》，应奇译，南京：江苏人民出版社，2005 年版，第 240 页。

[2] ［英］C.W. 沃特森：《多元文化主义》，叶兴艺译，长春：吉林人民出版社，2005 年版，第 16 页。

[3] ［美］列奥·施特劳斯：《自然权利与历史》，彭刚译，北京：生活·读书·新知三联书店，2003 年版，第 205—206 页。

平等时，常常宣称存在普遍的人性，人与人之间没有差异，不管男人还是女人，有色人种还是非有色人种，异性恋还是同性恋，多数族裔还是少数族裔，在人之为人的层面，他们是平等的，不能有任何的歧视和例外；但当需要张扬文化归属和自我认同时，身份政治又会张扬特殊论和多元价值，以此来否定现实中的不平等和歧视，张扬每一个个体和族群的特立不凡。我们不能把这种悖论仅仅视为策略之争，应该看到这悖论背后的价值矛盾与张力在维持人类民主与自由、公正等理想上的艰难与积极意义。

在民族文化归属问题上，伯林认为，多元论与相对论（"自决论"）都是民族主义思想的基础，区分这两种立场和观念对于理解民族主义思想十分重要。伯林对民族主义的复杂态度也正是来源于二者之间的矛盾，他比较赞同建立在多元论基础上的文化民族主义，而极力否定建立在"自决论"基础上的进攻性的政治民族主义。[1]多元主义意义上的民族主义首先强调各个民族文化价值存在"差异"这个"事实"，只有这样才能达成民族之间的相互"承认"（recognition）和"理解"；而相对主义意义上的民族主义，首先强调的是民族价值的"主观性"偏好和自我利益，必然导致一些追求"自决"和"自我实现"的民族最终会向"征服型"民族转变。德国民族主义就兼具多元主义和相对主义两种品格。正是因为区分了民族主义的两面性，在20世纪的自由主义思想家中，伯林不像波普尔、哈耶克那样对民族主义持一种截然的反对和批判态度，而是充满了一定的理解与包容，他甚至希望达成自由主义与民族主义的"和解"，发展出一种"自由的民族主义"理想形式。

伯林把民族归属看作人的"自然"属性和普遍天性，但按照施特劳斯的逻辑，不管什么类型的民族主义，其背后的价值取向都是特殊的、相对的，绝非一种"自然权利"，民族、国家和各种群体赋予的价

---

[1]［英］伯林、加代尔斯：《民族精神再兴：论民族主义之善与恶》，刘军宁等编：《直接民主与间接民主》，北京：生活·读书·新知三联书店，1998年版。

值要求都不是最高的。人类如果不从某些特殊的群体、党派、民族的价值世界中摆脱出来，就不可避免地会丧失基本的理性和普遍的正义，因为他们信奉的总是：只要是"我们的"就是"好的"，"民族的就是世界的"，这样的判断必然是局部利益的、主观的和相对主义的，尽管这也是人类社会中客观存在的多元景象和"事实"。建立在多元主义、特殊主义和历史主义基础上的政治制度可能导致用民族价值、国家价值、公民价值和个人价值等形式取代人类普适的最基本的"自然"价值。比如在现实中，我们总是用"好公民""好党员""好职员""好学生"等"制度人"去取代"好人"，这种对应关系只有建立在相应的制度（民族、国家、政党、公司等）也是"好的"基础之上，否则将是非常危险的。一个坏的政党中的党员越好，其邪恶度越高。没有那些恪守职责、奉公守法、听从上级的"好党员"和在集中营工作的"模范工人""好职员"和"好公民"，希特勒和党卫军上层"最终解决"的意志和计划不可能得到彻底的贯彻和执行，纳粹时期的大屠杀不可能得以迅速、有效和大规模地实施。人类史无前例的工厂式的集约化屠杀之所以在现代社会发生，与整个现代社会的理性化进程是紧密相关的，最好的杀人工具不是骇人的各种现代化武器，而是那些已经机械化，道德麻木，听从吩咐，缺乏反思，追求"效率"和统计数据，只具"功能"和"角色"的现代"专家""管理者"和"公务员"。"纳粹分子集体屠杀欧洲犹太人不仅是一个工业社会的技术成就，而且也是一个官僚制度社会的组织成就。"[1] 因此，正如施特劳斯所说，"在希特勒德国的一个好公民在别处就会是个坏公民，好公民与政权是有联系的，而好人则不必有这种联系，好人的意义在任何时候和任何地方都是同样的。好人与好公民只有在一种情况下，即在最好的政权的情况下才是完全等同的，因为只有在最好的政权下，政权的善与人的善才能等同起来，这种善

---

[1] 布朗宁:《德国官僚体系和大屠杀》，转引自鲍曼:《现代性与大屠杀》，杨渝东、史建华译，南京：译林出版社，2002 年版，第 18 页。

就是美德"。[1]这是对亚里士多德关于"好人"与"好公民"的区分的重申。

自然权利论并不反对多种意见的存在，相反把各种意见和观念的存在看作抵达自然权利、整全知识和正义观念所必需的前提，苏格拉底正是通过与持各种意见和观念的人进行辩论而不断抵达真理和正义的。获得整全知识或正义观念不是靠强力消除多元观念后得到的统识，而是建立在理性基础上的对多元观念的超越。[2]像伯林那样把民族主义的合理性建立在一元论和多元论的相对结构基础上，其论证基础是不大牢靠的，不仅因为二者可能呈现"对偶性错误"（不改变批判的策略，我们常常与所批评的敌人犯同样的错误，只不过是走向了与之相对的逻辑而已）；而且因为正义与强制并非天然的敌对，有些时候强制或专制是必要而正确的，是符合"自然的"，对人性中的低劣冲动的专制是我们走向完满的必要手段。同样，"就极端的情况来说，专制统治之为不义，只有当其运用于那些能被信念所统治或那些理解力充足的人性时，才是如此：普罗斯比罗对卡利班的统治天然就是正义的。正义与强制并非水火不容；究其实而论，把正义视为一种仁慈的强制，并非完全错误。正义和德行总的说来都必然是某一种权力。说权力本身就是邪恶或就在腐败，就等于是说，德行就是邪恶或就在腐败。当有的人被他操纵的权力所腐败时，别的人却为权力所改善"。[3]施特劳斯诉诸柏拉图的自然权利统治论，即智慧者、高贵者对无智者、卑劣者统治的天然正义性来论证专政的合理性，这意味着民族国家独特价值的合理性不能仅仅基于其传统、习俗、文化和历史，而必须诉诸"自然正确"，国家之间应该有一个基于"自然正确"的国际法来调节各种事

---

[1]［美］列奥·施特劳斯：《什么是政治哲学？》，詹姆斯·A. 古尔德、文森特·V. 瑟斯比编：《现代政治思想：关于领域、价值和趋向的问题》，杨淮生等译，北京：商务印书馆，1985年版，第80—81页。

[2]［美］列奥·施特劳斯：《自然权利与历史》，彭刚译，北京：生活·读书·新知三联书店，2003年版，第125—126页。

[3]同上书，第134页。

物，民族文化的善恶与否不能基于它是"我们的"还是"你们的"这种相对主义观点或多元存在事实来确立。如果我们不能在"好的"和"坏的"自然差异基础上做出选择，在"民族"这样的"归属"中我们就不可能感受到伯林所说的"家园感"，因为虚无主义取消了价值的超验性、彼岸性，人类历史变成了一张"毫无意义的网"，归属任何群体或趣味都将是一种"本能"或非理性的赌博，结果只能是，"要使得人们在这个世界上有完完全全的家园感的努力，结果却使得人们完完全全地无家可归了"。[1]

当然，施特劳斯这种"哲人王"思想在伯林看来不仅"学究"和"浪漫"，实际上就是典型的"积极自由"，在实践上的结果必然是让人们听从权威、专家和各种集权统治，这并未脱离思想史上通过利用关于"人"的设计来实施对人类社会的控制的伎俩，与启蒙运动设计的"理性人"不一样，这里提出的只不过是"智慧人"（哲人王）而已。哲人王也许只有在理想的城邦或言辞中才会出现，实际境况更多是霍布斯的狼群法则，在现实中，哲人王被"专家治国论"中的专家、知识分子取代了。他们与真正的哲人之间的差异在于，后者以知识为德行，前者以知识为权力。

从民族国家关系来看，承认施特劳斯的观点意味着在民族国家之间必须划分出正义与邪恶、高贵与卑劣的差异，在现实中，"正义""高贵"往往不是以"德行"为标准来划分的，而是"强权"与"武力"，当今的美国把世界划分为"自由的国度"与"邪恶的国度"靠的就主要是强权而不是德行。因此，虽然从理想的角度来看，我们爱"自然"要高于爱祖国，"美好"的价值（善）本身比自己所属（国家）或为自己所有的东西（习俗）的价值更高；[2]但从现实的角度看，基于自然正当

---

[1]　[美]列奥·施特劳斯：《自然权利与历史》，彭刚译，北京：生活·读书·新知三联书店，2003年版，第19页。

[2]　刘小枫：《刺猬的温顺》，上海：上海文艺出版社，2002年版，第207页。

的"世界公民"或"好人"或许只有少数精英可能去追求，而大多数的"群氓"和"乌合之众"必然是以国家、习俗和传统为界限的具体的人或公民，"好人"如同启蒙运动发明的"理性人"一样只是一种观念的产物。因此，伯林一再引用迈斯特的话来表达他对"人"这个概念的看法："在我有生之年，我见过法国人、意大利人、俄罗斯人，等等；感谢蒙田，他让我知道，还有可能有波斯人。然而，谈到人，我可以断定，我从来没有见过他；即便他存在，对我来说，也是未知的。"[1] 当然，伯林在谈到人权时，也坚称："人权这个观念建立在一个正确的信念之上，那就是普遍存在着某些特定的品性——自由、正义、对幸福的追求、真诚、爱——这符合整个人类的利益……有些东西是人之为人所必然要求的，不管他们是法国人、德国人或中世纪的经院学者，只要他们是过着人的生活的男人和女人。"[2]

冷战以后，西方世界又开始讨论康德哲学曾经讨论的一个问题：世界的永久和平论，即如何协调、约束民族国家的行为。"民族国家生活在一种自然状态，只有丛林法则的制约。如果你是任何一个国家的公民，就要守法，不能为所欲为；但若你是一个国家机器，则谁也管不了你，你可以为所欲为。碰到别的为所欲为的国家，就只能打出个分晓，杀个伏尸遍野，血流成河。康德的看法很简单，也很人情入理：国家也要人管，因此历史理性的目标是'普遍的公民社会'，是世界政府，只有那一天才有'永久和平'。"[3] 但目前的世界距这个"永久和平"的"普遍的公民社会"还十分遥远，我们也不能指望出现一个世界意义的哲人王。康德论证的起点是拥有私有财产的资产阶级的个人及其

[1] ［英］伯林:《迈斯特与法西斯主义的起源》，《扭曲的人性之材》，岳秀坤译，南京：译林出版社，2009 年版，第 105 页。

[2] ［伊朗］拉明·贾汉贝格鲁:《伯林谈话录》，杨祯钦译，南京：译林出版社，2002 年版，第 36 页。

[3] 张旭东:《全球化时代的文化认同——西方普遍主义话语的历史批判》，北京：北京大学出版社，2006 年版，第 35 页。

内在理性，这也是他论证普遍国家、永久和平、意志自由和历史理性的现实基础，显然这与古典社会人的"自然性"是不同的，这种差异决定了现代政治哲学从一开始（马基雅维利、霍布斯等）就必然把（古典）政治哲学推向"危机"状态。从根本上说，施特劳斯追求的是更彻底、普遍的自由——哲人的自由，而伯林所说的自由——"消极自由"，总是一定限度的、现实的自由。前者的典范是柏拉图笔下的苏格拉底，施特劳斯称之为纯粹的"理论人"（theoretical man），对真理的追求不是一种工作或职业，而是一种生活方式与德行，只有追求这种绝对的自由才能够让他直面生存与死亡，也只有秉持追问那绝对真理的勇气和智慧，才能超越一切特殊性、历史性和民族性。[1]然而，这个"理论人"只是"生活"在柏拉图的笔下或"言辞中"，包括由哲人统治的合于自然的"最佳制度"都不会成为现实，它存在于言而非行中，这是其本质。[2]从经验来看，现实中的自由主义者并不具备自由的彻底精神，不管他们设计怎样的"全球正义"或"普遍公民"法则和社会契约，当这些自由主义者在面对自己的民族国家与其他民族国家发生冲突时，往往无法超越自己的民族国家界限，无法以自由权利作为基本评判标准，无法实施普遍的正义原则。在现实中，我们常常看到的是，没有真正意义上的自由主义的普遍关怀，只有某民族国家范围内或资产阶级的、权力阶层的自由与关怀。正如伯林的弟子塔尔米所指出的："除了一些世界主义者以及激进的无政府主义者以外，绝大多数的自由主义者都是自由主义的民族主义者。"[3]对此，施特劳斯也完全赞同，因为在他看来，现实中的"正义"（包括自由主义）等原则，其实都是"习

---

[1] ［美］列奥·施特劳斯：《苏格拉底问题六讲》，肖涧等译，刘小枫、陈少明主编：《苏格拉底问题》（《经典与解释》第8辑），北京：华夏出版社，2005年版，第13页。

[2] ［美］列奥·施特劳斯：《自然权利与历史》，彭刚译，北京：生活·读书·新知三联书店，2003年版，第141页。

[3] ［以］塔米尔：《自由主义的民族主义》，陶东风译，上海：上海译文出版社，2005年版，第142页。

俗主义"或"历史主义"的产物,都是打着"全体利益"的幌子,实际上都是为了满足个人、集体或城邦的私利。[1]

四、我们需要怎样的价值多元论?

不是所有的价值多元论都是相对的,都必然滑向虚无主义,我们对文化多元主义的辨析和批判也并非是全盘否定其积极意义。[2]相反,不管是将文化多元主义视为民主自由社会的新发展还是民主自由社会的危机,都是为了维护和提升文化多元主义的积极价值与意义,作为乐观论的前者是从正面维护其价值,作为悲观论的后者是从反面警醒其可能滑向的危险。因此,从实质上看,伯林和施特劳斯并非截然对立的敌人,实际上,在人类价值的多元冲突乃至不可调和这一点上,施特劳斯与伯林看法基本一致。伯林深信人类在诸多价值上是相互矛盾、无法通约的,在施特劳斯看来,雅典与耶路撒冷、理性真理与启示真理、诗人神话与哲人理性等之间的价值冲突也是无法解决的。有时施特劳斯似乎比伯林还要坚持多元冲突的不可调和原则,比如在犹太问题上,伯林赞同和支持犹太复国主义,但施特劳斯却拒绝将犹太复国主义作为犹太问题的"解决办法",他认为犹太问题是人类群体和价值永恒冲突的表现,犹太民族是一个"被选中"的民族,来象征人类无可缓和的冲突,"犹太问题没有解决的办法"。[3]

---

[1] [美]列奥·施特劳斯:《自然权利与历史》,彭刚译,北京:生活·读书·新知三联书店,2003年版,第106—107页。

[2] 伯林对价值多元论与相对主义、虚无主义也进行过区分,可以参阅其《18世纪欧洲思想中所谓的相对主义》,《扭曲的人性之材》,岳秀坤译,南京:译林出版社,2009年版;同时可以参考乔治·克劳德:《自由主义与价值多元论》第三、第四章,南京:江苏人民出版社,2006年版。

[3] Leo Strauss, "Why We Remain Jews: Can Jewish Faith and History Still Speak to Us?" *Political Philosopher and Jewish Thinker*, edited by Kenneth L. Deutsch、Walter Nicgorski, Lanham, Md.: Rowan & Littlefield, 1994, p. 73.

伯林坚守在价值多元这个事实的起点和底线上，他非常清醒而实际地指出："我的信条是：为一个还算可以的社会而工作。如果我们能由此走向更宽广的生活，那是再好不过了。只是某些国家的状况连还算可以的社会也比不上。"[1] 而施特劳斯继续追问：在人类价值多元的冲突之中，是否还存在那永恒的、普遍的、绝对的、值得为之献身的终极价值和至善？人类的多元价值之间是否存在高低、善恶、美丑之序列？虽然关于人类的各种行为、目的和生活方式、制度等都是在不同的传统、历史和民族等因素影响下产生的，但它们作为"事实"的存在是否就可以说明其在"价值"上的合理性？"事实"与"价值"真的可以分离吗？而我们要真正超越民族主义乃至自由主义（这些观念在施特劳斯那里统统属于历史主义范畴）的局限，必须从多元论的视角上升到更高的价值层面来思考。在世俗的层面上，价值必然是多元的，因为人类的目标和实际利益是多元的，必然有冲突与协调的问题，因此，选择和判断就显得非常重要。伯林和施特劳斯都承认价值多元主义的现实，关键在于，伯林认为事实的就是合理的，不可调和的冲突硬要去调和，就意味着有屈从权威和专政的可能，承认并维持不可调和是为"选择的自由"留下了空间。而施特劳斯承认有屈从的危险，但规避这种危险的代价不能是"没有标准"的价值亏空，因为一旦价值亏空，选择的自由也就失去了基础和保障。所以，施特劳斯认为自己才是自由主义的真正朋友，缺乏德行和高贵价值的内涵，自由主义是得不到尊重，也不值得信奉的。

从视域上说，施特劳斯或许要高出一筹，伯林的思想相对要简单一些，但二者之间的张力正好显示了现代社会多元价值冲突中最有意义的一种矛盾与平衡。

施特劳斯在讨论亚里士多德的《政治学》时谈到，人性要达到最

---

[1]［伊朗］拉明·贾汉贝格鲁：《伯林谈话录》，杨祯钦译，南京：译林出版社，2002 年版，第 43 页。

高或完善的境界，必须处理好自身的目的和幸福与城邦的目的和幸福的关系，而这个矛盾只有在那些追求高贵生活的"哲人"那里才会存在，而在追求"个人自由"的普通公民那里常常并不矛盾，因为国家的利益与个人的利益大多数情况下可以达成表面的妥协，但对哲人来说，只有在国家也追求至善的时候才能与自己的目标达成一致，也就是说，尘世中最好的制度也未必适宜哲人的存在。"人不仅仅是公民或城邦。人还超越于城邦；然而，人只有借助于他身上最好的东西才能超越于城邦。这一点表现于下述事实：亚里士多德举例说明了许多具有最高美德的人，却没有提过任何具有最高美德的城邦、任何被赋予最好政体的城邦。人只有追求真正的幸福，而非追求随便怎么理解的幸福，才能超越城邦。"[1] 因此，超越相对主义及其影响下的民族主义、国家主义思想，是人走向真正的幸福和完善的必由之路，但这条路也许注定只属于少数人。

在当今这个大众文化流行的时代，少数精英和"哲人"要称王统治"大众"的危险，好像要远远小于通过自由、民主机会掌握了"真理"和权力的"大众"杀死哲人的可能。西方现代民主自由社会很显然不是施特劳斯所述的合于自然的最佳制度，因为这种制度是让那些明智者的统治依赖于不明智者的选举或同意，让本性较高、适于统治的人屈服于本性较低的人，因此是违背自然的。少数的明智者（理性）不可能用强力来统治或者用言辞来说服众多的不明智者（非理性），正如苏格拉底无法管御其悍妻一样。相反，那些不明智的统治者通过迎合众人最低下的欲念，诱使大众相信其权力：使得"暴政的前景比之智慧者统治的前景要更加光明"！因此，民主自由社会的结果可能是智慧让位于同意和欲念，"从平等主义的自然权利论的观点来看，同意优

[1]　[美]列奥·施特劳斯:《政治哲学的危机》，刘小枫主编:《苏格拉底问题与现代性——施特劳斯讲演与论文集:卷二》，李永晶译，北京:华夏出版社，2008年版，第31页。

先于智慧，而从古典自然权利论的观点来看，智慧优先于同意"。[1]也许，在已经获得民主、自由的后现代国度里，施特劳斯的批判意义更突出；但在那些离民主、自由尚远的国度里，多元主义即便有陷入相对主义的危险，也要坚持。毕竟，连多元的声音和机会都没有，又怎么可能产生辩论并在辩论中产生普遍的、永恒的真理呢？更不可能有哲人的存在了。的确，如果在斯巴达，苏格拉底早就死了，只有在民主的雅典，他才有机会进行哲学的"辩护"。所以，施特劳斯表达的更多是这样的隐忧："正是自由主义本身的理想——世俗的政治、人权、平等的尊严和个人自由——不让他喜欢。他的观点是，世俗政治导向虚无主义和无意义性，平等的尊严是平庸的处方，而对个人自由的看重则带来了放纵、无序和社会的堕落。作为替代，施特劳斯提倡的是一个深具宗教性和等级秩序的社会，这个社会秩序反映了自然的不平等，强调公民美德、狂热的奉献和绝对的担当。"[2]

极为吊诡的是，一元主义、殖民主义、帝国主义、男权中心主义、白人中心主义、主流意识形态被视为邪恶的典型，破除这些霸权是合理的，但反对这些霸权的民族主义、女权主义、边缘话语等就一定合理吗？不一定！我们看到许多民族主义行为变成了一种"权力置换"游戏，不过是用"本土的主子"来代替"外来的主子"而已，统治者变了，统治的本质却没改变，民族离真正的自由、解放依然很遥远。因此，文化多元主义如果只是一个权力斗争的策略或游戏的话，那么，它与其批判的对象又有什么区别呢？甚至更加强化了其批判对象的权力逻辑，催生更多的霸权形式，我称之为"寄生性的霸权"。多元主义与一元主义有时是一个硬币的两面！所以，从这一点上看，文化多元

[1]［美］列奥·施特劳斯：《自然权利与历史》，彭刚译，北京：生活·读书·新知三联书店，2003年版，第142—143页。

[2]［加］莎蒂亚·B.德鲁里：《列奥·施特劳斯与美国右派》，刘华等译，上海：华东师范大学出版社，2006年版，第11页。

主义强调平等也只能是其出发点，不能是其归宿，承认不是目的，认同的重建，身份的恢复也不是目的，重要的是承认什么？重建什么？具体内容的价值才是最重要的。因此，文化多元主义"有权要求我们以假设其具有价值的态度来研究不同的文化。但它却没有权利要求我们最终做出的判断承认它们具有很高的价值，或者具有与其他文化平等的价值"。[1]

本文更多的是从施特劳斯的角度对伯林及其所倡导的多元论展开批判，并未涉及对施特劳斯思想本身存在的危险进行反思和批判，这是另一个问题。从现实层面来说，伯林和施特劳斯对我们来说都是必要的，把握二者之间的张力对于理解当下的诸多文化政治问题非常有启示性。也许，施特劳斯说得对，政治的难题就在于调和对于智慧的要求和对于同意的要求。现实的一切冲突都不是思想的逻辑所能化解的，把逻辑学强行贯注于现实只能导致暴政，毕竟"逻辑学不允许折中，而政治的本质就在于折中"。"全球价值"的本质主义和"多元文化"的相对主义，都有其难以克服的内在困境，如何在二者之间找到超越二者局限的道路，是中华文化走向未来不得不思考的问题。

---

[1]［加］泰勒：《承认的政治》，汪晖、陈燕谷主编：《文化与公共性》，北京：生活·读书·新知三联书店，1998年版，第327页。

消费时代与童年文化的经济

——论现代童年审美文化的资本化进程[1]

赵 霞[2]

[摘 要] 随着现代社会逐渐步入消费时代，在现代性进程中逐渐建构起来的童年审美文化也被吸纳到了早期文化消费经济的壮大过程中。早期童年文化的消费实践一方面在很大程度上有赖于既有的童年文化建构成果，同时也在一定程度上促成了现代童年审美文化的传播和再建构。大约是从 20 世纪七八十年代开始，消费经济对于童年审美文化的资本征用开始了其最为壮阔的当代进程。在这一进程中，童年作为一个特殊的文化符号以及作为一种特定的文化资本的价值被持续发掘、扩大；与此同时，消费社会的资本逻辑与童年的文化逻辑之间不可避免的内在矛盾，也日益凸显出来。

[关键词] 童年 审美文化 消费 资本化

---

[1] 本文系浙江省哲学社会科学规划课题"当代童年文化消费现象的审美研究"（项目号：14NDJC230YB）阶段性成果。

[2] 赵霞，文学博士，浙江师范大学儿童文化研究院副研究员。

消费文化与童年的结盟是一个历史的过程。随着现代童年观逐渐在西方社会得到广泛传播并越来越取得重要的文化位置，这一过程对于消费文化的意义也愈益凸显。早期童年消费经济的触发点使人们开始意识到童年消费在儿童和成人世界所具有的经济潜能。但这一消费文化并未直接将童年的审美文化推入消费经济的浊流之中，相反，现代社会的早期儿童消费实践，倒在一定程度上促成了童年审美文化的传播和建构。

问题在于，消费社会的自我运转机制决定了在童年文化消费的问题上，它所遵循的首先是消费而非文化的逻辑，这就必然使得消费社会对于童年文化的征用极其容易滑向一种无节制的滥用。由这一问题导致的"童年的持续商业化"现象，[1] 促使童年在当代社会由一个审美文化符号日益转变为一个资本的符号，并造成了当代童年文化的深重问题。

一、从生产的儿童到消费的儿童：现代消费文化视野中的童年

儿童生来就是消费者。幼儿在未能给家庭和社会带来任何生产力之前，一直在消费相应的家庭或社会产品。这一点在很大程度上影响着儿童在早期社会家庭中的地位。"在迄今为止的大部分社会中，人们的时间和精力主要被付与了工作，他们在生产过程中的角色极大地影响了他们生活的其他方面，也很少有人有足够的闲钱应付除了生活必需品之外的开销。"[2] 这样，儿童的成长消费通常意味着一个普通家庭额

---

[1] Peter B. Pufall, Richard P. Unsworth, *Rethinking Childhood*, New Brunswick, New Jersey & London: Rutgers University Press, 2004, p.142.

[2] Steve Bruce, Steven Yearley, *The SAGE Dictionary of Sociology*, London: SAGE Publications Ltd., 2006, p.48.

外消费开支的净增长。对于一个崇尚生产力的社会而言，这无疑是一个不那么令人愉快的过程。因此，一方面，早期社会家庭中，儿童的消费开支通常被限定在十分必要的生活用品范围之内，另一方面，整个社会都在竭力推进儿童从消费者向合格的生产者的身份转变。在许多地方，儿童很早就开始成为家庭劳动力的一部分，进而承担起社会劳动力的职责。

从启蒙运动中确立起来的现代童年观一直在重塑着现代社会看待儿童的态度，但在应对视儿童为未来生产者的普遍观念方面，其成效并不明显。尽管学校教育正在逐渐普及，但直至 19 世纪末，儿童作为生产者的身份仍然受到重视和强调。维维安娜·泽利泽指出，在 19 世纪末期，儿童的劳动对于西方工人阶级家庭而言具有重要意义。她引用相关学者对于 1880 年美国费城人口普查数据的分析称，"在一个有着双亲的爱尔兰籍家庭中，孩子贡献了全部家庭劳动收入的 38%—46%；而德国籍儿童这一数字是 33%—35%，对于本地出生者这一数字是 28%—32%"。"与 20 世纪中期结婚的妇女进入劳动力市场不同，19 世纪是孩子而不是妻子更倾向于成为家庭第二工资挣取者。"[1]柯林·黑伍德的研究显示，在工业社会兴起后的很长一段时间里，现代工业化生产的铺开和普及反而为儿童提供了更多的工作机会和工作岗位。19 世纪上半叶的法国，一般工人和农民的孩子像大人一样参与工场与农场的工作；这一儿童工作的伦理直至 20 世纪下半叶仍然有其影响。[2]

但历史显然正在发生变化。自 19 世纪末开始，随着新的工业技术革新带来社会生产力的持续解放，消费文化在西方社会的影响开始从上层阶级流播至普通的中产阶级乃至工人阶层家庭。同时，核心家庭

---

[1] ［美］维维安娜·泽利泽：《给无价的儿童定价：变迁中的儿童社会价值》，王水雄等译，上海：格致出版社，上海人民出版社，2008 年版，第 53 页。

[2] Colin Heywood, *Childhood in Nineteenth-Century France*, Cambridge: Cambridge University Press, 1988.

结构的日渐稳固和社会经济水平的快速提升，伴随着现代童年观的进一步普及，使得儿童日益从社会生产的直接劳动中解放出来，转而进入一种与未来劳动力的培养以及整个社会对于儿童的珍爱情感复杂相关的教育和休闲生活。正是在这一过程中，儿童作为家庭和社会消费者的身份以及普通儿童作为消费者的权利，开始在西方社会得到越来越广泛的认可和关注。

首先，在19世纪至20世纪的西方社会，儿童的情感价值总体上逐渐越过其经济价值，成为决定成人世界如何看待和对待儿童的第一原则。这一现实伴随着学校教育的普及和各国童工法的实施，使儿童拥有了越来越多的休闲时间，而如何更好地帮助儿童利用和度过这些时间，则成了父母们面临的新问题。安妮特·拉鲁的研究认为，直至20世纪前期，人们还更看重孩子的劳动，而自此往后，人们越来越看重对儿童休闲时间的规划和照管。[1]这一时期的儿童养育专家试图说服父母，合理的规划和照管既可以保护儿童免受外面世界的伤害，也有利于促进儿童身心的发展。

这类规划在很大程度上与儿童的消费联系在一起。以儿童游戏为例，在很长时间里，普通儿童的游戏主要是自发和自创的，它与商业产品的消费行为之间往往并无太多关联。17世纪洛克提到的"从店铺里买来的""价格昂贵""造型古怪"的玩具，仅仅是上流社会少数儿童的奢侈品。而且，洛克本人对于这种奢靡的消费也持坚决的反对态度，在他看来，儿童的玩具"决不可从购买得来"，因为这会使儿童"养成见异思迁、贪多务得的心理"。[2]卢梭也曾批评成人给儿童提供各种玩具的做法："金的、银的和珊瑚的铃铛，小水晶片，各种各样或贵或贱的玩具，这是一些多么没有用处和多么有害的东西啊！……几根有叶子和果实的树枝，一只可以听到其中的颗粒发响的罂粟壳，一截既

［1］［美］安妮特·拉鲁：《不平等的童年》，张旭译，北京：北京大学出版社，2010年版，第244页。
［2］［英］约翰·洛克：《教育漫话》，徐诚、杨汉麟译，石家庄：河北人民出版社，1998年版，第118页。

可以哄他呀，又可以供他嚼的甘草，这些东西，同那些漂亮的小玩具一样，也能够使他玩得挺高兴，并且还没有使他一生下来就习于奢侈的弊害。"[1] 当时，儿童的玩具消费还牢牢地控制在成人手中，并且受到成人理性考量的严格限制。"18 世纪兴起的玩具文化是由成人控制的文化，设计玩具的主要目的也是为了使儿童以游戏扮演的方式进入学习。"[2] 本雅明在《驼背小人》一书中回忆 19 世纪、20 世纪之交自己的童年时光，记得那时所玩的是捉蝴蝶、捉迷藏这样的游戏；在他生病时陪伴着他的一本游戏书，里面所教的也是诸如"手影"之类的自娱游戏。[3]

但在童年本雅明所生活的时代，这一时尚实际上已经开始发生变化。有研究者认为，书籍、玩具、游戏等儿童商品的大规模生产可以追溯至 18 世纪；相应的儿童消费文化在 19 世纪中期开始加快步伐。"正如儿童被看作是一个纯洁、天真、需要小心呵护的群体一样，他们也开始被认为是一个未来的市场。"[4] 随着儿童玩具消费的逐渐推广和普及，至 19 世纪后半叶，德国已经成为欧洲儿童玩具的第一产地。这一新兴的消费潮流从当时的童年养育观念中获得了它所亟须的助推力量。例如，在 20 世纪 20—30 年代的美国，"儿童专家们建议父母采纳一种更为宽松的养育模式，并在家里安置游戏室和教育玩具，以激发孩子的想象力"。[5] 这一建议无疑为普通儿童的早期玩具消费打开了广阔的市场。这一时期，"玩具制造商们利用父母们对于儿童户外娱乐可能导

［1］［法］卢梭：《爱弥儿》，李平沤译，北京：商务印书馆，1978 年版，第 61 页。

［2］ Hugh Cunningham, *The Invention of Childhood*, London: BBC Books, 2006, p. 125.

［3］［德］瓦尔特·本雅明：《驼背小人：1900 年前后柏林的童年》，徐小青译，上海：上海文艺出版社，2003 年版，第 72 页。

［4］ David Buckingham, *The Material Child: Growing up in Consumer Culture*, Cambridge: Polity, 2011, p. 70.

［5］ Lisa Jacobson, *Children and Consumerism in American Society*, Westport: Praeger Publishers, 2008, p. 74.

致的性情堕落而产生的焦虑大做文章，他们向父母们许诺，他们的玩具必定能让孩子们全身心地沉浸在游戏之中"。[1]

父母和社会对于儿童消费所持的日渐宽容的态度既是现代童年观转变的一个结果，也是同一时期整个社会开始兴起的消费文化的表征之一。在消费社会发展的早期阶段，父母是儿童消费的主要代理人，也就是说，儿童的消费愿望最终需要通过父母的决定来实现，它实际上是成人消费的一部分。因此，这一时期的父母往往需要在对待孩子的情感与消费的理性之间做出某种权衡的妥协。不过，随着消费文化的逐步演进，在成人文化领域，消费的理性越来越让位于一种对于消费的情感需要的纵容；与此相应地，由父母代理的儿童消费，也越来越走向一种对于儿童需要的臣服。

其次，除了通过父母消费的中介成为间接消费者外，儿童也试图越过父母代理消费的屏障而成为拥有自决权的消费者。在前一种情况下，由于父母掌握着最终的消费决定权，儿童的消费者身份是不完全的，他虽然是特定商品的使用者，却并不是商品真正的购买者。随着儿童情感价值的不断提升，他们当然越来越可以通过有效的情感"勒索"来满足自己的消费愿望，但对儿童来说，这一辗转的消费始终处于父母的控制之下。

在19世纪的欧洲，首先获得消费自主权的是开始参加工作并赚取工资的儿童，在可能的情况下，他们被允许自由支配一部分自己的工资收入。不过，这些工作的孩子与成人一样，首先是生产者，其次才是自主消费者，而且，其生产者的身份是他获得自主消费权的前提。但与此同时，那些并未进入生产领域的儿童也开始获得一定的自主消费空间，其基本前提是儿童从父母手中得到了一定数目的可自主支配的金钱。19世纪末至20世纪初的西方社会，父母定期给儿童一定的"零

---

[1] Lisa Jacobson, *Children and Consumerism in American Society,* Westport: Praeger Publishers, 2008, p.75.

用补贴"逐渐成为从中产阶级到下层阶级家庭生活中的一个常规事项。该补贴的支持者认为，父母给予儿童适量的零用钱不仅可以照顾到孩子的一些基本的物质和精神需要，还有利于培养儿童的经济和消费观念。这一额外的零用钱为儿童的自主消费提供了基本的条件，而且随着时间的推移，其补贴的规模也在逐渐增大。我们看到的是，20世纪前期，一方面是工作的儿童遭遇到越来越多反对的声音，另一方面则是消费的儿童越来越得到社会和家庭的共同许可。如此一来，整个社会不仅在鼓励父母放弃孩子的工资，而且也在鼓励他们资助孩子日益扩张的花费习惯。[1]

商业市场很早就注意到儿童作为自主消费者的潜力。"'角币小说'（dime novel）的出版商是最早尝试打破父母保护的篱墙、直接将儿童作为独立于家长的消费者来看待的机构之一。'角币小说'是一种价值低廉、声名不佳的通俗文学读物。这些书籍最初是以联邦政府与南方联盟的服役士兵为销售对象的，但早在1864年，这一行业就察觉到，男孩们在大人不知情的情况下大量购买这些小说。"[2]儿童消费的"秘密"显然远不局限于被成人认为不宜于他们阅读的小说。"19世纪末20世纪初，这一观念在美国广为传播，即认为儿童有着无法扼制的消费欲望，且在这方面表现出任性的慷慨。"[3]与此相呼应，各类儿童产品的商业广告也越来越重视面向儿童的推销。这类商业广告最初是通过获得父母的青睐来助推其销售的，但至20世纪初，直接面向儿童的广告宣传开始引起市场的关注。当然，"由于在花钱一事上，儿童总是部分地——通常是完全地——依赖于父母，因此，成功的儿童广告宣传必

---

[1] ［美］维维安娜·泽利泽：《给无价的儿童定价：变迁中的儿童社会价值》，王水雄等译，上海：格致出版社，上海人民出版社，2008年版，第91页。

[2] Lisa Jacobson, *Children and Consumerism in American Society*, Westport: Praeger Publishers, 2008, p. 45.

[3] Ibid., p.64.

须在试图吸引儿童和不致惹恼父母之间小心地保持平衡"，但与此同时，广告商们也在不断试探父母们的底线。[1] 从这里，我们已经看得到 20 世纪后期至今为全球市场所瞩目的儿童消费潮的某种影子了。

二、从文化的消费到文化的建构：早期童年文化消费的积极意义

20 世纪初消费文化向童年领域的蔓延和借力，在很大程度上有赖于 17 世纪以降逐渐建构起来的现代童年文化的依托。一方面，儿童在社会生活中的情感价值和地位的提升，使得儿童的消费在家庭和社会消费中所占的比例也日益上升。这就为现代消费文化在儿童生活领域的拓展提供了基础性的条件。另一方面，现代儿童消费从生活必需品向着更多样的儿童商品的不断延伸，它所引以为本的一个重要的依托资源，便是现代童年文化的发展。现代社会围绕着儿童的健康、安全、成长、教育等问题所展开的探究和逐步形成的共识，构成了一个日益丰富、完善的童年文化的集合体，它规定着一个社会对于童年应然状态的普遍理解。对于早期儿童消费市场而言，正是这些不断分化和细化的理解为相应的儿童消费品市场的打开提供了最初的钥匙，也正是通过鼓吹和迎合这些理解，它才能顺利地说服父母为他们的孩子（或者允许孩子）解开腰包。

例如，作为英美现代童书业的创始人，约翰·纽伯瑞在其 1744 年出版的第一本商业童书《小小口袋书》的广告中如是写道："本书旨在促进小男孩和小女孩的教育与娱乐，文句通俗，易于阅读……它的作用在于让小男孩和小女孩都能成为好孩子。书前所置的教育书简面向所有父母、监护人和管理者，各种守则将告诉他们如何使孩子变得强壮、

---

[1] Lisa Jacobson, *Children and Consumerism in American Society*, Westport: Praeger Publishers, 2008, pp.93-94.

健康、善良、聪慧和快乐。"[1]尽管这类广告和童书显然仍将儿童视作成人的准备阶段，但它的确以一种贴近普通父母心理的功利方式向更多的听众传播了有关儿童蒙养的一些现代观念。加里·克罗斯在其关于儿童玩具的研究中也指出，"现代玩具是新型玩具业和一种新的育儿理念的独特产物"。[2]从这个意义上说，儿童的许多消费其实就是对于童年文化的消费。这其中，建构中的现代童年审美文化又成了早期童年消费市场所格外倚重的一个文化资源。

如前所述，早期儿童消费主要是一种由父母代理的消费行为，因而受到父母的理性控制。由于传统的理性消费者"坚持关于消费需要的传统定义，换言之，他把'需要'视为一种令人不愉快的紧张状态，把幸福视为消除紧张，恢复平衡，返回到需要满足时的那种平衡和平静状态"，[3]因此，对于这类消费者而言，消费行为本身意味着一种拥有明确目的的行动，一旦这一现实的目的得到实现，相应的消费需求也就停止了。显然，在理性消费的制约下，以儿童为对象的商品消费能够打开的市场规模是十分有限的，要从父母的理性管制下赢取儿童商品消费的利润，也并不是一件容易的事情。

对于儿童商品的售卖商而言，在与早期消费者的市场博弈中，其最有效的宣传和促销方式是通过诉诸父母的情感来巧妙地绕开消费理性的规约，从而打开儿童消费市场的闸门。在这一过程中，一种富于浪漫主义情味的童年审美文化成了早期儿童消费市场最乐于援引的情感助推剂。售卖商们致力于渲染童年作为一个人生特殊成长阶段的审美价值以及与此相连的情感意义。19世纪末和20世纪初，一些玩具商"鼓励人们将童年视为快乐的青春与游戏时光，而不是为成年角色做准

---

[1] Hugh Cunningham, *The Invention of Childhood*, London: BBC Books, 2006, p.127.

[2] [美]加里·克罗斯：《小玩意——玩具与美国人童年世界的变迁》，郭圣莉译，上海：上海译文出版社，2010年版，第16页。

[3] [英]齐格蒙特·鲍曼：《被围困的社会》，郇建立译，南京：江苏人民出版社，2005年版，第147页。

备的阶段"。[1]毫无疑问，父母对于童年作为"快乐的青春与游戏时光"的认可，也意味着他们将乐于以有价的儿童商品，来为他们的孩子换取这样一段无价的欢好岁月。

在这一基本的童年观念之下，早期儿童消费市场热衷于通过发掘和呈现童年的欢乐、游戏、想象、自由等审美内容，来使其儿童商品获得成人与孩子的双重青睐。例如，20世纪初著名的玩具制造商阿尔伯特·C.吉尔伯特为其售卖的玩具所做的广告宣称："玩耍的快乐能够奇妙地激发出潜伏在孩子身上的发明才能。为什么不以一种潜移默化的方式开发它们呢？"[2]对成人来说，这类诉诸童年审美文化的商业宣传包含了两重令人难以抗拒的诱惑。一方面，它将一种有关童年的审美理解与一种对于儿童成长的功利期待完好地结合在了一起，从而在并不颠覆正统儿童养育观的基础上，投合和强化了成人对于儿童的审美情感。另一方面，借助于一个富于美感的童年意象，它也唤起了成人内心深处那个自现代社会以降才逐渐被人们意识到的"浪漫的孩子"，从而使成人从现实童年的审美状态中分享到了一种独特的审美愉悦。"通过给孩子买各式各样的玩具，并且享受这一新奇的消费在孩子身上激起的美好感觉，父母们得以从成年生活的单调和重负中解脱出来，重新体验到他们业已失去的那种奇妙的感觉。换句话说，父母对于孩子消费需求的满足，也滋养着他们自己内心的那个儿童。"[3]丹尼斯·丹尼索弗也指出，19世纪的父母通过这种方式来"保持与他们自己童年之间的一种间接或怀旧的联系"。[4]

［1］［美］加里·克罗斯：《小玩意——玩具与美国人童年世界的变迁》，郭圣莉译，上海：上海译文出版社，2010年版，第181页。

［2］ 同上书，第87—88页。

［3］ Lisa Jacobson, *Children and Consumerism in American Society*. Westport: Praeger Publishers, 2008, p.77.

［4］ David Buckingham, *The Material Child: Growing up in Consumer Culture*. Cambridge: Polity, 2011, p.71.

当然，儿童商品能否迎合儿童自己的喜好，在这类商品的售卖中具有更为基础性的意义。随着儿童情感价值的进一步提升及其在家庭消费结构中影响力的不断增强，市场越来越倾向于通过直接诉诸儿童的情感来助推儿童商品的销售。一则1920年发表的美国儿童广告策略文章中宣称"男孩是梦想者"，"男孩生活在'想象'的世界中"，因此，以男孩为对象的儿童商品若想要取得商业上的成功，必然要迎合他们的梦想。"如果你的广告能够呈现男孩的梦想，那么不论你宣传什么，男孩都会购买"；"男孩不喜欢被人谆谆教诲的感觉，不，他们只盼望在他们成长的时刻能够快快活活地做他们喜欢做的事情"。[1]类似的营销策略不失时机地利用了在童年文化领域得到反复强调的童年梦想和欢乐的美学，其商业推销的方式和目尽管庸俗，却准确地命中了上述审美文化的商业价值。

通过将现代童年审美文化的内涵注入儿童商品的生产和推销之中，市场的本来意图是推动这些商品的销售，但它也于有意无意间促成了这一最初从上层阶级生长起来的童年文化朝向普通民众的传播和普及。尽管商业营销界对于特定的童年审美文化的诠释往往显得俚俗浮浅，且遍布商业利润的潜台词，但它恰以这样的方式开辟了现代童年观和童年审美文化通往大众生活的路径。因此，在将现代童年的观念和精神导向普通家庭的日常生活的过程中，针对儿童商品的市场消费扮演了一种特殊的中介角色。虽然在这一输导的过程中，最后抵达消费者的观念常常已经不复是原初那个完整的思想，但在早期童年文化的启蒙过程中，这一输导有其不可替代的历史意义。

现代社会儿童消费的拓展不但促成了童年文化的传播，也带来了这一文化自身的拓展。在童年文化与大众化的商业文化的合流过程中，一方面是其审美内涵从精神性的审美现代性批判日益下降和落实到了

---

[1] Lisa Jacobson, *Children and Consumerism in American Society*. Westport: Praeger Publishers, 2008, pp.97-99.

对儿童和成人日常生活的关切之中，另一方面则是童年真实的感觉、愿望和想法越来越进入童年审美文化的肌体内部，这两个方面同时拓展着现代童年文化的内容和精神。尤其是随着儿童作为自主消费者的身份日益凸显，这一群体在现代童年文化建构进程中所扮演的主体角色，也日益体现在了童年审美文化的领域。

我们不难注意到，现代童年文化在其建构之初即含有一个内在的悖论：现代社会围绕着儿童和童年的概念所逐步建立起来的审美文化体系，其设立者和阐释者实际上都是成人。我们当然不能据此否定该体系的有效性；事实上，正是由于站在成人的立场上来思考童年的问题，这一体系才容纳了迄今为止人们对于儿童和童年世界的一些最深邃的洞察。但其问题也恰恰在于，这一主要从成人视角展开的对于童年的审美想象与儿童现实的生命体验之间，往往容易存在隔阂，它在某种程度上限制了童年审美文化通往现实童年生活的路径，进而限制了人们对于现实童年的审美理解。

现代消费文化赋予儿童的主体地位，以前所未有的方式改变着这一文化权力的格局。对于儿童来说，消费既意味着一种"责任的负担"，又意味着一种"自由的可能"，[1]这其中，儿童成为自主消费者的文化意义在于，它以独立的消费行为赋予儿童独立的个体身份，从而使其能够通过消费的选择和实践相对自由地展示、表达他们自己的意愿。相比于此前由现代文化"施予"儿童的文化权利，这一由儿童自己所掌控的新的文化言说能力，代表了现代童年文化发展的一个潜在的新方向。

在童年审美文化领域，这一童年文化的权利格局变迁带来了两方面的积极影响。

第一，它拓展了人们对于童年的审美理解。从"儿童"作为一个

---

[1] ［美］莎朗·佐京：《购买点：购物如何改变美国文化》，梁文敏译，上海：上海书店出版社，2011年版，第21—22页。

独立的身份概念在现代社会得到确立起，它既是一个统一的命名，也是一个充满异质性和复杂层次的范畴。现实生活中的儿童总在不断尝试越出成人为他们划定的清晰界限，而独立的消费选择恰好为儿童的这一文化犯规提供了适合的演练场所。"所有阶层的儿童都通过获取原本用来供给成人的商品，来挑战'儿童'这一范畴的边界。他们从报亭购买廉价的地摊小说，在没有成人看护的情况下偷跑去看电影。"[1]中国学者班马用"儿童反儿童化"一词来概括儿童文化的这一基本特点。[2]对于这一现实的认识使得过去并不受到文化重视的童年生活的许多内容，都进入了童年审美文化的关切领域。这一文化拓展尤为突出地表现在专为儿童提供的各类文化产品中。随着儿童作为独立消费者的身份日益巩固和得到彰显，成人对于儿童文化的制定和管控，越来越演变为成人与儿童之间关于童年文化的一种持续的商榷和妥协。更进一步看，童年文化越界的冲动本身也越来越成了现代童年审美文化的一个重要内容。

第二，它使得儿童自己的趣味和情感诉求在现代童年审美文化的谱系中得到了更多关注。"儿童希望自己像成人一般得到对待，除此之外，他们也发展出了一些有别于成人标准的独立趣味。儿童热衷于冒险小说的阅读消费，这令图书馆员和教育者们感到不安，却大大增加了 Stratemeyer Syndicate 之类出版商的利润。其结果是，越来越多的媒介生产者开始追随这一模式，制作迎合儿童趣味的专门的媒介产品。"[3]在对待儿童的问题上，现代商业文化以相对平等的货币关系打破了成人与儿童之间传统的文化上下位关系，从而使童年文化的天平开始朝着原本处于弱势的儿童的方向倾斜过去。在现代童年审美文化的建构史上，这一趋向具有某种转折性的意义，它通过消费和经

---

［1］ Lisa Jacobson, *Children and Consumerism in American Society.* Westport: Praeger Publishers, 2008, p.30.

［2］ 班马：《中国儿童文学理论批评与构想》，武汉：湖北少年儿童出版社，1990 年版，第 33 页。

［3］ Lisa Jacobson, *Children and Consumerism in American Society.* Westport: Praeger Publishers, 2008, p.31.

济的中介赋予了儿童空前强大的文化权利，进而使得这一群体在身体和精神层面的真实情感、欲望等，越来越从童年审美文化的地图中显现出来。

这样，早期消费文化的发展在积极的意义上推动了人们对于"童年"的审美理解由精英文化的高度下降至普通大众的日常生活，由成人主宰的文化裁夺拓展至儿童参与的文化建构，由此促进了现代童年审美文化的流播，并进一步丰富了这一文化的内涵。

三、从审美文化到价值符号：作为经济资本的童年

20 世纪后半叶以来，消费文化的迅速铺展与儿童价值的持续提升，强化了儿童作为消费者的身份概念和身份意识，也强化了童年作为一种文化消费对象的经济意义和资本价值。在这一过程中，童年审美文化日益渗透到从物质到文化的各个儿童消费领域，其自身的文化内涵也得到了很大拓展。随着这一文化消费潮的进一步扩展，不但儿童群体被愈益深广地卷入了童年文化消费的急流中，成人也越来越倾向于以直接而非代理消费者的身份，参与到这一文化消费的实践之中。

消费社会从中看到了童年审美文化所指向的巨大资本价值以及可能更为巨大的创造价值的潜力。以消费为中心的社会运转机制决定了它要为消费活动的持续拓展不断搜寻新的价值生长点，在这一现实下，一种具有独特审美价值的童年文化不但为它打开了商业资本通往儿童消费市场的门禁，而且成了这一资本深入成人消费市场的密钥。大约是从 20 世纪 70—80 年代开始，随着以西方发达资本主义国家为主导的世界经济全面步入消费主义时代，市场对于童年审美文化的资本征用也开始了其最为壮阔的当代进程。

应该说，童年文化本身并不是一种可用来交换的商品，但从童年

文化朝向特定童年商品的转换过程中，产生了一种特殊的符号价值，这个价值并不直接关涉到商品自身的使用价值，却与童年在整个人类文化体系中所处的符号层级紧密关联。因此，在童年本身并不受到特别关注的社会阶段，童年文化的符号价值往往是有限的，反过来，一个社会对于童年的器重愈深，与此相关的文化所可能产生的符号价值也愈大。显然，只有在儿童和童年的文化位置得到重视的现代社会，童年审美文化的符号价值才有可能得到相应的认可与彰显。

从经济学的角度来看，符号价值是物的使用价值与交换价值之外的第三种价值属性。自波德里亚开始受到重视的商品的这一符号价值，在他的理论体系中是一个并未获得明确界定的概念。实际上，"当鲍德里亚（波德里亚，下同，编者注）谈到符号的消费时，他是在多种混合的意义上来使用'符号'这一概念的"。[1] 这个从索绪尔和罗兰·巴特的符号学衍生而来的符号价值的概念，在基础层面上指向着人类物品特有的文化内涵。如果说使用价值主要强调物的实用价值，交换价值主要强调物的经济价值，符号价值所强调的则是物的文化价值，是特定物品作为人类文化的对象物所承载的文化意义。广义的符号价值是任何人类产品都具有的一种价值，也是人类的消费活动必然会涉及的一种价值。由于"消费本质上是文化的"，因此，"消费物品就不只是因为它的功用或使用价值而对人有意义"，[2] 而是同时关涉到特定物品作为一种文化对象物的符号价值。物品的这一符号价值意味着一种文化的话语方式，正如波德里亚所说，"一旦人们进行消费，那就绝不是孤立的行为了，人们就进入了一个全面的编码价值生产交换系统中，在那里，所有的消费者都不由自主地互相牵连"；"消费和语言一样，

---

[1] 孔明安：《从物的消费到符号消费——鲍德里亚的消费文化理论研究》，《哲学研究》2002年第11期。

[2] 张筱薏、李勤：《消费·消费文化·消费主义——从使用价值消费到符号消费的演变逻辑》，《学术论坛》2006年第9期。

或和原始社会的亲缘体系一样，是一种含义体系"。[1]广义的符号价值是指物品作为一种符号对象所具有的价值，衡量这一价值的尺度不是传统经济学的成本或劳动力概念，而是物品的符号被人们认可的文化价值。

那么，童年审美文化是以何种方式进入当代消费社会的符号价值生产和交换系统的？或者说，童年审美文化是如何在消费社会内部转化为相应的符号价值的？

第一，通过直接影响儿童的消费，使童年审美文化相对于儿童所具有的符号意义在儿童消费市场转化为相应的符号价值。

如果说20世纪初，儿童作为消费者的身影还时常隐匿于成人消费者的背后，许多儿童消费行为仍然需要借助于成人代理的中介来完成，那么到了20世纪后期，儿童在消费的选择、决定、实践等方面所实现的自由得到了极大的拓展。一方面，随着家庭经济水平的普遍提高和儿童家庭地位的持续上升，父母与孩子之间就特定的儿童消费愿望展开讨价还价的博弈的传统场景，越来越为一种儿童主导的消费倾向所取代。面对父母与孩子的相处时间在现代生活的重负下日益缩减的现实情况，满足孩子的消费愿望既是成人对于儿童的一种情感表达方式，也成了他们的一种情感补偿的方式。美国消费行为和消费趋向研究者伊玛·赞多指出："由于工作的缘故，父母们不得不把孩子们留在空屋子里，许多父母为此感到内疚，他们要以此来补偿孩子。"[2]现代社会的父母们"没有足够的时间与孩子在一起，就用物质来代替。在今天，满足孩子的物质需求更像一种易货交易，父母努力用物质来赢得孩子的爱"。[3]在另一些情况下，满足孩子的额外需求也是对于父母自己童

---

[1]［法］让·波德里亚：《消费社会》，刘成富、全志钢译，南京：南京大学出版社，2001年版，第70页。

[2] Jeff Brazil, "Play", *American Demographics*, 1999（1）. http://adage.com/article/american-demographics/play/43525/.

[3]［美］安妮·萨瑟兰、贝思·汤普森：《儿童经济》，北京：中信出版社，2003年版，第26页。

年的一种情感补偿。"一些人还记得生活在工薪阶层的家庭环境下，家里生活都很节俭，被剥夺了许多额外要求时的感受让他们永生难忘。所以他们现在这么做的目的很简单，就是想纵容他们的孩子，在孩子身上找回自己的童年。"[1]

另一方面，与儿童在家庭内的经济影响力同步快速增长的，还包括儿童本人的经济能力。"在过去的 10 年里，儿童的收入一直以 10% 到 20% 的年增长率增长，这比父母收入的增长率还要高。"[2]今天的孩子们"从各种各样的固定途径得到了他们上百亿美元的收入，这些来源有津贴、礼物、周期性的购物收入和工作收入"，此外还包括各种"临时收入"。[3]这一现实意味着，除了借父母长辈的"资助"实现其消费愿望外，儿童在自主消费方面也获得了越来越自由的空间。这一现实为新兴的童年文化产业打开了一个庞大的儿童消费者市场，同时也使得这一产业越来越可以通过直接迎合儿童消费者的口味，来顺利实现童年文化的符号价值向商业资本的转换。通过强化一种与游戏、欢娱、自由等童年美学范畴联系在一起的审美童年符号，消费市场拓开了童年文化产品通往儿童消费者的宽阔路径。从这一时期开始，包括文学、电视、电影等媒介在内的大量童年审美文化产品充实了儿童的文化消费市场，同时，儿童服装、玩具及各类用品生产领域也开始致力于通过在儿童的日常生活产品中融入童年的审美文化内涵，以此来促进这类儿童产品的市场营销。

儿童消费市场的全面开拓是 20 世纪后期消费社会发展进程中的一个重要事件，它实际上在儿童群体的内部建立起了一个相对独立的商品世界，并逐渐发展起了一套属于儿童自己的商品符号价值体系。这其中，越来越注重儿童审美关怀的现代童年审美文化朝向各个儿童产品领域的

---

[1] [美]安妮·萨瑟兰、贝思·汤普森：《儿童经济》，北京：中信出版社，2003 年版，第 104—105 页。

[2] [美]詹姆斯·U. 麦克尼尔、张红霞：《儿童市场营销》，北京：华夏出版社，2003 年版，第 189 页。

[3] [美]安妮·萨瑟兰、贝思·汤普森：《儿童经济》，北京：中信出版社，2003 年版，第 103 页。

全面渗透，赋予了这些产品特殊的符号价值。在儿童消费的实践中，它们越来越比单一的使用价值更多地影响着儿童消费者的消费选择。

第二，通过影响儿童的消费选择倾向间接影响成人世界的消费决定，使童年审美文化相对于儿童所具有的符号意义在成人消费市场转化为相应的符号价值。

20 世纪末随着儿童消费者地位的迅速提升而兴起的儿童营销业十分看重儿童群体的"间接消费"影响。这里的间接消费影响是指儿童所表达的消费意愿对于家庭一般消费行为的影响。2000 年，纽约一家市场调研公司的一份报告显示，"71% 的受调查母亲说他们孩子的愿望对自己的购物选择有很大影响。这些 2500 个 10 岁以下孩子的母亲认为她们孩子的影响作用要比广告重要得多"。[1]中国的父母在接受问卷调查时也表示，"即使孩子没有向他们提要求，他们在购买某些商品时也会把孩子的需要考虑在内"。[2]2003 年在国内出版的《儿童市场营销》一书，其封面上方以醒目的红色字体写着："儿童对家庭消费影响力接近 60%，而且越来越大！"[3]

当代儿童的消费意志在家庭消费决定中影响力的持续上升有着理智与情感的双重原因。一方面，尊重儿童消费意志本身是尊重儿童的一种表现，做出消费决定的过程也为儿童提供了社会学习的良好机会。"一个家庭如果不就购物与他们的孩子商量，无论要买的是家庭日常用品，还是一次性购买的大宗商品，就等于剥夺了他们的孩子的一次学习生活技能的机会。"[4]另一方面，成人在家庭消费的问题上甘愿听从儿童消费决定的现象也包含了许多复杂的情感原因，其中显而易见的一个原因便是前面提到过的情感补偿。由此，市场意识到，通过影响儿

————————————

[1]〔美〕安妮·萨瑟兰、贝思·汤普森：《儿童经济》，北京：中信出版社，2003 年版，第 158 页。

[2]〔美〕詹姆斯·U. 麦克尼尔、张红霞：《儿童市场营销》，北京：华夏出版社，2003 年版，第 226 页。

[3] 同上。

[4]〔美〕安妮·萨瑟兰、贝思·汤普森：《儿童经济》，北京：中信出版社，2003 年版，第 17 页。

童的情感，将有可能在某种程度上控制成人的消费决定。这使得市场越来越擅长将面向儿童的审美文化讯息糅入成人消费品的生产和营销过程中。考虑到这一策略得以奏效的前提是确保儿童对于相应讯息的接受和理解，因此，其施行的对象主要限于儿童能够与成人共享的视觉文化产品领域。近几十年间，以日常生活用品为突出代表的大量成人消费品广告开始征用各种童年文化的元素，包括儿童角色参与广告叙事，从儿童的视角呈现广告叙事等。这类广告的显在接受者是成人消费者，隐在接受者则包括儿童消费者，它以最受儿童关注的叙事的方式向他们传递了一种关于特定生活场景的理解，而这一理解又与特定的商品符号关联在一起。这事实上是在儿童的日常生活与商品的价值意义之间建立起了一种符号性的联系，这样，商品便不再只是一种普通的物品，而与儿童的一种日常生活审美体验自然而然地勾连在了一起。这一体验越是触动儿童，它所传递的消费讯息对于儿童的影响也就越深入。该影响的效果是双重的。在当下消费的意义上，它可以借助于儿童在家庭中的消费影响力，左右成人的消费决定。而在未来消费的意义上，它可以通过商品深植于儿童心理的情感价值，影响儿童成年后的消费决定。在营销界，这两方面的影响正越来越受到营销研究的关注，并在营销决策的实践中得到了进一步印证。

第三，通过直接影响成人的消费选择，使童年审美文化相对于成人所具有的符号意义在成人消费市场转化为相应的符号价值。

童年审美文化的符号价值不仅体现在它对儿童消费的影响力上，也直接体现为它在成人消费实践中所显示的资本转换能力。1886年，一幅由擅长儿童肖像画的英国画家约翰·米拉斯绘制的名为《泡泡》（Bubbles）的画作引起了人们的关注。画布上，一个长着卷曲的头发，戴着花边翻领的小男孩（这位模特是米拉斯五岁的孙子）正仰起头来望着浮动的肥皂泡泡。孩子左侧（画面右角）的花盆里长着一株生机勃勃的开花植物，右侧（画面左角）则是一个已然破碎的花盆；在分别象征着生长和死亡的意象之间，被高光突出的孩子的面庞和形象带来了有关生命之希望的讯息。但这幅作品自问世以来之所以受到人们格外关注，并不仅仅是因为它的画面所传达的上述审美信息，更是因为该画作后来以 2200 英镑的价格被皮尔斯公司购买并用作商业广告的用途。在画家的授权下，购买这幅画作的皮尔斯公司在画面下方添加了一板皮尔斯肥皂的图像，以此作为广告的推销，并获得了商业上的成功。[1] 这是早期童年形象被用作商业宣传的典型例子。在 20 世纪的英国，"儿童的形象被广泛地用作商品和服务的广告"，至 21 世纪初，"约有一半的照片广告包含了儿童的特写"。[2]

整个 20 世纪，与儿童文化在整个社会文化领域日渐上升的重要性一样，童年审美文化在成人文化领域所占据的符号地位同样在不断攀升。这一在 18 世纪以来的审美现代性传统中得到各种诠释与发扬的童年的审美符号，在当代语境下被赋予了一种与审美现代性内在相关的日常生活审美救赎意义。随着现代社会的发展，我们越来越意识到，现代性自身是一个充满悖谬的过程，它一方面肯定了人的意义和价值，亦即人类相对于物的世界的主体性和创造性的位置，另一方面却见证了作为主体的人越来越为他自身所造之物包围和控制的过程。这种物对人的包围和控制在波德里亚所说的消费社会达到了空前的顶峰。在这个社会里，消费的人几乎是不由自主地深陷到了消费之物的压迫中。现代人从未像在消费社会这样普遍地感到一种与自然之我相分离的不适感，也从未如此深切地思念一种想象中生命自然状态的充实与幸福。

在关于童年的审美想象中，人们看到了这一纯粹的充实感和幸福感的影子。因此，我们看到，身处消费时代的现代人身上普遍地存在着一种深切的童年情结。那一段由现实与想象共同构筑起来的天真、

---

[1] Kirsten Drotner, Sonia Livingstone, *The International Handbook of Children, Media and Culture: The Child in the Picture*. London: SAGE Publications Ltd., 2008, p.43.

[2] Hugh Cunningham, *The Invention of Childhood*. London: BBC Books, 2006, illustration 29.

自由而欢愉的时光，由于背衬着消费时代的无穷物欲，而愈发指向一个令人神往的审美世界。过去，不论在现实生活还是艺术领域，如果成人还表现出儿童的样子，则会遭到人们的责备或鄙视。而今天的成人则追逐着儿童的时尚和文化。"当吊带短裤成为儿童时尚时，父母也喜欢这种装束；当孩子们开始玩滑板时，父母们也会要求孩子教他们怎么滑。永远保持年轻，对于一群中年人来说，比对历史上任何时候的同龄人都显得重要"，而"与孩子紧紧联系在一起，是他们保持青春的一种全新的方式"。[1]这样看来，童年的符号"为整个社会由于物质财富追求的增长而导致的忧虑提供了一种道德或精神上的平衡力量"。[2]

消费社会自然不会放过这样一个富于符号价值的文化情结。通过在消费之物中引入童年符号的审美元素，消费文化使消费者在消费的拟象中重温了童年所象征的某种审美体验。对消费者来说，这体验本身具有一种重要的符号价值，它赋予了相应的消费对象特殊的符号意义，这意义可能使它从具有相同使用价值的同类商品中区分出来，获得波德里亚所说的"个性化"和"差异"的重要特征。[3]

在具体的消费活动中，童年审美文化的符号意义朝向特定符号价值的转化，往往包含了成人与儿童在童年文化价值认可上的协同作用。例如，在儿童的直接或间接消费行为中，除了儿童对于童年审美文化产品的价值认定外，成人对于这一文化的价值认可往往也构成了其符号价值的一部分。也就是说，童年文化产品的符号价值既以不同的方式体现在儿童和成人消费的不同领域，但它们又是彼此渗透、互相影响甚至互为一体的。现代童年审美文化的经济正是通过这两个领域的价值激荡，逐渐催化出一道引人注目的童年文化消费景观。

---

[1] ［美］安妮·萨瑟兰、贝思·汤普森：《儿童经济》，北京：中信出版社，2003年版，第21—22页。

[2] David Buckingham, *The Material Child: Growing Up in Consumer Culture*. Cambridge: Polity, 2011, p.71.

[3] ［法］尚·布希亚：《物体系》，林志明译，上海：上海人民出版社，2001年版，第161—164, 223页。

四、从文化消费到文化投资：作为文化资本的童年

本文所说的童年审美文化的符号价值，是指童年作为一个审美符号在进入商品生产和消费过程时所具有的可以转化为资本的文化价值。然而，在童年文化的上述符号价值中，又有一类价值具有特殊的资本转化潜力，它不但可以通过商品的消费将特定的童年审美文化直接转化为相应的商业资本，还可能在消费过程中将一种特殊的文化资本转移到消费者身上，并在消费行为结束之后的很长一段时间里为消费者继续创造新的价值。这一文化资本在当代儿童消费市场得到了格外的看重，并越来越影响着儿童消费的格局。

由法国社会学家布尔迪厄（布迪厄，下同，编者注）提出的"文化资本"一说，其概念的直接源头在于波德里亚的符号价值。波德里亚本人在其著作中并未就符号价值做出明确的界定。有研究者从其相关论述梳理得出，"所谓符号价值，就是指物或商品在被作为一个符号进行消费时，是按照其所代表的社会地位和权力以及其他因素来计价的，而不是根据该物的成本或劳动价值来计价的"。[1] 在这里，用来界定符号价值的"社会地位和权力以及其他因素"，揭示了波德里亚符号价值理论的重点所在。我们可以看到，当波德里亚在其《消费社会》中就当代社会的符号消费展开批判性阐说时，他所重点关注的正是与社会或文化权力关系格外相关的一类符号价值。布尔迪厄继承并进一步发挥了波德里亚的这一符号价值思想。他在《资本的形式》一文中提出了三种资本的形式：经济资本、社会资本和文化资本。"经济资本以金钱为符号，以产权为制度化形式。社会资本（社会关系资本）以社会声望、社会头衔为符号，以社会规约为制度化形式。而'文化资本'

---

[1] 孔明安：《从物的消费到符号消费——鲍德里亚的消费文化理论研究》，《哲学研究》2002年第11期。

则以作品、文凭、学衔为符号，以学位为制度化形态。"[1]这三种资本之间的相互转化和共同作用，影响并决定着个体的社会地位层级。显然，三种资本中的社会资本和文化资本与波德里亚的符号价值概念之间有着内在的衍生关系，社会资本和文化资本可以在适当的时机下转化为经济资本，正如符号价值可以在商业交换中转化为货币价值一样。

不过，波德里亚强调的是价值，而布尔迪厄强调的是资本；前者关注的是一种社会文化符号的消费价值，后者则关注这一消费行为自身的价值再生产能力。在布尔迪厄这里，对于特定文化产品的消费不只是一种价值消耗的行为，同时也是一种隐在的资本生产行为。从布尔迪厄的文化资本概念来看，在特定文化产品的交换和消费过程中，价值并不是被消耗了，而是通过消费转化为了相应的文化资本。文化资本与经济资本之间可以实现进一步的转化循环，这一循环维持着社会资本的生产，进而决定着个体的社会地位，而这一地位又反过来影响着经济和文化资本的获得。布尔迪厄这样描述文化资本与其他两种资本的转换关系："例如，我们发现，经济资本向社会资本的转换需要一种特殊的劳动，亦即一种表面上无偿的时间、态度、照顾和关心的付出。这一付出与花费心思挑选一件个性化的礼物具有同样的功效，即改变这一交换的纯粹货币投入性质，从而改变交换本身的意义。从狭窄的经济立场来看，这一努力无疑像是纯粹的浪费，但从社会交换的逻辑而言，这是一种实在的投资，其回报将在一个很长的时间周期之后，以货币或是其他形式最终显现出来。"[2]

布尔迪厄的文化资本概念有助于我们理解 20 世纪后期以来儿童消费市场迅猛发展的原因。这一概念一方面反映了一种阿尔都塞式的结构主义意识形态理论的影响。布尔迪厄虽然强调文化领域相对于政治、

---

[1] 朱伟珏：《"资本"的一种非经济学解读——布迪厄"文化资本"概念》，《社会科学》2005 年第 6 期。

[2] Pierre Bourdieu, "The Forms of Capital", Stephen J. Ball, *The Routledge Falmer Reader in Sociology of Education*. London: Routledge Falmer, 2004, p. 25.

经济领域的独立性和自主性，但他关于文化资本与经济资本、社会资本之间循环转换和彼此强化的关系的论说，实际上进一步坐实了不同社会阶层之间相对"区隔"的文化和社会关系，这使他的文化资本理论显出某种静态的社会决定论色彩。但另一方面，如果说经济资本并不完全决定个体的社会地位，它还需要通过生产相应的文化资本，才能真正参与形塑个体的社会身份，并促成经济资本的进一步积累，那么反过来，通过改变文化资本的持有状态，个体同样有可能从现有的社会层级限制中脱身出来，寻求从文化的途径改变自我政治、经济和社会地位的时机。"经济资本不仅仅规定了文化生产赖以发生的条件，而且，行动者在文化活动中所积累的文化资本有可能转化为回报更为可观的经济资本。"[1] 从这个角度来看，文化资本的概念同样揭示了从文化的路径疏通社会阶层流动关卡的可能性。"'文化资本'是一个能够同时把握'被形塑结构'和'形塑结构'两方面的灵活和动态的概念。也就是说，它不仅是一个从文化层面揭示资本主义社会等级秩序和资源分配不平等的批判性概念，而且也能成为把握行动者如何进行自身资本扩大再生产、如何想方设法占据有利社会位置的有效的分析框架。"[2] 因此，出自布尔迪厄著名的《区隔：趣味判断的社会批判》一书引言的"文化需要是教养和教育的产物"，[3] 既可解读为一种文化决定论的判断，也可以反过来，读作一种关于文化再生产性的暗示，后者实际上是布尔迪厄曾谈到过的"使我们从这些限定性中获得了某种自由的机遇"的契机之一。[4]

　　一部现代儿童蒙养和教育的历史，在很大程度上包含了上述通过

---

［1］ 朱国华：《权力的文化逻辑》，上海：上海三联书店，2004 年版，第 176 页。

［2］ 朱伟珏：《超越社会决定论——布迪厄"文化资本"概念再考》，《社会学研究》2006 年第 3 期。

［3］ ［法］皮埃尔·布迪厄：《〈区隔：趣味判断的社会批判〉引言》，朱国华译，陶东风、金元浦、高丙中主编：《文化研究》第 4 辑，北京：中央编译出版社，2003 年版，第 8 页。

［4］《文化资本与社会炼金术——布尔迪厄访谈录》，包亚明译，上海：上海人民出版社，1997 年版，第 18 页。

争取文化资本来改善个体社会位置的努力。现代童年观诞生于其中的17世纪和18世纪的欧洲社会，正值社会阶层的禁锢被打通、社会流动的锁钥被启动的时候。从这一时期开始，经济资本与社会资本之间的转换成为可能。根据桑巴特的研究，这一时期，大量社会阶层相对较低而财富实力则显而易见的资产阶级以"新贵族"的身份融入了原先的贵族阶层，"在英国，贵族的等级几乎自然而然地决定于经济地位的提升"，"商人的孩子在经历一两代之后，依靠父辈积攒的金钱所发挥的作用而成为绅士，不再是不可能的事了"。[1] 在这一过程中，经济资本还只是中介，借助这一资本逐渐融入上层阶级的文化场域，才是真正使个体获得相应的社会资本从而改变其社会地位的契机。布尔迪厄指出，个体获得文化资本的两个基本途径，一是家庭遗传，二是后天教育。在家庭文化资本的既成现实难以改变的条件下，教育的途径便越来越受到人们的普遍重视。"当贵族血液缺失，教育就成为建立一个有威望的社会地位的关键。"[2] 18世纪在资产阶级中开始兴盛起来的传统语言和文学教育表明"文化资本是获得的而不是继承的，同时它也是展示身份的手段"。[3] 在已经通过财富的积累掌握了一定经济资本的中产阶层，童年期的蒙养和教育成了这一阶层获取和积累其文化资本的第一起点。因此，儿童在这一时期的中产阶级家庭和社交圈内开始受到特殊的关注，不仅仅是启蒙思想的影响使然，也与他在这一令人振奋的社会资本重新分配的进程中所扮演的角色有着深刻的关联。

20世纪，这一文化投资的观念逐渐由上中阶层蔓延至整个社会，童年的时间也越来越被"腾出来"用作这一特殊的投资，亦即以经济

---

[1]［德］维尔纳·桑巴特:《奢侈与资本主义》，王燕平、侯小河译，刘北成校，上海:上海人民出版社，2005年版，第16—17页。

[2]［美］约翰·卡洛尔:《西方文化的衰落》，叶安宁译，北京:新星出版社，2007年版，第136页。

[3]［美］约翰·杰洛瑞:《文化资本——论文学经典的建构》，江宁康、高巍译，南京:南京大学出版社，2011年版，第87页。

资本的付出来换得相应的文化资本回报。于是，一方面是人们日益放弃了儿童作为即时劳动力所带来的直接经济效益，另一方面则是在做出这一放弃的基础上，人们更进一步将既有的家庭经济资本投注到儿童的成长过程中，以换取相应文化资本的累积。如此一来，儿童在童年阶段是否能够积攒起足够的文化资本，变成了一件关系个体未来社会命运的大事情。当然，对于理解童年的历史而言，单纯的文化资本本身是一个太过理性和冰冷的概念，它并不能充分解释几个世纪以来人们投放在童年身上的庞大的经济和情感付出。但如果我们从现代童年生存现实的某些基本方面出发来反观这一概念，那么毫无疑问，它的确揭示了现代童年文化价值建构的一个重要维度。在童年文化的考察中引入文化资本的概念并不意味着现代以降的父母们仅仅将童年视作一个功利性的资本准备阶段，而是指在父母们为孩子所做的牺牲中，这一资本的考虑也占据了其中一个重要的位置。

消费社会从一个家庭寄放在儿童身上的对于文化资本的渴求中看到了无穷的商机。文化资本的逻辑意味着，如果你想成为一个"有文化"的成人，那么你在童年时就应该成为一个"有文化"的儿童。这里的"文化"不是广义的社会概念，而是特指一种得到主流意识形态高度认可的文化能力，它决定着儿童在未来的生活中所具有的文化竞争能力，进而影响着儿童未来的社会实现。儿童消费市场致力于使父母们相信，这些文化资本可以通过儿童的衣食住行、游戏、学习的消费途径传递给儿童。事实上，这也呼应了现代社会儿童专家们的建议。正如莉莎·雅各布森就游戏室和玩具建构起来的现代儿童游戏文化所说的那样："在适合的空间里玩适合的玩具，这一切都指向着一个确定的目的：塑造一个有文化的儿童，他有着正确的趣味，有自我组织游戏的能力，并且对有益的娱乐形式保持着优雅的品位。"[1]

---

[1] Lisa Jacobson, *Children and Consumerism in American Society*. Westport: Praeger Publishers, 2008, p.75.

这个"有文化的儿童"构成了现代童年审美文化产业的中心意象。在这里,各类童年审美文化产品的消费不只是出于一种关切童年的意图,同时也包含了以一种"文化"的方式塑造童年的目的。儿童消费市场总在有意无意地制造这样一个充满诱惑的许诺,即通过拥有和消费特定的童年文化产品,我们的孩子将从中获得今后在成年社会的竞争中胜出所需的相应文化资本。例如,从服装、饮食到学习、游戏领域的各类童年审美文化产品共同传递着这样一个讯息,即怎样才意味着一种"正确"的童年的仪表、观念和举止,它将在儿童成年后的生活中为其提供必不可少的文化资本。同时,许多童年审美文化产品都突出了对于童年的想象力、创造力以及建立在此基础上的儿童学习能力的强调,而这三种能力所指向的,正是在当前的技术和信息时代格外受到器重的一种文化资本。通过这样一种方式,消费市场有力地推进了儿童审美文化消费在各个社会阶层的全面布局。我们将会看到,随着这一资本化进程的深入,消费社会及其资本逻辑对于童年文化所造成的内在伤害,也日益凸显出来。

批评空间

“真实”作为美学命题在小说和绘画中的同构性与辩证法

——以左拉和马奈为中心的一段问题史[1]

赖彧煌[2]

[摘　要] 左拉不仅在小说创作上对巴尔扎克的现实主义进行了违抗，也在诗学层面上敏锐地捕捉到文学艺术美学革命的整体位移，并据此重新辨识了小说与绘画刻画世界的方式。在去形而上学与反总体性的前提下，左拉设计的“片段化”小说与当时追求“可见性”的马奈绘画，在“如何表征真实”的美学诉求上具有内在的一致性。高度统一的步调奇妙地存在于同一区间内部，因而在巴尔扎克和库尔贝之间、乔伊斯和塞尚之间亦有生动反映。但在不同区间之间，“真实”作为一段问题史却呈现一波三折的特点，以切合辩证法的节律被推到了崭新的方向。

[关键词] 真实　反对悬设　可见性　片段化

[1] 本文系国家社科基金项目“新诗观念史上的关键词谱系研究”（项目号：11CZW059）的阶段性成果。

[2] 赖彧煌，文学博士，福建师范大学文学院副教授，硕士生导师。

作为写作的自我标识，自然主义实际是左拉的发明，它既蕴含了丰富的美学内容，也关联着广阔的美学背景。但是，自然主义在后来的接受史中，出现了本义和衍生义之间的巨大跨度，几乎成了一种深刻受制于现实主义并为现实主义"生产"的概念，在此框架中，左拉精心编织的自然主义的本义消弭不见，仅剩下被现实主义同一化的议题，这严重阻碍了人们对自然主义背后独特美学动力的探寻。不唯如此，自然主义往往被视为闭塞在小说写作之内的追求，仅仅收缩为诗学独有的目标，并未关联到别的艺术门类。不过，至少在绘画领域，一种与左拉的小说观念同声相应的追求清晰可辨，为此或可期待，自然主义是某个时期更宏阔、深沉的美学诉求的广泛反映。这提醒人们，自然主义既有待本义的澄清和恢复，也有待视域的勾连和扩展，才可能精准地还原左拉，并进入他所身处的整体性美学氛围中，洞察出从根本上决定着文学艺术转折变化的美学机制以及它的来路与去向。

一、大于诗学论域的美学命题

左拉始终把自然主义视为后来被正典化的现实主义的"他者"，是后者的差异性建构。固然出于策略上的考虑，他将巴尔扎克树为"自然主义大师"，但只是有条件地使用，从根本上否决了巴尔扎克总体性的小说观之后，才将后者引为同道，而"总体性"在马克思主义批评家看来恰是巴尔扎克和现实主义的核心。随着巴尔扎克和现实主义的地位上升（在左拉的有生之年，恩格斯将他和巴尔扎克置于贬褒之辞的两极），一种既是参照系又是强制性的框架普遍确立了起来，在言路和"语法"上充当"主词"的功能，左拉及其自然主义相应地成了被决定的"宾词"，彻底沦陷在同一性的强大逻辑中。于是，无论左拉的批评者还是维护者（甚至包括非马克思主义的批评家），只能就删除或争夺他的似是而非的现实主义内涵展开论断，要么作为失败的现实主义被抨击，要么作为艰难开拓的现实主义被辩护。

有两种代表性的观点值得注意：一种来自卢卡契，他认为号称"继承者和追随者"的左拉，实质上破坏了巴尔扎克的现实主义传统，这意味着写作的倒退："左拉的自然主义的'实验'小说，仅仅企图寻找一种方法，使得现在已经退化成单纯的观察者的作家能够用它来重新现实主义地掌握现实……阻碍了对生活作任何深邃的现实主义的描写。"[1]另一种来自奥尔巴赫，与卢卡契不同，他强调左拉的拓展之功，成功塑造了巴尔扎克受限于种种条件未能涉笔的"第四等级"（下层社会的民众）的形象，是"最后一位伟大的法国现实主义作家"[2]。需要指出的是，卢卡契和奥尔巴赫均从左拉的写作入手，分别以《娜娜》的叙事特点、《萌芽》的小说史位置，架构起各自的观点，但众所周知，左拉的"卢贡—马卡尔家族"系列小说与巴尔扎克的《人间喜剧》一样，体量庞大且成色不一，从写作实绩的角度考量左拉，极易为不同的评判目的各取所需。

实际上，左拉不仅倾力于小说写作，也精深于观念建构。人们往往低估了后一角色的重要意义，常把他"窄化"为小说观念的阐发者，极端的情形还将他"矮化"为幼稚的实证主义者（如孤立地看待争议广泛的《实验小说论》）。不过，若想把左拉及其自然主义从重重迷雾中拯救出来，必须更加倚重对其言论的考辨，并从现实主义—自然主义主从框架的同一性中跳脱出来，否则，即使在最大公约数的幻觉中，也极易遮蔽更有价值的议题。有论者如此勾连自然主义和现实主义之间的延续性：

---

[1]　［匈牙利］乔治·卢卡契：《左拉诞生百年纪念》，中国社会科学院外国文学研究所外国文学研究资料丛刊编辑委员会编：《卢卡契文学论文集·二》，黄星圻译，北京：中国社会科学出版社，1981年版，第416—424页。

[2]　［德］奥尔巴赫：《摹仿论：西方文学中所描绘的现实》，吴麟绶译，天津：百花文艺出版社，2002年版，第556—575页。

自然主义的确不同于现实主义，但并不独立于现实主义。用暹罗（Siamese）连体儿的比喻来表达这两者的关系，恐怕是最恰当不过的了：他们各有自己的四肢但共用某些器官。现实主义和自然主义具有共同的理论基础，即艺术的本质就是模仿，是客观地再现现实（这和浪漫主义奉行的通过主观想象来美化世界的理论形成对比）。[1]

　　然而，只有在差异性的视域，才能重新聚焦到左拉对模仿的别样的理解，才能恢复它的美学价值——问题的实质不在于"艺术均是模仿"，而在于两种模仿甚至多种模仿之间有何不同的美学追求。

　　当然，左拉包括巴尔扎克都几乎力避模仿一词，但作为古老而权威的美学方块和分区系统，它毫无疑问以某种方式强劲地嵌入了他们的写作与观念中。在艺术领域，一如柏拉图早已确立的，模仿的本质被转换成了如下问题：艺术家无论被批评为谎言的制造者还是自命为世界的立法者，他都将就如何理解、追逐和确认真实，即"如何表征真实"遭到拷问或自我拷问。自然主义和现实主义在此问题上实际上源于对真实的不同理解发生了纠葛，不过，这种差异在小说领域远不只是叙事手法的差异，而是大于诗学论域的美学命题，正如左拉固然不断触及叙事等更具技术性的问题，但后者恰恰受制于背后的美学机制。

　　强调左拉及其自然主义超出了诗学，除了命意上的深度，其部分"出处"分布的广度亦是重要原因。进入小说领域不久，左拉的观念阐发即不时地扩展到更宏阔的艺术门类中，他在马奈的绘画中读解出重要的美学新变，并将这种认识几乎一以贯之地类同于甚至挪用到他对小说的一系列发言中。尽管左拉未必是品评绘画的行家，但他抽取出

[1] ［英］利里安·R.弗斯特、彼特·N.斯克爱英：《自然主义》，任庆平译，北京：昆仑出版社，1989年版，第10页。

一些刚从绘画中萌生的重要原则，如剔除道德内涵、崇高精神的重负，反对为某种形而上学构设视觉幻象等问题，与他小说观念的逐步丰满若合符节。通过考辨小说与绘画之间的共通性，不仅可以更全面地理解他的小说创作，更能够洞察出他备受争议的小说设计，在同时期的绘画中将获得何种支持。这使得人们必须突破习以为常的文学范围，重新打量一个时期的绘画与小说如何同气相求。这种超越单个艺术门类的互通声息，是左拉对整体性的美学脉动的把握和诊断。

有人或许不免疑问，小说依靠叙事刻画时间中的事件，怎么能和绘画借助光与色呈现空间中的物象相提并论呢？然而，将它们聚合在本文之下的依据是：一方面，艺术家们面对的"如何表征真实"是美学问题的深刻反映；另一方面，我们甚至无须讳言，单一的艺术门类对于梦想着一定普适性的美学命题来说，始终有其相对性。因此，进入小说与绘画的双重视域，就是探寻艺术家们在美学诉求上的内在一致性。这种一致性甚至不是个别和偶然的，除了左拉和马奈，他们的前辈巴尔扎克和库尔贝，以及稍远一些的后继者乔伊斯和塞尚亦然。

有趣的是，高度统一的步调只存在于同一区间内部，即横向关联上，如左拉和马奈之间；但不同区间之间却互为异质性，即纵向演进上，正如马奈与开放了题材但深陷于深度、意义等形而上学诉求的库尔贝不同，他通过技术上的违规动摇了这个重要价值基础，大幅度地把绘画的革新推进到截然不同的层面，左拉也对小说重新设定一些基本原则，不再如马克思主义批评家所激赏的巴尔扎克那样，依靠想象追逐悬设的本质、规律性等，他推翻了经典现实主义小说发展出的评判、干预乃至建构现实的总体性野心，把巴尔扎克迈出的步伐转移到新的方向。这种世代之间的转折，从美学内在机制的转换上看，近乎是决裂性的。于是，从巴尔扎克、库尔贝经由左拉、马奈直至乔伊斯、塞尚，"真实"的内涵成了一个在不断争辩中演进的议题，它的走向既非直线型亦非循环式，而是辩证法的。一定时段中的变动性和同一区间内部的一致性，对比如此鲜明，使得"真实"作为一段问题史益发意味深长。

二、非道德化和无崇高性的症候

绘画史上，马奈激烈地挑衅观众的视觉期待，以极端的方式推动了绘画进程的深刻转折。以往依靠视觉元素的安排、意义指涉的调配，似乎内置于绘画中的道德立场、崇高命题，出现了醒目的"空场"。根深蒂固的传统中视为内在、深度的诸种价值祈向，在马奈那里成了外在的、可剥离的东西被摒弃，精神热度、终极关怀似乎中断了，转而被意义缺失、价值中立乃至虚无取代。从根本上看，马奈通过他的绘画表达自己的看法，作为"内涵"的道德和崇高终归是意指性的，不具备可见性，无法成为视觉的对象，诚实的绘画只把画出"可见者"作为自身的限度。

唯其马奈奉"可见者"为绘画的对象与目标，他在画家生涯早期就遭到有伤风化、"去道德化"的攻击。值得注意的是，马奈的作品和包括评论界在内的公众之间的紧张，折射的正是美学趣味的交锋与更替。譬如遭到人们群起而攻之的《奥林匹亚》，在 H. H. 阿纳森看来：

> 奥林匹亚以一种冷漠而大胆的表情，坦然地凝视着观者，这种表情，以令人吃惊的方式，搭起了现实世界与绘画世界的桥梁，并且有效地消除了在裸体人物的表现中，多情善感的理想主义幻觉。[1]

---

[1] [美] H. H. 阿纳森：《西方现代艺术史》，邹德侬等译，天津：天津人民美术出版社，1994 年版，第 18 页。

这意味着，粗糙的、变动着的现实世界（这幅画中一个左脚跋着拖鞋的妓女斜倚在床上，黑人女仆正将一束刚从外面传递进来的鲜花递给她）有力地冲击了纯粹的、自足的"维纳斯"世界（《奥林匹亚》被视为提香《乌尔比诺的维纳斯》的翻版）。画面的意图昭然若揭，《奥林匹亚》不过是对一个将要接客的妓女的写照。

无怪乎有人愤然于它与本应代表古典、纯洁的"奥林匹亚"名实不符：

> 这个黄肚皮的女奴，不知从哪儿拾来的模特儿，竟想代表奥林匹亚，她算个什么东西？奥林匹亚吗？哪个奥林匹亚？她无疑是个妓女。人们不会指责马奈先生把疯处女理想化了，因为他把她们脏化了。[1]

《奥林匹亚》遭到鞭挞，是因为马奈把绘画传统中美的、精神性的裸体刻画成性的、感官化的肉体，道德与文化的屏障被毫不留情地拆除了。这点将它和《乌尔比诺的维纳斯》作一对比将变得更为明了。两幅画中的裸女均将左手置于两腿之间，但提香把左胳膊隐入深暗的阴影中，并让维纳斯的脸略微倾向右边，这种"淡化"与马奈的强化有鲜明的差别。后者的整个左手臂均置于鲜亮的光线下，裸女的上半身是抬高的，她的脸几近正面并向观者投出肆无忌惮的直视眼神。如此直接大胆的处理与提香以明暗、平衡的画法弱化性征和性联想迥然不同，它鼓励观者更多地调动自身的感官关注这幅画"坚决不遵守裸

---

[1]［法］于勒·克拉勒蒂：转引自［法］弗朗索瓦丝·加香：《马奈：画我所见》，朱燕译，上海：上海译文出版社，2006 年版，第 145 页。

体常规的方式"[1]，不仅没有为道德化的观看提供保证，而且颠覆了从中进行道德宣扬的可能。

这既是不同于古典的文化表征方式，更是崭新的美学诉求。按中川作一的概括："马奈极力避开明暗，可以说近于日常的知觉，以表现所见之相为目的。"表现日常的、眼见的事物，正是马奈给自己规定的目标。中川进而援引马奈的原话："必须处于自己的时代，且必须描绘出自己所见。"[2]对马奈而言，没有看到典雅、矜持的"奥林匹亚"（因为场景不是既定的，而是即时的），就不能违背其观感对这类精神状貌作无中生有的添加和附会，对观众而言，就不能读出早已被理想化的道德与文化象征（理想化就是理念化、给定化）。

马奈还有另一种类型的作品值得注意，与去道德化不同，它不以追求崇高性为目的。这主要体现在历史画和宗教画中，如《枪毙马克西米连皇帝》和《死去的基督与天使》。很多人都注意到《枪毙马克西米连皇帝》与同是描绘行刑的另一幅名画——戈雅的《5月3日》的联系。不过，两幅画呈现的情境迥然不同，马奈突出行刑过程的弥散，它发生于射击之前，而戈雅突出行刑效果的尖锐，它发生在瞄准的时刻，前者显得松弛、漫不经心（行刑队队长在心不在焉地换装子弹），后者显得紧张、惊恐万分（着白衣者被行刑人叉开双臂），这种差异体现了完全不同的精神内涵。这是一个巨大的转变，马奈面向具体的可见性，而非如戈雅仍展望抽象观念（如作为公理的善、正义等）的升华，不再愿意为崇高的命题留下空间，不愿展开隐含某种精神的臧否，而转向事件："马奈这位画家却不在画中表现任何明显的判断：只有事实，

---

[1] ［英］T. J. 克拉克:《一八六五年有关〈奥林匹亚〉各种论述的前言》,［美］弗兰西斯·弗兰契娜、查尔斯·哈里森:《现代艺术和现代主义》,张坚、王晓文译,上海:上海人民美术出版社,1988年版,第421页。

[2] ［日］中川作一:《视觉艺术的社会心理》,许平等译,上海:上海人民美术出版社,1991年版,第88—89页。

以及事实发生的时间、地点，再无其他。"[1]以漠然的笔法（不只行刑队队长，画中所有人物均是冷漠的）将与政治有关的死亡，呈现为一个具体的事件。无独有偶，《死去的基督与天使》中蓝色翅膀的天使也以漫不经心乃至冷漠的神态面对基督之死，这使悲剧性的宗教题材的分量陡然变轻。

《枪毙马克西米连皇帝》和《死去的基督与天使》都鲜明地体现了马奈处理重大题材的绘画时惯于采用反讽的方式，以此削弱乃至去除崇高性，漠然处之的态度使有热度的某种诉求（如两幅画中政治意义和宗教意义的死亡）变得微乎其微，以至荡然无存。说到底，这是绘画的"减负"或绘画向本位的回归，它不再成为 Literary（描述故事的），成为故事铺排的视像表达。拉尔夫·迈耶将 Literary 定义为："这个词语被用于讲述故事的绘画、雕饰、素描和版画作品。"[2] Literary 也可以译为"文学性的"，马奈把死亡处理为事件，而非支撑某种意义展望的情节性叙事，这种绘画也可谓是 Anti-literary（反文学性的）。

对于马奈去除道德和崇高的重负，左拉慧心慧眼：

> 在这里，他不再追求绝对美。他不画历史，也不画心灵，人们常说的构图对他没有意义。他要完成的人物不是要表现什么思想或是什么历史行为。从这一点上讲，人们不应该把他判定为道德家或文学家，而应该把他判定为画家。[3]

表彰他为非道德家、非文学家，一方面与道德化的评价（"堕落"

---

[1]［美］琳达·诺林克:《现代生活的英雄——论现实主义》，刁筱华译，桂林:广西师范大学出版社，2005年版，第29页。

[2]［美］拉尔夫·迈耶:《美术术语与技法词典》，邵宏等译，南京:江苏教育出版社，2005年版，第226页。

[3]［法］左拉:《爱德华·马奈的生平与评价》，《印象之光:左拉写马奈》，冷杉译，北京:金城出版社，2013年版，第55页。

或许是马奈被指责最多的一个关键词）分庭抗礼；另一方面则强调马奈不是表现"思想"和"历史行为"的承担者，只是画家而已，或者如马奈所言，"描绘出自己所见"。它意味着，画出"可见者"是一种限度，对于不能画出的只能规避。

忠于这种限度，马奈让绘画止步于道德和崇高之外，止步于无中生有之外，践行着"描绘出自己所见"的信念。这个追求不只在马奈那里，也包括左拉，强有力地体现为，他们体认出一种不同于前辈认定和追求的"真实"，这分别建立在对库尔贝、巴尔扎克的扬弃与超越基础上。

三、违规、反"虚构"与去形而上学

在漫长的绘画历史中，道德和崇高的指涉区间不容置疑，但它们却在马奈的绘画中遭到义无反顾的抛弃，这摧毁了作为核心基础的价值和内涵在绘画空间中的表现：观众期待某种教诲，他无批判地把《奥林匹亚》凸显为一个妓女招摇的视像；观众希望读出意义，他冷漠地把《枪毙马克西米连皇帝》处理成和死亡有关的某个事件的记录。将价值予以削除，对意义进行嘲弄（耐人寻味的是，20世纪中后期以来后现代主义的一个基本标识，也被普遍认为是价值的拉平化和意义反讽），这本质上是反形而上学的。

正如上文已初步揭示的，非道德化和无崇高性不只是文化和心理的激烈反应，在更深刻的层面，是绘画方向在美学考量上的位移。约定俗成的指涉被颠覆之后，绘画只有另觅他途。按照阿迪纳的说法，"有所指绘画向无所指绘画的重要转变构成了美学层面的重大决裂之一"[1]。对马奈而言，他需要纠正以往对画布等绘画材料限度的无视，调整表

---

[1]［法］让·皮埃尔·勒杜克·阿迪纳:《序》,［法］左拉:《印象之光: 左拉写马奈》,冷杉译, 北京: 金城出版社, 2013年版, 第16页。

象策略，放逐曾经意义深远、价值宏伟的画布表现野心：从媒介层面看，绘画不能僭越所用材料的物质性；从表象策略看，绘画应从三维的幻觉空间回到二维的平面。这无疑是给自我设限的绘画意识。

福柯在一个关于马奈的专题讲座中，做了如下表彰：

> 马奈所做的（我认为，无论如何，这是马奈对西方绘画最重大的贡献和变革之一），就是在画中被表象的东西内部凸显油画的这些物质属性、性质或局限，绘画、绘画传统可以说仍然以回避和掩盖这一切为己任。[1]

他揭示了马奈对绘画物质性的承认，它导向画家对深度的舍弃。马尔罗也强调马奈对绘画平面性而非深度的体认：

> 《奥林匹亚》中的粉红色睡袍，小作品《福利·贝热尔的吧台》中阳台上的覆盆子花丛，《草地上的午餐》中的蓝色织物，显然都是色块，其中基本的东西是绘画性的，而非再现或呈现。绘画——它曾经像地洞一样有深度——变成了平面。[2]

长期以来形成的惯例是，为了弥补二维空间的不足，绘画发展出相应的技法，以规避平面的、非时间性的媒介语言的缺点，让视觉为某个场景担当解说、评判或展望的任务。通过视觉语言的变形，如透视法的使用，依靠幻觉的集中突出与宏大思想紧密相关的中心视像，将人物和景致放在远小近大的视觉安排中，以获取场景的"完整性"。

---

[1]［法］米歇尔·福柯：《马奈的绘画》，谢强、马月译，长沙：湖南教育出版社，2009年版，第15—16页。

[2]［法］安德烈·马尔罗：《无墙的博物馆》，李瑞华、袁楠译，桂林：广西师范大学出版社，2001年版，第44—45页。

透视法在历史画中的作用更突出，为把重要历史情境的"虚构"空间伸延到视觉语言的叙述与铺陈中，它实质上担当了分配视点以带动视觉叙事的功能。因此，从无中生有和不可能的可能这个层面看，透视法等技法强化了绘画语言对虚构的青睐。

马奈正是立足于二维平面，不再对题材和画法隐含的重大价值进行意义的编排分配，不再如前辈画家借助景深、构图等手法，为巩固某个中心和企近某种被颁定的"真实"而不惜补叙与美化，以至无中生有，力避在画中展现观念性或行动性的冲动，为此必然要去除画中的形而上学意指。这就是为什么在马奈的绘画中，意义变得如此有限，形象显得如此平凡。说到底，这是对绘画的视觉本质的重新体认，即使放在整个西方绘画史上看，它的意义也值得大书特书。

必须注意到，在马奈的探索得以有力伸张的背景中，有早于他的、在19世纪中叶前后即已萌生的美学准备。因为面向具有"可触及性"的对象，在马奈之前已成为有识之士的课题。有待他们努力的，是从神话的、远离当代的题材中解放出来，从奇幻的、仰仗浪漫主义主体想象的超真实世界超拔出来。在此意义上，库尔贝试图粉碎浪漫主义的虚构，在"画我所见"的向度上，他是马奈的先行者。1850年前后，库尔贝以题材的拓展打破绘画的密闭性，粉碎了古典型、理想型的幻象，将平民、大众为主的人物和不为重大题材眷顾的"采石""路遇"纳入绘画空间，挑战了古典主义和浪漫主义极力维护的题材等级秩序。不过，库尔贝仍旧为整体性的形而上学牵制，倒是马奈迈出了更具革命性的步伐，后者大幅度地调适绘画语言中的形式成规。

从马奈的早期作品即可看出，《草地上的午餐》《奥林匹亚》《吹笛少年》等不仅题材上迥异于库尔贝，更主要的是，马奈屡屡以"违规"的方式作画。著名艺术史家文杜里就此评论云："马奈又弄出了新的玩意，其危险并不在社会内容方面，而是在处理形式方面。库尔贝的写实主义仍旧尊崇传统的形式观念，而马奈则要突破它。"[1]由于马奈无视一些公认的基本成规，他的《奥林匹亚》还被视为技法幼稚。[2]在它遭到攻击时，同是画坛革新者的库尔贝不但没有抱以同情，而且嘲讽它"太平板了，这里没有一点体积感，简直是扑克牌里的那张浴后休息的黑桃皇后"。[3]他不能认同的是，马奈走向了去除透视规律、没有景深的平面涂抹，这当然与库尔贝在技法上秉持经典画法有关。但是，为了更好地服务于视觉对象，马奈愿意违背"准确"和"到位"，他对库尔贝反唇相讥："用调色刀涂抹色彩，用大量的沥青打底，毫无疑问可以得到（某种）效果，但是它们叠加起来算什么？库尔贝非常喜欢这些小技巧，但是他以准确的方式来使用它们，就像是某种笑话。"[4]

尽管在大方向上，马奈和库尔贝对当下情境、自我观照的忠实，均处于波德莱尔所言的"现代生活的英雄主义"氛围中："既然各个时代、各个民族都有各自的美，我们也不可避免地有我们的美。"[5]不过，对经典绘画成规的维护和运用，使革新题材的库尔贝并不显得有多么"革命"。他的《路遇》（又名《你好！库尔贝先生》）试图刻画与自我密切相关的情境（库尔贝及其友人的相遇），在相遇的时刻（当下性）完成完整的构图，但远景和近景的描绘仍旧与考究的新古典主义者毫无二

---

[1]［意］里奥奈罗·文杜里：《西方艺术批评史》，迟轲译，南京：江苏教育出版社，2005年版，第177页。

[2] 欧内斯特·谢诺认为："这幅画（《奥林匹亚》）如此荒诞有两个原因：首先，画家对绘画的基本要素幼稚无知，然后出于难以理解的庸俗目的。"转引自［法］弗朗索瓦丝·加香：《马奈：画我所见》，朱燕译，上海：上海译文出版社，2006年版，第145页。

[3]［法］库尔贝：转引自H.卡里季娜：《库尔贝和马奈》（蕴华译），《国外美术资料》1979年第3期。

[4]［法］马奈：《作一幅真正让人惊讶的画》（1858—1860年），《马奈艺术书简》，李关富译，北京：金城出版社，2012年版，第23页。

[5]［法］波德莱尔：《论现代生活的英雄》，《1846年的沙龙：波德莱尔美学论文选》，郭宏安译，桂林：广西师范大学出版社，2002年版，第264页。

致，笔法上并未远离雅克·路易·大卫诸人的"准确"。最重要的是，库尔贝把主题和题材形而上学化了："命运使库尔贝所担当的任务，就是要赋予贫困而偏僻的日常生活以英雄的重大意义，他是以其他画家处理历史题材的那种精神来处理风俗场面的。"[1]因而，比较一下库尔贝的观念与实践之间的落差是意味深长的。他虽然宣称，"我只愿画我看到的，我从来不画安琪儿，我不去画它们"，[2]也不过将早已被形而上学化的天使移置后，把乡村生活予以升华和形而上学化了。

至此，马奈和库尔贝的分野已一目了然，马奈彰显绘画的物质性，通过技术上的"违规"，压抑景深和透视等一揽子规则，不再将绘画语言伸延到不可见的诸种精神性的、形而上学诉求中，他抽去了为悬设构造幻象的可能，而库尔贝在经典画法的延续中巩固了另一种形而上学。后者从视觉的调配和组织中升华出某种意指性的内涵，源于他的社会和政治理想，有了这种信念，就不惜去升华一场葬礼的内涵。因而，从更苛严的真实性的标准看，库尔贝仍旧有"虚构"的残余。

四、从悬设的想象到非总体性的真实

库尔贝提升了被压抑的对象，将之纳入等级森严的艺术长廊中，但他远不是经典画法的造反者，而是它的卫护人，虽然他的现实性题材拒绝临空蹈虚，他的绘画语言和思想却是精神性的，总是为悬设的幻象所左右。同样，小说家的巴尔扎克也受制于悬设的想象，某种虚悬于他个人信仰中的世界图景等待追踪。这种追踪不只依靠有迹可循的材料与经验，更是通过把世界结构化（前因后果的），借助想象予以构建"完整"。在一篇宣言式的文章中，巴尔扎克如是强调：

[1] ［意］里奥奈罗·文杜里：《西欧近代画家》（上），钱景长等译，北京：人民美术出版社，1979年版，第175页。

[2] 杨身源编著：《西方画论辑要》，南京：江苏美术出版社，2010年版，第356页。

如果想要得到一切艺术家所渴求的激赏，不是还应当研究一下产生这类社会效果的多种原因或一种原因，把握住众多的人物、激情和事件的内在意义么？此外，在努力寻找（且不提"找到"）这种原因、这种社会动力之后，不是还应当思索一下自然法则，推敲一下各类社会对永恒的准则、对真和美有哪些背离，又有哪些接近的地方？这些前提牵涉范围很广，足以单独写成专著；虽然如此，作品为达到完整起见，还是应当有一个结论。这样描绘出来的社会，自身就应当包含着它运动的原因。[1]

　　寻找原因和结论，几乎可以视为巴尔扎克的根本写作原则。在小说的倾向上，它自然是诊断式的，在小说的结构上，它必定是总体性的。文学史家布吕奈尔指出，现实主义的巴尔扎克毕生都为思想和精神结构上的"幻想性"统摄，被宗教、政治、道德和社会诸层面的信念制约着写作基调、价值祈向。[2]因而，巴尔扎克要以宏大的文本结构与外部世界牵连起总体性关涉。波德莱尔对此击节赞赏，认为他不是被动的观察者，而是有创造性的"洞观者"："他对细节的异乎寻常的兴趣与一种无节制的野心有关，这野心就是什么东西都看见，也把什么东西都让别人看见，就是什么东西都猜出，也把什么东西都让别人猜出，这种兴趣迫使他更有力地勾画出主要的线条，以便得到总体的远景。"[3]他还褒扬巴尔扎克"什么东西都看见，什么东西都猜出"，实际是肯定

---

［1］［法］巴尔扎克：《〈人间喜剧〉前言》，丁世中译，艾珉、黄晋凯选编：《巴尔扎克论文艺》，北京：人民文学出版社，2003年版，第259—260页。

［2］［法］皮埃尔·布吕奈尔等：《幻想家巴尔扎克》，《十九世纪法国文学史》，郑克鲁等译，上海：上海人民出版社，1997年版，第154—156页。

［3］［法］波德莱尔：《论泰奥菲尔·戈蒂耶》，《1846年的沙龙：波德莱尔美学论文选》，郭宏安译，桂林：广西师范大学出版社，2002年版，第72页。译者郭宏安对"洞观者"加了一个译注："迷信认为，这种人能看见反映事物本质的幻象。"

"真实"作为美学命题在小说和绘画中的同构性与辩证法　　*337*

他的小说具有总体化的建构能力。耐人寻味之处是，波德莱尔作为追求审美现代性的代表性人物，他与恩格斯对巴尔扎克的判断高度一致。恩格斯认为《人间喜剧》"汇集了法国社会的全部历史"。[1]

波德莱尔和恩格斯均强调巴尔扎克小说的总体性，从美学谱系看，这是亚里士多德"诗比历史真实"的信念的回声：

> 写诗这种活动比写历史更富于哲学意味，更被严肃的对待；因为诗所描述的事带有普遍性，历史则叙述个别的事。所谓"有普遍性的事"，指某一种人，按照可然律或必然律，会说的话，会行的事。[2]

值得注意的是，恩格斯首先从"文学性"的角度肯定《人间喜剧》，然后与历史、社会相勾连，以避免空洞和抽象。巴尔扎克也对特定的、无主体性的历史抱有充分的警惕：

> 对于严格的历史事实中使他十分为难的地方，诗人可以照自己故事情节的跌宕起伏加以改变。再过分要求，那就是限制他了，等于把他的想象力固定在僵死不动的圈子里，叫他全身的力气无处使，把他的蓬勃朝气完全扼杀。[3]

巴尔扎克对前因后果的热衷与探究，让19世纪后半叶以来的马克思主义批评家找到了理论阐释上的对应，突出巴尔扎克对总体性世界和必然性规律的呈现，进而把他视为现实主义的典范。在主体性层面，

---

[1] 陆梅林：《马克思恩格斯论文学与艺术》（上），北京：人民文学出版社，2002年版，第190页。

[2] ［古希腊］亚里士多德：《诗学》，罗念生译，北京：人民文学出版社，1997年版，第29页。

[3] ［法］巴尔扎克：《评〈流氓团伙〉》，袁树仁译，艾珉、黄晋凯选编：《巴尔扎克论文艺》，北京：人民文学出版社，2003年版，第235—236页。

巴尔扎克的现实主义叙事必定是全局性的、能透视世界的叙事。文学史家勃兰兑斯因此认为,"巴尔扎克不仅仅是一个观察家;他是一个透视家"。[1] 就此而言,现实主义叙事和绘画的透视法在"洞察"世界的功能上可相互置换。当然,绘画的洞察力来自幻象的形成,小说的洞察力来自想象的建构。

在如何呈现世界的问题上,左拉与巴尔扎克的差别鲜明地集中在想象的地位上。对于巴尔扎克,为成为无所不见的"洞观者",在"历史事实使他十分为难的地方",必须调动超拔的想象进行"改变",乃至无中生有。左拉为此严厉批评了他对想象的滥用:"巴尔扎克的想象,他那种陷入各种夸张,企图按异乎寻常的蓝图重新创造出世界的失常想象,更多是激怒我,而不是吸引我。"[2] 在左拉看来,巴尔扎克按某种蓝图(如后者的社会、政治信念)预设,实质是对世界的歪曲。为此,他为小说设定"戒律":

> 我已经说过,自然主义小说不过是对自然、种种存在和事物的一种调查研究。因此它不再把兴趣放在按某些规则来精巧地构思并展开的一个寓言方面。想象不再有用武之地,情节对小说家来说也无关紧要了,他不再去操心故事的编排、前后承接和结局;我的意思是说,自然主义小说家并不插手对现实进行增删,他也不服从一个事先构思好的观念的需要来制造用以构筑一个屋架的种种部件。我们的出发点是,自然即是一切需要;必须按本来的面目去接受自然,既不对它作任何改变,也不对它作任何缩减;对于以它本身来提供一个开端、一个中段和一个结尾来说,它已

[1] [丹麦] 勃兰兑斯:《十九世纪文学主流》(第五分册),李宗杰译,北京:人民文学出版社,1997年版,第220页。

[2] [法] 左拉:《论小说》,郑克鲁译,朱雯等编选:《文学中的自然主义》,上海:上海文艺出版社,1992年版,第210页。

是足够优美、足够宏伟的了。[1]

　　热衷事实本身而不把它理想化（拔高），是为了拒绝无中生有。不去求索预设（"不服从事先构思好的观念的需要"）的"真实"，是为了收缩面对世界的信念。较之巴尔扎克依靠想象介入世界，这是具有明显中立化倾向的非介入的小说观。但是，从受众的角度，左拉的小说极易被认为主体性的沦丧。唯其如此，当左拉按此原则构制作品，引起的公众反应就一如马奈的《奥林匹亚》《草地上的午餐》的遭际。他的《黛蕾丝·拉甘》（《泰莱斯·拉甘》——编者注）甫一出版即引起轩然大波，被抨击为诲淫诲盗的作品。[2]作为回应，左拉扯上被误解的画家为自己张目，实质是挪用了他为马奈辩护时申说过的观点：

　　　　当一个人刚完成了这样的工作，全身还沉浸在探求真实的严肃享受中时，立刻听到有人指责他工作的唯一目的在于描绘猥亵的画面，确实应当承认这是很难受的。我的处境犹如那些临摹裸体的画家，他们不存在任何淫欲的邪念，因此，当某个批评家宣称自己因画家作品上活生生的肉体而觉得厌恶时，画家们一定会惊讶不已。[3]

---

[1]［法］左拉：《戏剧中的自然主义》，毕修勺、洪丕柱译，《西方文艺理论名著选编》（中卷），北京：北京大学出版社，1986年版，第198页。

[2]批评家费拉居曾抨击这部小说为"腐朽的文学"（参见［法］德尼丝·勒布隆－左拉：《我的父亲左拉》，李焰明译，桂林：广西师范大学出版社，2002年版，第35页）。为了回应作家路易·乌尔巴克的批评，左拉辩解说："小说有灵活的范围，可以扩大到全部真实和敢于设想的一切。"而后者却认为《泰莱斯·拉甘》使他的好奇心滑入了一个满是污泥和血泊的水坑。"（参见［法］左拉：《致路易·乌尔巴克》，《左拉文学书简》，吴岳添译，合肥：安徽文艺出版社，1995年版，第79—80页。）

[3]［法］左拉：《〈黛蕾丝·拉甘〉再版序》，毕修勺译，朱雯等编选：《文学中的自然主义》，上海：上海文艺出版社，1992年版，第120—121页。

这是意味深长的，虽然左拉口口声声宣称，他愿意将文学空间留给真实而非道德。言下之意是，他既不会去触及道德的内容，也不会在作品中宣扬不道德的倾向。但是，读者并不理会左拉对非道德和不道德的区分，一如观众并不去留意马奈的非道德化的表现，而着眼于观感上强烈的不道德气息，错愕于《奥林匹亚》的大胆与放肆。

实际上，左拉与公众之间的紧张凸显了美学与伦理学之间的古老纠葛，在后来更成系统的马克思主义文学批评话语中，非道德和不道德均成了倾向性问题。源于主体介入的匮乏，可预见且可控的总体性崩溃了，后果是小说结构的涣散、主体精神的丧失，因此，一俟遇上将总体性奉若神明的卢卡契，左拉的小说就遭到猛烈的抨击。但对左拉而言，不能求助想象以补足总体性世界，不能采取巴尔扎克式的方法，必须废黜小说的总体性野心。这种转移放在绘画与文学演进的线条中，清晰地体现为如下图景：马奈和左拉均采取殊异于库尔贝、巴尔扎克的现实主义做法，在画下真实或写出"真实"的向度上，他们不约而同地粉碎了前辈奉为圭臬的一些基本原则，在刻摹世界的表现手法上走上了令人瞩目的新途。在左拉那里，它甚至深刻地体现为解救现实主义之弊的努力，尽管马克思主义批评家将之视为现实主义的背叛。

五、小说的"片段化"：描写和静物画

在《叙述与描写》中，卢卡契将左拉、巴尔扎克、托尔斯泰等人放在现实主义框架下辨析，他先把《娜娜》和《安娜·卡列尼娜》集中在赛马环节进行对比："左拉笔下的赛马是从旁观者的角度来描写的，而托尔斯泰笔下的赛马却是从参与者的角度来叙述的。"就介入和游离的差别看，参与者才是有建构能力的叙事者，他呼应历史规律的进程，在阶级斗争中彰显私有制的症结，并开具或暗示相应的处方。卢卡契进一步指出，左拉罗列事实却没能上升到对根源的洞察："它们只是作

为事实，作为事件，作为发展的'渣滓'而被描写的。左拉的剧院导演不断地重复着：别叫什么'剧院'，叫'妓院'好了。但是，巴尔扎克却表现出，资本主义制度下的剧院是怎样变成了妓院的。"[1]在卢卡契看来，较之左拉，巴尔扎克是犀利的评判者、结论的揭示者。韦勒克曾如此概括卢卡契对自然主义和现实主义的不同理解："自然主义由于只讲日常生活的表面现象和一般情况而受到驳斥，而现实主义则创造出既有代表性又有预言性的典型。"[2]

无论评判还是预言，均有违于左拉的美学构想。他写道："我在这里所谈论的是事物的怎样而不是它们的为什么。对一位实验论的学者来说，他所努力要缩减的理想或未知，即未被决定之物，永远只限于怎样的领域中。他把另一种理想，即探究为什么的工作，留给哲学家们去做，他一天也没有决定它的奢望。"[3]有趣的是，左拉要求"缩减未知"，与马奈对"不可见者"的拒绝如出一辙。说到底，这是左拉对小说限度的规定。

应充分理解左拉建基于富足资料之上的"客观性"诉求，乃出于对依赖想象"补足"世界、凭空添加枝节的警惕。由此看待左拉对对象、事件的亲近，这种写作迥然不同于呼应本质、必然性的小说。马克思主义者对后者赞赏有加。恩格斯认为现实主义"除细节的真实外，还要真实地再现典型环境中的典型人物"，而"巴尔扎克，我认为他是比过去、现在、未来的一切左拉都要伟大得多的现实主义大师"，着眼于巴尔扎克所"揭示"的"规律性"，恩格斯还称赞他违反自己的阶级同情和政治偏见，呈现了深刻的必然性，因而，巴尔扎克的《人间喜剧》

[1] ［匈牙利］乔治·卢卡契：《叙述与描写》，刘半九译，《卢卡契文学论文集》（一），北京：中国社会科学出版社，1980年版，第39—42页。

[2] ［美］雷内·韦勒克：《文学研究中的现实主义概念》，《批评的概念》，张金言译，杭州：中国美术学院出版社，1999年版，第229页。

[3] ［法］左拉：《实验小说论》，毕修勺、洪丕柱译，《西方文艺理论名著选编》（中卷），北京：北京大学出版社，1986年版，第248页。

是"现实主义的最伟大胜利之一"。[1] 强调小说家对必然性的捕捉，就要求小说的叙事具有建构能力，担当社会政治的预言家与评判者。

从文学艺术和世界的关系看，左拉和巴尔扎克的根本差别在于，并没有一个主体可以先验地予以承认的立场、信念，而后对世界展开尽人彀中的膜拜或者鞭挞，这是主体能力的削弱，是去主体性。但在卢卡契看来，这无异于卸除了叙事的基本动力，也是左拉的叙事原则从叙述滑向描写的根本原因。

需要着重指出的是，卢卡契为了支撑自己看重叙述贬低描写的观点，他将描写和静物画捆绑在一起批判，而静物画与表征性格的肖像画背道而驰：

> 描写作为流行一时的写作方法，情况则大不然，它是诗对于造型艺术的徒劳的竞争。对人的描写作为人的表现方法，只能把他变成死的静物。只有绘画才有办法使人的形体特征直接成为表现人的最深刻的性格特征的手段。当自然主义的绘画式的描写手法把文学作品中的人物贬低为静物画的组成部分的同时，连绘画也丧失了高度的感性表现的能力，这绝不是一种巧合。塞尚的肖像画同提香或伦勃朗反映人的心灵整体的肖像画相比较，不过是一些静物画，正如龚古尔或左拉的人物同巴尔扎克或托尔斯泰的人物相比较一样。[2]

这段引文有两点值得注意：第一，卢卡契认为描写是时间性的，它难以像肖像画刻画出人物的性格特征，说到底，诗（文学）牺牲了时间艺术的长处，妄图实现空间艺术的特点，最终沦为失败的、死的

---

[1] 陆梅林：《马克思恩格斯论文学与艺术》（上），北京：人民文学出版社，2002 年版，第 188—190 页。

[2] ［匈牙利］乔治·卢卡契：《叙述与描写》，刘半九译，《卢卡契文学论文集》（一），北京：中国社会科学出版社，1980 年版，第 68 页。

静物画。第二，描写之所以被贬抑，是因为它是局部、静止和孤立的，看不到叙事的运动与发展，没能反映出"心灵的整体"。有趣的是，即使如塞尚的肖像画，因其性格特征的消泯也一同被贬损为失败的静物画。但是，反观左拉的观点，他与卢卡契将静物画压抑至绘画的最低层级不同，他甚至以静物画为参照系，表彰马奈的人物画如静物画般地刻画对象：

> 他处理人物画就像人们处理静物画一样。我想说，他先把人物随意聚集在面前，然后，如实地表现他看到他们的样子，让他们彼此形成强烈对比。别要求他表现表面准确性以外的东西，他既不会歌颂，也不会哲学思辨。他只会画，仅此而已。[1]

在这方面，自然主义的另一个干将莫泊桑对左拉的理解体贴入微，他认为左拉的小说《巴黎之腹》"是一幅不可思议的静物写生"。[2]的确，左拉热衷于以和静物画相似的方式处理诸种纤毫毕现的物象。这就是为什么他的写作有时似乎为物象而物象，这甚至被个别马克思主义理论家所赞赏："他是一位真正的艺术家，而且是一位唯物主义的艺术家。他的状物描写，甚至不窥探人们的心理活动，他关注的大概更多是物，而不是人。"[3]这种评价也从一个侧面说明了马克思主义的批评系统并非铁板一块。

尽管卢卡契自始至终均未曾明言，他将描写类比为静物画，则意味着叙述可以类比为肖像画，但一目了然的是，卢卡契的参照系正

---

[1] ［法］左拉：《爱德华·马奈的生平与评价》，《印象之光：左拉写马奈》，冷杉译，北京：金城出版社，2013 年版，第 55 页。

[2] ［法］莫泊桑：《爱弥尔·左拉研究》，若谷译，《法国作家·批评家论左拉》，合肥：安徽文艺出版社，1994 年版，第 53—54 页。

[3] ［俄］卢那察尔斯基：《十九和二十世纪的现实主义》，郭家申译，《论欧洲文学》，天津：百花文艺出版社，2011 年版，第 582 页。

是绘画中根深蒂固的分法：肖像画高于静物画，而叙述也高于描写。[1]
如果说，卢卡契从类型学的角度彰显描写的"缺陷"，进而揭示左拉在
技术上的不足，那么，另一位马克思主义理论家拉法格则直接将左拉
的文学手法与绘画的"中立化画法"等同起来："自然主义，在文学上
它相当于绘画方面的印象派，禁止推理和概括。根据这种理论，作家
应当完全站在旁观的地位，他接受某种感觉而加以表现，不能超过这
限度，他不应当分析现象和事变的原因，也不应预告它的后果；作家
的理想是做到像一张照相底片一样。"[2]不论卢卡契还是拉法格，他们
或者抱怨左拉的描写成了"死的静物"，或者不满于左拉自设"限度"，
都指向后者非联系的、片段化的特点，从中看不到任何预言性、前瞻
性和总体性的东西。

　　左拉表彰马奈的人物画如静物画般地刻画对象，他着眼的是静物
画对"客观"的呈现。较之绘画中的其他品种，静物画或许最不适合
如历史画、人物画那样展现思想和精神。即使在把西方静物画发展到
"代表了绘画中物质质地的高峰"的塞尚那里，它也是不诉诸对象之外
的主题要素，削减"表现性"，主要体现为纯粹的造型意义，因为"在
静物画中，与被再现的对象联系在一起的观念和情感，在大多数情况
下都是如此平常，如此无关紧要，以至于艺术家和观众根本无须考虑
它们"。[3]这种既是对象上的又是表现上的无足轻重，自然会遭到强调
人物性格之史诗般呈现的卢卡契否定，某种意义上说，他深谙静物画
的"局限"，这种局限诚如有论者揭示的："如果历史画是用叙述搭建起
来的，那么静物画则是一个减去了叙述的世界，或者进一步说，是一

---

[1] 从哲学背景上看，这种划分显然是黑格尔式的，人高于物、精神高于对象是黑格尔结构其《美学》
　　和《精神现象学》的主要根基。

[2] ［法］拉法格：《左拉的〈金钱〉》，《罗大冈集》（第3卷），北京：中国文联出版社，2004年版，第86页。

[3] ［英］罗杰·弗莱：《塞尚及其画风的发展》，沈语冰译，桂林：广西师范大学出版社，2009年版，
　　第87—90页。

个无以产生叙述兴趣的世界。"[1]去除了叙述的可能,无怪乎卢卡契将左拉的描写贬为"静物"。但是,正如左拉激赏马奈"如其所见"地呈现世界,违背经典的画法,如透视、景深的使用,这与他截断小说的"纵深"是一致的,他要求小说成为"片段":"让真实的人物在真实的环境里活动,给读者以人类生活的一个片段,这就是自然主义小说的全部内涵。"[2]"片段"化意味着推翻总体性的小说观,放弃经典的现实主义表现手法。

六、作为过渡的新美学

将现实主义介入现实的诉求弃置一边,左拉才能专注于材料的研究与"中立",在谈到马奈时,才能对思想、伦理与形式、美学的脱离说得斩钉截铁:

> 我知道诗人和画家都怀有一种深切的人文关怀,但我认为我可以确信,爱德华·马奈从未犯过别人常犯的错误,即把思想融进自己的画中。我前面对他的才华的简短分析证明了他是多么质朴地对待自然。[3]

问题在于,摆脱陷阱之后,左拉的美学建构也遇上了难题,这不仅是左拉的困境,而且是"求真实"的艺术的困境。自古希腊以降对"真实"的美学致思看,捕捉某种"可靠"的"真实"既是动力也是悖论。

---

[1] [英]诺曼·布列逊:《注视被忽视的事物:静物画四论》,丁宁译,杭州:浙江摄影出版社,2000年版,第61—62页。

[2] [法]左拉:《论小说》,郑克鲁译,朱雯等编选:《文学中的自然主义》,上海:上海文艺出版社,1992年版,第207页。

[3] [法]左拉:《爱德华·马奈的生平与评价》,《印象之光:左拉写马奈》,冷杉译,北京:金城出版社,2013年版,第52页。

柏拉图的著名论断言犹在耳，在理念和表象之间，艺术作品不过是幻象，与真实（真理）隔了三层，艺术家试图冲出的是不可能冲出的帷幕。[1]因此可以看到两种相反的向度，一种是向理念化、总体性看齐的巴尔扎克式的真实，另一种是自我设限、唯表象主义的左拉式的真实。意味深长的是，尽管左拉激烈地否定巴尔扎克建构性的写作，视之为不真实的"真实"，但他们一致性的地方是，都不否认某种可把握的世界有待呈现，差别只在于，巴尔扎克的世界是总体性的，左拉的世界则是片段化的。从某种意义上说，左拉对确定性的信奉较之巴尔扎克有过之而无不及，在19世纪后半叶的背景下，他坚称小说能像科学那般精确地洞见真实。这种天真在马奈那里亦有反映。他之所以宣扬绘画不是一种"形式的记录"，而是"生活的记录"，是因为他相信"一名艺术家应该是一名'自然发生主义者'"。[2]"生活"似乎可以自发且轻易地照录到画架上，但这是一种即将遭到否弃的乐观主义。

稍加对比小说和绘画的美学追求在20世纪前后的演变则会发现，在后来者的探索中，被表象的世界既没有总体性，也缺乏确定性。有趣的是，两种艺术门类所展现的美学策略采取了相同的进路（一如左拉的小说与马奈的绘画内在的一致性），它们分别有代表性地体现在乔伊斯和塞尚的功绩中。

乔伊斯曾借作品中的人物披露自己的美学倾向，在《一个青年艺术家的画像》中，斯蒂芬（后来他继续作为一个重要人物出现在《尤利西斯》那里）认为，为了获得美学上的"明净"状态，艺术通过三层逐级上升的阶梯得以实现，即抒情型、史诗型、戏剧型三种形式，谈到作为终点的戏剧型时，他如是表述："艺术家的人格，首先是一声呼

[1]［古希腊］柏拉图：《理想国（卷十）·诗人的罪状》，《文艺对话集》，朱光潜译，北京：人民文学出版社，1997年版，第66—80页。

[2]［法］马奈：《艺术应该是对生活的记录》，《马奈艺术书简》，李关富译，北京：金城出版社，2012年版，第95页。

号，或是一组音调，或是一种情绪，然后是一段流畅柔妙的叙述，最后经过千锤百炼，把自己化得无影无踪。可以说，使他自己非人格化了。戏剧形式中的美学形象，是在人类想象中净化了的生活，是从人类想象中重新投射出来的生活。"[1]一般地看，"把自己化得无影无踪"或者"非人格化"就是将自我"他者化"，这与巴尔扎克的具备预设、统摄能力的主体性相去万里，倒是和左拉中立化、去主体性的诉求更相似。

不过，此中的思想被认为更复杂、更精妙地体现在《尤利西斯》中。按照福克纳的梳理，以《尤利西斯》为代表的现代主义热衷追逐"并非真实的现实"，也"非现实的真实"，昭示的是一种建立在深刻怀疑基础上的追寻，进而赋予了小说虚构这个老命题崭新的内涵：

> 缺乏一种全面性的实体的虚构，一个信念以及伴随而来的神话体系为基础，现代主义作家对其观察和解释的真实性和可靠性就感到没有把握。作家不能采用任何特定的、预先规定的解释，又不能拒绝他个人的特定观察。他必须寻求意义，但是，对于意义能否寻求得到，他事先毫无把握。这种追寻过程构成了虚构小说（fiction）《尤利西斯》本身。[2]

一方面，乔伊斯不可能回到包举一切的总体性，巴尔扎克式的形而上学（它体现在建构性的想象中）已然崩溃，另一方面，他也难以获得可以保证"真实"、客观的确定性，因为左拉的科学主义信念和他格格不入。

这实际意味着，一种辩证、综合的要求与努力出现在后来者的探索中，既不是巴尔扎克的强大主体性的"介入"与"决定"，也不是左拉的无主体性的、天真的"呈现"。彼得·盖伊认为，支撑乔伊斯的

[1]［爱尔兰］乔伊斯：《艺术和美学》，《"冰山"理论：对话与潜对话》（下），张扬译，北京：中国工人出版社，1987年版，第607—610页。

[2]［英］彼得·福克纳：《现代主义》，付礼军译，北京：昆仑出版社，1989年版，第84—92页。

是一种非决定论的主体性，他名之为"无利害考量的主体性"。[1]这也说明了，就美学的重组而言，乔伊斯对巴尔扎克和左拉均予以了扬弃。从哲学运思方式上看，人们已经和如下命题相遇：巴尔扎克式现实主义的哲学根基无疑是笛卡尔主义，而左拉的自然主义则是休谟主义。伊恩·瓦特在梳理小说中现实主义的兴起时，敏锐地注意到笛卡尔式的"我思故我在"决定性地改变了小说的进展方向。[2]但主体性带来解放的同时，如何不是一种新的预设呢？瓦特未及探讨。从主客体的关系看，问题实质上是，主客体的关系既不能如笛卡尔的"我思"那样的"决定"，也不能如经验主义的无政府状态那样的"中性"。巴尔扎克和左拉在主体和客体的哲学申辩上分别滑入了其中一端，抹去了可靠的关联性。为此则有一种期待：主客体之间有无弥合的可能？

一方面建基于对主体性的节制，另一方面建基于超越中立的关联性，这也深刻地体现在塞尚那里。这位画家经过多年的探索和调整曾如是表露心迹："艺术是一种和自然平行的和谐体。艺术家和它平行……对于我，好像我是那风景的主观意识，而我的画布是它的客观意识。"[3]乍一看，塞尚似乎不偏不倚，主体与客体、再生与原型等量齐观。按照梅洛-庞蒂的理解，塞尚却是在充满"疑虑"的处境下，以迂回的方式贴近一种非透明的对象，他名之为"塞尚的疑惑"："再没有东西比这种直觉意识离自然主义更远了。艺术既不是一种模仿，更不是依据本能或情趣进行的一种制作。"[4]这种"疑惑"使得塞尚将他的绘画对象

---

[1] ［美］彼得·盖伊:《现代主义：异端的诱惑——从波特莱尔到贝克特及其他人》，梁永安译，台北：立绪文化事业有限公司，2013 年版，第 226 页。

[2] ［美］伊恩·P. 瓦特:《小说的兴起》，高原、董红钧译，北京：生活·读书·新知三联书店，1992 年版，第 4—26 页。

[3] ［德］瓦尔特·赫斯:《欧洲现代画派画论》，宗白华译，桂林：广西师范大学出版社，2002 年版，第 21—22 页。

[4] ［法］梅洛-庞蒂:《塞尚的疑惑》，《眼与心》，刘韵涵译，张智庭校，北京：中国社会科学出版社，1992 年版，第 51 页。

理解为自发主义的颠倒："有一种事物的纯绘画性的真实。"[1]言下之意，事物不可能如其所是地呈现给我们，不可能如马奈那样，成为"生活的记录"，而是一种转译。约翰·拉塞尔如此描述：

> 在法国古典绘画中，还没有这样的根据：可以以主观独断的方法，把桌面画成看不见和难以辨认，把细瓶颈的瓶体凸向右方，把乱糟糟的桌布耸起在桌面上，好像恶劣气候下大海上的波浪。或在整体构图上既是一幅静态的画，每一物体在某一部位以某一种方式保持平衡，同时又是一幅不断运动的画。这些桌布不是借鉴了早期画作，而是产生于丰富想象的深处。[2]

"主观独断"和"产生于丰富想象"的评价与福克纳通过《尤利西斯》确认的如下特点息息相通："虚构作品的原理就包含着这种双重性，它既是一个想象的行为，又是一个材料的产物，它是心理现实唤起的物质世界，不论这种唤起的方式多么迂回。"[3]

从乔伊斯和塞尚的努力看，既不抛弃主体性，又对它有所节制，把它作为一个可靠的"接口"，这个攸关"真实"的美学命题是形而上学的一部分，尽管它的展开、转折甚至重启在一波又一波的艺术家手中显得具体多样，但是，从哲学的动力看，至少在塞尚的努力中，人们看到的是康德式的努力——后者对嗣后的哲学进程构成了深远的影响。康德从两个向度回应批判哲学的要求。一方面，不能如笛卡尔的理性主义赋予主体僭越的特权，必须推定主体认识的限度，另一方面，也不能如休谟的经验主义滑向不可知论，必须重新恢复主体认识的能

［1］［德］瓦尔特·赫斯：《欧洲现代画派画论》，宗白华译，桂林：广西师范大学出版社，2002 年版，第 17 页。

［2］［美］约翰·拉塞尔：《现代艺术的意义》，常宁生等译，北京：中国人民大学出版社，2005 年版，第 20 页。

［3］［英］彼得·福克纳：《现代主义》，付礼军译，北京：昆仑出版社，1989 年版，第 94 页。

力。康德认为："自然界的最高立法必须是在我们心中，即在我们的理智中，而且我们必须不是通过经验，在自然界里去寻求自然界的普遍法则；而是反过来，根据自然界的普遍的合乎法则性，在存在于我们的感性和理智里的经验的可能性的条件中去寻求自然界。"[1]这个见解实为《纯粹理性批判》主要思想的概括，在那里，康德曾颇为自得地从"思维方式变革"的角度与哥白尼天体运行学说的"革命"联系起来："我们关于物先天地认识到的只是我们自己放进它里面去的东西。"[2]按照赫费的概括，这种"思维方式变革"的进路实际上可以名之为"通过主体性的客观性"。[3]

通过主观，通过有限但必要的主体性，塞尚回到了法国古典主义大师普桑的目标——坚实性。不过，这种实现却以曲折的方式，不断锻造一个多少有些犹疑但在犹疑中走向坚定的主体，即使安格尔式的轻易的古典不再成为可能，也使印象主义为漂浮不定的瞬间性感觉所左右的光得以凝定。

自巴尔扎克、库尔贝以降，小说和绘画是在对"真实"的激烈争辩中进展的。他们在形而上学的悬设下求索"真实"，左拉和马奈却要击碎被虚悬的"真实"，后者于是寻求中立化、可触及的"真实"，企图以确定性替代总体性。作为必要的"否定"，他们的最大功绩是，暴露了巴尔扎克、库尔贝们的局限，带动了一种美学方向的转折。不过，正如总体性在左拉和马奈那里崩溃了，这种不无天真的确定性在乔伊斯和塞尚那里也确定地丧失了，"真实"在"否定之否定"中成了充满怀疑意味的再造。

[1] [德] 康德：《任何一种能够作为科学出现的未来形而上学导论》，庞景仁译，北京：商务印书馆，1997 年版，第 92 页。

[2] [德] 康德：《纯粹理性批判·第二版序》，邓晓芒译，杨祖陶校，北京：人民出版社，2004 年版，第 17—18 页。

[3] [德] 奥特弗里德·赫费：《康德的〈纯粹理性批判〉——现代哲学的基石》，郭大为译，北京：人民出版社，2008 年版，第 31—42 页。

明代"穷而后工论"意义向度的展开[1]

张德建[2]

[摘　要] 本文以明代文学中的"穷而后工论"为研究对象，对其理论内涵及其创作论意义上的心理基础做拓展式研究，并延伸到对这一命题历史价值的探讨，梳理了其在明代文学历史发展中的几个层面和过程：台阁文学时期受到抑制和消解，随后在对前七子悲慨激昂式情感表达的反思中得以深化，更借助诗教观扩大了穷而后工论的意义内涵，又受到心学的影响；并讨论了穷而后工论的思想局限。旧的理论命题在新的历史情境中得以延续和深化，为我们认识明代文学的历史发展提供了一个有效的视角。

[关键词] 穷而后工　心理基础　消解　诗教　心学

---

[1] 本文为北京师范大学自主科研基金资助项目"文统论思想体系"前期成果（项目号：105575gk）；国家社科基金重大项目"中国古代散文研究文献集成"前期成果（项目号：14ZDB066）。
[2] 张德建，北京师范大学文学院中国古代文学研究所教授。

韩愈在《荆潭唱和诗序》中提出了"欢愉之词难工，而穷苦之言易好"的著名诗学命题，[1] 欧阳修在《梅圣俞诗集序》对这个命题进行了详细阐释："愈穷则愈工，然则非诗之能穷人，殆穷而后工也。"[2]《薛简肃公文集序》更进一步指出："失志之人，穷居隐约，苦心危虑而极于精思，与其有感激发愤，唯无所施于世者，皆一寓于文辞。"[3] 这个命题包含多重意义，概而言之，有以下几个方面：第一，文学价值往往是不得志士人自我实现过程中的产物，王公贵人则不暇从事于文学；第二，外在不遇与内在不平使得文学之士苦心精思，其忧思感愤多表现为愁思穷苦之言；第三，就文学力量而言，穷苦发愤之言易于获得良好的效果，相反，和平淡薄之音则不易感动人；第四，事业与文章是文人的两条出路，事业是第一位的，文学是第二位的。这是一个自提出之日起就引起全面关注的重要文学观念，此后各个时代都不乏各种应和和反对之声，成为中国文学中的一个"集体认同"。[4] 明代的穷而后工论既有继承前人论述之处，又有所拓展和深入，尽管对这一命题少有超越之论，但为什么在历史的长河中，人们不断重复这一论调，仍然值得我们关注。对这一现象的探讨有两方面的意义：第一，将问题的讨论向后延伸，使这一命题的研究更加深入；第二，借助讨论使之成为明代文学研究中的一个论题。

一、穷而后工的心理基础

不可否认，历史上的很多优秀文学作品都是穷苦忧愁之言，严羽

---

[1]《韩昌黎文集校注》，马其昶校注，上海：上海古籍出版社，1986年版，第262页。

[2]《欧阳修全集》，李逸安点校，北京：中华书局，2001年版，第612页。

[3] 同上书，第618页。

[4] 吴承学：《诗人的宿命——中国古代对于诗与诗人的集体认同》，《中国古代文体学研究》，北京：人民出版社，2011年版，第87—111页。

曾说："唐人好诗，多是征戍、迁谪、行旅、离别之作，往往能感动激发人意。"[1]唐肃认为柳永、苏轼的创作"其美者乃多于遣斥忧患之日，而不在乎荣盛逸乐之时也"。[2]但韩、欧并没有做更多解释，后世的讨论便多集中在解释为什么穷苦之言易好上。

就诗人而言，现实的不平所激发出的悲愤压抑之情需要一个排遣的渠道，朱光潜说过："忧郁本身正是欲望受到阻碍或挫折的结果，所以一般都伴以痛苦的情调，但沉湎于忧郁本身又是一种心理活动，它使忧郁的能量得以畅然一泄，所以反过来又产生一种快乐……当生命力成功地找到正当发泄的途径时，便产生快感。"[3]邹迪光在《愚公谷乘序》中写道：

> 夫人不能表著竖立以骋其踔厉迈往之气，则必寄于物焉，以自排释。若伶之酒，秋之弈，嵇之琴，谢之丝竹，种长之山水，谓不如是以送驹隙而耗雄心，非必有所溺而为之也。然为而不已，机自相入，甚且濡首足，浃志意，溺而忘返，有固然者。[4]

这是人的基本生命需要，人必须寻找生命的寄托，特别是在人生失意的时候，所谓"必寄于物，以自排释"。在创作中，人可获得精神的调适和满足，"濡首足，浃志意"，这种快感甚至会造成"溺而忘返"的沉醉感。

金实说过："世谓诗能穷人，岂其然乎？诗果能穷人，人孰肯有为诗者？然则非诗能穷人，人穷诗乃工耳。"[5]为什么"人穷诗乃工"呢？

---

[1] 郭绍虞校释：《沧浪诗话校释》，北京：人民文学出版社，1961年版，第198页。

[2] 《丹崖集》卷首《息末稿序》，明末祁氏澹生堂抄本。

[3] 《朱光潜全集》（第2卷），合肥：安徽教育出版社，1987年版，第57页。

[4] 《石语斋集》卷十三，明刻本。

[5] 《觉非斋集》卷十三《送山东参议孙君赴任序》，成化元年唐瑜刻本。

"穷"的现实境遇可以极大地激发人的精神潜能，从而转化为文学创作的表现力量，童庆炳说："'穷'作为诗人的缺失性的情感体验，深刻地塑造了诗人的个性，从而造成诗人独特的感受方式、思维方式，帮助他从平凡的对象中发现新的诗意和属于他的意象。"[1]张煌言的《曹云霖中丞从龙诗集序》恰好解释了为什么会发现"新的诗意和意象"："欢愉则其情散越，散越则思致不能深入，愁苦则情沉著，沉著则舒籁发声，动与天会。"[2]欢愉是一种精神高度松弛的状态，精神散越，不能集中思绪，而愁苦则精神沉着，执着于精神焦点之上，内心的意绪得以深化，并将外在的物象与精神合一，达到了文学上物我合一的精神境界。张时彻的《八厓集序》云："夫文穷而后工，君子非乐乎穷也，穷则道诎，道诎则志苦，志苦则思深，思深则识辨，识辨则机宣，是故文斯工矣。"[3]此处也强调"志苦"则"思深"。田汝成《邂逅集跋》指出：

> 盖诗非苦心力索不造佳境，人苟苦心力索以为诗，则所以谋其身家者，一切疏略，寂寞枯澹，亦所甘餐，势必空而后已。若分其心以营利禄，较差除之淹速，计生产之盈虚，则其于诗也，必不工，即使对客挥毫，殆亦烟云之生灭尔，故曰诗能穷人，人穷则诗愈工。此直反覆语尔，非有两义也夫。[4]

诗歌创作是一种精神高度集中的活动，只有苦心力索才能达到佳境，马之骏甚至说"亦必枯髯腐肠，阅岁月而弃伦物者当之"。[5]诗人对诗以外的世界疏略不顾，则"贫困"就是必然的。如果精神分散，

---

[1] 童庆炳:《中国古代心理诗学与美学》，北京：中华书局，1985 年版，第 33 页。

[2] 《张仓水集》(第 1 编)，上海：上海古籍出版社，1985 年版，第 3—4 页。

[3] 《芝园定集》卷二十七，嘉靖刻本。

[4] 《田叔禾小集》卷七，嘉靖四十二年田艺衡刻本。

[5] 《玄远堂全集》收文《宫孝廉遗草序》，天启七年刻本。

营求功名利禄，则必不工于诗。艾穆《玉才篇送陈洞衡之光山》中说："今人士不得志于时，辄仰天诧曰：造物忌才！……嗟嗟，岂知造物忌才，乃所以为玉才哉？"[1]方应选的《薛伯起天中稿序》云："穷而念工，抑而弥炽，造物口弄所予者多也。"[2]张宁的《冰蘖稿跋》则写道："气满志得者，虽有所著，多不能胜寒微之士。彼交于物也深，则其达于天也浅，理趣之妙，固非贪荣乐富者所能与也。"[3]邹迪光《刘仲熙独悲集序》中写道："夫少陵才具宏远，博极坟典，遭时之艰，一官落魄，流离奔窜，居秦依蜀，浮湘涉沔，负薪采梠，藜藿自给。最后旅食沅江，旬日不得一饱，可为穷矣。夫才则气无所不骋，穷愁则意无所不入，故其为诗，能使鬼神注而金石动，沈郁莽苍，有千古独上者。"[4]诗人与现实的冲突造成人生不遇，但失之于人，却能得之于天，获得对人生、社会、宇宙的感悟和认识，得"理趣之妙"。杜甫一生流离，甚至不得一饱，却能"意无所不入"，所以千古独雄。钱谦益甚至说："古之为诗者，必有独至之性，旁出之情，偏诣之学，轮囷逼塞，偃蹇排奡，人不能解而己不自喻者，然后其人始能为诗，而为之必工。是故软美圆熟，周详谨愿……世俗之所诟姗也，而诗人以为美。人之所趋，诗人之所畏；人之所憎，诗人之所爱。人誉而诗人以为忧，人怒而诗人以为喜。故曰：诗穷而后工，诗之必穷，而穷之必工，其理然也。"[5]诗人的性情不同于凡俗之人，往往有"独至之性，旁出之情，偏诣之学"，故遭际不偶，但正是这些造就了诗人，能够写出感人的诗歌。而长于应世之人，"软美圆熟，周详谨愿"，明了于人情世故，"交于物也深"，却不能精思独诣。王世贞通过对唐诗的独特解读，更为充分地论述了穷而后工理论，

---

[1]《艾熙亭先生文集》卷三，万历刻本。

[2]《方众甫集》卷六，万历刻本。引文中的方框为无法识别之字。下同。

[3]《方洲集》卷二十，四库全书文渊阁本。

[4]《石语斋集》卷十五，明刻本，存目集159。

[5]《冯定远诗序》，(清) 钱曾笺注，(清) 钱仲联标校：《初学集》卷三十二，上海：上海古籍出版社，1985年版，第938页。

他从贬谪现象入手，指出唐宋士大夫得罪贬斥于荒远之地，生活穷困，无官务之烦扰，故能精于诗，多"叹老嗟穷、忧谗畏讥"，在艺术上则"探幽造微，穷变尽态"，并且暗合于兴观群怨之诗教。明人则不然，虽全臣子节义，为人称美，但诗却不及唐人。从创作心理角度看，正是由于"志有所微动则必引分以通其狭，气有所微阻则必广譬以宏其尚"，"志气窒碍阻断，必有所贯通之道，诗则有以发之"。[1] 这些论述都从心理上解释了穷而后工的基本原理。

明代有关穷而后工的论述中，比较有创意的是将"奇"这一在晚明被大力提倡的审美内涵引入讨论中，更进一步阐释了穷而后工的心理基础。被激发出的精神潜能表现为不同于凡俗的"奇"，黄姬水《客闽集序》云，"诗由心生，不激则不奇"，指出："前代诗人莫非羁臣素士，或高才沉于下秩而情多戚茸，或忠良遭于迁黜而思结牢愁，或王孙怨别而流落天涯，或圣哲悲穷而迫厄时俗，于以宣其郁拂不平之气，故言多奇。亦有崇官显爵，逶迤廊庙者，其言非不妍美，谓其声之和平则有之，若悲歌促调，读之令人动魄惊骨者，盖鲜矣。"[2] 赵统从士之精神品级出发，认为"非所当穷之人而适遭夫穷之遇，又无所泄其穷之愤，而始托诸言语文字以抒所独得之奇，此穷愁著书所由称乎？"[3] 诗人从无所发泄的精神痛苦中体会到的是一种"独得之奇"，是精神贫乏的人无以体会的，从这个意义说，穷而后工论之所以能够成立，正是因为每个个体这种"独得之奇"。

经过不断的探讨和言说，穷而后工在理论上愈加全面、完善，但这些论述都没有超出欧阳修所说的"苦心危虑而极于精思"，只是从创作心理的角度论述得更加详尽周密，加强了这一理论的说服力，使之成为人们对文学的普遍认识。下面我们将对穷而后工论在明代发展变

[1]《皇甫百泉三州集序》，《弇州山人四部稿》卷六十五，四库全书文渊阁本。

[2]《白下集》卷八，万历刻本。

[3]《骊山集序》，《骊山集》卷首，万历三十一年杨光训刻本。

化进行研究，以更深入地揭示这一理论的深刻内涵及其历史际遇。

二、台阁文学对穷而后工论的抑制和消解

台阁文学中，穷而后工论受到抑制并被逐渐消解。追求秩序与等级的国家主义文学反对遭时不偶、感愤激昂的文学表现，转而倡导和平雍容之风，并寻求建构快乐主义生活方式和文学表现，穷而后工论的消解是再正常不过的事。中国文学特别是代表官方立场的文学设计出了一套盛世模式，即在思想一统的时代，在严密的等级秩序中，人各安其位，各得其所。"乐境"是盛世建构的一个重要组成部分，金幼孜《乐善堂记》指出："常人之同情，其所寓虽异，为乐一也。"[1]肯定人之所求之乐不同，这些物质享乐都可为人提供快乐。其中又包含着等级意味，即各个阶层都要各安其乐，岳正在《九日感怀诗序》中就提出了忧乐有"可已者"和"不可已"之别："夫世之人未尝无忧乐也，穷则戚戚于贫贱，达则衍衍于富贵，所以为忧乐者率以人也，可已者也，非忧乐之真也。乃若忧以天，乐必亦以天，致忧乐于不可已之真，如缉熙者，几何人哉？"[2]主张忧乐要顺从天意，即强调要各安其位。这个模式与理学关系最为密切，理学讲求在实践中即在事物上穷理，体认"天理"，从而达到"安乎天理"的境界。但这种思想在与政治相结合的过程中得到改造，"天理"等同于"治理"即现实统治秩序，从而对社会人群追求生命快乐的行为加以限定。王达的《闲适轩记》写道：

> 古之有道者，无往而不乐，贫亦乐，富亦乐，穷通亦乐，生死亦乐，凡其目之所系，躬之所接，情之所至，无不合之于心而得之于乐，然其所谓乐者非世俗之所谓乐也。盖其识见之深，志

---

[1]《金文靖集》卷八，四库全书文渊阁本。

[2]《类博稿》卷四，四库全书文渊阁本。

虑之洁，胸中廓然无一物为之滞，天之下，地之上，山川也，草木也，虫鱼也，琴瑟之与钟彝也，文章之与翰墨也，得一物皆足以寓意于其间，荣启期之带索，原宪之桑枢，北宫子衣短褐，而有狐貉之温，夫岂以外物可以挠其中哉！彼功名非不可也，富贵非不可也，顾身外物耳，世之人心得其所得而后乐，至于终身疲苶而终不可得，生有殊戚，死有余憾，处生天地之间而无一日之乐，诚可闵也，诚可哀也，所谓适人之适，而不自适其适也。[1]

无往而不乐，不论贫富穷通，在这样的背景下，愁思穷苦、忧思感愤之言自然没有表达的空间，有关穷而后工的论述明显少了，甚至受到明确的排斥。练子宁在《李彦澄诗序》中说："余以为文者，士之末事，未足以尽知君者。古之人，得其志，行其道，则无所事乎文。文者，多愤世无聊而将以传诸其后者也……虽然，古之公卿大夫于化成俗美，无以发其至治之盛，则往往作为声诗，奏之朝廷，荐之郊庙，颂圣神之丕绩，扬礼乐之弘休，使圣君贤臣功德炳然照耀于千载之上。则文章者，固可以少欤？又何必区区穷愁之余而侈文字之工也？"[2]柯潜《春闱唱和诗序》写道："然诗者，心之声也，必其心无愧怍，则形于诗皆敦厚和平、悠扬光大之音，而传之于后，足以见君子群居有从容道谊之乐，为可慕也。否则，为委靡，为哀怨，甚而流于肆畦，皆适为讥笑之资，虽传无益，而况未必传也。"[3]

王祎早在《张仲简诗序》一文中提出："士之达而在上者，莫不咏歌帝载，肆为瑰奇盛丽之词，以鸣国家之盛；其居山林间者，亦皆讴吟王化，有忧深思远之风，不徒留连光景而已。"[4]台阁文学时期，穷而

---

[1]《翰林学士耐轩王先生天游杂稿》卷四，正统胡濒刻本。

[2]《中丞集》卷上，四库全书文渊阁本。

[3]《竹岩集》补遗，四库全书文渊阁本。

[4]《王忠文公集》卷二，四库全书文渊阁本。

后工的文学命题转化成"鸣国家之盛",见王直《文敏集原序》：

> 国朝既定海宇，万邦协和，地平天成，阴阳顺序，纯厚清淑
> 之气钟美而为人，于是英伟豪杰之士相继而出，既以其学赞经纶，
> 兴事功，而致雍熙之治矣。复发为文章，敷阐洪猷，藻饰治具，
> 以鸣太平之盛。自洪武至永乐，盖文明极盛之时也。[1]

公卿大夫的鸣盛文学占据了文学话语，穷而后工退至台后，几乎
消失了。那么，失志穷居之人何以发泄其愤懑，舒畅其胸怀呢？杨士
奇《静庵记》描述了淡泊自足的生活：

> 先生为人醇谨谦约，淡泊无他嗜好，所居密比阛阓，阛阓之
> 人旦莫奔走进逐，取丰利，植厚赀以自雄者比比也。先生独居无
> 闻，日闭户焚香，取古圣贤之书究而行之，曰此在我所当务者。
> 其平生故人知友遭亨嘉之运，往往皆出攀龙附凤，都高位，享厚
> 禄，先生独守先人之田庐，茹淡饮洁，怡怡自足，不以为穷，曰
> 此在我有命焉。其平居教子弟与其所亲爱及乡人后生俊秀，必在
> 乎君子之道，曰天下之事物，可以惑志而荡性，败行而危身者多也。
> 君子者养其清明纯一之德，居之以敬，持之以诚，行之以简，防
> 之以俭，然后能御乎外。外御者虽千驷万钟不动焉，虽箪食豆羹
> 不戚焉，而然后定乎内，定乎内者无处而不中，无适而不利。夫
> 是之谓君子之道。[2]

在争名逐利的社会之中保持淡泊胸怀，过着平静自足的生活，安
以天命，不为出格之举，这才能得"性情之正"。李东阳《王城山人诗

---

[1]《文敏集》卷首，四库全书文渊阁本。
[2]《东里续集》卷三，四库全书文渊阁本。

集序》写道："夫诗者，人之志兴存焉，故观俗之美与人之贤者，必于诗。今之为诗者，亦或牵缀刻削，反有失其志之正，信乎有德必有言者，有言者之不必有德也。"[1]刘球《听其自然说》提到："凡出于天而不可移于人者，皆所谓自然之分也，惟其分系于天，不系于人，故人有厌贫贱而不可以力去，慕富贵而不可以幸取，何莫非出于自然者为之哉！必俯焉听之于天，付之自然而后可致。"[2]这些主张既符合理学居敬持诚的理念，也合乎盛世社会的国家要求，激愤感慨的不平被完全打磨掉。吴宽的《石田稿序》有云："诗以穷而工，欧阳子之言，世以为至矣。予则窃以为穷者其身厄必其言悲，则所谓工者特工于悲耳。故尝窃以穷而工者不若隐而工者之为工也。"[3]他明确反对欧阳修持有的穷而工的观点，并将穷而后工缩小到自悲其身的境地，转而倡导"隐而工"。顾清《雪窗诗稿后序》写道：

> 山林日长，无外物以挠其志，故其言萧散闲静无世俗绮丽脂韦扬里倚市之态，虽豪逸之气间一发焉，而终不失其和平，读其言可以知其人也……文人墨客不遇于时者多矣，其身不足计而局踏田里，昌大丰缛之气无自以发焉。而独与田夫溪老相应和于山泉鱼鸟间以终其身，是则深可慨也。如翼夫使得志当时者，易地而与之相上下，夫岂多让哉！昔人谓诗能穷人，又曰必穷者而后工。夫工拙在人，穷与达乃其言之所以异而非所以为工拙也。[4]

隐逸生活的萧散闲静，表现一种和平温雅的品格，正不必求工而自工。诗人不遇于时，身处山林与得志当时只是所处不同，与工拙无

---

[1]《怀麓堂集》卷二十二,四库全书文渊阁本。

[2]《两溪文集》卷十七,四库全书文渊阁本。

[3]《家藏集》卷四十三,四库全书文渊阁本。

[4]《东江家藏集》卷十八《北游稿》之十四,四库全书文渊阁本。

必然联系。这固然是由隐逸生活状态和个人性情决定的，但平淡闲静的人格风貌和精神境界与理学所倡导的"无内外，无终始，无一息不运"的境界是一致的，这正是理学欲以道德心性统摄吟咏性情的结果。林俊《送别序》写道：

> 古称诗穷人，文章憎命达，宰物者固不若是靳也。人有欲则争名之于朝，犹利之于肆，又欲之尤也。欲必争，争则必怒，而变以求胜。宰物者亦容，得而深庇力御之哉？后而千百世独耀闻焉，则宰物者之终惠而争者迄莫置一喙其间。周公孔子大圣人也，流言于管蔡，毁于叔孙武叔，而其道益明。下而司马子长、班孟坚、李太白、杜子美、韩退之、柳子厚、欧阳永叔、苏子瞻诸贤，率以德业诗文名天下，楷模后世，与三代而上几颉颃，皆遭回踬踣，时遭贬窜，或滞一官。夫蹇其时，啬其位，拂其志，故德业益盛而诗文益以昌。[1]

林俊的论述逻辑很有意思，他反对穷而后工，认为其始于争夺名利，争由怒，又必变而求胜，这明显不符合诚敬自持的理学修养论，因此才造成诗能穷人、文章憎命达的结果。文中所举诸人虽都遭遇流言谮毁，或遭贬斥，或滞于一官，但都德业盛诗文昌，以此证明不争不怒的境界才是应该遵循的。圣人自不必论，但这些文人却很难说在现实面前不争不怒，这种有意的误读将穷而后工论引入了国家语境。薛瑄曾说："凡诗文出于真情则工，昔人所谓出于肺腑者也。"[2]感激愤慨与和平淡泊只要出自真情在情感价值上是一样的，甚至后者要高于前者，这样一来，台阁与山林便可并行而不悖，呈现为兼综之势。[3]陈敬

---

［1］《见素集》卷一，四库全书文渊阁本。

［2］《薛文清公读书录》，丛书集成初编本。

［3］韩经太：《理学文化与文学思潮》，北京：中华书局，1997年版，第152—193页。

宗《山东参议孙公诗集序》也承认穷苦之言易好、穷而后工之说：

> 孙公初自永乐甲申进士，授兵部主事，升郎中，擢今官。爵位之崇峻，舆服之显荣，声望之隆重，以至出入起居，靡不随所愿欲，固非穷苦者之比，而其吟咏之工，乃能若是，岂其心亦有所未足者欤？公扬历中外余三十年，其文学政事材猷识见皆足以出人之右，固当显用于朝，以发舒其所蕴蓄。乃今使之替治河道，置之散地，志高而仕左，其心不平也，以不平之心处闲散之地，宜其冥挖僻引，探奇索怪，得以肆志于吟咏，以发舒其所蕴蓄，畅达其所不平，譬如三峡之水，愈抑而势愈高，势愈高则其知益宏预先备矣。韩欧二子之言亦岂无所验乎？[1]

在这里，陈敬宗通过概念转换，将悲慨激昂之情转换为"蕴蓄""不平"，显然已经离穷而后工论很远。穷而后工论就在台阁政治与理学的共同作用下被消解了。

韩愈指出富贵之人"气得志满，非性能而好之，则不暇以为"，虽然已经加以限定，但一般的认识仍然突出"穷而工"。许学夷从亲身经历中认识到："穷者，兼贫贱而无显誉者言也。富贵之人，经营应接，无暇刻之暇，其于诗不能工，人皆知之。至若富贵者篇章始成，谄谀之人交口称誉，有显誉者一言偶出，信耳之人同声应合，苟非虚己受益，鲜不为其所惑，此人未易知也。惟贫贱无显誉之人，人得指其瑕疵，造诣未成，则困心横虑，日就月将，无虚声而有实得，是以穷者多工耳。"[2]可以说，这种一般性的认识和体会有着具体而实的现实性并获得了强大的文化力量，遂成为中国文学中的一个重要命题。但它也不断受到质疑，李东阳《题黄东谷诗后》就对"穷""达"加以限定，"夫

---

[1]《澹然先生文集》卷五，清钞本。

[2]《诗源辨体》卷三十四，北京：人民文学出版社，1987年版，第326页。

困折屈郁之谓穷，遂志适意之谓达"。特别分析了"穷"之三义："人之穷有三，而贫贱不与焉。心不通道德之要，谓之心穷；身不循礼义之涂，谓之身穷；口不道圣贤法度之言，谓之口穷。"这与许学夷"贫贱而无显誉"的界定有极大差异，他所说的"达"也与一般人不同："无三者之患，心无愧而身无尤。当其志得气满，发而为言语文章。上之宣伦理政教之原，次之述风俗江山之美，下之探草木虫鱼之情性，状妇人稚子之歌谣，以豁其胸中之所蕴，沛然而江河流，烂然而日星著，怨思喜乐，好恶慕叹无不毕见。造化鬼神且将避之，而何慊慊于区区富贵哉！此之谓达可也。"[1] 这种从意识形态化理学观出发的穷达观是"盛世"下的产物，以精神是否符合理学意识形态的要求来界定穷达，完全推翻了穷而后工的基本理论前提，使之进入国家主义文学的论述之中，正是明代台阁文学的产物。在此基础上，他还提出了"自达"说，"富贵而于道无所闻，于业无可传，谓之穷可也，非达也。贱贫而沛然有以自乐，生有以淑乎人，没有以传诸后，谓之达可以，非穷也"。他对"世多以隐显贤否天下士，而士亦以禄位得失为心之欣戚。势盛则志满而骄，势卑则志沮而陋"的世俗行为非常不满，并以四明蒋先生为例，"放笔为诗，组织物状，揣切人情，敷扬事理，浩乎其无涯，烨乎其有辉。味其言，如素处显位者。未尝有枯悴寒涩之态"，是谓自达。"自达"说包含着非常复杂的意味，既有儒家伦理教化思想，又有国家意识形态，也有儒家思想影响下的个体修养论，就穷而后工论而言，则是颠覆性的。

台阁文学虽握有文权，声势煊赫，却无法写出具有感人力量的作品，董其昌《青藜馆诗集序》写道：

> 夫为名公卿则无所事诗，即为诗而令穷者能傲之以不专，于全才何有耶？明兴尊尚经术，而不以诗程士，惟文学侍从之臣以

---

[1]《逊志斋集》卷十八，宁波：宁波出版社，1996年版，第610—611页。

之为本业，然非有兴庆龙池之赓歌，明河轻烟之宠异如唐者，其迫而后应，不过中书省试已耳，春明送别已耳，皇华纪行已耳。且也其官渐贵，其去诗渐远，石室编摩则又远，代言视草则又远，讲帏横经则又远。至于学士春卿润色天子礼乐之事至繁且钜。当是时而欲与词人墨客，腐毫刻烛，争长于四声五字之间，岂惟不暇已耶！[1]

台阁文学衰落之后，台阁大臣仍不愿放弃文学权力，故大量序文中多以"不暇"自留地步，其实是"去诗渐远"。但台阁文学不论是表现盛世，还是追求淡泊，都不足以产生动人的力量，马之骏的《太史苍雪斋诗集序》写道：

> 国朝挈文翰之柄专归馆阁，他途谢不敢望。然亦往往具体之称繁而颛门之业寡，如刘文靖之抑李何亡论已。他如长沙之敏，分宜之悻，皆欲攘骚客之片长，踞四声之左席，而知者弗以畀也。盖诗主风，握要于趣，竞胜于韵，使垂缨曳革，效蝉缓之音，乡栋珠题，求□□之致，戛不相入，理固宜然矣。繇是言之，诗之途与文异，阁馆之文之诗复与他途异，汇同宠异，实难其人。[2]

他明确指出台阁诗文所走的路径，要想写出好的作品实在很难。真正的好诗仍是那些穷而后工之作："唐山之闺秀，苏李之羁旅，供奉拾遗之间关乱离，徽缧谗诉，王江宁、李新乡之卑散沉滞，而传其学者尊之如彝鼎，则何以故？意者诗之为道祇以抉风云，雕绘鱼鸟，无论用世者所不急，亦以文章家之别端，或馆阁大儒有所夷焉而弗嗜也。"杨慎《钤山堂诗集序》认为穷而后工之论"至为无稽"，并且举出很多

---

[1]《容台文集》卷一，崇祯三年董庭刻本，存目集 171。
[2]《玄远堂全集》文收集，天启七年刻本，存目集 183—184。

例子证明"当鼎轴"者亦传于经传艺苑。[1]这只可视作对当权者的奉承赞美之言，不可当真。杨于庭在《书钤山堂集后》中谈到严嵩时说："分宜为翰林及在告时，其诗绝清婉似孟襄阳，迨其官日高，而其诗日以不及。信乎诗必穷而工，而世未有获宠贵能工诗者也。"[2]严嵩的诗曾经得到很高评价，但随着他的官越当越大，诗也日渐成为应酬肤浅之作。由此可以看出，台阁文学的衰落是必然的。

三、对悲慨激昂式情感表达的反思

穷而后工论的提出是由"士不遇"的现实境况引发的理论思考，即"忧思感愤之郁积，其发于怨怼，以道羁臣寡妇之所叹愁"。但也应注意到这种观点无形中限制了穷而后工论的内涵，使其仅仅局限于一种相对狭隘的表现。后世的许多讨论就集中在此，王慎中《碧梧轩诗序》就如此写道："不得志于时而寄于诗以宣其怨忿而道其不平之思，盖多有其人矣。"[3]《田间集序》也说："古之豪傑失志者往往蹈此，终为学者所持以固其论。有所长者，有所短欤？"[4]有所长必有所短，指出了穷而后工理论的局限性。更何况这种情感易流于单纯从个人性情气质出发，所发的剌讥怨愤激烈之词常常不容于世，《陈少华诗集序》有云：

> 由汉而下，为诗者多矣。其人大抵陵夸恣傲，睥睨倨虐，挟能盛气，遌众物而犯一世，或放浪诙谲，剽轻不根，喜自佚肆，脱去绳束，而为慢侮。世皆可狎，而于人无足严甚，忧愁狭迫，懑愤无聊，天地若无所容，而人不可与偶。好为不平，诮刺多怨

[1]《钤山堂集》卷首，嘉靖二十四年刻增修本，存目集56。
[2]《杨道行集》卷二十一，万历刻本，存目集168。
[3]《玩芳堂摘稿》卷一，嘉靖二十九年蔡伦克廉刻本。
[4] 同上。

而善悲，故能设奇托怪，钩深抉隐，穷四时之变，而引万物之类，作为语言，以道人情之所欲写，而不能本有而不得已者。其诗之工往往极其至焉，虽其诗之工，然亦以傲雪慢侮怨悲诮刺负世之累。有其材者固不免有其病欤？[1]

这段话从诗人性情气质出发，指出很多诗人处世为人的缺陷，其诗虽工，但多"负世之累"，其才情恰是为世人所诟病之处。徐献忠《潘笠江先生集序》也写道：

> 自正德建年来，关洛之间称多名士，其气俊迈扬厉不能平，近复以藻缋相高，视平调为卑近，不屑事。故其立功名，辄为气所使。其所陈说，或慷慨感激，不能通时之变以取祸，或以浮靡躁进，废弃于时。当世所称名士，大率出此。[2]

弘治间，政治清明，士大夫慨然以天下为己任，有着崇高信仰，怀抱着献身精神，投身现实政治。他们激切敢言，勇于担当。正是有这样的自信和对既有体制下官员行为的鄙视，他们才敢不顾一切后果，直言敢行，奋激高亢。特别是李梦阳，在现实政治与人格理想的矛盾之中不仅没有退缩，反而以一种近乎僵化、教条的理想主义精神投身斗争，以一种抗拒世俗、批判世俗的勇气与残酷的官僚政治进行抗争。但正如张时彻在《太子太保屠简肃公集序》中所说："物无两至，道靡兼隆，康、李摈弃，何、徐夭死，自余横被刺铄，偃蹇蓬蓷者盖不可殚数也。"[3]这就是现实，陈文烛《何高二论序》也指出："嗟乎！古之贤豪志在匡时，多危言激论，悃悃款款，实中其声。至于叩阍止辇，思以自见。而人

---

[1]《玩芳堂摘稿》卷一，嘉靖二十九年蔡伦克廉刻本。
[2]《潘笠江先生集》卷首，嘉靖至万历刻本。
[3]《芝园定集》卷二十七，嘉靖刻本。

主莫之用，怀瑜握瑾，而令疏放者，又何限也。"[1]郑善夫《读李质庵稿》写道："所以王李悲，向道失所期。大哉杜少陵，苦心良在斯。"[2]穷而后工论之所以成为一个历久不衰的论题，也正是不正常的社会造成的。王慎中《黄晓江文集序》提到："以其不乐之心，发愤于意气，陈古讽今，伤事感物，殚拟议之工而备形容之变，如近世骚人才士所为言，亦其聪明才智之所至也。"[3]在他看来，穷而后工是文人"聪明才智"的极限，远没有达到真正的超越境界。在这种背景下，对穷而后工论中单纯强调悲慨激昂的感情表现进行反思，在一定程度上提升了穷而后工论的理论内涵。

夏良胜《答李空同书》写道：

> 夫天下士之所以自立曰德，惩忿窒欲，德之修也。忿者，恨也，必不平也。若欲岂必是贪欲，有不平则忿忿，心炽则欲上，人忿欲行而德罔滋美哉！空同一念犹未忘乎？忿之甚则怒，怒如以类焉已乱也欤？故曰君子如怒，乱庶遄沮。空同怒也，或避或囚，或弃欲遁去，皆废其官常而角知巧，乱其少矣乎？曰敢怨，曰能与御史斗，自夫人言皆难事也，自空同言似有英气在。先儒谓英气害事，固不愿空同以是右人也。[4]

书中从两个方面谈到了怨怒之弊，从个体修养的角度看，忿欲是人生最大的危害，从行事入世的角度看，英气害事，二者都是有害的。王廷相《送泾野吕先生尚宝考绩序》也说出自己的看法：

> 观其忠君孝亲，从兄信友，仪刑于妻子，卓卓乎世之表仪。

---

[1]《二西园文集》卷三，天启三年陈之蓬重刻本。

[2]《少谷集》卷一（下），四库全书文渊阁本。

[3]《遵岩集》卷九，四库全书文渊阁本。

[4]《东洲初稿》卷四，四库全书文渊阁本。

又能率履贞淳，游心淡泊，非其道义，虽世所华重，若尘垢我，若戕贼我，若辱蔑我者，甘贫守节，老而弥固。所谓万物不奸其志，天下不易其乐者是矣，不亦古人之笃行乎！[1]

文章从正面出发，提出应该有贞淳淡泊之心，虽受诬蔑戕害而能够保持心情平和，达到和乐的人生境界。还有大量的讨论反对或主张超越穷愁悲苦，但出发点不同，约有三类：

一类从台阁文学出发，认为可以用春容闲雅之思战胜穷愁怨叹之声，由于前面已有相关分析，此处仅引一段文字说明，见姜宝《刻入蜀稿小序》：

古今方有事用世者，多不暇工于诗，即工矣，亦多不足于春容闲雅之思。其诗而工者必穷者也。穷者以厄于时，又多不免有穷愁怨叹之声，求之人情，盖往往然矣……盖有春容闲雅之思，而不为穷愁怨叹之声，若公者其以大臣之才识器度，而兼有夫词人之长者欤？[2]

一类从诗人囊括宇宙，有着丰富的表现内容，不能仅局限于遇与不遇的角度出发，认为应该超越穷达，去挖掘更深刻的表现内容，陆树声云：

世言诗能穷人，必穷而后工，此言似为孟襄阳贾长江梅宛陵设，迨予论不然。夫词人秉艺业，搜括玄造，陶冶万类，宜其于世故穷达视犹旦暮浮幻，而士往往论士于遇不遇间，是何其胸中无云梦耶？[3]

---

[1]《王氏家藏集》卷二十二，嘉靖刻顺治十二年补修本。

[2]《姜凤阿文集》卷七，万历刻本。

[3]《陆学士题跋》卷下，《陆学士杂著十种》，万历刻本。

文学有着非常丰富的表现空间和更深刻的追求，可以"搜括玄造，陶冶万类"。人可以超越对"一身一家"的悲愤伤感，上升到对"一世一国"的深切关怀之中。穷苦与富贵、愁叹与恬愉可集于一身，从而实现对自我的超越，这时的文学不仅可以经世，也可获得不朽的声名。如陆无从的《銮江集序》：

> 是编得之叙迁羁旅之时，共调尤冲融婉至，略无忧谗闵困之状，大氐发之情而约之性者也，风人之旨具矣。夫唐称工于诗，所称文房、梦得、乐天、子厚诸君子，诸君子之诗所得于隋播忠柳之间者，不能无忧谗闵困怃邑无聊之词，恒悽惋而不可读。诗即工矣，奚益于性情矣。[1]

这是陆无从为谢肇淛贬官真州时的诗歌结集所作序文。谢肇淛虽处于人生低谷，正穷愁失志之时，但其诗"冲融婉至"，毫无穷苦愁思、感激发愤或忧心于谗言、悲悯困折之感，不同于唐代诸人在贬谪生涯中"忧谗闵困怃邑无聊之词"。不仅谢肇淛本人如此，与他同时的龙霓、袁宏道、江盈科也都表现出"冲融婉至"之风，陆无从称之为"得诸性情者深也"，"一发之情而灼乎性"。

一类意见则完全从如何保全个体生命的角度出发，认为激愤之言虽然会引起大家的赞美，但却不为众人所取，原因是这会引发"祸患"，众人皆醉我独醒进而我独言，其实是为个体自我制造麻烦，陷于不测风波之中。如郑文康的《送沈君序》：

> 人负抑郁不平之气，必发愤懑激烈之言，言之者祸患不以为意，听之者虽阳与其壮，而私相笑议，其罹咎之有日也。夫以时

---

[1]《小草斋集》卷首，（明）谢肇淛撰，明万历刻本。

政之弊，民心之冤，众非不知其冤其弊也，特以祸患是惧，宁弊宁冤而不敢言焉。或者不计其他而一言，痛弊不足以革弊，隐冤不能以伸冤，徒以渺然躯而不测之风波矣。[1]

邹迪光的《北征篇序》：

> 予谓之曰：诗能穷人，其于仕益能使宦不达，故惟穷愁工诗，惟仕而弗达者工诗……夫操瑟不可立齐门，章甫不可适于越，诗之为物，仕人之瑟，持衡者之章甫也，舍所好投所忌，无论骥足鸿翮，不可攀附，将索汝于枯鱼之肆矣。夫事有机，行有会，蹈机履会则从，忤时捍禁则凶。[2]

这些意见不是单纯地反对穷而后工，而是主张加以修正，扩而充之，使单一从个体生命际遇出发而产生的悲愤感慨提升到更为高广的生命空间。上述论述显示，穷而后工论在整体上虽无太大突破，但广泛的讨论持续深化着这一命题。同时，也让我们看到旧命题在新时代的生命力，通过不断注入新的思考，为文学添加新内涵。

四、穷而后工与诗教

孔子确立的兴观群怨诗教观是穷而后工论能够成立并得到广泛认同的思想基础，使得这一理论由个人之"穷"上升到对社会之"穷"的思考和表现上，进一步拓展了穷而后工的理论内涵。另一方面，则有落入正统观念特别是意识形态化之后国家主义文学观陷阱的可能，从而束缚穷而后工的批判意义。

---

[1]《平桥稿》卷八，四库全书文渊阁本。
[2] 邓原岳《西楼全集》卷首，崇祯元年邓庆寀刻本。

宋濂在"四海汤汤，未知所底定"的元末动荡中，退隐龙门，但他仍强调："天下之溺，犹禹之溺；天下之饥，犹稷之饥。我所愿学禹稷者也，我岂遂忘斯世哉！……予岂小丈夫乎？长往山林而不返乎？未有用者我者尔，苟用我，我岂不能平治天下乎？"[1] 刘基《送张山长序》也有："余观诗人之有作也，大抵主于风谕，盖欲使闻者有所感动而以兴其懿德，非徒为诵美也。"[2] 这种精神是乱世中的希望，就文学表现而言，它也直接将个体的失意与家国天下紧密联系在一起，扩大了穷而后工论的内涵。明代这类主张缕缕不绝，显示了儒家思想的强大力量。如王慎中的《田间集序》：

> 予往时闻济南刘函山先生者，豪俊傲傥人也，其游于世之迹，则屡摈而稍进，一进而辄斥。予谓其于末学之行未习也，及熟于济上之相见，先生固务立大节而亦不忽乎细，然竟以见斥，岂非其细者不胜其奇乎，好而不得泄，则怨挟而无所试则怒，怨与怒交于中，于是有刺讥之微言，愤怼之大声，亦其势之所然。[3]

刘天民性豪爽傲傥，屡遭摈斥，内心不胜其怨怒，表现在诗歌中多有"刺讥之微言，愤怼之大声"。这就将诗可以怨提升到诗可以怒，情感的激烈程度大有超出诗教怨刺内涵的可能。汪道昆《二游草序》写道：

> 余闻之，古昔诗穷而后工，又尝闻之先圣先师，诗可以怨。夫风雅之变，类多隐约之思，当其放逐流离，苑积而飚发，犹之雷伏而奋，蠖屈而伸，不蕲工而工，则郁郁者之为也。不得不耐

[1] 《龙门子凝道记》（卷上），《终胥符第三》，《宋濂全集》（第4册），杭州：浙江古籍出版社，1999年版，第1761—1762页。

[2] 《刘基集》卷二，上海：上海古籍出版社，1999年版，第76—77页。

[3] 《玩芳堂摘稿》卷一。

无怨，已怨则愤，故多溢怒之辞，怀沙之忠，履霜之孝，至今诵之，要其归，则愤矣。[1]

汪道昆将穷而后工与诗可以怨的诗教结合起来，认为怨愤之言属于风雅之变，当诗人放逐流离之际，产生怨愤溢怒之言是合乎儒家诗教的，从而使怨愤之情成为主流文化所接受的情感。如归庄《吴余常诗稿序》：

> 自古诗人之传者，率多逐臣骚客，不遇于世之士。吾以为一身之遭逢，其小者，盖亦视国家之运焉。诗家称七子，后称杜陵，后世无其伦比，使七子不当建安之多难，杜陵不遇天宝之乱，盗贼群起，攘窃割据，宗社颠危，民生涂炭，即有慨乎，未必能寄托深远，感动人心，使读者流连不已如此也。然则士虽才，必小不幸而身处厄穷，大不幸而际危乱之世，然后其诗乃工也。[2]

如果只表现一身之遭际，不论从内涵还是力度上说都是"小者"，诗人还应该将自我与"国家之运"结合起来，才能够获得"寄托深远，感动人心"的力量。这便从整体上提升了穷而后工的理论内涵，将个人际遇与国家命运结合在一起，并非台阁文学鸣国家之盛式的主张，而是在国家陷于深重危难之时，承担起表现现实的责任。

如果仅局限于自我际遇，则可能会引发自我向偏狭恣肆的方向发展，如王慎中的《陈少华诗集序》：

> 由汉而下，为诗者多矣。其人大抵陵夸恣傲，睥睨倨虐，挟能盛气，遌众物而犯一世，或放浪诙谲，剽轻不根，喜自佚肆，

---

[1]《太函集》卷二十六，万历刻本。

[2]《归庄集》，上海：上海古籍出版社，1984年版，第182—183页。

脱去绳束，而为慢侮。世皆可狎，而于人无足严甚，忧愁狭迫，懑愤无聊，天地若无所容，而人不可与偶。好为不平，诮刺多怨而善悲，故能设奇托怪，钩深抉隐，穷四时之变，而引万物之类，作为语言，以道人情之所欲写，而不能本有而不得已者。其诗之工往往极其至焉，虽其诗之工，然亦以傲雪慢侮怨悲诮刺负世之累。有其材者固不免有其病欤？[1]

　　王慎中不像颜之推那样把无行文人无限放大，而仅从个人性情上着眼，指出文人"陵夸恣傲""剽轻不根"，甚至陷于"天地若无所容，而人不可与偶"的境地，自我放大，自绝于社会，自然"不免其病"。这是因为，文人往往只关注自我，虽然有感人的力量，但仍过于狭隘。邹迪光《南音集序》写道："自古蒙难履晦，而发为文词以见志者，莫若屈平氏、次贾傅氏、次柳子厚、韩昌黎之属，其人皆以艳词藻思而宣其侘傺颙额之怀，悒郁不圝之气，与夫惓惓系恋君国之心，能使天下后世读其词而益慕其为人。"[2]明确将诗人"悒郁不圝之气"与"惓惓系恋君国之心"联系在一起。

　　朱察卿在《幽贞集跋语》中写道："然立言者无关世教，虽工奚益？"这是正统的文学观念，将个人际遇与社会发展结合起来，扩展了穷而后工的理论内涵，但是又限制了穷而后工的深刻性。朱察卿云："公（董传策）被绌甚困，命悬一发，而辞旨幽婉，无怨诽愤懑之言。彼被发行吟泽畔，作赋湘水者，未得窥公之志。世必有能辨之于千载之下矣。如想见高堂人，愿子竭欢悦，忻承严父颜，怅离慈母侧。愿天赦臣归，并修人子职等语，危不忘亲，言根至性，公岂独立忠臣风节者哉？"[3]被贬黜的官员总是希望"天赦臣归"，虽处于困境之中，但"辞旨幽婉，

[1]《玩芳堂摘稿》卷一，嘉靖二十九年蔡伦克廉刻本。
[2]《调象庵稿》卷二十二，明万历刻本。
[3]《幽贞集》卷首，明万历刻本。

无怨诽愤懑之言"，实际上是将贬谪视为磨炼经历，将性情调节到适合为臣子的忠诚平和心态，这是对穷而后工论深刻内涵的消解。杨汝麟《邕歈稿序》也强调："故虽放流播迁不忌，顾返眷然于君父之怀，忧国悯时之念，有深致焉。"[1]在他们看来，"君父之怀"与"忧国悯时之念"是一致的，前者包含着政治历练，即将心境调合为更适于事君的忠厚老成，在这个前提下，"忧国悯时"则有流于口头化的可能，或按时势需要进行表述。正如汪道昆在《二游草序》中赞同舜举虽身处穷厄却能"出之以和平"，慷慨与春容竟能并行不悖，皆可视作对穷而后工论在政治体制下的整合。包节的《马见田纪行稿序》在论及唐景龙中诗坛时说："修文馆二十四学士之作，非不为一代绝唱，特恨其遭逢侍从，日夕宸幄，不能出踦语单谣，剀切拂君上，徒狎猥佻佞，夸诩丽奢，组绘虽工，失诗教矣。乃若山林里巷，野老闺娃，岂必凤谐律吕，动合宫商，特感物缘情，舒怀荡愤，一发其冲素幽闲之旨，而风雅具焉。"[2]日侍君上，但徒事佻丽奢，离诗教越来越远，反不如山林里巷中人，感物缘情而自然具有风雅精神。穷而后工论一旦进入政治话语体系就只能向一个方向发展，在政治控制着一切的时代，台阁文学便应运而生，将文学限制在鸣国家之盛的歌颂功能之中。随着控制力的丧失，政治也依然发挥作用，仍将文学控制在政治的需要之下，只是更多地从个人政治前途着想而已。

我们发现，穷而后工论在诗教传统中获得了内涵上的扩张，将个人不幸与国家命运结合在一起，不仅没有消弭悲怨诗学的意义，反而提升了境界。见袁中道的《西清集序》：

> 夫修辞之道，古以为必穷而后工。非穷而后工，以穷则易工也。坎壈之士，内有郁而不申之情，外有迫而不通之境，直抒其意所

[1]《邕歈稿》卷首，明万历刻本。
[2]《包侍御集》卷五，嘉靖三十七年包杞等刻本。

欲言，而以若诉若啼，动人心而惊人魂矣。若身处夷泰，心境调适，如水平而波澜自息，山平而峰峦不起……昌黎为王公大人，气满志得，故文章之作，常有所不暇。今先生视富贵如草芥，于霹雳火中作冷云相，何气满志得之有？属东国多难，先生不啻恫瘝在身，旦暮惴惴然，惟忧民命之难苏，而国恩之无以报。彼羁旅草野者，不过忧其一身一家，而先生举一世一国之忧，皆集于己之一身。此其心更苦，而其发于篇章者，更为痛切。是于恬愉之中，而未始无愁叹之音。铿锵发金石，幽眇感鬼神，真经世垂世之文章也。岂与坎壈之士，寒蝉鸣而秋虫号者等哉！[1]

"坎壈之士"直抒己言，虽然可以获得惊心动魄的力量，但仅限于"一身一家"，而"一世一国"之忧更为深厚，用心更苦，情感更为痛切。恬愉与愁叹可以并存于一身，情感不再是单向度的了。又如陈肇曾的《吴楼山先生遗集序》：

古来奇异之士，胸中负如许喀喀欲吐而不得吐发之书牍，形之歌咏往往使酒骂坐，虽习气未除，大抵英雄不得志之所为嬉笑怒骂皆成至论，曩之坡仙，今之卓老庶几近之。夫古人著湘流之赋，悬龙蛇之书，激楚慷慨，千载下读其辞，犹为拊膺扼腕，志意酸怆，彼实有所大屈于中，而痛哭于竹简者也。是以其为文，喜为素春，毋为华春。宁博鬼哭，不求人嬉，不知事于世道名教关系匪浅者，无论缙绅大人即布衣匹夫亦与有责焉。此腔甚热，此底不欺，胸腹洞豁，心在口上，不觉议论风生。[2]

正是因为"习气未除"，才会有"痛哭于竹简"的文学表达，才能

---

[1] 《珂雪斋集》，上海：上海古籍出版社，1989年版，第514页。

[2] 吴应箕《楼山堂集》卷首，清刻本。

在千古之下仍然令人扼腕叹息，这才是在根本意义上"于世道名教关系匪浅"，才是诗教的真正价值所在。单纯从政治上讲诗教，则将穷而后工论局限在国家意识形态之下，为盛世文学所改造，处于不断被消解的过程中。

五、心学对穷而后工论的影响

穷而后工论也受到来自理学和心学的批判，从而为这个论题的讨论提供了更为丰富的意义。朱熹在《诗集传序》中写道："若夫《雅》《颂》之篇……其语和而庄，其义宽而密，其作者往往圣人之徒，固所以为万世法程而不可易者也。至于雅之变者，亦皆一时贤人君子，闵时病俗之所为，而圣人取之，其忠厚恻怛之心，陈善闭邪之意，尤非后世能言之士所以能及之。此《诗》之为经，以人事浃于下，天道备于上，而无一理之不具也。"雅诗"和而庄""宽而密"，变诗虽为"闵时病俗"之作，但其可取之处被限定为"忧思感愤之郁积，其发于怨怒，以道羁臣寡妇之所叹愁"，[1] 而王慎中认为的"好而不得泄，则怨挟而无所试则怒，怨与怒交于中，于是有刺讥之微言，愤怼之大声，亦其势之所然"之论显然超出了情感的规定性。[2] 在明代，穷而后工论受到理学的不断批评和修正，突出表现在台阁文学时期，官方化理学实现了对情感表达的全面控制。心学流行以来，穷而后工论也进入了讨论的范围，人们用心学思想对它加以修正、提升。

如王阳明的《答舒国用》：

> 夫君子之所谓敬畏者，非"有所恐惧忧患之谓也，乃戒慎不睹恐惧不闻"之谓耳。君子之所谓洒落者，非旷荡放逸、纵情肆

---

[1]《朱子全书》，上海：上海古籍出版社，2002年版，第350—352页。

[2]《田间集序》，《玩芳堂摘稿》卷一，嘉靖二十九年蔡伦克廉刻本。

意之谓也，乃其心体不累于欲，无入而不自得之谓耳。夫心之本体即天理也，天理之昭明灵觉，所谓良知也，君子之戒慎恐惧，惟恐其昭明灵觉者或有所昏昧放逸、流于非僻邪佞而失其本体之正耳。戒慎恐惧之功无时或间，则天理常存，而其昭明灵觉之本体无所亏蔽、无所牵扰、无所恐惧忧患、无所好乐忿懥、无所意必固我、无所歉馁愧怍。和融莹彻，充塞流行，动容周旋而中礼，从心所欲而不逾，斯乃真所谓洒落矣。是洒落生于天理之常存，天理常存生于戒慎恐惧之无间，孰谓敬畏之增反为洒落之累耶？惟夫不知洒落为吾心之体，敬畏为洒落之功，歧为二物而分其用心，是以互相抵牾，动多拂戾。[1]

王阳明站在心学的高度论敬畏，主张敬畏不是对现实"恐惧忧患"的担忧，而是对"昭明灵觉"被遮蔽而流于昏昧僻邪之忧惧。洒落也不是放纵旷荡、纵情肆意，而是心之本体不系累于物欲，达到无入而不自得的境地。没有敬畏与洒落之心，则会流于牵扰、恐惧忧患、好乐忿懥、意必固我的种种困境之中。从这个角度看，穷而后工论中对慷慨悲愤之情的论述的确处于未得良知本体的困境之中。徐阶深受心学影响，开始将心学引入穷而后工的讨论中，《西陂集序》专门讨论了这个问题：

> 昔韩子有云欢愉之言难工而穷苦之言易好，以阶观之不然。夫言非出于心者耶？古之人义理以养其心，富贵贫贱患难夷狄泊乎无所动于中，而其形诸言也，无戚无喜，无得无丧，蔼然中和之发，则虽欢愉穷苦且犹无之，又安得而工拙其词也。后世心学不明，人溺于利中之盈歉，一系乎外之所遭，于是缙绅之徒明志

---

[1]《王阳明全集》卷五，上海：上海古籍出版社，1992年版，第190—191页。

得者失之骄，叙成功者流于伐，迷燕乐者其说靡以淫，衒光荣者其词鄙以陋，壮夫贞士相与诵而羞之。退考诸山林之作则见其规模气象，虽或病于枯槁悲戚而兴致格律犹有可观者，遂以为诗之工拙由于欢愉穷苦之异状，而不知彼不善言欢愉者，乃其动于欢愉者也。[1]

"心学不明，人溺于利中之盈歉，一系乎外之所遭"，故得志成功者所叙往往靡淫鄙陋，退求于山林，故误将枯槁悲戚之言认作易于工好。徐阶又从心理发泄与满足的角度认定不善言欢愉者，反倒是真正对追求欢愉的满足。由此看来，穷而后工论在境界上仍是沉溺于外利，为人生遭际驱使着，缺乏自我的自足与洒落。

如何达到灵明昭觉无所亏蔽的状态呢？"变化气质"，减少血气之知是一个重要途径，见王阳明的《与王纯甫》：

> 变化气质，居常无所见，惟当利害、经变故、遭屈辱，平时愤怒者到此能不愤怒、忧惶失措者到此能不忧惶失措，始是能有得力处。[2]

《答友人》：

> 毁誉荣辱之来，非独不以动其心，且资之以为切磋砥砺之地，故君子无入而不自得，正以其无入而非学也。若夫闻誉则喜，闻毁则戚，则将惶惶于外，惟日之不足矣，其何以为君子！[3]

---

[1]《世经堂集》卷十一，万历徐氏刻本，存目集79。

[2]《王阳明全集》卷四，上海：上海古籍出版社，1992年版，第154页。

[3]《王阳明全集》卷六，上海：上海古籍出版社，1992年版，第207页。

只有超越生死利害，才能将一切变故、屈辱、愤怒等"私己"情感去除，达到自信、自得的境界。罗洪先在《答戚南玄》中写道："弟近时与人言只辩存收，心存者时时是吾本来，不以议论、意兴、气魄掺和。"[1]这些并非只是纯粹思辨的产物，而有着强烈的现实针对性，是对弘正以来忧愤激昂士气思考的结果，"只有真正了解阳明正德末年经历的巨大人生困境，和面对的严峻的生存考验，我们才能了解良知学说对阳明自己早已超出了纯粹伦理的意义，而涵有生存意义上的智慧与力量"。[2]穷而后工论属于创作论，无法将个体自我提升到自觉的层面，其局限性是无可避免的。

当我们去考察一个时代时，关注那些新的思想、观念当然是必需的，但那些所谓陈旧的没有太多创新意义的思想观点也仍然值得我们注意。它们之所以具有强大的生命力，并不在于理论本身，时代需要使这一命题被重新赋予思想和理论意义。思想史家 G. H. Palmer 说："一个时代的趋向表现在次等作家的作品中远比在伟大天才的作品中更清晰。后者所反映的不仅是它自己的时代，而且也包括了过去与未来，换言之，它是属于一切时代的。但是在那些敏感而创造力弱的作家心中，时代的理想却留下了清楚的痕迹。"[3]因此，更深入地了解一个时代并非只有把握新思想观念一个途径，对旧有观念的考察也是一个完全可行的路径，唯其如此，才能站在现实和普遍的层面上去研究一个时代。

---

[1] 《念庵文集》卷二，四库全书文渊阁本集。

[2] 陈来：《有无之境——王阳明哲学的精神》，北京：人民出版社，1991 年版，第 230 页。

[3] 转引自余英时：《意识形态与学术思想》，《中国知识人之史的考察》，桂林：广西师范大学出版社，2004 年版，第 174 页。

"自然"概念在中西方文学创作理论中的贯通

蒋竹雨[1]

[摘 要]"自然"是一个能够在不同文化之间融会贯通的概念。这个概念本身具有双重性,物质性与精神性兼备,客观性与主观性并存。然而,这种双重性很多时候被误用为生硬区分不同文学思维的证据。埃兹拉·庞德的意象翻译方法就将有着丰富意蕴的中国古典诗歌片面地看作多个自然意象的简单拼凑与叠加,并以这种将中国诗歌简单具象化的文学思维与西方文学中抽象化、本质化的文学思维(如德里达的逻各斯主义)相互对立。但在世界文学兴起的今天,将中国文学思想放在西方的对立面,使其"两极化"或者将中国文学思想"特殊化""牢笼化"都是不可取的。本文将比较贯通中西方文学研究中的"自然"概念所具有的抽象性和客观性的双重身份与作用,以打破这种试图在东、西方文学思想之间建立起来的文化壁垒。

[关键词]自然 文学创作理论 中西比较 世界文学

---

[1] 蒋竹雨,博士,广东外语外贸大学英语语言文化学院讲师。

"自然"是一个能够在不同文化之间贯通的概念，不同文化与文学之中都能找到它的发展轨迹及发挥的作用。然而自然概念本身具有双重性，物质性与精神性兼备，客观性与主观性并存。这种双重性很多时候被拿来生硬地区分不同文学思维。例如埃兹拉·庞德的意象翻译方法就将有着丰富意蕴的中国古典诗歌片面地看作多个自然意象的简单拼凑与叠加。这种将中国诗歌简单具象化的文学思维还被用来与西方文学中抽象化本质化的文学思维（如德里达的逻各斯主义）形成对立。在世界文学兴起的今天，将不同的文化及其文学生硬裁割甚至极端对立起来的努力都是不可取的。如果我们把世界文学定义为"一种文学在世界范围内流通的状态"，[1]那么片面强调文学思维之间的差异性只会阻碍甚至阻断这种良性的文化交流，也将世界文学的版图分割成不同的区域，松散地分布而无交流。更有甚者，错误地利用这种"差异性"，将世界文学梯级化，使其高低有分。这种高下之分更甚于平面上的隔阂。如著名文学评论家弗兰克·卢卡斯就曾指出只有希腊文明能够提出文学创作这样的抽象辩证的哲学题目。[2]在他看来，似乎其他文明是无法提出文学起源与创作这样抽象的本质性的问题的。黑格尔也曾断言中国语言文字缺乏抽象辩证的哲学思维。[3]在黑格尔看来，中国文学思维也无法辩证地看待"自然"这样的概念。本文将通过比较贯通中西方文学研究中"自然"在文学创作及创作理论中抽象性和客观性的双重身份与作用，以打破这种在东、西方文学思想之间试图建立起来的文化壁垒。本文将集中讨论以下几个问题：何谓"自然"？"自然"的多重性特征是什么？"自然"的概念在中西方文学创作理论中是如何贯通的？"自然"的双重性特征是如何被片面强调与利用的？

---

［1］ David Damrosch, *What is World Literature.* Princeton: Princeton University Press, 2003, p.5.

［2］ F. L. Lucas, *Tragedy: Serious Drama in Relation to Aristotle's Poetics*（*Revised ed.*）. London: The Hogarth Press, 1957, p.12.

［3］ G. W. F. Hegel, *Science of Logic.*, A. V. Miller, trans. New York: Routledge, 1976, p.32.

一、"自然"的多重定义

对于"自然"，中西方的定义似乎有着跨时空的默契。英文中"自然"的词源可以追溯到 12 世纪早期的盎格鲁诺曼语及古法语，意为"建立与维持宇宙秩序的力量"。总结从古到今的西方文本对于"自然"的应用，其定义中有一项为"具有创造性的，规律性的，控制物质世界并引起其中现象的力量"。此定义下的文本应用第一个例句便是出自杰弗里·乔叟《坎特伯雷故事集》中的"卖赎罪券者的故事"，"命运和自然的力量是众多生命消亡的缘由"。[1] 这种将生命追溯到"超自然"力量也呼应了西方文明中"上帝"的概念以及这个故事本身的题目"卖赎罪券者的故事"，救赎人类的原罪来取悦那个高高在上又极具控制力的虚拟的存在。在近两千年之前的中国，老子在《道德经》里的论述"人法地，地法天，天法道，道法自然"似乎与之形成了呼应。在对此句所做的注释中，清代评论家黄元吉以天地创作"太极"开篇，阐释宇宙的规律，以强调"要皆本于自然，无俟勉强，不待安排"。[2] 将万事万物归功于并依赖于这种虚拟崇高的力量也印证了老子"无为而治"的思想。

如此定义下的"自然"是抽象且客观的，它的存在是虚拟的，非物质性的，非触碰可得，不是肉眼可见的。但它却是客观实质性的，独立于人类主观性之外、不以人类的意志为转移的力量。这种抽象辩证的思维不但没有在中国思想史中缺席，甚至远远早于西方对此种思维的定义与应用。

---

[1]　参见牛津英文字典在线数据库，*Oxford English Dictionary.* "nature, n." . Oxford: Oxford University Press.（2014-06）［2014-07-02］. http://www.oed.com.ezproxy.cityu.edu.hk/view/Entry/125353?rskey=OFWF5F&result=1&isAdvanced=false. 本文中所有英文定义均取自此数据库。

[2]　黄元吉、蒋门马校注：《黄元吉文集：道德经讲义，乐育堂语录》，北京：宗教文化出版社，2003 年版，第 64 页。

然而"自然"也可以是抽象且主观的。"自然"的概念可以具有唯心性、先天本质性，不再是客观的，而是以人类主观性为基点的。自然不再是超出人类感官与控制范围的"超力量"，而是着重于人类内心，主观性、唯心性极强的概念。英文关于"自然"的定义中，"与先天特征有关的意义"是一个重要的内涵。在西方定义中，"自然"通常会被拿来与"培养，培育"(nurture)进行对立与对比。莎士比亚在其剧作《暴风雨》当中对于荒岛野人凯列班的描述就应用了此意义上的"自然"，"一个天生的怪物，后天的培育无法改变他的本性"。[1] 以人为焦点的"自然"概念在中文的历史中也能找到痕迹。自然一词中的"自"字在《康熙字典》中的一条解释为"躬亲"，取自《易经·乾卦》中的"天行健君子以自强不息"。[2] 此句强调人自身的努力与参与，而非天地等抽象力量的决定性。如果以西方定义为样本找更相近的汉语字词，"性"字似乎更加贴切。在康熙字典中，对于"性"的定义也包含了"性是赋命自然"这样的注释。因此"自然"与"性"的定义息息相关。宋代陈淳在《北溪字义》中的一句话似乎更加印证了这种关系："性字从生从心，是人生来具是理于心方名曰性。"[3]

　　当然，"自然"对于我们来说最熟悉的定义还是客观具象的概念。在英文中，像"物质世界所有现象的总和；尤其是植物动物和地球的特点与产物，与人类或人类生产品所对立"这样的定义，即强调了"自然"这种客观性、物质性的特点。词条撰写者引用弥尔顿《失乐园》中的语句"自然的广阔空间失去了鲜活的灵魂"来阐释"自然"的此种定义。在具有主观性、抽象性的人类灵魂的对比下，"自然"的客观性、物质性更加突出更加被强调。中国文本中对于如此定义的"自然"

---

[1]　[英]莎士比亚:《暴风雨》，朱生豪、范锐译，北京：大众文艺出版社，2008 年版，第 137 页。
　　　此句的英文原文为 "A borne-Deuill, on whose nature Nurture can never stick"。

[2]　张玉书:《康熙字典》，上海：上海文艺出版社，2000 年版，第 1113 页。

[3]　同上书，第 416 页。

也有所涉及。《康熙字典》在对"自"字的解释中引用了《世说新语》中的一句话"丝不如竹，竹不如肉，渐近自然"。[1]"丝"（人造乐器）—"竹"（自然生物被人为用作发声的物体）—"肉"（人类自然的肉体的人声），逐渐靠近自然的递进关系也暗示了自然的客观物质性与人类人为世界的渐进区别。然而，人类在此句中既是主观性的代表，也是客观性、自然性的体现。人可以利用客观物质，而人类肉体本身也是客观物质的一部分。这种辩证双重性特征思维再一次在"自然"的概念中体现出来。无独有偶，司马迁在《史记·货殖列传》中也提到："故物贱之征贵，贵之征贱，各劝其业，乐其事，若水之趋下，日夜无休时，不召而自来，不求而民出之。岂非道之所符，而自然之验邪？"[2]司马迁用流水趋下、日夜更替这样的自然的物理现象来比喻虚拟的但客观存在的经济规律，将客观的自然与主观的人类活动结合起来理解。另一方面，自然现象，或者说自然规律也昭示着一种不可改变的客观性和虚拟性，如同老子所说的"道法自然"。司马迁在《史记·货殖列传》开头所引用的老子的名句"至治之极，邻国相望，鸡狗之声相闻，民各甘其食，美其服，安其俗，乐其业，至老死不相往来"，也印证了"顺其自然""无为而治"的客观规律性。

总而言之，中西方文本关于"自然"的定义和讨论与它们所体现出来的多重性的辩证思维模式是共通的，而不是对立或者不可融合的。自然的概念既包含客观的、虚拟的或者物质的自然存在，也蕴含了主观性的抽象性的意义。这样多重性的定义与特征使"自然"在中西方文学创作理论中也占有一席之地。

---

[1] 张玉书:《康熙字典》，上海：上海文艺出版社，2000年版，第1000页。

[2] 司马迁:《史记》，沈阳：辽宁电子图书有限公司，第229页。

二、"自然"为何出现在文学创作理论中

在中西方文学创作理论中，"自然"被看作超自然的力量，象征赋予文学权威，赐予创作者灵感与才华。在柏拉图看来，文学创作的来源并不依赖于文学传统的熏陶，也非个人才能的展示。柏拉图认为诗人的创作依赖于"灵感"（inspiration），一种无法通过阅读或学习获得，也无法通过人类自身的情感或先天的才能达到的状态。在他看来，诗人在创作时是无意识的，诗人的创作并不是靠理性的知识或教育，而是神（如女神缪斯）的赐予。[1] 中文的成语"妙笔生花"似乎呼应了这种无意识的、天赐才华的意味。五代王仁裕在《开元天宝遗事·梦笔头生花》中记载道"李太白少梦笔头生花，后天才赡逸，名闻天下"。[2] 梦境是无意识的，而这种虚拟的神一般的力量赐予了李白名闻天下的才华。这种超出人类理性控制的虚拟的力量似乎也呼应了"道法自然"当中的客观虚拟的、不以人类主观意志为转移的存在。因此在中西方文学创作理论中，"自然"作为客观虚拟存在的概念常被文学理论家们借用，用以阐释文学的起源与创作。

"自然"的概念也会作为先天个人才能的代名词出现在文学创作与起源的理论中。艾略特在其广泛流传并被多次引用的文章《传统与个人才能》中提出了诗人的创作离不开文学传统的支撑与教育。他强调"没有一个诗人，没有任何一个从事艺术的艺术家，可以拥有完全个人的意蕴。他的价值，对于他的评价，都要基于他与逝去的诗人与艺术家发生的关联"。[3] 而在他的另外一篇文章《什么是经典？》中他也提到了一种"共同的风格"，以致敬维吉尔和古罗马文化——艾略特所

---

[1] Penelope Murray, *Plato on Poetry*. Cambridge: Cambridge University Press, 1996, p. 7.

[2] 王仁裕:《开元天宝遗事》, 上海: 上海古籍出版社, 1985 年版, 第 16 页。

[3] T. S. Eliot, *The Sacred Wood.* New York: Routledge, 1989, p. 49.

推崇的文学经典典范。[1]这样的概念在中国文学理论历史中也有所涉及。严羽在《沧浪诗话·诗辨》中提到："夫学诗者以识为主：入门须正，立志须高；以汉、魏、晋、盛唐为师，不作开元、天宝以下人物。若自退屈，即有下劣诗魔入其肺腑之间；由立志之不高也。行有未至，可加工力；路头一差，愈骛愈远；由入门之不正也。"[2]而杜甫在《奉赠韦左丞丈二十二韵》中的"读书破万卷，下笔如有神"更是将这个道理浅显易懂地表达了出来。中西方这种以古代为标尺的思想似乎有着异曲同工之妙。这种重视文学经典与修养的观点很容易让人想起"天性"与"培养"在"自然"定义中的对比关系。因此，在文学创作理论中自然而然地会有反对后天培养的优越性而强调先天的个人才能的声音。而"自然"作为本心的、主观的概念也理所当然地成为这种先天个人才能的代名词。

自然作为客观物质的存在对于文学创作的作用是显而易见的。回归自然对于文学创作来说既是心灵的净化与升华，也是文学内容与情感资源的收集与积蓄。这种概念在中西方文学创作理论中都很常见。

三、文学创作理论中的"自然"

"自然"作为一种超自然、不以人类主观意志为转移却又客观存在的力量，掌控着宇宙万事万物。在文学起源理论中，"自然"也扮演着赋予文学权威、影响文学诞生的角色。亚历山大·蒲柏在其《论批评》中提到，"大多数人心中都有判断力的种子，自然总会提供一束光芒"，照亮文学创作的"草图"。[3]"自然"起着点化和规范的作用，这些都是人为无法达到的。蒲柏接着提出在文学创作中"首先要跟随自然，

---

[1] T. S. Eliot, *What is A Classic*. London: Faber & Faber Limited, 1944, p.22.

[2] 严羽:《沧浪诗话》，北京：人民文学出版社，1961 年版，第 1 页。

[3] Alexander Pope, Pat Rogers, *Selected Poetry*. Oxford and New York: Oxford University Press, 1994, p. 3.

然后拥有判断能力。自然有着公正的标准，永远保持一致，不会出错，散发着神采的光亮，那是一种清晰、稳定、普遍共通的光亮，赋予所有艺术生命力和美，那是艺术的源泉、终点和判定标准"。[1]"自然"在蒲柏的眼里有如此的神圣感和如此全面的力量，跟随"自然"的文学创作自然不会有偏差。

然而蒲柏笔下的"自然"也并非只代表抽象的超自然的力量。经典与传统对文学创作的帮助是能够与之相媲美的。蒲柏写道，"年轻的维吉尔想要创作一部能够比永恒的罗马还要存世更久的作品"，但是他没有借助自然的力量，而是去模拟了荷马这个伟大的诗人。然而，当他"逐行检查"的时候才发现，"自然和荷马是一样的"，"模拟自然就是模仿荷马"。[2]这样的观点倒是让人想起莎士比亚在其戏剧《冬天的童话》中的一句话："这就是艺术，它修补自然改变自然，然而艺术本身就是自然。"钱锺书先生在《谈艺录》中对此句的翻译更是妙绝："人艺足补天工，然而人艺即天工也。"[3]

在中国有关文学创作的理论中，将"自然"看作高于人类的超自然力量，借用其权威，将其作为文学内容和规范的讨论也有所涉及。刘勰在《文心雕龙》的开篇就提到：

> 文之为德也大矣，与天地并生者何哉？夫玄黄色杂，方圆体分，日月叠璧，以垂丽天之象；山川焕绮，以铺理地之形：此盖道之文也；为五行之秀，实天地之心，心生而言立，言立而文明，自然之道也。[4]

---

[1] Alexander Pope, Pat Rogers, *Selected Poetry.* Oxford and New York: Oxford University Press, 1994, p. 4.

[2] 同上。

[3] 钱锺书:《谈艺录读本》，周振甫、冀勤主编，上海：上海教育出版社，1992 年版，第 91 页。

[4] 刘勰:《文心雕龙》，开封：河南大学出版社，2008 年版，第 69 页。

"文"是与天地共生的，其权威是与天地共存并高的。刘勰认为自然世界中的颜色、形状、日月、山川都是客观虚拟存在着的超自然力量的"作品"。同时，刘勰也肯定了人的作用，人是天地之心，有思想而语言确立，语言确立而文章明朗，这是"自然"的道理。刘勰利用"自然"的双重意义、客观虚拟的超自然力量和客观物质的自然世界，确立了"文"的崇高地位、存在的道理和存在的形式。

在《中国文学理论批评简史》一书中，张少康曾引用韩愈在《答孟郊》中表达的相似观点，指出"规模背时利，文字觑天巧"是韩昌黎借助"自然"的力量称赞孟郊的文字可以媲美"天巧"。[1]然而，钱锺书在《谈艺录》中提及此句时强调的却是人类对于自然之美的润饰与改造，认为"造化虽备众美，而不能全善全美，作者必加一番简择取舍之工"。[2]但是无论如何，"自然"这种蕴藏在"天地"之中的虚拟概念对于文字的启迪与点化作用是被认同的。

"自然"也曾作为"本心"或者"纯净之地"的概念出现在西方文学起源理论中。浪漫主义的代表人物威廉·华兹华斯在其著名的《抒情歌谣集序》中将"自然"的双重意义（客观物质的自然世界和主观虚拟的心理世界）联系在一起，阐述了自然作为最本真的存在，能够净化人类的心灵，使人性返璞归真，激发诗人真正的文学灵感。华兹华斯认为诗人应追根溯源到"自然的最基本准则"，即

> 我们选择简单原始的生活，因为在那样的条件下我们内心真正的情感没有束缚，会用一种最朴实而又有力的语言找到更肥沃的土壤走向成熟；在那样的条件下，我们最基本的感受会在更纯粹的简单中共存，会被更感同身受的回味，而且会被更有力

---

[1] 张少康：《中国文学理论批评简史》，北京：北京大学出版社，1999年版，第79页。

[2] 钱锺书：《谈艺录读本》，周振甫、冀勤主编，上海：上海教育出版社，1992年版，第91页。

的传递。[1]

　　这种"内心真正的情感"，在华兹华斯看来，是一个诗人所最应该具备的。"什么是诗人？"华兹华斯写道："他必须拥有活跃的敏感度，更多的热情与细腻，并且拥有更丰富的对于人类本心的认知。"[2]华兹华斯本人也践行着这样的信条，在寂寞原始却简单纯净的湖区的自然风光中，用最朴实的语言，抒发着最本真的情感。

　　同亚历山大·蒲柏一样，尽管华兹华斯强调自然与本心的概念，他也认同文学传统的重要性。华兹华斯主张文学创作需要"一种发自内心的强烈情感的洋溢"，但他也紧接着说明这样的情感需要"思想的修饰与引导"，需要文学修养的熏陶。[3]华兹华斯推崇莎士比亚及弥尔顿的经典，批判一味求新的"疯狂小说"和"一味追逐发狂的模仿的低级品位"。[4]这样辩证的看法也呼应了中国文学创作理论中关于"师心"与"师古"关系的讨论。

　　中国文学历史上，与华兹华斯相对应的是诗人陶渊明。如同浪漫主义的华兹华斯，陶渊明也亲身践行了他所崇尚的"自然信条"并乐在其中，与自然亲近，过着一种"晨兴理荒秽，带月荷锄归"的躬耕生活，享受着"采菊东篱下，悠然见南山"的安逸心境，抒发着一种"久在樊笼里，复得返自然"的舒畅心情。而这样原始简单的生活，不仅没有磨损冲淡他的文学才华，反而激发了他的创作灵感。高民在《中国古代诗歌概论与名篇欣赏》中提到，南朝的萧统评价陶渊明的诗作

---

[1] Samuel Taylor Coleridge, William Wordsworth, Martin Scofield, ed. *Lyrical Ballads and Other Poems*. Hertfordshire: Wordsworth Editions, 2003, p. 7.

[2] Idid., p.13.

[3] Idid., p.8.

[4] Idid., p.9.

"辞采精拔，跌宕昭影，独超众类，抑扬爽朗，莫之与京"。[1] 高民认为："陶诗的平淡自然并不是平淡无味，恰恰是于平淡中见真情，于生活中见真理，是经过高度概括和锤炼的生活语言的再现。看似平淡无奇，实则一字难易。在平淡自然中脱去了世俗社会的一切虚伪，显露出人与自然和谐统一的'真我'。"[2] 陈桥生也评论说，"陶渊明的同时代诗人，把山水代入诗歌中来，但是山水林木对他们来说只是审美对象，观赏对象"，"他们虽身在自然当中，而其实心在自然之外"，"陶渊明就完全不同"，"自然对他来说，不只是审美的对象，也是生活的需要"。[3] 这种将身心双双寄托于自然世界的做法，与浪漫主义诗人的做法高度相似，"真我"也与浪漫主义追求人类的本心有着异曲同工之妙。

文学的创作是不同文化之间共通的文学命题，而"自然"作为一个具有多重定义及多重特征的概念，也在不同的文化文学讨论中出现并发挥着相似的作用。中西方对于"自然"在文学创作中的客观虚拟性、客观物质性与主观虚拟性的作用总是有着跨时空的呼应。虽然不同文化之间必定有着一定的差异性，但片面强调差异性而忽略了共通与联系，将不同的文学思维生生割裂开来是行不通的。

四、打破"两极化"的"牢笼"束缚：单一的物质性的"自然思维"

在西方文学理论历史上，中国文学与思想是被"特殊化"了的。在他们看来，中国文学与思想是独立于西方体系发展的完全不同的思

[1] 高民：《中国古代诗歌概论与名篇欣赏》，北京：清华大学出版社，北京交通大学出版社，2004年版，第64页。

[2] 同上书，第66页。

[3] 陈桥生：《中国古代诗词精品赏读丛书：陶渊明》，北京：五洲传播出版社，2006年版，第12页。

想成果。然而如果细细追究这种"特殊化"的论点，我们会发现它的缺陷和片面性，是主观臆断多于客观讨论的结果。这种"特殊化"的论断似乎也带有居高临下的意味，错误地认为中国文学思维是单一的、物质性的，无能力驾驭抽象的本质性的问题。正如费诺罗萨和庞德在《作为诗歌形式的中文文字》中所提到的，"中文文字是基于自然现象而形成的生动形象的简化的图画"，是摹写自然的简单劳动。[1] 张隆溪在其《道与逻各斯》一文中提到，庞德在翻译孔子《论语》中的语句"学而时习之，不亦说乎"的时候，将其中的"习"字生硬地拆分成上下两部分，意为"白色的羽毛"。而这句话也被错误地翻译为"学习时，四季时光匆匆飞过，不是一件快乐的事吗"，这不仅与原句的意味大相径庭，而且歪曲了原句的客观意义。[2] 虽然多了几分浪漫生动的色彩，但也只是为了迎合他们的主观臆断而已。就像艾略特对于庞德所译诗歌的评价，"与其说是翻译，不如说是对于某某世纪诗歌的伟大尝试"，揭示了庞德翻译的本质是顺从主观的意愿创作，而不是依据原文的忠实翻译。[3]

而在这样的臆断后面，隐藏着一个很强烈的主观意愿，那就是刻意寻找不同于西方思维的另一种思想体系。正如德里达所说，"费诺罗萨和庞德完成了对固若堡垒的西方传统的突破"。[4] 在德里达看来，西方语言与物质世界的关联是通过抽象的逻辑关系联系起来的，而中文则只有对于自然的具象物质的简单"模仿"。这也就是为什么德里达将西方世界的思维体系称为"逻各斯"（意为抽象的思想或者语言），而

[1] Ernest Fenollosa, Ezra Pound, Haun Saussy, et al. *The Chinese Written Character as a Medium for Poetry: A Critical Edition*. New York: Fordham University Press, 2008, P. 45.

[2] Zhang Longxi, "The 'Tao' and the 'Logos': Notes on Derrida's Critique of Logocentrism." *Critical Inquiry,* 1985（3）, p. 389.

[3] T. S. Eliot, "Introduction to Pound", *Selected Poems*. London: Faber and Gwyer, 1928, p. xvii.

[4] Jacque Derrida, *Of Grammatology*. Translated by Spivak Gayatri Chakravorty. Baltimore: The John Hopkins University Press, 1976, p. 92.

认为中文思维是存在于这个体系之外的。虽然他们的"新主张新发现"客观上促使了中国文化与文学在西方世界的传播，提高了其在西方读者中的熟悉度，但是这种生硬割裂中西方思维体系与思维方式的做法是缺乏足够依据的。张隆溪在其文章《道与逻各斯》中引用老子"道"的概念予以了反驳。[1] "道可道，非常道"不正是阐释了抽象的思想与具象的语言之间辩证抽象的关系吗？在中文思维中，语言与物质世界并不只是通过具象的物质的模仿相关联，抽象思维与语言的辩证逻辑关系也有所体现。在中国文学与思想史上，这样的讨论甚至比西方的讨论有更深厚的渊源。

五、结论

如同这种将思维方式极端对立的错误尝试，弗兰克·卢卡斯提出"只有古希腊文明可以提出文学本质这样的问题，而其他古文明都无法提出这样抽象的、本质性的问题"的言论也是站不住脚的。[2] 所谓抽象的概念性哲学性的问题如文学创作与起源的问题，在中国文学理论体系中不仅常有提及而且有很多深入的探讨，例如"自然"在文学创作中的作用。同时，西方文学理论中也并不都是抽象性的本质性的追问，同时也有回归具象表面的尝试。在世界文学蓬勃复兴的今天，利用国界、民族或者地域差别来分割文学与思想的企图是不能成功的，正如保罗·希兰所引用的世界文学的鼻祖歌德的名句所说的那样，"民族（国家）文学这个概念已经没有太大的意义，世界文学的时代已经到来了"。[3]

［1］ Zhang Longxi, "The 'Tao' and the 'Logos': Notes on Derrida's Critique of Logocentrism". *Critical Inquiry,* 1985（3）, p. 389.

［2］ F. L. Lucas, *Tragedy: Serious Drama in Relation to Aristotle's Poetics.*（Revised edition）London: The Hogarth Press, 1957, P. 12.

［3］ Paul Sheeran, *Literature and International Relations: Stories in the Art of Diplomacy.* Surrey: Ashgate Publishing, Ltd., 2013, p. xv.

张隆溪同样认为将中国文学思想文化放在西方的对立面使其"两极化"，或者将中国文学文化"特殊化""牢笼化"，这些都是不可取的。[1]"两极化"的主观臆断夸大了"差异"，使不同的文化变成不可融合、不可沟通的"极端"，松散而又孤立地呈现在世界文学文化的舞台上。而"特殊化""牢笼化"则使中国文学文化研究局限在封闭的学术范围当中，没有融会贯通，没有与时俱进，有的只是故步自封。在世界文学、跨学科研究与交流都蓬勃发展的今天，"牢笼化"的尝试是与此背道而驰、格格不入的。

---

[1] Zhang Longxi, *Mighty Opposites: From Dichotomies to Differences in the Comparative Study of China.* Redwood City: Stanford University Press, 1998, p. 36.

"言、象、意"的本文层次观与中国接受美学本文批评的建构[1]

窦可阳 李小茜[2]

[摘 要] 作为接受美学的"双子星"之一，尧斯与伊泽尔同为接受美学的创始人，但他们的接受理论在国内的接受与应用却不尽相同。尧斯作为接受史的首倡者，他在国内的影响远大于伊泽尔，其表现是，国内的接受研究普遍关注接受史的建构和接受史的铺叙，具体的接受现象研究相对来说并不多。此中原因在于，伊泽尔的"微观接受"可行性偏弱，而伊泽尔本身玩弄概念的文字游戏也不适宜中国接受研究的土壤。但从接受美学"中国化"的进程来看，伊泽尔的接受本文理论，或者说，微观接受研究确实应该引起国内学界的重视。本文在梳理了伊泽尔接受论之

[1] 本文系国家哲学社会科学重点项目"新时期文艺理论与批评建设及其关联因素研究"（项目号：12AZD013）的阶段性成果，并受到中央高校基本科研业务费专项资金资助（项目号：JCKY-SYJC02）。

[2] 窦可阳，北京师范大学文艺学研究中心博士后，吉林大学文学院讲师；李小茜，天津社会科学院文学所副研究员。

后，主要以与接受美学关系较大的英加登的本文层次理论为参照系，系统阐述了中国文论传统言意观，尤其是"言、象、意"的本文理论，并以《周易》经传接受这一典型接受现象为例，分别在言、象、意三个层面上阐发了微观接受的方法论及其实践意义。

[**关键词**] 接受美学 本文层次观 言意观 言、象、意

一

2007 年年初，德国美学家沃尔夫冈·伊泽尔（W. Iser）离开了人世。作为一位在世界美学界和文学批评领域都有着巨大影响的美学家，伊泽尔为国内所知，主要在于他是接受美学"双子星"之一。1969 年，伊泽尔在德国康斯坦茨大学做了题为《本文的召唤结构》的演讲，使他与汉斯·罗伯特·尧斯（Hans R. Jauss）一同成为接受美学的创始者，并通过大西洋两岸学界的积极参与精神和适时而变的科学态度，把接受理论身体力行地推广到了全世界。北美学界和英国学界分别出版了伊泽尔研究专辑，[1] 反思了以伊泽尔等人为代表的接受理论。从某种意义上来说，继尧斯在 1997 年去世之后，伊泽尔的去世意味着世界进入了"接受之后"的时代，尽管围绕着接受理论的喧嚣已经沉寂多年。

接受美学最初传入中国是在 20 世纪 80 年代初，适逢国内第二次"美学热"，接受美学很快激起国内学界的兴趣，其后各种译介和研究成果层出不穷。进入 90 年代，国内学界尤其是文学史研究领域普遍感受到实证研究方法论的局限，迫切需要新方法论的实践。文学接受研究便很适时地成为中国文学研究的新切入点，其表现是，从 90 年代开始，接受研究方面的论著大量出现。以接受史研究为例，从 1992 年到

---

[1] 2000 年，美国文学理论杂志《新文学史》（*New Literary History*）出版了沃尔夫冈·伊泽尔研究专辑，英国则在 2004 年的《比较批评研究》（*Comparative Critical Studies*）出版了伊泽尔研究专辑。

2003 年，也就是接受美学传入中国的第二个十年间，以"接受史"为书名或自觉从接受美学出发的接受史专著就达到了 14 部；进入 21 世纪，这个数字更呈现激增的态势，据不完全统计，从 2003 年到 2013 年，与接受批评密切相关的专著出版了 60 余部。[1] 从 2003 年至今，以接受美学为研究对象的学位论文数量也远超此前的 20 年。以博士学位论文为例，在 2003 年之前，以接受史为题的博士学位论文大约只有王玫先生的《建安文学接受史》（2002 年）；而在此之后，此方面的博士学位论文达到 96 篇，前面提到的专著有相当一部分就是在此期间发表的博士学位论文基础上付梓成书的。可见，尧斯和伊泽尔的先后辞世，并没有过多影响到接受美学在中国的传播和研究。

不过，通观近年接受美学"中国化"的诸多成果，一个显著的现象是，在成果的数量上，接受史研究要远远多于接受现象研究；在接受美学经典理论的借鉴与吸收上，对尧斯"效果史"理论的应用要多于对伊泽尔阅读理论的应用。我们知道，同为接受美学的两位推毂者，尧斯和伊泽尔的研究旨趣多有不同。早在 20 世纪 80 年代，美国学者霍拉勃就曾这样概括两人的区别：

> 小说学者姚斯（尧斯——编者注。下同）从文学史探讨走向接受理论，伊瑟尔（伊泽尔——编者注。下同）是一个英国文学学者，他是从解释新批评和叙事理论起步的。姚斯首先依靠解释学，受汉斯－乔治·加达默的影响尤为深远。而对伊瑟尔影响最大的则是现象学，由此来看，最为重要的当是罗曼·茵格尔顿（罗曼·英加登——编者注。下同）的著作。伊瑟尔的基本范型和一些关键性概念都是从茵格尔顿的著作中借鉴而来。最后，姚斯即便在晚近的著作中，也对广泛的社会和历史性质问题常有浓厚的兴趣。例如他

---

[1] 窦可阳：《接受美学与象思维——接受美学的"中国化"》，北京：中央编译出版社，2014 年版，第 109—113 页。

考察审美经验的历史，就是在广大的历史范围内进行，其中个别作品只作为例证。对比之下，伊瑟尔则重视个别本文和读者与之的关系。尽管他并不排除社会和历史因素，这些因素明显处于从属地位，或运用到更为精微的本文思考中。如果我们说姚斯研究的是宏观接受，那么，伊瑟尔研究的则是微观接受。[1]

进入20世纪90年代，尧斯和伊泽尔的研究方向都有所转移，尧斯更多地转向审美经验的研究，伊泽尔则转向文化人类学的建构。尤其是伊泽尔，他的学术阵地在晚期转向英美批评界，并长期任教于美国加州大学厄湾分校。和20世纪60—70年代两人"登高一呼，应者云集"的范式变革者身份相比，90年代之后两人逐渐沉潜下来，他们早期的接受理念和范畴体系都在后来的激辩中有所调整和转向。这也是国内学界在借鉴接受理论时较多地引用两人的早期论著而较少引证他们后来的论著的原因之一。至于国内比较多地展开接受史研究，情况就相对复杂一些了。

从接受美学被引入国内开始，国内学界就开始了对接受史架构的思考。这本就契合了国内学界对文学史研究旧有方法论的反思，更因为尧斯的《文学史作为向文学理论的挑战》一文切中肯綮、深入人心，而且在理论上颇具可操作性而吸引了众多学者。在此方面，朱立元、金元浦、陈文忠、邓新华等先生都有论著发表，影响较大。因此，中国文学研究在转向接受研究的同时，比较多地着眼于接受史的铺叙，就非常自然了。至于具体的接受现象批评，其可操作性便差了许多。对此，尧斯和伊泽尔都有尝试，伊泽尔更专力于阅读现象学。实际上他本人并不喜欢用"接受"（reception）来概括自己的理论，他倒更愿意用"效应"（effect）一词。但是，两人为后学所标举的批评实践范例并不成功。无

---

[1]［美］R. C. 霍拉勃（R. C. Holub）:《接受理论》，见周宁、金元浦译:《接受美学与接受理论》，沈阳：辽宁人民出版社，1987年版，第366—367页。

论是尧斯的《歌德的〈浮士德〉与瓦莱里的〈浮士德〉》《阅读视野嬗变中的诗歌本文》还是伊泽尔的《潜在的读者》《阅读活动》等论著，都很明显地陷入了方法论烦琐重复和概念体系晦涩难懂的境地。因此，伊泽尔曾满怀自信地提出了"空白""未定点""隐在读者"等概念，到最后连他自己也不得不全部遗弃。当然，在围绕接受美学的激辩渐趋转向的 20 世纪 90 年代之后，尧斯和伊泽尔在对话交流理论和文化人类学领域的论争和创作，仍然是两人接受理论的一种延续。值得一提的是，尧斯和伊泽尔与国内学界也多有联系，他们的专著译成中文时，国内的译者与他们有过直接的对话和交流。正是从这个意义上讲，伊泽尔的离世，也可看作接受理论之"在场"的终结，世界真正进入了"接受之后"的时代。

但是，如前文所说的，尧斯和伊泽尔在西方学界的活动并没有太多影响接受理论的"中国化"进程，"接受之后"更不会意味着接受理论"中国化"在国内学界的终结。值得反思的是，在接受史研究如此兴旺的今天，伊泽尔的阅读效应研究对中国文学接受研究是否还有实用价值？或者可以这样问："微观接受"研究对于接受美学的"中国化"是否还有研究的必要？这一问题看似毫无意义。在接受美学传入国内之初，学界就曾点出中国传统文论中与微观接受理论的诸多契合之处。比如，张隆溪先生举出中国古代"诗无达诂""见仁见智"的传统言意观，与西方阐释学、接受反应理论相映成趣，并进一步指出："那么，认为接受美学和读者反应批评的基本原理在中国传统文评里已能窥见一点眉目，也许并非牵强附会的无稽之谈。"[1]与此同时，钱锺书先生也在《谈艺录》中将"诗无达诂"与"接受美学"互为阐释。再从国内的接受史研究来看，很多学者在提出中国文学接受史构想的时候，就包含着对具体接受现象的研究。比如陈文忠先生的《中国古典诗歌

---

[1] 张隆溪:《诗无达诂》,《文艺研究》1983 年第 4 期。

接受史研究》一书，无论是"经典作品的审美阐释史""艺术原型的创作影响史"，还是"面对经典的诗学沉思史"，尽管每一种构想都有着鲜明的纵向流变构架，但它们全部是由具体的阐释现象构成的。但是，从当前的成果数量来看，专论微观接受的成果确实很少，难以与接受史的规模匹配，这不能不说是接受美学"中国化"进程中的一大欠缺。前面我们已经提及，尧斯、伊泽尔在此方面的尝试并不成功。但对于中国文学接受研究来说，在接受效应研究上与接受美学的契合或许可以提供一个有价值的范型。在此，英加登的本文层次论很有启示意义。这不光是因为所有关于接受美学前世今生的铺叙都必须提到作为伊泽尔的老师的英加登，更是因为，英加登的本文层次论是接受美学本文观的源范型。

二

学界一般认为，伊泽尔深受现象学美学家罗曼·英加登（Roman Ingarden）的影响。而英加登最为学界所知的便是他的文本层次论。在《文学的艺术作品》中，他把作品分为四个基本层次：①字音层；②意义单位层；③图式化方面；④被再现的客体。此外还有两个层次，分别是"世界"和"形而上品质"，都在本文的基本层次之外。对此，学界多有介绍，本文不再赘述。值得注意的是，尽管伊泽尔的接受效应研究与英加登的文学作品本体论有着巨大的区别，这种层级化的本文范型却很有启示意义。勒内·韦勒克（Rene Welleck）在他的《文学理论》中就对英加登的本文层次观予以关注，在他看来，英加登"对这些层面的总的区分是稳妥的、有用的"。[1]

依照现象学的"本质还原"，对艺术作品一层层的"reduction"，

---

[1] ［美］勒内·韦勒克、奥斯汀·沃伦:《文学理论》，刘象愚等译，南京：江苏教育出版社，2006年版，第168页。

呈现出一个层递化存在的本文本来是合乎学理的,杜夫海纳(M. Dufrenne)也把艺术作品分为三层:①艺术质料;②主题;③表现。杜夫海纳将它们解释为"要素",但三个要素之间从实在的质料到形而上的主题,最后进达终极的表现性,其层递超越的形式是非常清晰的。伊泽尔在自己的阅读现象学中,说到意义的生成,也提出了"剧目""策略"和"实现"三个层面,其中"剧目"也被译作"存储",它直接联系着实在的质料:"文本存储说的是筛选过的材料,文本通过这些材料而同外部世界的各种机制发生关系。"它是"建立情境所必不可少的惯例",是读者参与本文的意义生成的前提和基础。而读者的参与,就是"实现"。[1] 如果说以上论述还只是在现象学视域之内,则李泽厚和宗白华的层次说更能说明问题。李泽厚先生在《美学四讲》中将艺术作品分为三层:①形式层;②形象层;③意味层。形式层既包含着人类在物质生产中获得的感知和理解——"原始积淀",也包含着艺术作品的物质形式的材料本身,也就是说,这一层面是一切艺术创作的基础,相对于其他两个层次,"形式层"更偏于物质化。形象层,"一般指艺术作品所呈现如人体、姿态、行为、动作、事件、物品、符号(十字架、卍等)、图景等可以以语言指称的具象或具象世界"。[2] 而意味层不脱离"感知""形象"或"形式",但又超越了它们。宗白华先生在《中国艺术三境界》一文中所说的三境界分别是"写实""传神""妙悟"。此文没有完成,但三种境界之间依然存在一种超越的关系,如他概括"写实"之境界时说:"我们知道中国画家是有写实的兴趣、技巧、能力与观察力的。不但如此,还有能超出现实阶段,而达于更高境界者。即是传神的境界。"[3] 应该说,以上诸家"层次说"与英加登"层次说"并不相

---

[1] [德] W. 伊泽尔:《审美过程研究——阅读活动:审美响应理论》,霍桂桓、李宝彦译,北京:中国人民大学出版社,1988年版,第93页。

[2] 李泽厚:《美学三书》,合肥:安徽文艺出版社,1999年版,第566页。

[3] 宗白华:《宗白华全集》(第2卷),合肥:安徽教育出版社,2012年版,第385页。

同，无论是立论的着眼点还是对每个层次的界定都有很大差异。但是，它们的共同点是，都看到了在读者、作品和作者三方面之间，意义生成或本文阐释进程的层递性，都注重从实在的层面出发，在实现了意义的超越之后进达形而上的层面。更进一步看，这种层分法既符合艺术本文的存在状态，也很符合人们对本文理解—解释的一般进程。应该就是在此意义上，韦勒克认同了这种层次论。

因此，在接受美学的微观研究中，本文层次论确实可以发挥作用。伊泽尔没有在他的接受效应研究中系统地采纳英加登的范型，但他自己的尝试是不成功的。朱立元先生注意到了这一点，尤其针对伊泽尔的本文观，进一步指出："文学作品，作为作家创作活动的静态凝定，或作家创作主体性的对象化和物化形态，是有其客观存在的内部结构系统的。"[1] 由此，朱立元在英加登的本文层次观基础上，将文学作品的内在结构清晰明了地解析为五个层次：①语音强调层；②意义建构层；③修辞格层；④意象意境层；⑤思想感情层。应该说，这一划分虽然大体与英加登的层次划分结构相近，但其中"意象意境层"的提出意义重大。这是结合中国古代文论"意境论"对本文层次论的重要补充或者再定义。在英加登的图式中，意义建构层之上是"图式化方面"和"被再现的客体"，这两个层面互为阐释、互为依托，并且都是从基本的字音、语义出发，完成了最原初的感性经验的整合之后，实现了意义的超越，构成了一个完整的形象。其中，"被再现的客体"作为由意义单位再现的一种事态（states of affairs）所构成的正是一个个意象。张法先生也看到了这一点，因此，他在《文艺美学方法论》中特别结合中国古代意境论，将英加登的本文层次观分别对应到中国文论中"言、象、意"三个层次：

[１] 朱立元:《接受美学导论》，合肥：安徽教育出版社，2004 年版，第 152 页。

英加登作品论		意境理论
字音		言
意义单位		
图式化方面		象（境）
被再现客体		
		境中之意
形而上品质		境外之意　　［1］

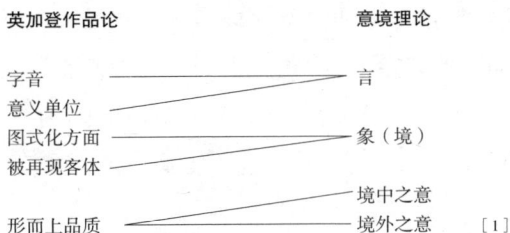

可见，英加登的本文层次论不但可以与中国古代文论找到契合点，而且可以被简化为"言、象、意"三层次。不过，张法先生强调这种对应主要还是用来阐释英加登的作品论，并没有过多着墨于"言、象、意"三层次的解说。在我们看来，"三层次"说确实是一个非常形象、非常具有操作性的本文层次观，而且，它更符合中国古代文论"言意观"和"意境论"的历史。在此，我们就对这三个层次进行解说。

三

"言、象、意"三者共同出现，最早见于《易传》。《易传·系辞上》云："子曰：'书不尽言，言不尽意。'然则圣人之意，其不可见乎？子曰：'圣人立象以尽意，设卦以尽情伪，系辞焉以尽其言，变而通之以尽利，鼓之舞之以尽神。'"在这段话中，主角是"言"与"意"，谈的是言能否表达意。"象"指卦象，是一种符号化的存在，还不是后来意象论中的"意象"。因此，后人主要将这段话看作中国古代"言意"观的典型论述。

言能否"尽意"？此问题在先秦时期就是一个广为探讨的话题，尤以《庄子》的阐发最集中、最精彩。庄子用了很多篇幅比较了言与意的关系，其中，"轮扁斫轮"和"筌蹄"的寓言最具代表性。庄子不厌其烦地解说的道理是："言"是承载"意"的工具，但"言"作为一

---

［1］　王岳川、胡经之主编：《文艺学美学方法论》，北京：北京大学出版社，2003 年版，第 288 页。

种实在，存在诸多局限。因此，要理解真正的"意"，必须实现理解—阐释的超越，而不能陷在"言"之中，即"得意忘言"。这就是著名的"言不尽意"说。中国古代的"言意之辨"在六朝达到一个高峰，它也成了魏晋玄学的主要命题之一。在此，王弼在《周易略例》中的一段论述最具代表性：

> 夫象者，出意者也；言者，明象者也。尽意莫若象，尽象莫若言。言生于象，故可寻言以观象，象生于意，故可寻象以观意。意以象尽，象以言著。故言者所以明象，得象以忘言；象者所以存意，得意而忘象。犹蹄者所以在兔，得兔而忘蹄；筌者所以在鱼，得鱼而忘筌也。然则，言者，象之蹄也，象者，意之筌也。是故，存言者，非得象者也。存象者，非得意者也。象生于意而存象焉，则所存者乃非其象也；言生于象而存言焉，则所存者乃非其言也。然则，忘象者，乃得意也；忘言者，乃得象也。得意在忘象，得象在忘言。故立象以尽意，而象可忘也；重画以尽情，而画可忘也。

这段话作为王弼用来解《易》的例言，也反映了王弼的言意观。值得注意的是，在"言""意"之间，王弼也加入了"象"这一层次。虽然这里的"言"明确指的是卦爻辞和卦名，而"象"则指的是卦爻象，依然不是后世所说的"意象"，但在行文中，他却清晰地勾画了"言、象、意"的层次论：意、象、言三者递相生成，而意是这个多层结构的生成之本源；言用以尽象，象用以尽意，总地说来，言与象可看作一种过渡性的手段或者工具，就如同捕鱼所用的筌和捉兔所用的蹄一样。"言生于象""象生于意"，这是因为阐释《周易》就必须先有对"意"——易道的理解，才能在脑海中构筑象数；象数成竹于胸，才能形诸文字，这便是"意以象尽，象以言著"的道理。对此，汤用彤先生论道："迹象本体之分，由于言意之辨，依言意之辨，普遍推之，而使之为一切论理之准量，则实为玄学家所发现之新眼光新方法。王弼首倡得意忘言，虽以解易，然实则无论天道人事之任何方面，悉以之为权衡，故能建树有系统之玄学。"[1]

在此，我们可以用中国古代言意观与本文层次论做一个比较。虽然传统的言意观更多地谈的是理解与阐释的问题，谈的是意义的生成与再现，但如同现象学作品论一样，言与意的这种相反相成同样可以用来阐释文学本文的存在方式。其中的区别在于，中国传统言意观中的"言"并没有过多地拆解字音与字义，而是泛泛指称所有的语言文字。在"言／意"的对待关系中，言意观则比较多地强调言与意的区别：相对于形而上的"意"，"言"是实在的、受限于物化的存在模态，这便是"所以迹"。"意"则可用以涵括"道""易道""无极"等一系列本体化范畴，相对于"言"，它有情有信、无为无形，而且是不可言传的。所谓不可言传，主要指的就是它并不局限于言的实体。进一步看，中国古代言意观中的"言"与英加登的本文层次论如何对应呢？我们知道，中国文字既是表意文字，则中国的"言"既包含字音，又涵盖基本的字义，是毫无疑问的。比如，魏晋时张韩的《不用舌论》曾说过："论者以为心气相驱，因舌而言。卷舌翕气，安得畅理？余以留意于言，不如留意于不言，徒知无舌之通心，未尽有舌之必通心也。"（《全晋文》）由此可见，此中的"言"首先来自"卷舌翕气"，这就是指字音。此外，还有一段话值得注意，那便是嵇康的"夫言非自然一定之物，五方殊俗，同事异号，举一名以为标识耳"。（《声无哀乐论》）可见，在传统言意观中，"言"是一种符号化的存在，它既然"非自然一定之物"，则在不同的语境下，对"言"的理解就往往可以由阐释者来决定。在此意义上，"言"作为符号化的存在，其含义已经超出了所有的语言文字的范围，所有物化的符号都可以被看作那个"可以迹"的"言"。说到这

---

[1] 汤用彤：《魏晋玄学论稿》，北京：人民出版社，1957年版，第27页。

里,"言、象、意"三层中的"言"对应于英加登所说的"字音层"和"意义单位层"两个层次,就不难理解了。至于"意"的层面,大体上也可以对应于"形而上品质"。这里需要说明的是,在一部文学作品中,"意"未必一定是老庄之"道"或《周易》的"易道",却一定指向作者的情志。嵇康在《声无哀乐论》中说到"言或不足以证心",此中的"心"在某种意义上对应于"言",它也可以被解释为人的"情志"。中国诗学自古便有"诗缘情""诗言志"的传统,这里的情志,相对于语言文字来说,被归于文中之"意"也是合乎情理的。陆机《文赋》强调"意称物、文逮意",其中的"意",在很多表述中,恰恰指向"情志"。正是在此意义上,我们认为,中国传统言意观中的"意"大体上是对应于英加登的"形而上品质"的。值得一提的是,在张法先生看来,"不仅从事实现象上,而且从逻辑上,形而上品质都算文学作品的一个基本层次"。[1]

最后我们再说一说"象"的层次。如前所述,不论是《易传》还是王弼的《周易略例》,其中所说的"象"主要指的是卦爻符号及其所象征的卦爻象,是一种符号化的存在,其存在形式更近于"言"的层面。只有到了中国传统文论"意象论"或"意境论"兴起之后,"象"这一范畴才逐渐指向"意象"或"意境"的层面。它介于"言"和"意"之间,一方面,它来自对于"言"的超越性阐释,所说的"构象"或"铸境",都仰赖于实在的文字符号;另一方面,"意象"或"意境"中蕴含着作者的主观情志,"意象""意境"中的"意"是也。因此,"境象"往往是虚实结合、主客交融的。中国传统意境论往往以"意境"为"情景交融",其意也在于此。在这样一种宽泛的意义看来,意境与意象确实可以归于一个本文层次:"象"的层次。朱立元先生也强调:"意境实质上也是一种意象,一种意与象完美交融的境界。"[2]从整个中国文论的进程来说,意象与意境两个范畴虽然在概念界定上多有不同,但在诗学

[1] 王岳川、胡经之主编:《文艺学美学方法论》,北京:北京大学出版社,2003年版,第291页。
[2] 朱立元:《接受美学导论》,合肥:安徽教育出版社,2004年版,第173页。

阐释中却更多地互阐互证，尤其在其与"言""意"的对应关系上，确实可以构成一个独立的本文层次。在英加登的诸层次中，"象"的层次基本上对应"图式化方面"和"被再现的客体"。之所以是"基本上对应"，在于现象学的"确定性"理论所界定的"被再现客体"并不能等同于"言、象、意"中的"象"。即便是西方美学所说的"意象"也绝不等同于中国文论中的"意象"，对此，学界也多有论述。但是，依照本文阐释的基本过程而言，介于"言""意"之间的"象"作为由诸种物化符号所构筑而成的"整体之象"，与"被再现客体"那种"整体事态"是相通的。而"图式化方面"作为"被再现客体"得以再现的图式，从结构上与"境"的功能和意义相通。

这样，我们就初步说清了"言、象、意"的本文层次论与英加登作品论的对应关系。不过，这种理论上的对应还并不足以说明前者在接受美学"中国化"进程中的作用。因此，我们不妨以《周易》经传接受这一典型接受现象为例，进一步解说"言、象、意"的本文层次观。

四

《周易》经传接受和阐释是一个极具典型意义的接受现象。因为《易传》为后世易学定下一个基调，从战国时期开始，中国传统易学无不以传解经，后学不论解析象数还是阐发义理，他们全力证发的"圣人之道"早已在《易传》中被阐释过了，从阐释学角度看，这是一个鲜明的"阐释的循环"。而在今人看来，《易经》与《易传》无论是写作时间还是思想背景，都有巨大的差异，如果说《易经》是上古卜筮的文字记录的话，《易传》则是一部哲学书；更进一步说，《易传》所讲的哲学根本就是对《易经》的有意误读和系统化曲解。因此，百年前的"古史辨派"诸学者便提出"经传分观"，力图把《易传》对原始易学的干扰"悬置"（put in brackets）一旁，仅仅依靠文字学和对上古文献的征引来"还原"最本原的《易经》。但是，我们一旦否定了《易传》解经的合法性，两千年来的传统易学是否也丧失了合法性？而且，《易传》解经，有多少是"误读"，又有多少是《易经》所本有的呢？可见，《周易》经传接受很有研究的价值。传统易学并不会注重经传的"阐释"，因为"以传解经"本就先入为主地认为《易传》所言都是《易经》之本意；而"经传分观"完全否定《易传》，其决绝的割裂也有相当数量的"空白"需要填补。通过"言、象、意"的本文层次论，《周易》经传接受现象似乎还能谈出很多问题来。

先说"言"的层面。依照本文层次论，"言"包括了所有的物化存在，在此意义上，不但所有的卦爻辞属于"言"的层面，连卦爻符号本身也应该归于"言"。传统易学一向将卦爻符号区别于卦爻辞，因为阴阳爻构成了卦爻象，而卦爻象一向是与卦爻辞相对存在的。但是，在"言、象、意"的本文层次构造中，物化的符号和由其所构筑成的意象则应当分属不同的层次，因为卦爻符本身只是同文字一样的实体，它们都各有本意，但至于"天地水火"或者"龙马君臣"这些"言外之象"，是要经过阐释的超越来实现的，"得象忘言"也是此意。明乎此，我们可以看到，在"言"的层面上，《易经》由卦爻辞和卦爻符号构成了最基本的物化存在，任何一位解《易》者都会首先面对这些书于竹帛之上的符号之本义。不论是阴阳爻还是卦爻辞，都有其本义：阳爻和阴爻或来自一、六两个数字，或指代男女生殖器，凡此种种，说法很多；而构成卦爻辞的每个文字也都有其原初的意义，它们是理解和阐释卦爻辞之基础。对此，高亨先生用力甚勤，几乎彻底推翻了《易传》的阐释，比如，《易经》中最多见的"元亨利贞"被高先生解读为"大亨利占"，则《易传》所阐发的"四德"说就没有意义了。然而，依照"经传分观"的观点，一切文字的解释都要归于最早、最原初意义的话，则《易经》中的"卦爻象"如何得来？它不就是超越了文字符号和卦爻符号的本意而得来的主观化的阐释吗？另外，从最早的数字卦到最后一条卦爻辞，整个《易经》的编纂过程历经几百年，到底哪一个时刻的《易经》可算是"最早"的呢？假如我们选取卦爻符号第一次的运用为《易经》的最早、最真实版本——这显然不能成立，因为此时《易经》还没有成书呢！在整个几百年的成书历程中，所有的卦爻符号都是向卦爻象敞开着的意向性的存在，在这个过程中，"纯客观"已成了一个悖论。至于卦爻辞，在一代代巫祝的辑纂、删定的过程中，早已融入了主观化的理解。如此说来，《易传》对每一卦爻之主观解释，与《易经》之写作过程又有什么区别？这样说来，仅从"言"的层面来看，决绝地割裂经传就不成立。当然，在经传文本对勘的基础上，通过分析不同文本的句法结构和词频差异、词义变化等，尤其是加入诸多出土文献的句法、词法分析，可以在《易经》文本历史性纂辑的还原上做出贡献。

再说"象"的层面。之前我们强调《周易》经传接受是一个典型的接受现象，也在于《周易》存在"言、象、意"三个范畴，且三者都成体系地存在，又有大量的文字解说。更为重要的是，在后人对"象"的解说中，"象"的存在形态已经可看作"意象论"的萌芽。如"见乃谓之象"，强调了"象"的直观可感性；而"观物取象"，则强调了"象"对于现实存在的超越。至于《易》象以小见大、乘一总万的特色，更鲜明点出了"象"的象征性。因此，敏泽先生指出："在《周易》中，虽然并未将意象作为一个组词、一个完整的概念提出来，但对'意'与'象'的关系的论述，却是很富有启迪意义的，它对后世的'意象论'产生了深远的影响。"[1] 对于经传接受来说，还有一个研究十分有意义。"象"层面的构筑得自于对卦爻符号和卦爻辞的解读，其所反映的自然是"吉凶悔吝"的意向性认知。在此过程中也有"图式化方面"的作用，比如对诸爻之间对应关系的"乘承比应"之体例的解读。依照"经传分观"的观点，卦爻辞的吉凶与卦爻符号所画出的卦爻象毫无关系，各自记录的都是独

---

[1] 敏泽：《中国古典意象论》，罗宗强编：《古代文学理论研究》，武汉：湖北教育出版社，2002 年版，第 598 页。

立的判断。但是，经过对所有 384 条爻辞的一一统计、对比分析，在同为"阴乘阳"或同为"初九、上六"等相近条件下，对吉凶的统计，是否能够归纳出一定的吉凶判断的规律呢？同时再参以卦爻辞，尤其是相应的爻辞对吉凶的描述，是否可以对象辞关系做出一个对应性的判断？我们相信，在这个"象"的层面上，通过科学的统计和分析，应该能对经传接受中的解卦体例问题得出一些有价值的结论。

最后说"意"的层次。我们知道，"古史辨派"学者们对《易传》批判最力者，就是针对《易传》中之"四德""阴阳""乾坤""三才""太极"等本体化范畴的哲学阐释而发的。在他们看来，这些理念都是战国秦汉期间人的理念，并不代表上古先民的本意。从传世文本的文字来看，古经中确实从未阐发过这些范畴，比如，在整个《易经》文本中，并没有一个"阳"字，"阴"字也只一见，至于"阴阳"这样成对的哲学范畴则渺无踪影。然而，我们又可以看到，这些本体化的范畴所反映的是上古先民对宇宙时空的哲学认识；卜筮行为本身就是出自他们对自己日常生活乃至政治军事大事的生存关怀。更进一步说，由卦爻象的吉凶联系到宇宙时空，更反映了先民的一种生存意识，是中华民族的生命美学的最早范型。假如我们悬置了"阴阳""四德"等范畴的严密逻辑和理论形态，经过本质还原之后得到的生存关怀，是否已经存在于《易经》本文中？这些研究，都联系着具体的问题，又是在"言、象、意"的本文层次观的启发下发出的。

总的说来，我们以《周易》经传接受为范例，对"言、象、意"本文层次观的具体应用做了阐释和分析。言、象、意的本文层次范型应用到具体的接受研究中，一个必要的工作就是对每一个层次都要做出界定和分判，否则，混乱的概念体系本就容易引起歧义，现象学、解释学与中国古代文论的鸿沟也会破坏接受研究的操作性。不过，对具体作品不同层次的区分和判定过程，本身就极富研究价值。这也便是"言、象、意"本文层次观的魅力所在吧！

书　评

宗教与文学

——评顾彬的《中国诗歌史——从起始到皇朝的终结》

何博超[1]

[**提　要**] 顾彬的《中国诗歌史——从起始到皇朝的终结》是他主编的《中国文学史》的一部分，论述了中国古典诗歌的基本走向。他以宗教/世俗的对立作为标准，以文学的时代精神发展作为主线，讨论了中国古典诗歌各个阶段的主要诗人及其作品的基本特质。这部由外国学者撰写的文学史，尽管存在诸多问题，但仍然不可忽视，我们可以从中看到顾彬的基本阐释模式和思维理路，也能体察到他对中国古典文学的误读和解释策略。

[**关键词**] 顾彬　宗教　精神

顾彬（Wolfgang Kubin）教授的《中国诗歌史》终于在 2013 年出

---

[1]　何博超，中国社会科学院哲学研究所副研究员。

版了中译本，[1]这是他主持的十卷本《中国文学史》的第一卷，明确了他对于文学史处理的一般路数。笔者试评述这一卷的叙述策略、存在的问题及其对于国内文学研究者的意义。顾彬在该书前言（2001 年）中说自己从 1988 年就开始写作此书，1994 年完成。他强调这是一部"早期"的著作，也许他现在不会同意其中的某些观点，因为他意识到"今后再也不可能出现文学的总体表述了。今后，人们在这种以及一些可以与此相互比较的情况下，只能选择个别朝代或者时期（古代，中世纪，近代，现代）作为评述对象"。[2]如果他能早点意识到这一点，也许他可以写出一部迥然不同的文学史。（在评述之前，需要指出一个问题，它与后面的论述也有关系：顾彬全书中大量引用的中国古典诗歌，都为德译文，他依据了可用的译本，部分参照了相关的汉语文本，但并未录入中文，有的只是录入了拼音。然而中译者在翻译时，直接使用了汉语原文替代德译文，并未附上德文原文或进行直接的"汉译"。这使得中文读者难以理解顾彬的一些评述，也掩盖了德译本与中文原本的区别以及顾彬和德译者与我们在思维和审美方式上的某些隔阂。[3]）

---

[1] 《中国文学史》（第 1 卷），《中国诗歌史——从起始到皇朝的终结》，刁承俊译，上海：华东师范大学出版社，2013 年版。本文所引该书的中文均出自这一版，个别地方有调整。德文版即 *Geschichte der chinesischen Literatur, Band I, Die chinesische Dichtkunst: Von den Anfängen bis zum Ende der Kaiserzeit*, K.G.Saur, 2002，本文所引该书的德文均出自这一版。

[2] 顾彬：《中国文学史》（第 1 卷），《中国诗歌史——从起始到皇朝的终结》，刁承俊译，上海：华东师范大学出版社，2013 年版，第 2 页。

[3] 比如他引王维的"行到水穷处，坐看云起时"，刁译直接用这两句中文替换了原文的"Wir gehen ans Ende der Wasser/ Und schauen aus uns den Flug der Wolken"。原文没有"坐"，顾彬在下面也提到了这个差异，但刁译的处理难以体现这一点。顾彬：《中国文学史》（第 1 卷），《中国诗歌史——从起始到皇朝的终结》，刁承俊译，上海：华东师范大学出版社，2013 年版，第 15、197 页。

一

不论是国内还是国外，编纂中国古代文学史往往会立足于众所周知的四要素：作者、作品、世界和读者，如果再加上历时和共时、时间与空间，那么就有一种相对周到的体系性的写作方式：①以作者及其作品为单元，历时列举；②共时地按照地域、活动、代际、风格、流派、共识进行分类；③再以此来概括作者的意识形态和作品的观念形式；④将之作为中心来选择那些能够反映这种观念的，作者及其作品与世界（文化、经济、政治等世界）、与其他作者和作品的典型关系；⑤最后把读者（比如士大夫阶层的同人，某方面专业点评者，控制作者身份的权力者）的接受和评判当作证据；⑥如果这些证据都能合理地分布到上述关系中，那么这次写作就比较能自圆其说了。

这六点中，最难处理的就是③和④，它涉及了观念层面以及观念如何与外部现实互动的问题，比如世界中的某个事实如何进入作者的意识，如何在作品中体现出来。有些学者立足文本的编织，会放弃解释这一点的权利，以此显得更为古典，他们只关注文本的"相似性"，或者分析文本形式本身的结构（比如从叙述的角度），他们都不追求深度。有些学者使用"影响"（作家之间、作品之间，这两者与世界之间）的方式，将正相关性处理为因果关系。有些学者会以更为"独断"的方式消解观念，比如从政治经济的角度，新中国成立以来的文学史往往采取这种颇受非议的思路。然而立足阶级、意识形态、经济结构来梳理文学史并非没有它的好处，这种模式现在反而以文学社会学的姿态重新获得了生机。但还有一些学者会选择"头脚颠倒"的方式，即原本受到决定的观念，成了决定这些"典型关系"的因素，甚至没有这些观念与个体和世界的正相关式的运动，就没有后两者的实在性。抛开这种思路的价值判断不说，它其实也能产生一些值得重视的结论，正如《精神现象学》对马克思的重要意义。顾彬的这本文学史更偏重这个角度，他的观念就是宗教意识和宗教视野下的时代精神。我们先看一下他用宗教处理中国诗歌史的具体逻辑，这体现在两个策略上：

第一点，扩展宗教的含义，将中国古代很多与诗歌有关的精神活动纳入其中。按照这种理解，诗歌及其对应的精神意识仅仅达到宗教的层次，而且还处于前现代阶段。

第二点，"主体性"或自我反思的主体性是个体发展的完善形式。在这个意义上，中国古代诗歌都是不足的，注定被扬弃。

对于第一点，如他所言，中国诗歌占据优势的理由是：

> 也许可以在宗教为其出发点的、文字与权力的特殊联系中找到。这种联系（Zusammenhang）——也就是说，在我们这里，就连诗歌或者文学的源头都是宗教——迄今为止对于中国而言，尚未得到系统地，或许也只是隐隐约约地强调。尽管如此，这个命题，即艺术的起源可以追溯到宗教这个早就证明适用于其他高度发达的文化的这个命题，也适用于中国。[1]

值得注意的就是，在下面几行，他很快提到了黑格尔，这几乎是意料之中的事，他从其他文献中转引了黑格尔的一个观点："文学或者艺术总的说来都在发展（entwickele），而且是在它们各自同宗教的特殊关系中发展其特有的形式。"顾彬接着说了一句很暧昧的话，他认为黑格尔的看法"也许"不能"机械地"（schematisch），但也是"小心翼翼地将中国包括在内"。[2]

对于上述看法，可以有几点疑惑：

---

[1] 顾彬：《中国文学史》（第 1 卷），《中国诗歌史——从起始到皇朝的终结》，刁承俊译，上海：华东师范大学出版社，2013 年版，第 5，10，71 页。

[2] 同上书，第 5 页。

第一，顾彬认为宗教是文学的源头，[1]这"早就证明适用于"各种文化。但是这个"早就证明"，也许过于武断。首先因为有些文学和文化的"宗教"未必就绝对是 Religion 意义上的（比如蒙古族史诗《江格尔》中的萨满教，[2]以及汉族的儒教）。其次，各种可以指称为 Religion 的东西，差异又不同，顾彬没有在人类学和宗教学的意义上做出任何界定。再次，假定不同的宗教具有一种共性而且是各自文学的起源，但这些文学本身的共性是不可能绝对地用宗教的共性来概括的，且各种"起源"活动也是不同的（宗周礼法和苏美尔神灵崇拜可以找到一些"共性"，但各自产生的文学比如《诗经》和《吉尔伽美什》就很难有这样的共性，因为这种产生过程是不同的）。最后，宗教与文学活动并不绝对是因果关系或起源—源生的联系，其中的情况很复杂：有的宗教体系是以结构性和功能性的方式作用于文学而不是"起源"（比如《西游记》或《封神演义》中的神话谱系，荷马史诗中的神话）；很多文学活动都与多种宗教有关，如何判定起源呢？还是说这些宗教都不是起源，另有他因呢？比如政治或经济；有的文学活动反而先于成体系的宗教信仰（比如各民族初始的口头神话传说，《圣经》的前身文本）而不是人们先有某个宗教意识，然后进行创作；有的文学活动本身就是宗教活动的过程，两者谈不上谁是起源（比如希腊酒神颂诗，《圣经》的创作和编定，甚至卜辞[3]）；还有很多文学作品及其部分内容与宗教没有什么关系，而是与"世俗"有关，如社会习惯、人为的法律（不同于自然法）和制度（比如荷马史诗和《萨迦》中氏族的争斗和仇杀，都是源自人的世俗功利关系而非宗教活动），即使顾彬的宗教含义有所扩

---

[1] 有人也许认为顾彬只是说上古文学起源于宗教，而不是说后来的文学发展与宗教有关，但并非如此。他尤其认为中国古代文学的背后都有宗教（他定义的广义宗教）的因素。

[2] 顾彬也提到过萨满的情况，是在提到屈原时，见《中国文学史》（第 1 卷），《中国诗歌史——从起始到皇朝的终结》，刁承俊译，上海：华东师范大学出版社，2013 年版，第 39、49、199 页。

[3] 饶宗颐：《中国文学史上宗教与文学的特殊关系》，《饶宗颐二十世纪学术文集》卷五，台北：新文丰出版公司，2003 年版。

展，也无法把"世俗"内容都与宗教挂钩。

第二，他暧昧地将中国文学纳入了这个范围，尽管他引用了黑格尔，但这让他的动机更加可疑。他不加区分地将中国文学设定为受宗教决定，[1] 而且也不加界定和区分地使用宗教这一概念，那么就有两个可能的后果：

首先，他想让宗教观念的外延扩大，因为这个宗教的内涵越来越普遍：就制度来说，它虽然专指那种对超自然事物或图腾的崇拜以及制度性的信仰活动（道教、佛教），但也包括祖先崇拜（Ahnenkult）和国家祭祀（Staatsopfer，或用 Staatskult，即国家崇拜）等合乎封建礼法和宗法的活动（把儒教也算为宗教），[2] 这都区别于世俗文化和私人行为。[3] 就精神实质而言，它不但是一切"前科学状态"或"前启蒙"的精神活动，也包括一切在科学时代也会存在的对内在世界和超验世界的反思活动——只有在这个意义上，高层次的精神也许可以超越宗教。虽然顾彬好像无意用一种宗教（比如基督教）去判定中国的宗教，但他的策略更为宏大，就是让中国古典文学置于一种"宗教"语境下，诗歌与国家的关系也都被纳入了"宗教"，成了一种"政治神学"，而不是作为"国家"或政治意识本身来处理（遑论作为自觉的个体意识），这样他就能够判定这种宗教（后面就转入了精神）的不足和发展方向。

---

[1] 论证这一点的文献并不充分，尤其是引用赵沛霖的说法证明"兴"的宗教起源时，顾彬虽然觉得赵的看法令人信服，但他也不得不承认自己的例证"资料很少，索解为难"。顾彬：《中国文学史》（第 1 卷），《中国诗歌史——从起始到皇朝的终结》，刁承俊译，上海：华东师范大学出版社，2013 年版，第 7 页。

[2] 顾彬：《中国文学史》（第 1 卷），《中国诗歌史——从起始到皇朝的终结》，刁承俊译，上海：华东师范大学出版社，2013 年版，第 7，121，261 页。

[3] 顾彬也想探求世俗文学中的宗教性，但他没有讨论世俗文学的基础地位。他承认词是世俗性的，但仍然力主词的宗教联系，甚至认为词"为处理超验事物（transzendenter Dinge）敞开大门"。顾彬：《中国文学史》（第 1 卷），《中国诗歌史——从起始到皇朝的终结》，刁承俊译，上海：华东师范大学出版社，2013 年版，第 262 页。

想要批判古代的观念，就要让它在观念的历史上处于现代意识之前。

其次，中国古代文学必须接受一种普遍的宗教作为先天条件，进而中国文学的一切形式和活动都可以归约到"普遍的"宗教本身。如果归约到特殊的中国宗教上，那么他就自然而然地采取扩大宗教的外延的措施扬弃这种特殊性。中国古代文学像一节铁轨一样放入了轨道的某个阶段，它的前面是比它更为先进的文学意识（也许是西方的[1]）。

顾彬这种做法的便利就是，既不承认中国古代存在自觉的哲学或理论之类的思辨活动，又使用了宗教这种普遍的概念将中西纳入一个标准之中，并且为中国古代诗歌分派一个具有参考价值的空间，同时也方便筛选作者和材料。

对于将中国文学纳入宗教范围，既然全书的第一章讨论了中国上古诗歌与宗教和仪式的关系，后者是前者的源头，故而在第二章论述中世纪时，顾彬严格按照黑格尔的看法，讨论了宗教仪式或礼仪（Ritus）[2]在诗歌"发展"中的推动作用。与礼仪或仪式有关的诗歌"代表了"其他诗歌。[3]这实际上将上古原始的宗教"仪式"转化为了文明社会的"礼仪"。礼仪似乎成了各种创作原型的源头，所以他认为："在由礼仪向艺术的过渡中，宗教因素并未完全丢失，而是获得了一种新的重要意义：在一种按照个人（einzelnen）及其阶层的喜好来创作的诗的范围内，它具有一种居于首要地位的'个人'（privaten）特性，就是说，它可以是诗的一部分，但不是非那样不可，对于某一个人而言，赢得内心的宁静可以是很重要的，但又不必经常如此。"他对这个矛盾的概括很有意义，但他的着眼点却是批判这种并不真实的"个人性"。他的理由很奇特：

[1] 顾彬认为18世纪西方国家的"自我"在一个连续进程中超越了中国中世纪的自我。顾彬：《中国文学史》（第1卷），《中国诗歌史——从起始到皇朝的终结》，刁承俊译，上海：华东师范大学出版社，2013年版，第72页。

[2] 刁译译为"礼仪"。

[3] 顾彬：《中国文学史》（第1卷），《中国诗歌史——从起始到皇朝的终结》，刁承俊译，上海：华东师范大学出版社，2013年版，第71页。

因为这时期（实际上直到民国时期，大部分旧体诗一直都是如此）的"即兴诗"[出自具体缘由（宴饮、离别等）吟的诗]]只要占据统治地位，那么就只会是下列情况：

> 根本谈不上一个个体的、独特的（unverwechselbaren）自我（Ich）——这个自我想要以艺术的方式表现自己，但也只能成为雅致的表达方式——谈不上这样一个自我。这个在18世纪的西方国家开始逐渐形成，从此成为国际诗歌研究准则（Norm）的自我，很晚才来到中国，而且步履蹒跚。[1]

显然，由于中国诗歌没有达到绝对个别的自我，因此中国诗歌的源头"宗教"或精神层次就远远落后。尽管顾彬语带遗憾，即使这个"自我"或"主体性"（Subjektivität，中译者译为"主观性"），[2]这个"自我证实和共同的价值取向（Selbstvergewisserung und gemeinsamen Wertorientierung）"并未出现在中世纪诗歌中，[3]即使它很晚来到中国而且在那时（1911年之后）诗人"才能够试图出自本意（aus sich）创建有价值的东西，学会在没有他人劝说（Zuspruch）的情况下接受自己的生活（Existenz，存在）"，[4]但是，这并不能证明这时期的文学作品就可以与18世纪的西方文学构成审美上的等级差异，也不能证明这种"自我"是如同牛顿定律一样的"国际诗歌研究准则"。

顾彬的问题是，他只是看重宗教（前启蒙的精神活动）和观念，没有回到"即兴诗"和一切有具体"缘由"（Anlaß，动机）的诗歌的文

---

[1] 顾彬：《中国文学史》（第1卷），《中国诗歌史——从起始到皇朝的终结》，刁承俊译，上海：华东师范大学出版社，2013年版，第72页。

[2] 同上书，第71，119，266页。

[3] 同上书，第267页。

[4] 同上。

化制度之中——外部动机反而不会削弱古诗词的价值。他不关心诗歌的社会现实，只想探究这种观念所需要的"现实"。在他看来，"主体性"先于个体，是个体发展的最终目的；在宗教活动和精神运动中的诗歌只要不是用来表达这种自我或主体性，那就是尚未发展完全的诗歌（即便 1911 年至今，数量丰富的白话诗其质量和成就远远不如旧体诗）。这与黑格尔的精神运动过程如出一辙。

二

与上述理论相应，顾彬在全书中还对具体诗歌展开了分析，这更能体现他（以及他引用的西方学者）对于中国古代诗歌的"误读"。值得注意的是，顾彬选择作品的标准非常独特。这一点，中译者在译后记中也指出了。顾彬明确从宗教或精神出发，所以有意选择了符合自己意图的作品，尽管数量"寥若晨星"（尤其是唐诗宋词）。[1] 这种做法的原因如前所述，因为他不是为了解释这位作家，而是将之放入个人/宗教这组矛盾中来考察他如何处理自己与宗教的关系。只要个人达到了主体性，那么宗教的束缚就能够解脱，诗歌（甚至中国的国家精神）才达到顾彬满意的那种层次。

但他似乎忽视了古典旧体诗与现代白话诗的断裂，这才是中国诗歌发展中值得讨论的问题。比如顾彬同时用德文翻译或思考中国古典诗歌和中国现代白话诗，那么他就无法依靠德文将这两种诗体在语感和形式上的差异体现出来，而这种差异对于任何一位汉语读者来说都是格外明显的。如果顾彬能够读出这种差异，那么他就不会这样简单

---

[1] 顾彬：《中国文学史》（第 1 卷），《中国诗歌史——从起始到皇朝的终结》，刁承俊译，上海：华东师范大学出版社，2013 年版，第 383 页。很奇怪的是，对于唐代七律的发扬者杜甫，他只讨论了一首七律，而且对于这种文体的发展，顾彬也毫不关心。其实杜甫乃至中晚唐诗人的很多七律在音律、意象、观念上反倒有助于顾彬以连续的方式讨论唐代后期的诗歌精神。

地研究中国古典诗歌，他会意识到在精神层次上（艺术形式上就不用说了）古典诗歌并不低于现代白话诗，从而探究这种原因，他会发现宗教或精神的运动不是唯一的决定诗歌形式的因素。他也会知道，中国古典诗先天地给现代白话诗人带来了难以克服的精神压力，这种"影响的焦虑"是绝对的。在当代中国，古典文化（只以文化而论）不是被否定的对象，反而是人们为了弥补顾彬说的现代"自我"而不断加以寻找的象征。它有时甚至会否定现代人，这是一种奇特的被顾彬忽视的倒置现象。

我们下面看看顾彬对王维《竹里馆》的解读，这比较典型地体现出了顾彬的误读方式。除了原诗，再附上顾彬使用的德文、程抱一的法文和笔者的中译。[1]德、法的译文都不能完全体现出这首诗的意境，它们把行为都写实了，变成了主体—行为、主词—谓词、个体—属性的明确关系，这样读者总是"先天地"想理解某个行为的结束和目的，思考某个谓述关系的实在性，解释一个句子的"意谓"，从而探寻主体的意图、思想和内在世界。另外，虚词的描述过于精确，即不同虚词的差异太明显了，缺少模糊性和言外之意。这也许是顾彬和一些翻译者误读的原因，见下：

独坐幽篁里（Allein sitz ich im dunklen[2] Bambushain）

（我独自坐在幽暗的竹林）

（Seul assis / recluse bambous dedans）

（独坐 / 幽暗的竹林里）

---

[1] 王维颇受西方学者的重视，译诗很多，但他的诗很难译，而对于中国读者来说，反而最好体会。法译文有字面对译和意译，见程抱一：《中国诗画语言研究》，涂卫群译，南京：江苏人民出版社，2006年版，第124页。德译和法译都按照原文押韵，首句仄声不入韵，法译的节奏更佳，而且试图反映出平仄。

[2] 形容词 dunklen 表示昏暗，但此处的"幽"更表示深，对应下面的深林，所谓幽居在深谷、曲径通幽处。程抱一的 reclu 更贴切，表示隐居和遁世，但意译时去掉了。

（Seul assis au milieu des bambous）

（独坐竹林中）

弹琴复长啸（spiele die Zither, stimm zuweilen ein…）

（［我］弹琴，偶尔唱和）

（Pincer luth / encore longtemps siffler）

（弹琴 / 还长时地呼叫）

（Je joue du luth et siffle à mesure）

（我弹琴又呼叫）

深林人不知（Tief hier im Wald ist niemand, der drum weiß）

（深林中没有知道［我］的人）

（Profond bois / homes ne point savoir）

（深林 / 无人知）

（Ignoré de tous au cœur du bois）

（在林中不被所有人知道）

明月来相照（der helle Mond nur kommt mit seinen Schein）

（只有明月带着光来）

（Brillante lune / venire avec é clairer）

（明月 / 带着光来）

（La lune s'est approché e: clarté）

（月近了：有光）

　　这首禅境深远的诗，在顾彬及其引用的亚瑟·韦利（Arthur Waley）的解读下出现了理解偏差。[1]首先，韦利因为屈原《山鬼》也有"幽篁"

---

[1] 顾彬对韦利的评价并不高，至少是在研究李白方面，他认为后者多次贬低李白，"甚至连李白诗歌的爱好者都说不上，他纯粹从实际方面来理解诗人的一生，这时他只能把诗歌当作图解生平的装饰品"。但也许顾彬把诗歌当成了图解宗教的装饰品。顾彬：《中国文学史》（第 1 卷），《中国诗歌史——从起始到皇朝的终结》，刁承俊译，上海：华东师范大学出版社，2013 年版，第 133 页。

一词（"余处幽篁兮，终不见天"），认为这首诗是改写或重新解释《山鬼》。其实这两首诗的宗教观念、意境、时代文化背景、诗中人物的身份都迥然有别。[1] 王维的"竹里馆"和竹篁其实联系了印度佛教的竹林精舍，如同鹿砦联系了鹿野苑（顾彬看到了后一点）。

顾彬似乎接受了韦利的说法，但认为《山鬼》和这首诗的主题相对。他认为，前者中，"萨满"（Shamane，中译者译为"萨满"，其实就是巫师）[2] 所缺少的东西——在神圣之物中的存在（die Anwesenheit in Heiligen），在后者的"我"中"早已实现"。[3] 中文读者似乎很难一下子用常识理解顾彬的思维方式。其实按照我们之前的说法，顾彬无非就是预设了一个由低向高进取的精神存在，他认为《山鬼》的萨满是不完全的，因为他遇不到女神，而王维以"空"来解决这种不完全，他达到了"日常与超验（Transzendenz）的统一"，完成了"罪孽与顿悟（Erleuchtung）之间正反相对紧张关系的扬弃"（Aufhebung，中译者译为"结束"，其实就是哲学上的扬弃），找到了"在'空'中的内心（geistige）充实"及"语言和顿悟的差别"，[4] 而"空"的特点就是

---

[1] 韦利很难解释王维之前鲍照的《拟古诗》"束薪幽篁里"。这首诗也许化用了《山鬼》那句，但含义完全改变，也不同于《竹里馆》。另外还有韦应物《对新篁》的"清晨止亭下，独爱此幽篁"；李峤《军师凯旋自邕州顺流舟中》"芳树吟羌管，幽篁入楚词"；温庭筠《题翠微寺二十二韵》"流涕对幽篁"；陆龟蒙《奉酬袭美先辈初夏见寄次韵》"幽篁倚微照，碧粉含疏茎"；等等。这些诗句都与《山鬼》不同。也许李贺《兰香神女庙》"幽篁画新粉"有一点联系。而与《山鬼》最为密切的其实是江淹的《山中楚辞》"岚气暗兮幽篁难"和汪莘的《水调歌头》："寄语山阿子，何日出幽篁。兰衣蕙带，为我独立万寻冈。头上青天荡荡，足下白云霭霭，和气自悠扬。一阵东风至，灵雨过南塘。招山鬼，吊河伯，俟东皇。朱宫紫阙，何事宛在水中央。长望龙辀雷驾，凭仗箫钟交鼓，宾日出扶桑。我乃援北斗，子亦射天狼。"

[2]《山鬼》的主人公是谁的说法非常多，顾彬认为主人公是一位巫师。

[3] 顾彬：《中国文学史》（第 1 卷），《中国诗歌史——从起始到皇朝的终结》，刁承俊译，上海：华东师范大学出版社，2013 年版，第 198 页。

[4] 同上书，第 194 页。他的观点来自玛莎·瓦格纳（Marsha Wagner，即魏玛莎），也参考了宇文所安（Stephen Owen）（刁译直接译为斯蒂芬·欧文）的观点。

"不使超验脱离可见和可感的自然风光"。[1]这就是顾彬说的"否定辩证法"。[2]其实用《五灯会元》卷十七青原惟信的说法来讲最简易："老僧三十年前未参禅时，见山是山，见水是水。及至后来，亲见知识，有个入处，见山不是山，见水不是水。而今得个休歇处，依前见山只是山，见水只是水。"王维达到的就是这个境界，它不是精神"运动"的辩证法，有/无、色/空其实就是一个空字。这需要体悟或顿悟，而不是逻辑思辨。它不是否定的进程，它没有方向，甚至没有"时间"，没有开端，没有结束，如同波浪突起，旋即消失。这种毫无"主体性"（对比德文和法文译出的人称代词 ich 和 je）的有无相生的境界，顾彬无力衡量它的价值。

至于下面的"弹琴复长啸"，顾彬认为是和神仙"无拘无束的交流"，他这就是按照西文的思维方式预设"啸"的目的和对象。[3]他并没有提及这里化用了《世说新语·栖逸》"阮步兵（阮籍）啸，闻数百步"和阮籍《咏怀诗》"起坐弹鸣琴"（竹林幽篁也与阮籍有联系）。更没有提到药山惟俨的月下一啸（《五灯会元》卷五，也许还有香严击竹）。这不是要交流，是用"有"来参透"无"，显现空灵和超脱。在它面前，顾彬的"精神"反而是一种空洞。

他还在一个地方暗示王维"即兴诗"数量之多，[4]也许想说明王维的精神境界并不高，因为他没有彻底否定世俗和外部动机，走向个人

---

［1］ 顾彬：《中国文学史》（第 1 卷），《中国诗歌史——从起始到皇朝的终结》，刁承俊译，上海：华东师范大学出版社，2013 年版，第 194 页，中文有改动。

［2］ 同上书，第 199 页。

［3］ 德译文动词 einstimmen 意思就是"和声，和唱"，顾彬按这个意思来理解。其实可以用德文的 pfeifen，与程抱一的 siffler（吹哨，呼啸）同义。但这两个在西文中毫无意境的词都体现不出中文"啸"在音义上的特色。顾彬：《中国文学史》（第 1 卷），《中国诗歌史——从起始到皇朝的终结》，刁承俊译，上海：华东师范大学出版社，2013 年版，第 199 页。

［4］ 顾彬：《中国文学史》（第 1 卷），《中国诗歌史——从起始到皇朝的终结》，刁承俊译，上海：华东师范大学出版社，2013 年版，第 199 页。

的自我。但这种自我对于王维来说，只是"我执"，只要试图让精神"提升"，这就是一场虚空，精神无所谓提升还是下落，只需参透有无即可。因此我们可以理解，他为什么难以欣赏同属《辋川集》的《栾家濑》，[1]或许他同样也难以欣赏《竹里馆》。似乎他应该看看《辋川图》（存摹本），从王维诗画结合的特征来理解《辋川集》，当然如果他还坚持自己的文学观点，那么《辋川图》也毫无主体性可言，只是一种风景画和宣扬退隐的说教图。

我们上面分析了顾彬这部文学史的问题和阐释策略。他的哲学方式和思维方法看似简单，但用意很明确，就是用宗教和观念的普遍性去涵盖中国传统诗歌，牺牲文本、社会、政治、经济、文化场域等重要的外部因素，尤其是诗歌与历史的关系问题。[2]但与这种观念史构成反差的"象征"就是如《乾嘉诗坛点将录》《光宣诗坛点将录》这样奇特的"文学史"，也许在顾彬眼中，这根本不算历史。在这种文本中，人物如同地貌标志一样自然分布在各处。很难用一种观念来代表这些诗人的共性，然而"共性"就在这些人的活动中（与文学有关的各种因素：籍贯、流派、社团、宴席、争论、政党），每个共性构成了一个结构性的星座（巧合的是每个诗人对应的《水浒传》人物正好就是

---

[1] 他引用并默认了其他学者的看法，认为《栾家濑》"反映的却是某些佛教的空洞套话（Gemeinplätze）"，只有说教意图，谈到的是一种轮回的因果关系。顾彬：《中国文学史》（第 1 卷），《中国诗歌史——从起始到皇朝的终结》，刁承俊译，上海：华东师范大学出版社，2013 年版，第 202 页。

[2] 也许顾彬应该看一下古代的"诗史"传统，他所欠缺的地方都可以在这里找到。主要见张晖：《中国诗史传统》，北京：生活·读书·新知三联书店，2012 年版。也许由于他忽视了这一点，所以他在评述杜甫时，"三吏三别"一首都没有谈及。顾彬：《中国文学史》（第 1 卷），《中国诗歌史——从起始到皇朝的终结》，刁承俊译，上海：华东师范大学出版社，2013 年版，第 383 页。但当时的顾彬（也许还有很多中国学者）应该不会赞同在这本文学史之后出版的宇文所安（Stephen Owen）的《中国早期古典诗歌的生成》（*The Making of Early Chinese Classical Poetry*）（胡秋蕾等译，北京：生活·读书·新知三联书店，2012 年版）中的观点，因为这本书或许从文本传播方面消解了顾彬的精神主体。

一个星宿）。同一个诗人可以在不同星座或星空区域占有自己的位置。不同的活动，不同的星座，诗人会出现各种各样的价值取向和思想。与现实中的星座有相对固定的位置不同，这些星座会出现变化、交替和重叠，这个过程就是时间和历史。与文学观念和艺术形式有关的话语就在这种场域中逐渐形成，依靠鉴赏和批评活动构成连续性的演进。这种思路至少既不会与现代科学方法和人文学科的逻辑产生冲突，又可以比较开放地消解掉顾彬相对独断的"观念"和"宗教"（同时恰好能合理地阐释宗教这一观念本身）并兼容编写者的各种价值取向，同时还可以继承中国传统文学研究的路数和体系。[1]

总体上，这本文学史是一部供西方学者参考的力作，顾彬能够以自己的（带有德国哲学色彩的）思想取向写出如此篇幅的中国古代文学史还是难能可贵的，尽管国内学界编纂的一些翔实的古代文学史都比它更易读、更周到、更中立，但这部文学史依然是国内学界研究西方学者阐释中国文学的不可多得的材料。

---

[1] 比如王培军的《〈光宣诗坛点将录〉笺证》（北京：中华书局，2008 年版），看似在补充材料，实际上是为看不到星座的人进一步勾勒星图。每个诗人都会与其他星宿建立各种联系。姜涛的《新诗集与中国新诗的发生》（北京：北京大学出版社，2005 年版）恰恰是用现代文学社会学的方法重新描绘"星图"。按照他的研究，每个人的个体和集体活动促成了"新诗"这一观念的产生，在时间的推进中，不同人群又用必然和统一的方式再解释这种观念。但按照顾彬的看法，似乎必然要有"新诗"这种表达自我的东西超越中国传统诗歌，而诗人都是这种观念的代言，只有到了这一步，中国诗歌才算是符合了普遍的诗歌准则。

夯实学科基础，疏通今古交流

——评十卷本《中华古文论释林》

张　瑞[1]

[摘　要] 李壮鹰先生主编的十卷本《中华古文论释林》是继郭绍虞先生主编的《中国历代文论选》（四卷本）和人民文学出版社结集出版的《中国历代文论选》（九卷本）等成果之后，在中国古代文论选篇及解读领域的又一颇具规模的力作。《中华古文论释林》具有如下几方面的特点：选文、注释篇目数量大，填补学科空白；侧重还原真实思想史面貌的选文标准；尊重原典的学术品格；抽绎出活泼的文艺思想脉搏。总之，这部书建立在以往同一领域的学术成果基础之上，以发掘古代文论的现代意义为旨归，从海量文献资料中筛选出有影响的文艺美学篇目，精心注解还原本文，是具有开发价值和生成资源功能的学术著作，堪为后学案头必备。

[关键词]《中华古文论释林》李壮鹰《中国历代文论选》

---

[1]　张瑞，中华女子学院副教授。

李壮鹰先生主编的十卷本《中华古文论释林》（北京大学出版社2011年出版，以下简称《释林》），是继郭绍虞先生主编1962年版（三卷本）和1979年版（四卷本）（以下简称"郭本"）《中国历代文论选》，以及人民文学出版社1999年结集出版的《中国历代文论选》（九卷本）（以下简称"人文社本"）等成果之后，在中国古代文论选篇及解读领域的又一颇具规模的力作。《释林》集合了长期致力于古代文学批评研究的唐晓敏、李春青、刘方喜、黄卓越、党圣元、陈雪虎等学者，以大量的古文论原典为基础，遵从严谨的"汉学"传统校订文字、训释辞章，结合当时社会背景，力图尽可能还原文本的真实理论意图以飨读者，非常适合相关领域的学习研究者常备于手边。

一、选文、注释篇目数量大，填补学科空白

自郭绍虞先生主编的《中国历代文论选》（三卷本）1962年开始发行以来，中国古代文学批评史方面的文论选本不断问世。历经50年的发展，不同编者、不同体例的古代文论选纷然杂陈、各有特色。但总体来看，由于其中大多是中文系学生学习古代文学批评史的辅助性教材，因此篇幅往往不大，以一至四册居多。而《释林》全书共有十卷，分别为先秦两汉、魏晋南北朝、隋唐五代、北宋、南宋金元、明代上、明代下、清代上、清代下、近代，以时代为限，选择各个时期在文学思想史上有过重大影响的重要篇目，做出注释与理论意义的解读。正文加上附录，使收录的文献数量大大增加，能够更为真实地刻画出一个时代文艺思想的样貌。以隋唐五代为例，郭本录入文献共124篇，其中，加注释的正文有26篇，附录有98篇；由周祖撰先生编著的《隋唐五代文论选》（人文社本）选文281篇，均为无注释的原文选录；而《释林》共录入322篇文献，比郭本多出一倍多，特别是其中加注释的正文占了绝大多数，达219篇，未作注的附录仅有103篇，《释林》其

他各卷也约略相似。

这一数字所蕴含的学术意义有两个方面：一是使中国文学批评史学科的文献基础整理工作得到了加强，理顺了学科建设的关系；二是通过大批量的有学术品格和理论意义的文献注释，填补了从原始文献到批评史之间的逻辑空白。

从学科规律来看，研究中国文学批评史，必先从基础文献入手，只有在对中国传统典籍进行大量阅读之后，才能从中滤出足以说明彼时文艺美学精神全貌的文献资料，进而对其进行注释校雠、解读剖析，与同时代其他文献进行对比，对其中的理论观点进行归类，发现其传承与创新，之后才能形成文学批评史线索。而在古代文学批评学术史上，由于历史的原因，这个顺序被忽略甚至被颠倒了。郭绍虞先生早在1934年就出版了《中国文学批评史》上册，而直至近30年后的1962年，首部《中国历代文论选》（三卷本）才得以问世，在此基础上增补修订，1979年又出版了四卷本。继1979年版郭本之后的是人民文学出版社1999年结集出版的《中国历代文论选》（九卷本）。之后各家出版社所出的文论选注也多没有超过上述两部著作的规模。

作为中国古典文学批评史基础的古典文论文献整理解读工作的成果，一定需要具备较为完整的规模，才能够真正说明文学批评史，为其提供充足的文献依据。而那些篇幅有限，仅是择取一些文论名篇进行注解的书籍，只能成为辅助相关专业学生学习批评史时进行感性体认的材料，却无法从学术研究意义上提供支撑，因为学术性的古典文论文献整理，需要具有足以说明问题的选文数量。《释林》一书超越了为批评史作注的功能，选篇的数量足以体现出编著者在某一特定时期涉及文献资料的广度与深度，在此基础上择取与文学美学相关的论述呈现出来，是为形成批评史的基本依据。

在体例上，《释林》吸取了郭本的优秀经验：按年代对所选古文论进行编排，以论者（若无论者则以书）为纲目，文论选篇为主，附录为引申展开。每位论者选文前均有简介；文论选篇后以题注方式呈现对选文的理论评述，其后注释为文义疏证。这种体例的好处是，在较为全面地展示承载有古代文艺美学思想的文本原貌的同时，还能通过注释与说明疏通文义，阐发其中的理论观点与思想内涵。而这一点，恰恰是人文社本所缺少的，郭本也只做了其中的一小部分，来配合文学批评史。文献收集、校雠、注释说明原义并进而阐发其理论思想，做起来虽颇费工夫，却具有重要的学术意义。因为作为批评史基础的原始经典，不仅要被发掘出来，而且要有最基本的说明，来呈现出它最基本的文艺美学思想内涵。对具体文献解读的缺失，必然导致批评史与所依据的文献之间发生断裂，学者欲在这样的基础上利用古文论生成当代批评话语，无疑是桥上筑屋，难通精魄。《释林》所做的，正是集若干位学者潜心多年所得，完成了古代文学批评史研究领域这一缺失的环节。

二、侧重还原真实思想史面貌的选文标准

众所周知，古代中国并没有形成现代"文学"概念，因此也就不可能有任何一个既存文献能够恰好用于体现古人的文学观。但古人并非没有体现当代文学精神之一隅的文学艺术样式、对它们的认识，乃至于更为抽象的对文艺精神的概括与表述，造成了当代古文论研究中的首要难题：以何标准鉴别择选文献材料。

《释林·总序》中所说的选文标准有二：一是注重文学和美学思想的表达；二是选择在中国古代文学思想史上产生过较大影响的经典理论。也就是说，编者意图选取那些能体现一个时代具有创新性与建设性及社会影响的具有文学美学精神的篇目，通过对这些材料的整理体现出一个时代最具代表性的文学美学观念。这一标准实际上追求的是以文献资料为依据，最大程度客观还原与再现当时存在于人们观念中

的文学观、美学观的真实状况，即客观真实、学术性强。相比之前的著作，这一标准由于没有了时代的局限而显得更加客观，更加具有学术研究的气质。

比如，在近代文论当中，曾国藩与洪秀全是历史上的对手，但是由于双方都有相关文献传世，因此文论选取颇能体现出选文者的观念与标准。在郭本卷四中，有洪秀全的一篇《改定诗韵诏》，却没有收录桐城派重要的中兴代表曾国藩的文章。人文社版的《近代文论选》，是舒芜先生于1959年编写的，其中也没有曾国藩，原因体现在前言中"曾国藩……这个大刽子手，看中了桐城派……"这样充满时代局限性的取舍标准。[1]这就很难真正还原历史上出现过的文论原貌。《释林》则吸取了20世纪80年代以来学术界对清代桐城派的研究成果，对促使桐城派在晚清得到中兴的曾国藩的《欧阳生文集序》作了选取与注解，并通过附录诸篇体现出晚期桐城派在这一时代潮流中理论上的自救努力。

《释林》的选文标准不仅体现在对政治标准局限性的突破上。由于编选者不拘泥于纯文学观点，同时还重视考察古人的文艺美学思想，故《释林》在选文上增加了一些与文学文本没有直接关系，但与文艺美学精神深度相通的文献资料。如《释林·先秦两汉卷》对《左传·昭公二十年》中记载的晏子与齐侯关于"和而不同"思想的对话，以烹饪和作乐为例，说明"和而不同"原则不仅适用于此二者，亦是足以成为选贤治国的通用标准。

三、尊重原典的学术品格

古文论的精华想要为今人所用，首先要把文论话语还原到当时的

---

[1] 舒芜等编选:《近代文论选》（上），北京：人民文学出版社，1959年版，第3页。

社会文化语境中，考察其形成的前提与背景，与更广阔的社会人生相关联，使文本中的文学美学精神成为一个可以被当代读者理解并赋值的思维方式及其成果，这就决定了古文论研究的基础是建立在对原型的充分尊重之上的。

但思想一旦形成文字，脱离了论者的掌控而进入传播领域，读者在阐释与解读中很难再原封不动地还原作者的意思。从阐释学的角度看，对于以前的经典文献，可以有两种不同的解读方式：一是专注于其本来意义的考释与阐发，这是寻求无限接近本义的一种方法；二是在粗疏词句的基础上，就其可能的意义中，选取一种于论者最富现实切要性的加以阐发。前者是"我注六经"，后者为"六经注我"。《释林》决定选用前者，在《释林》的编者看来，尽可能地尊重承载古人思想的文献资料，通过版本选择、文字校勘来减少传播过程中的错漏；通过字词训释注解的疏证来考察文本原意；通过联系文本产生的精神、文化、时代、环境背景来理解作者所言说的观点意义及针对性，就可能最大限度还原作者在文献中想要表述的真实认识和想法，从而为完成文论的"古今对话"打下最坚实的基础，杜绝"游谈"与无根之见。

《释林》中的每一卷都能体现出这一学术态度。首先是对选篇作者、版本流传等问题做了清楚详细的说明，既有助于廓清文本形成的时代背景，描画出传播中的变迁，也能成为读者自行判断文献意义的最佳佐证。如在《先秦两汉卷》中，对《尚书》《左传》《礼记》《毛诗序》等，都综合了相关文献的最新研究成果。其次则为字句之疏证。古文论难以为当代所用的一大障碍，就在于古今文论表达思想时所用的方式与概念范畴的不同，特别是古汉语所特有的简洁、概括性强、无标点等特点，使后人对同一段话能形成若干不同的解释。跳开这些历史上的不同阐释，直接选择能为我所用的注释固然是最方便的办法，但《释林》出于对文献及其历史阐释的负责态度，选择以文字考源、语义追溯的方法来对文本进行注释。如在对晏子之"琴瑟之专一"（《左传·昭公二十年》）中的"专一"作注时，就引了《经典释文》《易传·系辞上》《史记·秦始皇本纪》《史记·田敬仲完世家》《史记索隐》《史记集解》《国语·郑语》《管子·宙合》中的用法，[1]说明此句中"专一"意为"一弦一声"。

这种面对现实、尊重历史、以史为鉴的研究方法源自中国士人传统，自先秦史家至清代朴学不绝如缕，使读者透过文本，结合注释，获得对一个时代的精神层面的立体还原。正是这种踏实而辛苦的努力，使读者在阅读时，既对原文中的意思涣然冰释，同时还能获得一种与古人文艺精神和理性思辨进行无障碍对话之感，读来甚是酣畅淋漓。

四、抽绎出活泼的文艺思想脉搏

在《释林》的编者眼中，筛选文本、潜心注解这些辛苦的基础工作，不过是个"剥壳"的过程，最终要呈现出来的果实，是尽可能真实还原的古人的文艺精神世界。

不急于使用现当代流行文论话语来阐释古文论中能与当代西方文艺美学思想接轨的观念，反而退居原典、无限接近原典，甚至广泛结合时代社会、政治、文化、思想背景，还原经典本来样貌及言说意义，这无疑冒着与现实脱节的风险。但事实上，从社会现实需要看，对文艺美学的研究是构建当代中国社会可持续发展意识形态必不可少的一极，特别是在进入21世纪，中国特色的现代化建设越来越为世人瞩目的时候，从追赶学习到领先独创，不同的社会发展阶段和社会形态所产生的社会需要，已经促使新时代的学者无法再省事地从事将西方理论"搬运"到中国的工作，而必须形成适合中国现阶段社会需要的有前瞻性、指引性的意识形态建构。回答什么是值得中国人追求的精神家园，如何建构中国人安放心灵之地的问题，已经成为摆在我们这个

---

[1] 李壮鹰主编：《中华古文论释林·先秦两汉卷》，北京：北京大学出版社，2011年版，第33页。

时代学者面前迫切需要回答的问题和历史的使命。作为人类灵魂栖居地之一的文学及其精神，在中国漫长的历史岁月中，一直被视为建构意识形态的绝佳载体，人们曾对其形态、内容、建构方法进行了多种尝试，而且也通过历史实践，最终展示出它们对时代的影响及最终的效果。它们由于和中国人的精神世界血脉相连，因此在建构新时代的社会意识形态时，形成无可替代的参照系。

关键在于如何化解这些经典的内涵，使之能为当下所用。

学界若干年来关于古代文论进行现代"转化"的研究、讨论，有从审美范畴讲的，有从话语形态方面讲的，还有论者认为不存在"转化"，应该叫作"发展"，各种观点认识不一而足。不少争论的焦点都在于表达的话语形态，在于理论的言说方式。《释林》帮助我们揭去这个层面，深入古代文学与文论本身，充分还原与理解原典生成的时代背景与意义，理解作者在话语之内要表达的对人、对世界、对心灵关怀的重点，了解他们的追求与理想、他们对美的愉悦、对人对事的价值判断标准。在深切地理解之后，面对今天的文艺现象与文化问题，综合汲取古人的智慧，使他们积极的思维判断标准、优雅的审美体验方式能顺利地与潜在于每个中国人文化基因中的特点共同作用，化为国人所需要的判断与命题。此时古文论的精神已经深深融入研究者的智慧、心灵与话语之中，此时谁还需要什么"转化"呢？

由于深刻地体认到古人在论及文艺美学现象的话语表达背后，是对过去未来的芸芸众生充满悲悯与关怀的学术情怀，《释林》的编者们通过分析古典文献，仔细梳理出古人关于文艺美学问题的立场、出发点、分析方法、价值标准、言说方式、效用意义等方面的特点，以便于读者将其与当下的文艺美学理论建构做比较，分析社会、文化等促成观念及其理论针对性形成的背景之异同，来检视当下文化现象及其理论批评建构的得失，并进一步获得更好地建设及完善当下文艺美学理论的思路。

面对厚重的十大本《中华古文论释林》，作为一个普通的古代文学批评后学，由于学养所限，很难对其做一个全面又恰如其分的评价，更多的是从学习和研究的角度，来体认这套丛书对日常教学科研工作的助益。这种助益几乎是全方位的：每卷的前言是批评史，概括出这一时期的文学批评概貌和主要批评家及观点；随之又可以用较为客观的、具有一定数量及质量的选文来呈现文本原貌；想要按图索骥，题注中有关于选篇的版本、来源等相关说明；有不明白的地方，注释中有线索清晰的解释；同时注释中还有关于文献理论意义的说明。可以说，这部书势必成为后学必由之梯。如果说读者尚有未餍之处，恐在于那些非常有价值的附录中的选文未尝作注，同时尚有一些未能竭泽以现的漏网之鱼。

总之，这部书建立在以往同一领域的学术成果基础之上，以发掘古代文论的现代意义为旨归，从海量文献资料中筛选出有影响的文艺美学篇目，精心注解还原本文，是一部独具价值的学术著作，堪为后学案头必备。

放逐之旅与酷儿戏剧

——评凯特·伯恩斯坦《性别是条毛毛虫》[1]

何　磊[2]

[摘　要] 2013 年底，酷儿理论界重要人物凯特·伯恩斯坦的力作《性别是条毛毛虫》在中国大陆面世。伯恩斯坦的生命之旅不仅暴露了文化霸权加诸身体的重重负荷，还揭橥了父权律法的脆弱本质。本文主要关注该书蕴含的反抗潜能，由身体与"势"入手，一窥伯恩斯坦挑战、颠覆性别律法的激进力量。

[关键词] 势（Phallus）父权律法　绽出主体　酷儿戏剧　跨性别

在 20 世纪六七十年代兴起的欧美 LGBT 平权运动中，跨性别女同性恋者凯特·伯恩斯坦（Kate Bornstein）的经历颇具传奇色彩：生为男儿身，在最风华正茂的年纪主动接受易性手术成为一名女性，与另一

---

[1] 本文系首都经济贸易大学"2014 年度新入职青年教师科研启动基金"项目成果。

[2] 何磊，首都经济贸易大学文化与传播学院讲师。

名女性坠入爱河，而其伴侣也在七年共同生活之后选择成为一名男性。以局外人的观点视之，这样的经历可谓轰轰烈烈、惊世骇俗，似乎某种成为"真实自我"的力量驱使着伯恩斯坦及其伴侣一直不遗余力地同肉身之躯厮杀角力，以便拥有"自己想要"的性别身体。但事实上，据伯恩斯坦本人所言，这段"生成之旅"的驱动力量绝不是什么贴近或符合性别规范的愿望，而是一种风格，一种碎片、拼贴、绽出、流动的酷儿风格。

2013年年底，伯恩斯坦的处女作《性别是条毛毛虫》(*Gender Outlaw*，字面意义为"反叛性别规范的行为与主体")在中国大陆出版。[1] 同朱迪斯·巴特勒 (Judith Butler)《性别麻烦》(*Gender Trouble*) 一书的经历类似，这部跨性别领域的经典著作也是在诞生近二十年之后才进入中文读者的视野。如今，欧美酷儿理论界早已超越了"寻求承认"或"寻求表达"的阶段，开始同各类先锋艺术、先锋哲学联盟，日益摆脱身份政治的窠臼，走出了活色生香的新型路线。相形之下，中国出版界在引进伯恩斯坦著作时仍然需要打出"开启性别酷儿新纪元、颠覆传统二元性别观"的口号，实在令人不胜唏嘘。即便如此，晚仍然胜于无，大洋两岸毕竟不可同日而语。更重要的是，伯恩斯坦书中仍有许多时至今日亦可令人耳目一新的话语与思维，所以我们完全有必要认真严肃地对待这部近二十年前的著作，接受它为我们带来的冲击与震撼。

一、性别身体与文化之重

以肉身之躯对抗森严的文化秩序，伯恩斯坦惊世骇俗的个体经历堪称传奇。面对《性别是条毛毛虫》一书，普通人的猎奇心理得到了最大程度的调动与满足。这种观众或看客式的态度正是资本主义社会

---

[1]［美］凯特·伯恩斯坦：《性别是条毛毛虫》，廖爱晚译，北京：新星出版社，2013年版。

自恋主体的典型特征：在主流意识形态的豢养之下，人们沉湎于资本复制—增殖—积累的自恋循环无法自拔，对一切不符合主流思维的异数表现出困惑、不屑甚至冷漠的态度——在这种自恋循环的主宰之下，人们甚至无须浪费时间反对或打压异己，取而代之的只是短暂的好奇、恐惧、不屑，最终归于沉默。因为人们相信，异己之所以能够（转瞬即逝、昙花一现地）存在，就是因为他们尚有商品或市场价值。换言之，异己的存在与价值终究受制于资本的逻辑，主流迟早将"异己"招安为"己"。一切都已安排停当，你我何须费心劳神？

然而，伯恩斯坦带给人们的启示，恐怕终究不是光怪陆离的跨性别时尚，更不是满足人们窥探欲的酷儿风格。无论你我是否"酷儿"，对于文化中的个体而言，伯恩斯坦并不是一个事不关己的抽象符号，其人其事并非来自地球之外的奇闻异事。这就意味着，在伯恩斯坦带来的这出酷儿戏剧中，人们不可能只是充当安于消遣的观众或看客，相反，你我难免卷入其中，根本无法全身而退。于是，我们面临着更为深刻与根本的问题：不断流动、变化、生成的身体何以制造出令保守人士侧目的后现代景观？脆弱不安的有朽之躯何以成为喧嚣嘈杂的文化战场？换言之，为什么塑形身体的另类实践最容易引发文化霸权的反弹？要想了解伯恩斯坦的激进意义所在，我们就不得不正视上述问题。

在《性别麻烦》一书末尾，朱迪斯·巴特勒指出，身体远非毋庸置疑的自然表面，其自然表象始终饱含着权力的隐秘运作。人类学家玛丽·道格拉斯（Mary Douglas）在《纯洁与危险》（*Purity and Danger*）中指出，话语的标记实践建构了身体的边界，这些标记试图确立文化一致性的规则。换言之，二元对立框架建构了身体的界限，而身体的疆界正是社会文化的疆界本身。巴特勒由此指出，身体的边界标志了霸权体系规定的文化识别阈限。因此，不符合文化"识别规则"（intelligibility）的人就构成了社会文化中挑战、冲击乃至逾越边界的"污染者"。污染者可能是各类意义上的少数族群，也可能是不符合霸权规范预设的任何人群（如地域歧视话语中的"外地人""乡下人""流动人口"等），他们交换传播着颠覆边界的"污染物"，动摇了文化疆域的井然有序，破坏了社会文化的纯洁无瑕，也因此构成了社会生活中的危险之物。[1]

因此，要确保文化秩序的稳固地位，霸权必须果断处置这些污染或危险的身体。在《恐怖的力量：论贱斥》(*Powers of Horror: An Essay on Abjection*) 中克里斯蒂娃（Julia Kristeva）用"贱斥者"(the abject) 指代上述文化规范眼中的异数。符号秩序或曰文化律法必须将文化的异己斥为"非我族类"，继而将其排斥驱逐至文化领域之外的"蛮荒之地"，这一过程树立了有效身体的边界，也建构出合法主体的界限。[2]

边界勾勒出霸权的疆域，界线维护着霸权的稳固，因此边缘地带总是敏感而脆弱的。作为有界体系的原型，身体与性的重要之处在此凸显。巴特勒指出，在社会体系中，身体的作用可谓一隅攸关整体：它是所有开放体系的汇聚之处，因而一切未受严格管控的"渗透可能"都有导致危险与污染之虞。[3] 可见，身体绝非自给自足的净土，而是文化关注的核心与焦点，身体的"内在／外在""合法／非法"乃至"生／死"早已受到文化、权力、律法、话语的建构。[4]"身体主体"(body-subject) 位于文化桎梏之内，是纲常网罗中的"囚徒"。换言之，成为"身体主体"本身就意味着受制于文化规范，成为受限但尚未完全受制于文化规范的"主体"：既是主人、又是囚徒的身体。

---

[1]　［美］朱迪斯·巴特勒：《性别麻烦》，纽约：劳特里奇出版社，1999年版，第178—179页。

[2]　同上书，第181页。

[3]　同上书，第180页。

[4]　同上书，第182—183页。

虽然难以超越文化、通达（返归）化外，虽然"身"处厮杀角力的文化战场，但身体绝不应沦为"非此即彼"的霸权逻辑的牺牲品。凯特·伯恩斯坦本人的生命历程，处处体现出这种挑战霸权的勇气，她用自己的鲜活生命冲击着冷漠看客的视域极限，揭露出文化纲常的沉重与贫乏：

> 我认识的每个变性人改变性别的原因都不同，有多少人拥有性别，就有多少种关于性别的真实经验……麻烦来了，我们生活在一个要求我们非此即彼的世界上——这个世界却不愿劳神解释一下"此"或"彼"到底是什么。[1]

只要暂时抛弃非此即彼的性别铁律，稍微发挥一下想象力，我们就会发现，社会性别的种类可谓不胜枚举：阳刚的男人、阴柔的女人、阳刚的女人、阴柔的男人、既可阳刚又可阴柔的男人、既可阳刚又可阴柔的女人、既不阳刚又不阴柔的男人、既不阳刚又不阴柔的女人、每周一到周五阳刚的男人或女人、写论文时装作非常阳刚的男人或女人、吃菠萝时有几分阳刚又有几分阴柔但总体说来既不阳刚又不阴柔的男人或女人……毋宁说，有多少种分类法，就可以有多少种性别。只不过，"在我们的社会中，人们全都拜倒在科学之神的脚下，其他种类的性别都无足轻重"。[2]

其实，令所有人都服膺的"神"未必是科学，而是人们心中的文化律法。在男权主宰一切的社会中，比科学更为神圣者并非宗教（尽管如我等所见，它经常披着宗教的外衣）——而是律法，以父之名召唤一切的父权律法。

---

[1] ［美］凯特·伯恩斯坦：《性别是条毛毛虫》，廖爱晚译，北京：新星出版社，2013 年版，第 17—18 页。

[2] 同上书，第 40 页。

二、父权律法与同一法则

律法（Law）不仅创造分配着性别角色，也创造着有性别的人：性别身体与性别主体。在律法的威慑下，位于"天然"性别之外的伯恩斯坦觉得自己是个怪物，而且这一切麻烦与不适都是他自己的错。[1]只要我们稍稍联想一下大众媒介中的跨性别者形象，只要我们还记得"人妖"之类莫名其妙的歧视性称谓，伯恩斯坦的困扰就不难理解。在大众的想象中，在理直气壮的"大多数"心中，跨性别者都是些难以理喻、精神失常的家伙，简直与怪物无异。伯恩斯坦感喟道，这就是文化律法丢给异类的包袱：它将律法订做的束缚丢给包括异端在内的所有人，再强迫他们穿起父权上帝分发的旧衣裳。[2]

显然，对跨性别者的表征（这种表征时常以研究之名自居）向来只是基于想象的观察：男权视觉中心主义的"看"（值得玩味的是，西文"理论"一词的词根中就包含着这种"看"），而不是对话与倾听。亲历者的感受向来无足轻重，只因他们早已成为遭到文化律法拒斥的、无足轻重的身体。在《性别麻烦》书中，巴特勒不无讽刺地引用了雅克·拉康（Jacques Lacan）的话，"据观察，女同性恋源自失望，这种失望强化了对爱的需求"，而"假面支配着认同，凭借认同，遭到拒绝的爱得到解决"。[3]对此，巴特勒一针见血地指出，在不符合异性恋霸权的欲望出现之处，拉康式观察者不免感到失望，然而他却否认自己的失望，继而将之投射到接受观察与审视的客体之上，使之成为他们的本质特征：失去爱、缺乏爱、拒绝爱、忧郁等。而事实上，这些特质恰恰正是观察者自身的心理特征。

在众多"观察者"中，拉康的理论无疑最具影响与权威。他将"势"

---

[1]〔美〕凯特·伯恩斯坦：《性别是条毛毛虫》，廖爱晚译，北京：新星出版社，2013年版，第22页。

[2] 同上书，第23页。

[3]〔美〕朱迪斯·巴特勒：《性别麻烦》，纽约：劳特里奇出版社，1999年版，第66—67页。

（Phallus）树立为超越于想象界与符号界之外的霸权符号，[1]使之成为凌驾于世间万物的认知图式。在《"势"的含义》（*The Meaning of the Phallus*）中，他又将"势"规定为镜像身体"同一"与"主宰"的象征。在字面上，"势"是身体器官：阳具，这一器官浸淫着男性的自恋想象，却最终成为想象性关系的象征与基础。为了避免疑虑与混淆，拉康明确指出，"势"完全不同于其字面意义"阳具"：它不是局部器官，而是整体；不是想象物，而是统摄所有想象的起源。[2]

对于拉康而言，身体并非不言自明的自然、本原或起点，以"势"为终极旨归的父权律法抹杀了"势"的身体原型：阳具，将身体斥为次生与从属的质料。唯有诉诸律法，唯有凭借语言与差异（具体表现为禁制律法维系的性别差异及亲属制度），身体才能由镜像阶段前的碎片整合为完满的形象，攸关其生死的符号地位才能获得承认，其完整与同一才能得到维系。[3]律法之网主宰着一切，唯有接受律法的审判，身体才能获得标记与意义；唯有接受律法禁制塑形身份，价值各异的身体才能得到区分：或者成为符合规范的主体，或者沦为难以理喻的幽灵。[4]

要想成为律法认可的合法主体，身体必须身心合一地服从律法，驯服自己的欲望，塑造自身的认同，成为欲望与身份并行不悖的"同一"

---

[1] 中文学界常将"Phallus"译为"阳具"或"菲勒斯"，但前一译法有违拉康的说法（"Phallus"不是阳具，甚至不同于一切器官），且无法凸显其霸权符号的意涵，后一译法则与实际语音不符。王政将其译为"势"，本文采用该译法。"势"既有权势、霸权、势力、力量之意（对应其符号地位），又有男性生殖器之意（对应其本意），用形象的语言概括就是"权势"或"权柄"：既是"势"，又是"柄"（"把儿"），但归根结底是霸权符号。［美］佩吉·麦克拉肯、艾晓明、柯倩婷编：《女权主义理论读本》，桂林：广西师范大学出版社，2007年版，第34—87页。

[2] ［美］朱迪斯·巴特勒：《身体之重》（*Bodies That Matter*），纽约：劳特里奇出版社，1993年版，第45—54页。

[3] 同上书，第40—41页。

[4] 同上书，第62—63页。

体。换言之，在拉康的语境中，性别认同与性别身份同身体一样，是律法与文化的产物。更准确地说，性别是律法要求下必须领受的身份。在神圣律法的惩戒威胁之下，在霸权律法建构与排斥并行不悖的运作之中，肉身诚惶诚恐地服从着异性恋矩阵的编排，全方位地领受"势"的分配原则，最终成为性别主体：父权律法的臣属。

在拉康勾勒的符号秩序内，律法规定男性为"拥有势"（having Phallus）的人："带把"的"得势者"，这意味着男性的欲望就是追逐"势"；而女性作为"没有势"的人："不带把"的"无势者"，则必须成为"势本身"（being Phallus），这意味着女性的欲望就是成为男性的追逐对象。唯有依据"有"与"无"的严格分判，男女两性才能分别获得主体地位，否则就会遭到律法的贱斥，沦为逾矩的异端。对于男性而言，逾矩意味着受到"阉割／去势"的惩罚；而对于女性而言，她必须接受已经遭到"阉割／去势"的事实，悖论地以"势本身"自居。在认同的形成过程中，同性恋者的形象成为逾矩惩罚的典型化身：男性逾矩者一旦放弃追逐女人（"势"），就将沦为无势的"娘娘腔"；而女性逾矩者则会因为妄图追逐专属于男性的权柄（作为"势"的女人），成为僭越的"男人婆"。在性别认同与性别身份的塑形过程中，异性恋法则与惩罚警戒共同发挥作用，塑造出男女两性等级化、差异化的镜像关系，同时制造出神圣性别王国的"建构性外在"：因逾矩而遭到贱斥的"无效生命"。恐惧他者的情绪驱动着个体寻求承认，拒斥异端与服从规范于是成为领受性别、成为主体所必须偿付的代价。[1]

就这样，"势"神秘地登上了男权的神坛。关于"势"的特权地位与正当性，深深服膺于男权自恋逻辑的人们没有任何疑问。如同不敢妄自揣度天意的新教徒一般，人们深知天机不可泄露，唯有以规范为准绳的形容举止可资证明自己的命定：

---

[1]［美］朱迪斯·巴特勒：《身体之重》（*Bodies That Matter*），纽约：劳特里奇出版社，1993年版，第60—69页。

成年人害怕问"你是什么？"所以我们只问"你是做什么的？"以此希望摸到关于对方身份的线索。在我们的文化中，性别身份仿佛是一种不可言说的东西，就像在一些文化中直呼其名被视为不敬一样。[1]

伯恩斯坦的描述揭露了父权律法的淫威：只有尚未完全受制于律法的儿童愿意发问质疑，而成人只有沉默服从。这正是拉康式男权世界的游戏规则："做什么"而非"是什么"——这种思维完全不是出于反本质主义的"以行动取代本质"，而是源自律法对男女两性的本质规定以及人们对犯规的恐惧。这种贱斥犯规者的霸权逻辑古而有之，即便在性风气看似最为"开放"的古希腊，"娘娘腔"与"男人婆"始终是文化中的贱斥对象。[2]拉康所做的，只是用最精妙又最诡辩的学术语言将这一逻辑表达出来，将一个最含糊其辞又最神乎其神的特权符号，一个脱胎于肉身却又超越一切肉身的"势"推向父权神坛，仅此而已。

可是，无论律法多么神圣，规训如何严密，后现代的父权掘墓人向来不缺乏勇气。这是一群有勇有谋的斗士，他们深知，要想将"势"请下神坛，要想釜底抽薪地瓦解父权律法，就必须由其深层入手。换言之，掘墓者必须由律法赖以维系自身的逻辑框架入手攻而击之，如此方能引发颠覆性的反抗，在理论与实践的双重层面共同达到解构之鹄的。

如果我们运用巴特勒的术语，将律法的逻辑称为霸权的"框架"，[3]那么，这一框架不仅框定了"真实"与"有效"的阈限，也限制了我

[1]［美］凯特·伯恩斯坦：《性别是条毛毛虫》，廖爱晚译，北京：新星出版社，2013年版，第19页。

[2]［美］K. J. 多佛（K. J. Dover）：《古希腊同性爱》（*Greek Homosexuality*），麻省剑桥：哈佛大学出版社，2004年版。

[3]［美］朱迪斯·巴特勒：《战争的框架》（*Frames of War*），纽约：左翼书局，2009年版。

们理解世界的思维方式。所以，拆解律法必须由其框架入手，尤其是各类以"逻辑"之名自居的"律"（小写且复数的 laws，是大写"律法"的具体体现与执行者）。在形形色色的"律"之中，"同一律"（the law of identity）对主体（或曰身体—主体）的禁锢作用流毒最广、威力最大。从西文词源来看，"同一"与"身份"都是"identity"，它们本来就是同一奥义的不同说辞。于是，表面看来，同一律只是一句同义反复的重言，但正是这句恒真的"套套逻辑"（tautology）框定了身体的表达阈限。一旦相互"矛盾"的特质共同汇聚到同一具身体，同一身份受到威胁的警告将立即拉响，麻烦也将顷刻显现：

> 当"包皮环切"和"女性"放在一起时，电脑就死机了。他们花了好一会儿才解决这个问题。[1]

实施性别转换的手术过程本身自然无须多言，令人意想不到的是，支付手术费用的过程同样大费周折。引文中提到的这个经历令人啼笑皆非，但它不失为一个绝佳而经典的实例。我们不难看到，性别律法的同一律（男性元素与女性元素互斥而不相容）可谓无处不在，它甚至渗透到自诩中立的医疗实践之中。在其作用下，打破律法就意味着（文化识别系统）"死机"，挑战律法便无异于制造麻烦。

三、绽出之旅与酷儿戏剧

事实上，伯恩斯坦等人力图实现的事业，正是在受到律法禁锢的文化内部发现麻烦、制造麻烦，由此暴露律法的人为与偶然，揭露身份主体的自恋本性：囿于同义反复怪圈的性别忧郁。换言之，在资本

---

[1]［美］凯特·伯恩斯坦：《性别是条毛毛虫》，廖爱晚译，北京：新星出版社，2013年版，第28—29页。

主义社会主体规训的自恋循环内部制造麻烦实为最有效的反抗策略。用巴特勒的话语说来便是：在权力复制、增殖、增衍、撒播的过程中制造裂隙，打破其严密、平静、同一的假象，由内部出发颠覆其运作法则：律法。而这种嘲讽律法、戏弄霸权的姿态，正是伯恩斯坦《性别是条毛毛虫》一书英文原题之本意。

在该书开篇，伯恩斯坦不无骄傲地指出：

> 我的身体、身份、风格、写作都是杂烩（拼贴）的结果……这里拿一些，那里取一块……就像剪切又贴上的动作。
>
> 处在边界上的生活让我发现，我的身份愈是变得流动，我自己属于男／女、弯／直的渴望就愈少，我的时尚表达就愈是多了戏谑而少了专横——我的自我表达也是如此……欢迎光临我的逃亡之旅！[1]

在拉康看来，唯有"势"可以整合孩童仍处于镜像期的碎片身体，唯有服膺于以"势"为特权符号的父权律法，孩童才能顺利度过俄狄浦斯阶段，迈入符号界，成为具有主体地位的社会人。[2] 相形之下，伯恩斯坦主动将完整、同一的身体撕成炫目的碎片，用最直率、最具个性的方式嘲弄这种陷入自恋循环而难以自拔的现代主体观。以绽出（ecstasis）的态度干扰忧郁的循环，主动挑战乃至颠覆一切试图囚禁身体、固化性别的本质身份，这是巴特勒《性别麻烦》一书带给世人最大的冲击。而伯恩斯坦的生命历程则将这种反骨切实地付诸实践，用反讽不羁却色彩斑斓的肉身拼贴向我们展示了一段骄傲而自信的生命，以一股尼采—福柯式的力量意志向人们昭示："不要问我是谁，也不要指望我保

---

[1]［美］凯特·伯恩斯坦：《性别是条毛毛虫》，廖爱晚译，北京：新星出版社，2013 年版，第10—12 页（译文有少许改动）。

[2]［美］朱迪斯·巴特勒：《身体之重》，纽约：劳特里奇出版社，1993 年版，第40—41，62—63 页。

持不变。"[1]

在理论与生活之外，伯恩斯坦还在艺术领域践行着自己的激进理念，《性别是条毛毛虫》的后半部分就提出了"酷儿戏剧"的概念。所谓酷儿戏剧，是力图打破人们固有观念（尤其是关于性别与身份的观念）的戏剧实验，伯恩斯坦将其原则概括为如下几点：艺术家勇于探索自我，而非等待别人发掘；关心包容边缘的"局外人"意识；发人深省而非抚慰人心（挑战成见而非放纵旧思维）；非线性、复调、多层的戏剧现实；追求"转变"过程（生成绽出、打破自我而非忧郁固执、自恋循环）；开放爱、性、情色的空间（凯特将其称为"愉虐"）；嬉笑怒骂，嘲讽特权；暴露文化的人为与偶然属性；对金钱与资本主义商品社会原则保持冷静，不因资金问题束缚自由表达……[2]在伯恩斯坦心目中，酷儿戏剧有如下特征：

> 也可以称作"第三空间戏剧"，它能包容任何边缘社群甚至没有社群归属的成员，包容任何被主流文化淘汰的人，包容任何挑战文化二元论的人，简而言之，它是一种包容他者的戏剧。我们也可以叫它"怪人戏剧""他者戏剧"，但我还是更喜欢叫它酷儿戏剧，因为我们才是那些足够勇敢、足够幽默的作者。[3]

凯特·伯恩斯坦正是足够勇敢、足够幽默的勇士，一位真正"critically queer"（酷毙了）的斗士。[4]也许有人会觉得，这样的逃亡之旅过于夸

---

[1] ［美］詹姆斯·米勒：《福柯的生死爱欲》，高毅译，上海：上海人民出版社，2003 年版。

[2] ［美］凯特·伯恩斯坦：《性别是条毛毛虫》，廖爱晚译，北京：新星出版社，2013 年版，第192—195 页。

[3] 同上书，第 195 页。

[4] "critically queer"是朱迪斯·巴特勒《身体之重》最后一章的标题，这一片语因具有多种含义而极难翻译，口语中它还可表示"奇怪（酷儿的本意）极了"，本文结合伯恩斯坦语境将其译为"酷毙了"。

张恣肆，但孟浪不羁正是颠覆霸权的武器。同巴特勒等人一样，伯恩斯坦深谙讥笑与嘲讽的力量，因为"权威最大的敌人是轻蔑，而最可靠的破坏方式就是嘲笑"。[1]

所以，放下书本，我们完全可以同伯恩斯坦一起，轻蔑地对父权祭司如拉康之流笑道：Phallus 是权势，也是"把儿"，但归根结底只是条毛毛虫。

---

[1] [美] 汉娜·阿伦特：《论暴力》，郑辟瑞译，《共和的危机》，上海：上海人民出版社，2013 年版，第 108 页。

编后记

　　《文化与诗学》学刊自 2014 年改版后，力图每辑都有一个专题讨论栏目。本辑的专题是"图像与文字：晚清与民国文艺研究"，共刊发了相关论文 11 篇。孟泽的论文《启蒙与信仰之间的困扰——读鲁迅〈破恶声论〉》对鲁迅早年留学日本时发表的未完成的文言文论文《破恶声论》进行了重新解读，对鲁迅早期与后来的"立人"、改造"国民性"言论中不同的思想进行了发人深省的讨论。胡继华的论文《古典人文烛照下的诗学祈向——"学衡派"的文化与文学论说》则以"学衡派"为研究对象，试图从新的角度考察一向为人诟病的"学衡派"如何与世界范围的反现代化思潮对话，如何将古典道德境界转换为人文诗学境界的问题。本辑的标题之所以可以用"图像与文字"这样时髦的名称来命名，得益于唐宏峰和唐卫萍两位年轻的女性学者的贡献。唐宏峰的论文以"点石斋"插页画为中心考察晚清绘画与图像的机械复制和公共传播，提出"图像印刷资本主义"的概念，将图像纳入现代性印刷文化的研究，思考机械复制和公共传播这两个现代印刷文化的根本特性对晚清绘画史和图像文化产生的意义。论文确是从旧材料中读出了新意思。唐卫萍的《"印象派"与"诗"：论丰子恺的绘画思想》指出丰子恺的绘画创作及理论批评打破了文学和绘画的疆域，讨论丰子恺以对西洋绘画，尤其是以对"印象派"绘画为代表的现代绘画的批评和认识为基础，重新解读了中国传统的诗歌，从而为其漫画创作打开了一条回归中国画传统的道路。这种分析似乎是以个案的探讨再一次阐释了"诗中有画，画中有诗"这一命题。本辑的诸多文章，像于阿丽和梁波研究废名的两篇论文，陈爽研究胡适"新诗"概念转变的论文，於璐研究李长之的鲁迅研究的论文，罗成和黄键研究朱自清的两篇论文，都有的放矢、立意不俗，体现出年轻一代学者"小处见大"的学术研究风气。

本辑"理论视野"栏目共有三篇文章，张旭有关美国学者米勒的文学伦理观的论文，以英文文献为基础，以"伦理转向"为背景，对米勒的文学伦理观进行了翔实的讨论。张兴成的论文则以伯林与施特劳斯对于多元论和一元论的不同看法的讨论为基础，从二人的思想张力讨论文化多元主义的内在矛盾与困境。赵霞的论文《消费时代与童年文化的经济——论现代童年审美文化的资本化进程》对当代消费经济对于童年审美文化的资本征用的进程进行了探讨，并对消费社会的资本逻辑与童年的文化逻辑间不可避免的内在矛盾进行了阐释，这是近年少见的具有理论功底的研究儿童文学的论文。

"批评空间"栏目中的几篇论文，都与美学概念有关。赖彧煌以小说家左拉和画家马奈为中心探讨西文美学的"真实"命题，论文立意高远，很有新意，其讨论的主题与前面"图像与文字"专辑恰好一致。张德建的论文探讨明代文论中的"穷而后工论"，另两篇文章则探讨"自然"概念与"言、象、意"本文层次观。

本学刊的书评栏目或发现和推荐有意思的新书，或以对话的精神对学者的新著品评议论。本辑中何博超的书评已经超越了一般的新书评论，是体现了学者个人学术观点的一篇文章，值得一读。

本学刊由于更换出版社的关系，近几辑的出版有些滞后，还请关心本刊的读者和作者原谅。我们将努力改进自己的工作，还望一如既往地支持我们的刊物。

编　者

2015 年 9 月 10 日